MAKESI JINGJI ZHEXUE
WEIGUAN YANJIU

马克思经济哲学
微观研究

宫敬才 著

人民出版社

序

在马克思主义研究特别是马克思主义哲学研究的历史中，"微观"是新提法。何谓？以文献事实、历史事实和思想史事实实证方式确立基本判断：马克思文献特别是政治经济学文献中客观地存在经济哲学性内容，它以四种微观形式表示存在，即对资产阶级经济学哲学基础的批判、政治经济学范畴中的哲学、政治经济学命题中的哲学和政治经济学理论中的哲学。四种微观存在形式有机统一，使马克思经济哲学具有体系性质，这种性质甚至可用教科书形式呈现出来。

马克思经济哲学微观存在形式观点的确立需要论证，此为全书写作的根本目的。目的达到了吗？笔者深知，自己的理论实践及其成果只具有尝试性质，真正的裁判者是读者。需要向读者特别说明的是，书中每一章的论说只具有提出和简单回答问题的意义，旨在作出性质判断，马克思文献特别是政治经济学文献中确实客观存在这样的经济哲学存在形式。全书的情况同样如此，也只具有提出和简单回答问题的性质，意在表明马克思经济哲学以微观形式表示存在，具体说是四种存在形式。

"提出和简单回答问题"的说词是想告诉读者，马克思经济哲学的存在形式问题具有开放性，读者完全可以根据自己对马克思文献特别是政治经济学文献的理解思考如下问题，以便对全书及各章内容进行验证。

（1）马克思经济哲学有微观存在形式吗？

（2）如果承认马克思经济哲学有微观存在形式，那么，这样的存在形式是什么？

（3）如果承认马克思经济哲学有微观存在形式，那么，这样的存在形式有多少？各自的本质特征是什么？

（4）马克思经济哲学每种微观存在形式的具体内容是什么？有哪些？

（5）马克思经济哲学用不同微观存在形式表现的具体内容之间是什么关系？

（6）以不同微观形式表示存在的马克思经济哲学是否具有体系性质？

读者的自我验证既是对本书的"审判"，也是自己相关感悟与思绪的梳理和升华，同时还是以间接形式与马克思经济哲学及其微观存在形式对话的过程。作为本书作者的我更希望读者与马克思文献特别是政治经济学文献相结合地验证这部著作，以便使其在根基层面受到"审判"，能够成为基于马克思文献特别是政治经济学文献而来的一家之言。

多年来，我倡导和践行"回到原生态"的马克思文献解读方法，奉献于读者面前的这部著作是遵循该方法解读的第三部。已出版的两部著作分别是《马克思经济哲学研究》，2014 年由人民出版社出版，主旨是在宏观层面展示马克思经济哲学的具体内容；《重建马克思经济哲学传统》，2018 年由人民出版社出版，目的是以十个例证形式说明马克思经济哲学的话题性内容。待出版的是《马克思〈政治经济学批判大纲〉哲学思想新择》，主旨是把自 20 世纪 60 年代以来国内外研究文献中被忽略的经济哲学性内容提炼和展示出来。加上即将完成的《马克思经济哲学的历史命运》一书，总共是五部著作。五部著作的根本目的只有一个，从宏观、微观、话题、文献和历史五个向度研究马克思经济哲学，继而形成这种哲学的学术研究范式，为马克思经济哲学研究开辟出新的学术生长点。这样的构想接近变为现实，往下是读者的用武之地：建言献策，顺势而为，质疑批评，另辟溪径，皆为作者所渴求。

虽然我已过"耳顺"之年，但痴心不改，仍把研究马克思经济哲学作为志业。做学问已成为我的生活方式，或者说，生活方式就是做学问。担当在其中，生命在其中，乐趣在其中，何乐而不为？这种心态决定了在不久的将来，我还会以虔诚之心不断奉献新的研究成果，继续与读者"较劲"。此为我晚年的理想，也是以生命体验方式不断向马克思文献特别是政治经济学文献求教的见证。

最后需要说明的是，本书的研究和写作得到了河北省教育厅人文社会科学研究重大课题攻关项目的大力支持，在此向教育厅领导和相关人员的信任与理解表示诚挚谢意。我的博士研究生安立伟同学对本书引文进行了核实，在此一并表示谢意。

宫敬才

2021 年 2 月 27 日于河北大学

目　录

导论　马克思经济哲学的存在形式问题

一、社会和理论背景

从整个中国历史的意义说，改革开放是重大事件。改革开放的结果有目共睹，中国由穷变富，由弱成强。这一历史过程的起步之处是1978年召开的党的十一届三中全会，正是这次会议决定，彻底改变既有方针，以全新思路进行社会主义建设。新思路的核心是把阶级斗争为纲变为以经济建设为中心，与此相伴随，一系列全新的观念、方针和政策出现在人们面前：贫穷不是社会主义，发展才是硬道理，科学技术是第一生产力，效率优先、兼顾公平，等等。新思路、新观念和新方针政策的实践形态是改革开放的社会历史性运动，结果是中国社会历史的根本性转型。在当时，这个巨大变化是国际国内特定社会历史情势激发的结果。资本主义世界开启新一轮全球化，对中国而言是重大机遇，也是严峻挑战。在国内，经济社会状况已处于危险境地，用当时的话说，国民经济到了崩溃的边缘。这种社会历史情势中的中国，改革开放是唯一出路。

社会主义建设思路的改变使理论领域形成全新格局，阶级斗争为纲和计划经济体制条件下形成的理论不能适应新思路条件下社会主义建设的需要，突出表现是"理论贫困"。围绕以阶级斗争为纲方针形成的哲学强调"革命"和"斗争"，如何"建设"则十分贫乏；基于计划经济体制而来的政治经济学视商品经济进而视市场经济为"洪水猛兽"，适应社会主义商品经济进而社会主义市场经济建设需要的政治经济学有待创制。

像政治和经济领域的状况一样，理论领域也进行了大胆探索和尝试，以期尽快改变"理论贫困"状况，找到和提出适应社会主义市场经济建设需要的新理论。急迫的理论需要是根本动力，催促理论工作者将哲学和政治经济学相结合地看问题，观照改革开放需要进行理论创新，提出以往条件下难以想象的新观点、新理论。社会和理论情势都表明，经济哲学进而马克思经济哲学研究的出现实属必然。研究热潮发展到一定程度，发现、提出和研究马克思经济哲学的微观存在形式问题同样必然。

二、演进历史

1985 年，朱川发表《开展经济哲学的研究》的论文，主张如下。第一，马克思主义哲学可分为革命哲学和建设哲学。第二，在建设哲学意义上创立马克思主义经济哲学。第三，马克思主义经济哲学主要研究三个方面的内容：经济规律的客观性质、经济规律的连续性质及其特征，经济规律的体系及其合力作用。① 细加品味这篇论文，得出如下结论不能被认为是唐突之举。其一，该论文印有深深的时代痕迹，"革命哲学"和"建设哲学"的区分证明了这一点，急于摆脱"理论贫困"和找到救"困"之道的心迹溢于言表。其二，该论文提出了前所未有但对后来影响巨大的新概念，即"经济哲学"和"马克思主义经济哲学"。虽然"革命哲学"和"建设哲学"的提法及其区分没有在学术界流行开来，但前两个概念却是随后理论研究的新指向和新范式。这印证了恩格斯的话，"一门科学提出的每一种新见解都包含这门科学的术语的革命"②。其三，该论文具有马克思主义理论创新的新视野，即将哲学和政治经济学相结合地看问题。现在，此种看问题的视野是人们理解马克思主义的常识，但在当时的社会和理论背景下，确实是大胆的创新之举。其四，在提法上，从"经济哲学"和"马克思主义经济哲学"到马克思经济哲学之间只有一步之遥的距离。

① 参见朱川：《开展经济哲学的研究》，《财经问题研究》1985 年第 3 期。
② 《马克思恩格斯文集》第 5 卷，人民出版社 2009 年版，第 32 页。

提法的启导和指向作用不容小视，随后出现的事实证明了这一点。

如果说《开展经济哲学的研究》一文的出现略显偶然，那么，1993年党的十四届三中全会明确提出社会主义市场经济建设纲领则注定会出现经济哲学研究的热潮是必然趋势。1994年南京召开"经济哲学与建设有中国特色社会主义理论"学术研讨会，紧随其后的1996年和1998年，上海两次召开全国性经济哲学研讨会，说明作为研究对象和范式的经济哲学已进入不少人的学术视野，引起了学术界的普遍关注。与此同时，国家社科基金项目中单独为经济哲学研究课题立项（1996年），而像《中国社会科学》《哲学动态》《学术月刊》等如此权威的学术刊物则开设发表经济哲学研究论文的专栏。马克思文献研究视野明显地扩大，哲学领域以往不甚关注的《哲学的贫困》《政治经济学批判大纲》《资本论》等成为经济哲学研究的对象。诸多事实表明，到20世纪末，我国经济哲学研究的热潮已然形成。

研究热潮中"经济哲学"和"马克思主义经济哲学"两种提法同时并存，不同研究者赋予两种提法的含义之间区别很大，此为边缘性交叉性新兴学科刚产生时必然要经历的阶段。对于马克思经济哲学研究来说，关键年份是1999年，该年俞吾金发表了《经济哲学的三个概念》一文。①关键之处有三。其一，在我国经济哲学研究的历史上，俞吾金首先提出和使用"马克思经济哲学"概念，对马克思经济哲学研究事业作出了学术贡献。作出这样的学术贡献需要前提条件，即对马克思哲学和政治经济学文献、马克思与恩格斯之间思想关系和马克思哲学思想形成历史的透彻了解。这种了解是长期和认真研究的结果。其二，对"马克思经济哲学"概念作出大体符合文献实际的说明，马克思是狭义经济哲学的开创者，《1844年经济学哲学手稿》《政治经济学批判大纲》《资本论》等都是狭义经济哲学的典范之作。马克思开创的狭义经济哲学研究范式从根本上改变了对传统哲学及其基本概念的理解。其三，俞吾金的说明发挥了马克思经济哲学研究指向的固定作用，这种哲学存在于马克思文献特别是政治经济学文献中，游离于文献之外地寻找马克思经济哲学是偏离正确方向之举。

---

① 参见俞吾金：《经济哲学的三个概念》，《中国社会科学》1999年第2期。

进入 21 世纪，马克思经济哲学研究有了新变化，关注和探讨什么是马克思经济哲学的问题成为焦点。依先后顺序出现的如下观点可为例证。

（1）"马克思经济哲学的要义是经济学批判。而'批判'意味着澄清前提和划定界限。"①

（2）马克思经济哲学的"主要内容包括：确立历史唯物主义为经济学研究的指导思想；通过把异化劳动理论发展为剩余价值理论揭示社会发展规律；把唯物辩证法运用于基本经济问题的分析；确立从抽象上升到具体的方法为建构经济学理论体系的科学方法；揭示货币（或经济）与人和社会发展的关系；阐述自然界与人和经济发展的同一性；论述社会运动形式的时空关系等"②。

（3）"经济哲学奠基于马克思开创的经济现象学传统，它从理论范式的高度完成了对传统哲学和经济学的双重超越，将社会经济存在理解为人的根本存在方式，将一切事物规定为服务于人的发展需要的社会经济存在物。"③

（4）马克思经济哲学是"哲学对经济学的批判和经济学对哲学的改造"④。

（5）"马克思的经济哲学，既是一门研究'财富'的学问，更是一门研究'人'的学问。"⑤

（6）"理论探索的唯一正确的进路是把马克思哲学理解为经济哲学。""作为经济哲学，马克思哲学的核心概念系列是：生产——商品——价值——时间——自由。"⑥

---

① 吴晓明：《马克思经济哲学之要义及其当代意义》，《湖南师范大学社会科学学报》2002年第 1 期。

② 宓文湛：《马克思的经济哲学思想及其当代意义》，《学术月刊》2003 年第 5 期。

③ 王善平：《经济哲学：传统哲学和经济学的解毒剂——试论作为经济现象学的经济哲学》，《广东社会科学》2004 年第 6 期。

④ 彭学农：《论马克思〈1844 年经济学哲学手稿〉中的经济哲学思想》，《上海大学学报（社会科学版）》2005 年第 1 期。

⑤ 陈宇宙：《财富异化及其扬弃：马克思经济哲学的人学向度》，《马克思主义研究》2011年第 7 期。

⑥ 俞吾金：《作为经济哲学的马克思哲学——兼论马克思哲学革命的实质和命运》，《中国哲学年鉴》2011 年卷。

　　如上所列何谓马克思经济哲学的界定实质上是看待马克思经济哲学的不同角度。第一和第四种界定从批判功能角度看待马克思经济哲学，可称之为功能论；第二种界定是哲学概念与经济学概念的嫁接，可称之为嫁接论；第三种界定借用黑格尔哲学和胡塞尔哲学的提法看待马克思经济哲学的特性，可称之为特性论；第五种界定聚焦于马克思经济哲学的研究对象，可称之为对象论；第六种界定在范畴层面看问题，已无意识地触及马克思经济哲学的存在形式问题，可称之为范畴存在形式论。

　　五种看问题的角度对人们理解何谓马克思经济哲学的问题具有启发意义，但共性的问题也凸显出来。马克思经济哲学的存在形式是什么？虽然稍后有人在自觉意识层面提出和探讨这一问题，①可惜的是学术界几无反应。有一点可以肯定，不在自觉意识层面探讨和回答这一问题，马克思经济哲学研究就无法深入下去。这是我国目前马克思经济哲学研究中亟待认真对待和解决的问题。

　　其中的例外是俞吾金的界定。他已意识到马克思经济哲学的存在形式之一是范畴，即认定马克思政治经济学范畴中存在哲学性内容。虽然马克思经济哲学的存在形式不仅仅是政治经济学范畴中的哲学，但我们还是应该感谢俞吾金，像因为提出和说明马克思经济哲学概念而对马克思经济哲学研究事业作出贡献一样，在马克思经济哲学存在形式问题上他又先人一步，为马克思经济哲学研究事业作出了新贡献。

　　需要关注的是，俞吾金的界定涉及了更大且更复杂的理论问题。马克思哲学与马克思经济哲学是什么关系？在俞吾金构筑的语境中似乎回答了问题，马克思哲学就是马克思经济哲学。但是，俞吾金既没有提出也没有回答提法中隐含的如下问题。其一，既然马克思哲学是马克思经济哲学，那么，马克思哲学中除经济哲学外是否还存在其他哲学，如政治哲学、历史哲学、法哲学、社会哲学、工艺哲学和伦理哲学等领域性哲学？对问题作出否定性回答不符合马克思文献实际；作出肯定性回答？如此回答问题的必然性结论是马克思哲学就是马克思经济哲学的提法不能成立。其二，马克思经济哲学毕竟是领域性哲学。如果说马克思哲学就是经济哲

---

① 　参见宫敬才：《马克思经济哲学的存在形式论纲》，《河北大学学报》2013 年第 6 期。

学，那么，结论必然是马克思哲学确为领域性哲学。问题在于，如果说马克思哲学是领域性哲学，那么，作为领域性哲学的马克思哲学中有否一般性因而可以单独存在的内容？这样的内容是什么？其三，马克思哲学是由传统哲学演变而来的领域性哲学，这是否说明，马克思哲学革命中包括哲学存在形式革命？检视文献便知，俞吾金未对上述三个问题作出回答。俞吾金已驾鹤西归。在纯学术层面与已仙逝者的学术观点论长道短，唯一目的是推进马克思经济哲学研究事业的发展。

三、基本内容

马克思经济哲学的存在形式到底是什么？

看似简单陈述句能够回答的问题其实不简单。马克思经济哲学具体内容的丰富性使然，从不同角度出发，显现出来的经济哲学存在形式之间有很大区别。回答马克思经济哲学存在形式是什么的问题，前提条件是解决看待马克思经济哲学存在形式的角度问题。在笔者看来，这里的角度有四种。

第一，自成体系角度。在马克思政治经济学文献中存在自成体系的经济哲学性内容是人人皆知的事实，即人们耳熟能详的历史唯物主义理论。这一理论的经典表述出自马克思《政治经济学批判》（第一分册）《序言》，其与政治经济学密不可分的内在联系表明，历史唯物主义理论是马克思经济哲学的存在形式之一。细检马克思政治经济文献就可发现，上述历史唯物主义理论可称之为方法论历史唯物主义理论，旨在解决如何看待社会历史的认识路径问题，除此外还有其他历史唯物主义理论内容，如人学历史唯物主义理论、劳动哲学本体论和工艺学历史唯物主义理论。四者有机统一，构成马克思原生态的历史唯物主义理论，可称之为劳动历史唯物主义理论。①

---

① 对马克思劳动历史唯物主义理论的展开和论证，参见宫敬才：《论马克思的劳动历史唯物主义理论》，《北京师范大学学报》2018年第3期。

　　第二，随机角度。马克思政治经济学文献中存在海量具有巨大理论分析功能的经济哲学观点，人们所熟悉者是劳动异化论、人学三段论和社会历史物质生产决定论等；有待人们发掘和探讨的有生产方式三段论、诚信经济规律论和工艺决定论等。这一角度呈现出来的马克思经济哲学存在形式给人以内容丰富之感，初涉马克思经济哲学的研究者容易领悟和操作，但不足之处明显可见：随意性大，马克思经济哲学的整体性质和不同内容之间的有机联系难有表示存在的机会，不能发现马克思经济哲学体系性架构的理论逻辑空间，等等。我国目前的马克思经济哲学研究正处于这种状态。

　　第三，元哲学角度。两千多年的哲学历史跌宕起伏，大家辈出，学派林立，思想各异，给人以内容丰富且各具特色的印象。拔高一个层面即从元哲学角度看问题，现象背后的本质显现出来，不同时代和不同哲学家总在论说的无非是如下问题：哲学本体论问题、哲学认识论问题、哲学方法论问题、哲学价值论问题和哲学历史观问题。从这种角度出发检视马克思文献特别是政治经济学文献，就可发现马克思经济哲学的元哲学存在形式：政治经济学逻辑前提论、经济哲学本体论、经济哲学认识论、经济哲学方法论、经济哲学价值论和经济哲学历史论。马克思经济哲学的元哲学存在形式中只有政治经济学逻辑前提论是新组成部分，其他部分在思维方式意义上与传统哲学无异，区别只在于研究对象及基于对象而来的内容不一样。这是我国目前马克思经济哲学研究尚未涉足的话题。笔者相信，只要有志者尝试于此，取得足能推动马克思经济哲学研究事业发展的成果指日可待。

　　第四，微观角度。实证性地检视马克思文献特别是政治经济学文献，到马克思政治经济学思想内部探寻经济哲学思想，就可发现微观存在形式的马克思经济哲学思想体系，四个方面的内容是其有机组成部分：对资产阶级经济学哲学基础的批判、政治经济学范畴中的哲学、政治经济学命题中的哲学和政治经济学理论中的哲学。

　　微观存在形式的马克思经济哲学是全新提法，但就其中的部分性内容说，人们已不自觉地进行了相应研究。方法论历史唯物主义即传统历史唯物主义是马克思政治经济学理论中的哲学，所要解决的问题是如何在宏观层面看待社会历史，解决这一问题是马克思确定政治经济学研究对象即资本主义生产方式历史坐标位置的必要举措。从恩格斯开始到现在，方法论历史唯物主义理论始终是人们研究的课题，总体性成就是成为马克思主义哲学的有机组成部分，并以教科书的形式固定下来。像劳动异化论、自由时间论和人学三段论等是对马克思政治经济学范畴中哲学思想的研究，其成果汗牛充栋。俞吾金的马克思经济哲学研究是更明显的例证。他在2011年发表长篇论文《作为经济哲学的马克思哲学》，其核心观点无非是说，马克思经济哲学的具体内容存在于政治经济学范畴中，他为我们列出的范畴是：生产、商品、价值、时间和自由。俞吾金提出的"核心概念系列"只能在例证意义上理解，在马克思政治经济学范畴"森林"中，还存在同样重要甚至更重要的范畴，举出如下例证足能说明问题：劳动、资本、货币和剩余价值等。俞吾金的思维路向是正确的，基于此，我们应该感谢他。

融合如上看待马克思经济哲学存在形式问题的四个角度，马克思经济哲学微观存在形式的体系性内容就会出现在我们面前。这些内容可凝练为一个定义：马克思经济哲学是马克思文献中哲学的一种，是马克思政治经济学理论体系的内生变量，发挥无可替代的理论作用。它以四种微观形式表示自己的存在：对资产阶级经济学哲学基础的批判、政治经济学范畴中的哲学、政治经济学命题中的哲学和政治经济学理论中的哲学。

定义的内涵说明。第一，"马克思文献中的哲学"的提法旨在表明，非马克思文献中的哲学不是马克思哲学，他人对马克思哲学的解释只是对马克思哲学的个人性理解，但不是马克思哲学本身。第二，"一种"的限定表明，马克思文献中还有其他哲学。其他哲学是领域性哲学，除经济哲学外还包括历史哲学、政治哲学、法哲学、社会哲学、工艺哲学和伦理哲学等。第三，马克思文献中其他哲学与经济哲学的关系是同时并存，相互支撑，密不可分，相得益彰。第四，马克思确实发动并完成了哲学革命，这一革命由两部分组成，其一是内容革命，其二是存在形式革命。从20世纪80年代中期开始到现在，我国马克思主义哲学研究领域总在讨论马克思哲学革命问题，可惜的是，参与讨论者没有自觉意识到并明确提出马克思哲学革命的存在形式革命问题。有一点可以肯定，不具体化到存在形式层面探讨马克思哲学革命问题，其结果不可能符合马克思哲学革命的思想实际。

定义的外延说明。把马克思经济哲学的微观存在形式具体化，能够见到的是如下内容。

1. 对资产阶级经济学哲学基础的批判

这种批判包括四个方面的内容：资产阶级经济学的人学前提批判、制度前提批判、阶级立场批判和方法论批判。马克思政治经济学研究的学术语境是资产阶级经济学，要创建和确立自己的政治经济学，前提条件之一是批判资产阶级经济学，其中包括对资产阶级经济学哲学基础的批判。这种批判在马克思政治经济学文献中随处可见，是马克思经济哲学的有机组成部分，也是研究马克思经济哲学宝贵且无可替代的思想资源。可惜，到目前为止，人们还没有在自觉意识层面关注这一问题并进行专题性研究。

2. 政治经济学范畴中的哲学

马克思政治经济学中范畴众多，众多的程度只能用"范畴森林"而不是"范畴丛林"来表征。说其中的每一个范畴都具有哲学性内容稍显夸张，也是实证意义上无法确立的提法，但说马克思政治经济学中大部分范畴具有哲学性内容肯定符合实际。这样的范畴可以列出长长的单子，如下范畴只能作为例证看待：商品、价值、货币、资本和剩余价值；劳动、奴役劳动、徭役劳动、雇佣劳动和自由劳动；生产、生产力、生产关系和生产方式；生产资料、劳动资料、科学技术和工艺学；公有制、私有制和资本主义私有制；资本家、产业资本家和职能资本家；等等。这些范畴是马克思政治经济学理论"大厦"的"建筑材料"，挖掘和提炼其内含的哲学性内容的学术意义非常巨大，具体表现有二。一是能使我们准确全面地理解马克思政治经济学思想，二是能够使我们对马克思经济哲学的理解和把握具体到范畴这种实证性的微观层面。

3.政治经济学命题中的哲学

像政治经济学范畴一样，马克思政治经济学命题中的哲学性内容同样是经济哲学思想的宝库，更是我们研究马克思经济哲学取之不尽和用之不竭的思想资源。例证众多到无法一一枚举，变通办法是在马克思代表性政治经济学文献《1844年经济学哲学手稿》《政治经济学批判大纲》《资本论》第一卷中各取五个例证。

《1844年经济学哲学手稿》，例证一："国民经济学不考察不劳动时的工人，不把工人作为人来考察。"例证二："国民经济学从私有财产的事实出发。它没有给我们说明这个事实。"例证三："私有财产的主体本质……就是劳动。"例证四："整个所谓世界历史不外是人通过人的劳动而诞生的过程。"例证五："非对象性的存在物是非存在物。"①

《政治经济学批判大纲》，例证一："一切节约归根到底都归结为时间的节约。"例证二：所有权规律的第一个"是劳动和所有权的同一性"。例证三："劳动本身越是客体化，作为他人的世界，——作为他人的财产——而同劳动相对立的客观的价值世界就越是增大。"例证四："任何资本除了劳动以外不包含任何别的东西。"例证五："流通本身不包含自我更新的原动力。"②

《资本论》第一卷，例证一："工业较发达的国家向工业较不发达的国家所显示的，只是后者未来的景象。"例证二："各种经济时代的区别，不在于生产什么，而在于怎样生产，用什么劳动资料生产。"例证三："工艺学揭示出人对自然的能动关系，人的生活的直接生产过程，从而人的社会生活关系和由此产生的精神观念的直接生产过程。"例证四："劳动资料扼杀工人。"例证五："资本主义生产的唯一祸害就是资本本身。"③

如上所列存在于马克思政治经济学文献中的命题首先是政治经济学

---

① 《马克思恩格斯文集》第1卷，人民出版社2009年版，第124、155、178、196、210页。
② 《马克思恩格斯全集》第30卷，人民出版社1995年版，第123、463、447、513页；第31卷，人民出版社1998年版，第367页。
③ 《马克思恩格斯文集》第5卷，人民出版社2009年版，第8、210、429、497、649页。

命题，但谁又能说这些命题中不包含哲学性内容呢？如果基于马克思文献特别是政治经济学文献且顾涉社会历史背景与学术背景地分析这些命题，提炼其中的经济哲学思想，我们马上就会感悟到，政治经济学命题中的哲学这种经济哲学的微观存在形式，其内容的丰富程度是多么惊人。再作解释实属多余，径直作出结论名正言顺，马克思政治经济学命题中包含哲学性内容，这种内容是马克思经济哲学的微观存在形式之一。

4.政治经济学理论中的哲学

此处的"理论"之谓意在指明，在学科意义上政治经济学与哲学密不可分，哲学是政治经济学理论的内生变量，以示与马克思经济哲学前三种微观存在形式相区别。这里的密不可分指称两项内容，一是在一般意义上政治经济学与哲学密不可分，哲学是政治经济学的内生变量；二是马克思政治经济学与哲学密不可分，哲学是马克思政治经济学的内生变量。这里的哲学是马克思经济哲学第四种微观存在形式的具体内容。这种内容极为丰富，概略地说由四部分组成。

第一部分是人学理论。马克思政治经济学理论中的人学理论具有极为丰富的内容，概括地说是如下内容。其一，政治经济学人学前提论。与资产阶级经济学的人性自私论（经济人）正相反，马克思政治经济学的人学前提是"完整的人"。[①] 其二，劳动人之本质论。[②] 其三，主体历史观。[③] 其四，人学价值论。人学价值论具体表现为三种价值立场：人类立场、劳动者立场和无产阶级立场。人学理论的四个部分有机统一，使马克思政治经济学具有区别于资产阶级经济学的内在灵魂。

第二部分是经济哲学本体论。按照亚里士多德的界定，哲学本体即

---

① 参见《马克思恩格斯文集》第 1 卷，人民出版社 2009 年版，第 189 页。相关的文献梳理及其论证参见宫敬才：《论马克思政治经济学的人学前提》，《学术研究》2015 年第 5 期。

② 参见《马克思恩格斯文集》第 1 卷，人民出版社 2009 年版，第 205、519 页。

③ 参见《马克思恩格斯文集》第 1 卷，人民出版社 2009 年版，第 185—186 页；第 8 卷，第 52 页。

哲学的研究对象，它是整体性、一般性和本质性存在。① 顺此类推，马克思政治经济学中的本体即研究对象是什么？在马克思政治经济学文献中，有三种与经济哲学本体论的本体相类似的说法。第一种是"资本主义生产方式以及和它相适应的生产关系和交换关系"②。马克思为自己的说法给出的理由是，资本"是全部资产阶级污垢的核心"③。第二种是"资本主义生产方式占统治地位的社会的财富，表现为'庞大的商品堆积'，单个的商品表现为这种财富的元素形式"④。第三种说法往往被人忽略，但具有更重要的经济哲学本体论意义，雇佣劳动是资本和地产的基础。⑤ 孤立地看，把资本或资本主义生产方式、商品和雇佣劳动理解为马克思政治经济学的研究对象，进而理解为马克思经济哲学本体论中的本体皆有文献根据，但综合地看，雇佣劳动才是马克思政治经济学的根本性研究对象，因而是马克思经济哲学本体论中的本体。商品生产和交换是资本主义生产方式的历史起点，也是叙述资本主义生产方式的逻辑起点，但商品变为资本，进而形成资本主义生产方式，必须以雇佣劳动的社会历史性诞生为客观基础，没有雇佣劳动的社会历史性诞生，就不会有资本主义生产方式，更遑论商品成为社会财富的"元素形式"。由此说，雇佣劳动是马克思经济哲学本体论中的本体，对这一本体的哲学性理解及其结果，便是马克思经济哲学本体论。进一步说，对雇佣劳动进行社会历史性还原，我们见到的是它在资本主义社会生活中的基础性地位；对雇佣劳动进行逻辑还原，我们见到的是它与商品、资本和地产相比较而言的基础性地位。扩大视野地说，只有把马克思经济哲学本体论中的本体确定为雇佣劳动，才能真正发现剩余价值理论和科学社会主义理论社会历史性的客观基础。

　　第三部分是经济哲学认识论。在马克思政治经济学文献中，经济哲学认识论内容非常丰富，可惜的是现有马克思经济哲学研究语境没有给它表示存在的机会，其原因在于没有在自觉意识层面发现马克思经济哲学认

---

① 参见 [古希腊] 亚里士多德：《形而上学》，吴寿彭译，商务印书馆 1959 年版，第 56 页。
② 《马克思恩格斯文集》第 5 卷，人民出版社 2009 年版，第 8 页。
③ 《马克思恩格斯〈资本论〉书信集》，人民出版社 1976 年版，第 152 页。
④ 《马克思恩格斯文集》第 5 卷，人民出版社 2009 年版，第 47 页。
⑤ 参见《马克思恩格斯〈资本论〉书信集》，人民出版社 1976 年版，第 131 页。

识论的客观存在，并对其进行专题性研究和讨论。这不是马克思的过错，而是马克思经济哲学研究者无意识忽略所致。概括地说，马克思政治经济学文献中的经济哲学认识论内容是：理解、充分地占有材料、关注细节、分析历史演化、探寻内在联系和让当事人出场说话。① 马克思政治经济学理论体系是利用这几种认识形式进行研究的结果。由此可以看出，马克思政治经济学理论与经济哲学认识论之间具有多么密不可分的关系。

　　第四部分是经济哲学方法论。在人类学术史意义上说，马克思是人文社会科学方法论的集大成者。用丰富或极其丰富的限定词无法表征马克思经济哲学方法论思想博大精深的意蕴，替代性办法是描述其独特之处。其一是方法论历史唯物主义或叫历史唯物主义方法论，由四个具体性观点构成：社会历史物质生产决定论、社会基本矛盾辩证运动论、生产方式三段论和工艺决定论。社会历史物质生产决定论解决经济生活与其他领域生活决定与被决定的层级关系问题，社会基本矛盾辩证运动论和生产方式三段论解决资本主义生产方式或雇佣劳动的社会历史方位问题，工艺决定论则比生产力决定论更深化一步，解决了社会历史物质生产决定论、生产方式三段论和社会基本矛盾辩证运动论的技术基础和组织基础问题。其二是解剖典型方法。从整个政治经济学史的意义说，解剖典型方法的发明者和运用者是马克思，其开创性意义不言自明。典型的国别性指称对象是工业革命及其前后时期的英国，社会历史性指称对象则是人类社会历史中首次出现的资本主义生产方式及其客观基础——雇佣劳动。正是这种方法，唯有这种方法，才能使资本主义社会经济生活逻辑与历史有机统一地再现出来。其三是叙述方法。马克思很重视并长期研究叙述方法。马克思自己对叙述方法的概括是"从抽象上升到具体"②，恩格斯的归纳则是"历史从哪里开始，思想进程也应当从哪里开始"③。后人根据列宁"逻辑的和历史的"提法把马克思叙述方法概括为逻辑与历史的有机统一。④ 这一方法确

---

① 《马克思恩格斯文集》第 5 卷，人民出版社 2009 年版，第 22、21—22 页；第 8 卷，第 318 页；《资本论》第一卷第 8 章和第 13 章。

② 《马克思恩格斯全集》第 30 卷，人民出版社 1995 年版，第 42 页。

③ 《马克思恩格斯文集》第 2 卷，人民出版社 2009 年版，第 603 页。

④ 参见列宁：《哲学笔记》，人民出版社 1956 年版，第 357 页。

实有思想来源，具体说是维柯和黑格尔的相关思想，但把这种方法唯物主义地运用到炉火纯青的程度，只有马克思才能做到。

四、结　论

第一，如果从"马克思经济哲学"提法的第一次出现算起，我国的马克思经济哲学研究已有 20 年的历史。总结这一历史，检视其成就和不足适逢其时。成就是经济哲学成为不少人探讨马克思哲学的研究范式，"瓶颈"性问题是尚未在自觉意识层面重视和探讨马克思经济哲学的存在形式问题。探讨和回答这一问题，新的学术空间就会出现在我们面前，马克思经济哲学研究就有可能进入学术成果井喷式出现的新时期。

第二，马克思经济哲学微观存在形式的内容源自马克思文献特别是政治经济学文献，即便来自纯哲学文献如《德意志意识形态》，其主要研究基础仍是政治经济学。[①] 如此说的文献根据是《巴黎笔记》《布鲁塞尔笔记》《曼彻斯特笔记》。如果有人说这样的根据不充分，那么，《德意志意识形态》中运用的海量政治经济学范畴和知识则是进一步的根据。

第三，上述看待马克思经济哲学的前三个角度即自成体系、随机和元哲学角度的内容都能在微观存在形式中以适当方式表示自己的存在，说明这种存在形式作为体系性架构能够含纳和表征马克思经济哲学的整体性内容。

第四，在马克思经济哲学微观存在形式中，经济哲学认识论和经济哲学方法论二者之间有交叉之处。经济哲学方法论中包括认识方法的内容，如解剖典型，从经济哲学认识论角度看问题，经济哲学方法论中的认识方法属于经济哲学认识论的内容；从经济哲学方法论角度看问题，经济哲学认识论是其有机组成部分，区别只在于它不是叙述方法。

[①] 《德意志意识形态》与政治经济学研究的内在联系，实质是《德意志意识形态》的政治经济学"基因"问题。对问题的提出、展开和论证，参见宫敬才：《〈德意志意识形态〉的政治经济学"基因"》，《中国社会科学（内部）文稿》2017 年第 1 期。

　　第五，假如让马克思自己讲，经济哲学的微观存在形式或叫体系性架构会是我们如上呈现出来的样子吗？马克思生前并未涉及这一问题，去世后再向他提出这样的问题实属过分。如果我们记起哲学解释学集大成者伽达默尔"视界融合"的学说，这个问题会迎刃而解。作为马克思经济哲学体系性架构的微观存在形式，是我们基于既有经济哲学训练与马克思文献特别是政治经济学文献对话的结果。说这样的体系性架构是无中生有的编造或原样来自马克思文献都不符合实际，唯一符合实际者，它是基于马克思文献特别是政治经济学文献对马克思经济哲学存在形式的理解。

第一章　对资产阶级经济学
哲学基础的批判

一、问题的提出及其说明

马克思终其一生都在批判资产阶级经济学。这一批判展开于三个维度：一是学说史的批判如《剩余价值理论》；二是理论批判如《资本论》；三是经济哲学的批判，这散见于他的政治经济学文献整体之中，但也有批判相对集中的地方，如《1844 年经济学哲学手稿》《政治经济学批判大纲》和《资本论》的序言与跋。三个维度的批判之间具有内在的逻辑关联。历史批判意在勾画出学说历史的演化轨迹，资产阶级经济学由古典时期带有革命性和科学性的学说蜕变为庸俗因而仅是辩护性学说的关节点被揭示出来，这就是为了与资本主义市场经济的客观需要相适应，"庸俗经济学也就有意识地越来越成为辩护论的经济学，并且力图通过强制的方法以空谈来摆脱反映对立的思想"①。在《资本论》的第二版跋中，马克思对这一点交代得更为清楚："资产阶级在法国和英国夺得了政权。从那时起，阶级斗争在实践方面和理论方面采取了日益鲜明的和带有威胁性的形式。它敲响了科学的资产阶级经济学的丧钟。现在问题不再是这个或那个原理是否正确，而是它对资本有利还是有害，方便还是不方便，违背警章还是不违背警章。无私的研究让位于豢养的文丐的争斗，不偏不倚的科学探讨让位

---

① 《马克思恩格斯全集》第 35 卷，人民出版社 2013 年版，第 361 页。

于辩护士的坏心恶意。"① 学说史批判构成了马克思其他两个维度批判的历史基础。理论批判是整体性批判的主体，它要揭示资产阶级经济学理论的荒谬本性和学术偏执，但这要以历史批判为前提。

经济哲学批判一向被人所忽略，恰恰是在这一维度的批判中，资产阶级经济学的价值立场本质、人学本质、方法论本质和逻辑前提本质等，一一得到分析和澄清。马克思所批判的资产阶级经济学，外在表现上由各不相同的理论体系所组成，构筑理论体系的是学派，不同的学派你方唱罢我登场，层出不穷。但是，作为整体，它是一个具有相对统一性的庞大的理论体系，在这一体系中，不仅有各不相同的构成部分，更有思想逻辑上的不同层面。经济哲学处于这一庞大体系的基础位置，构成了资产阶级经济学的价值立场支撑点、人学支撑点、方法论支撑点、政治哲学支撑点，等等。由此看来，相对于马克思而言，批判资产阶级经济学中的哲学基础是题中应有之义；相对于我们而言，这一批判同样是不可多得因而宝贵的思想资源，因为它在帮助我们认清资产阶级经济学内在本质的同时，还具有相对独立的理论意义，是马克思主义政治经济学和马克思主义哲学研究视野中不可或缺的基本内容。

在马克思的语境中，批判除揭露之外还有评价优劣短长和利弊得失的含义。不可否认，马克思在批判资产阶级经济学哲学基础的过程中，有时用语激愤尖刻，但我们同时也要注意到批判的另一面，这就是他并不回避和掩饰资产阶级经济学在经济哲学立场上的一点点悔过和进步。例如，牛津大学政治经济学教授西尼尔由于过于无视劳动者的悲惨命运而一味为资本家辩护，马克思曾倾其满腔怒火地揭露他、批判他，但当他的人学立场稍有改变时，马克思还是及时地指出，这一变化"可以清楚地说明，大工业发展到一定水平是如何通过物质生产方式和社会生产关系的变革而使人的头脑发生变革的"②。讲明这一点当然带有方法论意义，因为通过这一事例我们可以从中学到辩证法，同时也是为了纠正一种说法，即马克思对资产阶级经济学历史、理论和哲学基础的批判，由

① 《马克思恩格斯文集》第 5 卷，人民出版社 2009 年版，第 17 页。
② 《马克思恩格斯文集》第 5 卷，人民出版社 2009 年版，第 556 页。

于情绪化而显得过于愤世嫉俗。公正地说，这种说法并无道理，因为一个学者基于道义责任或以人类良知为依据而说话，他关注客观事实及事实背后的社会历史和人学含义，当违背常理、不把人当作人对待的事实存在而又有人试图掩盖或粉饰这一存在时，他能不义愤吗？义愤出于良知，无动于衷是良知的麻木，"助纣为虐"则是良知的泯灭。有一点马克思确实把握住了，这就是以辩证的态度对待自己的批判对象。在这里，我们或许会明白一个道理，哲学的外在表现形式是逻辑，内在灵魂却是激情。一个没有激情的哲学体系不会有创造性，同时它也不会有对人、对社会历史义无反顾的道义担当。

二、制度前提批判

任何学科都一样，在其研究过程的开始就设定自己需要的逻辑前提。例如自然科学中的物理学，看似从客观实在的经验事实出发，实际情况是它在出发之前就为自己设定了大前提，因为它假定，大自然的运行有一个内在秩序，这个秩序的具体含义就是规律。没有这个大前提，物理学就不会获得突破口和着眼点。按照怀特海的说法，"我们如果没有一种本能的信念，相信事物之中存在着一定的秩序，尤其是相信自然界中存在着秩序，那末，现代科学就不可能存在。"① 怀特海的观点并非个例。研究西方观念史的大师伯林从一般意义上谈论同样的话题，其思想对我们启发意义更大："至少在西方传统中，从柏拉图到我们今天，所有学派中绝大多数体系性的思想家，不管是理性主义者、唯心主义者、现象学家、实证主义者还是经验主义者，虽然他们之间存在着许多尖锐分歧，但是都接受一个无争议的关键假设：真正的实在，无论表面现象和它多么对立，本质上是一个合理的整体，其中的万物，终极地说，是和谐一致的。他们以为，至少从原则上说，存在着一个可以发现的真理体系，它涉及到一切可以想象得到的问题，不管是理论的还是实践的；获知这些真理只有一种或一组正

---

① ［英］A.N. 怀特海：《科学与近代世界》，何钦译，商务印书馆1959年版，第4页。

确的方法；这些真理，就像用来发现它们的方法一样，是普遍有效的。"①

自然科学的情况是如此，人文社会科学的情况何尝不是如此呢？资产阶级经济学中的人性自私论假设，资产阶级政治学和法学等中的天赋人权论假设，都是这种情况。在这里，问题的关键是假设出来的前提与后边的研究及其结论的关系。在其他学科中，结论往往包括在前提的预设之中，要找到的"本质"或"规律"正是前提所要确立的东西。资产阶级经济学的情况与此正相反。按照通行的惯例，它为自己设定了前提，但在基于前提而来的研究中，它既没有说明这一前提，也没有证明这一前提。这是资产阶级经济学的秘密，也是其痛处。

马克思在自己的政治经济学研究中发现了这一秘密，站在经济哲学的高度揭破了这一秘密："国民经济学从私有财产的事实出发。它没有给我们说明这个事实。它把私有财产在现实中所经历的物质过程，放进一般的、抽象的公式，然后把这些公式当做规律。它不理解这些规律，就是说，它没有指明这些规律是怎样从私有财产的本质中产生出来的。国民经济学没有向我们说明劳动和资本分离以及资本和土地分离的原因。例如，当它确定工资和资本利润之间的关系时，它把资本家的利益当做最终原因；就是说，它把应当加以阐明的东西当做前提。"②

确实，任何一门学科，研究过程中的基本职责之一是说清楚预设的前提。如果没有这种说明，那么，这既是硬伤，又是缺陷。资产阶级经济学家们显然是意识到了自己学科的这一硬伤和缺陷，但或是无能力，或是不情愿，或是有意为之，总之是没有采取令人信服的行动消除这一硬伤，弥补这一缺陷。情急之中，没有办法的办法是进行变通，变通的直接结果是找到了可以直接进行推理的逻辑出发点：资本对利润，劳动对工资，土地对地租。马克思对这种变通及其结果的说明是："庸俗经济学无非是以学理主义的形式来表达这种在其动机和观念上都囿于资本主义生产方式的外在表现的意识。而庸俗经济学越是肤浅地抓住现象的表面，只不过又加

---

① ［英］伯林：《反潮流：观念史论文集》，冯克利译，译林出版社 2002 年版，"序言"第7 页，还见正文第 98、194、398 页。

② 《马克思恩格斯文集》第 1 卷，人民出版社 2009 年版，第 155 页。

以某种程度的条理化，它就越觉得自己'合乎自然'，而与任何抽象的空想无关。"①

　　还有更聪明实际是更狡猾的经济学家，他不是直接面对这一问题，而是有意识地回避这一问题。回避的办法之一是转移论题，之二是用心理和习惯这样的说辞把如此难以回答的问题打发掉。这样的经济学家就是屡遭马克思痛批的西尼尔。他在《政治经济学大纲》一书中说："就我们所使用的狭义下的政治经济学这个词来说，它所讨论的主题却不是福利，而是财富；构成它的前提的是很少的几个一般命题，这是观测的或意识的结果，简直不需要证明，甚至不需要详细表述，差不多每个人一听到就会觉得在他思想上久已存在，或者至少是在他的知识范围之内；作为一个经济学家，他的推断如果是正确的，推断就会和他的前提具有几乎一样的普遍意义，一样地确定。"② 西尼尔所说的发挥"前提"作用的"一般命题"有四个。第一，"每个人都希望以尽可能少的牺牲取得更多的财富"。第二，"限制世界上的人口或限制生存在这个世界上的人数的，只是精神上或物质上的缺陷，或是各阶级中各个人对于在养成的习惯下所要求的那类财富可能不足以适应其要求的顾虑"。第三，"劳动的力量和生产财富的其他手段的力量，借助于将由此所生产的产品作为继续生产的工具，可以无定限地增加"。第四，"假使农业技术不变，在某一地区以内的土地上所使用的增益劳动，一般会产生比例递减的报酬，也就是说，尽管在土地上增加劳动，虽然总的报酬有所增加，但报酬不能随着劳动成比例地增加"。③ 在西尼尔所列举的四个一般性命题中，没有一个涉及私有财产制度问题，这似乎表明，经济学不涉及和说明私有财产制度问题，同样行得通，同样能把经济学建构成像自然科学一样的科学。实际上，不涉及私有财产制度问题只是策略，当麻痹别人的策略奏效以后，他还是要涉及这一问题。不过，这一次的涉及真正表露了心迹："经济学家把地主、资本家和劳动者说成是成果的共享者的那种通常说法，只是出于杜撰。差不多一切所生产

---

① 《马克思恩格斯全集》第 35 卷，人民出版社 2013 年版，第 344 页。

② ［英］西尼尔：《政治经济学大纲》，蔡受百译，商务印书馆 1977 年版，第 11—12 页。

③ ［英］西尼尔：《政治经济学大纲》，蔡受百译，商务印书馆 1977 年版，第 46 页。

的，首先是资本家的所有物；他预先支付了在其生产中所必要的地租和工资，付偿了在生产中所必要的节制行为，他是在这个方式下购入的。他购入以后，自己所消费的只是其中的一部分，一般只是其中的一个极小部分，然后将其余的部分售出。如果他自己认为恰当的话，他尽可把售得的价款全部用于他自己欲望的满足；但是他不能继续成为一个资本家，除非他以价款的一部分租入土地并雇佣劳动，使生产程序得以继续下去或重新开始。"① 西尼尔 1836 年说这番话，此时正是所谓"曼彻斯特资本主义"最典型和最残酷的时期，马克思在《资本论》中引证的英国官方公布的调查报告表明，劳动者的遭遇令人震惊，也为文明社会所不齿，但西尼尔却以这种论调说明私有财产所有权的天然合理。简单对比就可以看出，马克思对西尼尔的揭露和批判，如果用合乎人性和人的尊严的标准衡量，实在是理由充分、大快人心。

虽然以西尼尔为典型和代表的资产阶级经济学家认为经济学的私有财产制度前提不需要论证和说明，但是，从理论自身的逻辑严密性角度看，作为逻辑前提的私有财产制度需要说明和论证。没有论证和说明的逻辑前提是假说，而假说既没有逻辑说服力，也没有经验事实的说服力。确实有人对私有财产制度进行了论证，但论证者首先不是经济学家，而是哲学家，这个人就是洛克。西方有学者指出，洛克对经济学的贡献最重要者是对私有财产所有权的论证。② 马克思也认为，"洛克是同封建社会相对立的资产阶级社会的权利观念的经典表达者；此外，洛克哲学成了以后整个英国经济学的一切观念的基础，所以他的观点就更加重要"③。

洛克的理论贡献确实值得后人如此地称赞，因为他揭示和论证了私有财产劳动起源的本质："土地和一切低等动物为一切人所共有，但是每人对他自己的人身享有一种所有权，除他以外任何人都没有这种权利。他的身体所从事的劳动和他的双手所进行的工作，我们可以说，是正当地属于他的。所以只要他使任何东西脱离自然所提供的和那个东西所处的状

---

① ［英］西尼尔：《政治经济学大纲》，蔡受百译，商务印书馆 1977 年版，第 145 页。

② 参见 ［美］史蒂文·普雷斯曼：《思想者的足迹——五十位重要的西方经济学家》，陈海燕等译，江苏人民出版社 2001 年版，第 16 页。

③ 《马克思恩格斯全集》第 37 卷，人民出版社 2019 年版，第 272 页。

态，他就已经掺进他的劳动，在这上面掺进他自己所有的某些东西，因而使它成为他的财产。既然是由他来使这件东西脱离自然所安排给它的一般状态，那么在这上面就由他的劳动加上了一些东西，从而排斥了其他人的共同权利。因为，既然劳动是劳动者的无可争议的所有物，那么对于这一有所增益的东西，除他以外就没有人能够享有权利，至少在还留有足够的同样好的东西给其他人所共有的情况下，事情就是如此。"这就是说，"劳动使它们同公共的东西有所区别，劳动在万物之母的自然所已完成的作业上面加上一些东西，这样它们就成为他的私有的权利了"。① 引证的话语明证可鉴，洛克不仅提出和论证私有财产权的劳动起源论，而且还规定了私有财产权的积极性限度是"以供我们享用为度"②，消极性限度是不能违背自然界的共同法则，把属于自己的东西毁坏掉③，因为这意味着私有财产权的丧失④。

实际情况是，洛克对私有财产权的论证和说明，虽然所用话语不多，但理论内涵极为丰富，概括起来的要点如下：第一，私有财产起源于劳动，这和牛津大学政治经济学教授西尼尔的观点形成鲜明对照。第二，劳动和私有财产权皆为天赋人权，且这两种权利具有神圣性质，所以任何人无权剥夺。第三，私有财产的享用有限度，这就是说，私有财产中包括对自己劳动成果和劳动能力等使用的权利，但绝对不包括毁坏或滥用这种权利的权利。第四，对私有财产范畴所指称的东西毁坏或滥用，就意味着私有财产权的丧失。简单的归纳和概括可以看出，资产阶级经济学确实接受了洛克对私有财产权的论证和说明，但需要我们注意的是它只接受了其中于己有利的一部分，而对自己不利和无用的部分，则是毫不迟疑地加以抛弃。被资产阶级经济学抛弃的东西并不等于它不存在，有朝一日，它还会放射出自己的光芒，顽强地表示自己的存在，发挥自己能够发挥的作用。

---

① ［英］洛克：《政府论》下篇，叶启芳、瞿菊农译，商务印书馆 1964 年版，第 19 页。

② ［英］洛克：《政府论》下篇，叶启芳、瞿菊农译，商务印书馆 1964 年版，第 21 页。

③ 参见 ［英］洛克：《政府论》下篇，叶启芳、瞿菊农译，商务印书馆 1964 年版，第 31 页。

④ 参见 ［英］洛克：《政府论》下篇，叶启芳、瞿菊农译，商务印书馆 1964 年版，第 25 页。

　　重视和发掘洛克关于私有财产起源于劳动的思想资源，在恢复其历史真相的同时让其发挥应该发挥的作用是后人的任务。这一任务的完成者是马克思。洛克私有财产权论证的核心观点之一是劳动起源说，就这一点而言，资产阶级经济学家极不愿意见到，所以便从两个方面着手工作，一是突出和强调私有财产的天赋人权性质与神圣不可侵犯的硬性要求；二是编造神话，神话内容为私有财产起源的节俭说和勤勉说等，以此代替洛克的劳动起源说。马克思看到了这一点，并毫不留情面地揭穿了这一点："这种原始积累在政治经济学中所起的作用，同原罪在神学中所起的作用几乎是一样的。亚当吃了苹果，人类就有罪了。人们在解释这种原始积累的起源的时候，就像在谈过去的奇闻逸事。在很久很久以前有两种人，一种是勤劳的，聪明的，而且首先是节俭的精英，另一种是懒惰的，耗尽了自己的一切，甚至耗费过了头的无赖汉。诚然，神学中关于原罪的传说告诉我们，人怎样被注定必须汗流满面才得糊口；而经济学中关于原罪的故事则向我们揭示，怎么会有人根本不需要这样做。但是，这无关紧要。于是出现了这样的局面：第一种人积累财富，而第二种人最后除了自己的皮以外没有可出卖的东西。大多数人的贫穷和少数人的富有就是从这种原罪开始的；前者无论怎样劳动，除了自己本身以外仍然没有可出卖的东西，而后者虽然早就不再劳动，但他们的财富却不断增加……大家知道，在真正的历史上，征服、奴役、劫掠、杀戮，总之，暴力起着巨大的作用。但是在温和的政治经济学中，从来就是田园诗占统治地位。"① 马克思的揭露表明，在资产阶级经济学编造的神话中，私有财产所有权的最终源头——劳动不见了，代之而起的是道德性辩护。辩护的背后是什么？人们见到的是私有财产所有权的直接起源，这就是暴力，所以马克思说："资本来到世间，从头到脚，每个毛孔都滴着血和肮脏的东西。"② 马克思的揭露说过头了吗？或许会有人这样认为，但可以肯定地说，如此认为是错误的。就此而言，马克思给出的例证就能够说明问题。

　　到 19 世纪初期仍在进行的英国圈地运动中，萨瑟兰公爵夫人的行

① 《马克思恩格斯文集》第 5 卷，人民出版社 2009 年版，第 820—821 页。
② 《马克思恩格斯文集》第 5 卷，人民出版社 2009 年版，第 871 页。

为非常典型。"这位懂得经济学的女人一当权，就决定对经济进行彻底的治疗，并且把全郡——郡内的人口通过以前的类似过程已经减少到 15000 人——转化为牧羊场。从 1811 年到 1820 年，这 15000 个居民，大约 3000 户，陆续地遭到驱逐和灭绝。他们居住的所有村庄都被破坏和烧毁，他们的所有田地都被变为牧场。不列颠的士兵被派来执行这种暴行，同当地居民发生了搏斗。一个老太太因拒绝离开小屋而被烧死在里面。这位夫人通过这种方式把自古以来属于克兰的 794000 英亩土地攫为己有。她把沿海地区大约 6000 英亩的土地分配给这些被驱逐的居民，每户 2 英亩。这 6000 英亩土地原来一直是荒地，并没有给所有者带来过收入。这位公爵夫人如此宽宏大量，她以平均每英亩 2 先令 6 便士的租金把这些荒地租给那些几百年来为她的家族流血流汗的克兰成员。她把掠夺来的全部克兰土地划分为 29 个大牧羊租地农场，每一个租地农场只住一户人家，大部分都是英格兰租地农场主的雇农。到 1820 年，15000 个盖尔人已被 131000 只羊所代替。"①

资产阶级在国外掠取用于发展资本主义的私有财产制度的行为更残酷。"根据官方统计数字，1521—1600 年间从美洲运到西班牙的白银有 18000 吨，黄金 200 吨，而其他人的估计则是此数的两倍。"与此相伴而生的结果是，"只不过一个世纪多一点的时间，墨西哥的印第安人口就减少了 90%（从 2500 万人下降到 150 万人，在秘鲁则减少了 95%）"②。满脑子发财梦的西欧强盗确实找到了黄金白银，与此直接相关的结果是种族灭绝。资产阶级历史学家把这样的事实美化为"地理大发现"，资产阶级经济学家则称其为经济起飞的开始。由此看来，马克思的揭露言之成理，持之有故。

现在我们明白了，资产阶级经济学确实利用了洛克的思想资源，但在利用的同时，也曲解甚至肢解了洛克的思想资源。马克思也利用了洛克的思想资源，但在利用的同时，还在继承、丰富和发展洛克的思想资源。

---

① 《马克思恩格斯文集》第 5 卷，人民出版社 2009 年版，第 838—839 页。
② ［法］米歇尔·博德：《资本主义史（1500—1980）》，吴艾美译，东方出版社 1986 年版，第 7 页。

　　马克思对洛克思想资源的继承和发展表现在什么地方呢？概括地说，就是劳动人道主义。洛克说："上帝将世界给予全人类所共有时，也命令人们要从事劳动，而人的贫乏处境也需要他从事劳动。上帝和人的理性指示他垦殖土地，这就是说，为了生活需要而改良土地，从而把属于他的东西、即劳动施加于土地之上。谁服从了上帝的命令对土地的任何部分加以开拓、耕耘和播种，他就在上面增加了原来属于他所有的某种东西，这种所有物是旁人无权要求的，如果加以夺取，就不能不造成损害。"① 同时，洛克也剥夺了非劳动者拥有世界的权利：上帝"是把世界给予勤劳和有理性的人们利用的（而劳动使人取得对它的权利），不是给予好事吵闹和纷争的人们来从事巧取豪夺的"②。洛克拿上帝说话和论证命题，但上帝只不过是概念；由于上帝只是概念，所以，上帝的无上权威同样是虚置的。上帝及上帝无上的权威一旦失去光环和效力，那么，剩下者只有三种因素：劳动者、劳动和通过劳动所创造和拥有的世界。由此看来，对洛克的相关思想稍加分离，便可得到两个根本性的成果，一是私有财产所有权的劳动起源论，二是劳动者创造世界、劳动者应当拥有世界的劳动人道主义思想因素。概括地说，马克思的劳动人道主义，其核心的观点不过这么几个：劳动创造世界，所以劳动者应当拥有世界，由于劳动是人与动物区别的标志，所以，以人的名义概括这一思想，便是劳动人道主义。③

　　不仅如此，顺着这个思路再往前迈进，源于洛克的劳动人道主义思想，便成为分析和批判资本主义雇佣劳动制度的分析框架。马克思第一次运用这种分析框架是在《1844年经济学哲学手稿》中，初试锋芒，便"战功"卓著。虽然劳动是人的天赋权利，劳动者既然创造了世界就应当拥有世界，但资本主义雇佣劳动制度下的现实情况正好相反，"按照国民经济学的规律，工人在他的对象中的异化表现在：工人生产得越多，他能够消费的越少；他创造的价值越多，他自己越没有价值、越低贱；工人的产品越完美，工人自己越畸形；工人创造的对象越文明，工人自己越野

---

① ［英］洛克：《政府论》下篇，叶启芳、瞿菊农译，商务印书馆1964年版，第22页。

② ［英］洛克：《政府论》下篇，叶启芳、瞿菊农译，商务印书馆1964年版，第22页。

③ 对于劳动人道主义的定义性说明，参见宫敬才：《马克思劳动人道主义视野中的科学技术观》，《北京师范大学学报》2009年第1期。

蛮；劳动越有力量，工人越无力；劳动越机巧，工人越愚笨，越成为自然界的奴隶"①。这是资本主义雇佣劳动制度下劳动过程对劳动者个人的有害影响。劳动过程在最终结果上又如何呢？马克思揭示了，"劳动为富人生产了奇迹般的东西，但是为工人生产了赤贫。劳动生产了宫殿，但是给工人生产了棚舍。劳动生产了美，但是使工人变成畸形。劳动用机器代替了手工劳动，但是使一部分工人回到野蛮的劳动，并使另一部分工人变成机器。劳动生产了智慧，但是给工人生产了愚钝和痴呆"②。

造成这一切伤害性后果的原因何在？根本原因在于私有财产所有权与它的劳动起源的制度性分离。分离以后，私有财产所有权可以为所欲为，无恶不作，而资产阶级经济学家如西尼尔之流，肢解和腰斩洛克的私有财产所有权思想，把资本主义雇佣劳动制度的最根本性前提——私有财产所有权加以固定和美化，在此基础上为资本家的行为极尽献媚、论证和辩护之能事。由此看来，我们不能小看马克思对资产阶级经济学中私有财产所有权这一前提的揭露和批判。正是这一批判，剥夺了资产阶级经济学法权意义的合法性外衣，也使资产阶级经济学为资本家剥削行为所营造的天然合理的神圣光环烟消云散。从此以后，劳动创造世界，劳动者应当拥有世界的主张，除具有价值立场的合理性之外，还具有了哲学本体论的根据。

三、阶级立场批判

马克思在自己的政治经济学研究过程中，持续不断地对资产阶级经济学的阶级立场进行揭露和批判。在当时，引起了大部分经济学家的不快甚至憎恨；就是现在，也有为数不少的人对此深不以为然。马克思的批判所依据的事实存在吗？批判中有着什么样的思维结构和价值立场？批判有道理吗？现在，人们不再关注这些问题，因为具体的社会历史性生活内容已发生了很大变化。但是，不关注不等于问题不存在，因为马克思的批判

---

① 《马克思恩格斯文集》第 1 卷，人民出版社 2009 年版，第 158 页。

② 《马克思恩格斯文集》第 1 卷，人民出版社 2009 年版，第 158—159 页。

所依据的客观事实不仅存在，而且还在不断以新的形式和在新的地区产生。由此看，这是一种可悲和可怕的漠视与麻木，资产阶级经济学在人的生存和尊严面前显得冷漠、苍白和无价值。问题在于，这种局面难道不需要改变吗？

资产阶级经济学有一个相对于自身而言非常经世致用的传统，这就是以人和人类的名义谈人论事，不失时机和不遗余力地标称自己为科学，且是自然科学意义的科学。这给人造成了一种印象，资产阶级经济学是关于人的公正、客观的科学。就这一点而言，我们可在马歇尔《经济学原理》一书中找到清晰明白的表述，① 正是因为如此，它不是专属于哪一个阶级、阶层或社会利益集团的经济学。这种表白及表白给人造成的印象符合社会历史实际吗？这种以人的名义和"科学"的名义构筑出来的经济学精神世界是对客观事实的揭示，还是只不过为假象？

马克思在《资本论》第 1 版序言中说，"如果我国各邦政府和议会像英国那样，定期指派委员会去调查经济状况，如果这些委员会像英国那样，有全权去揭发真相，如果为此能够找到像英国工厂视察员、编写《公共卫生》报告的英国医生、调查女工童工受剥削的情况以及居住和营养条件等等的英国调查委员那样内行、公正、坚决的人们，那么，我国的情况就会使我们大吃一惊。"② "如果"之所以是如果，根本原因在于现实中它不存在。这就是说，当时的德国存在像英国那样的相关制度和人员。那些被马克思称赞为"内行、公正、坚决的人们"所揭露出且是官方公布的客观事实是什么呢？

"在一所花边学校里，有 18 个女孩和一个老板娘，每人占有 33 立方英尺的空间；在另一所臭气熏天的学校里，有 18 个人，每人占有 $24\frac{1}{2}$ 立方英尺。在这个行业中，竟雇用 2 岁到 2 岁半的儿童干活。"

"通过制砖工场这座炼狱，儿童在道德上没有不极端堕落的……他们从幼年起就听惯了各种下流话，他们在各种卑劣、猥亵、无耻的习惯中野蛮无知地长大，这就使他们日后变成无法无天、放荡成性的无赖汉……他

① 参见 ［英］马歇尔：《经济学原理》上卷，朱志泰译，商务印书馆 1964 年版，第 23 页。
② 《马克思恩格斯文集》第 5 卷，人民出版社 2009 年版，第 9 页。

们的居住方式是道德败坏的一个可怕根源。每个成型工（他是真正的熟练工人，又是一个工人小组的头）要在自己的小屋里安排他这一班七个人的吃和住。这些人不管是不是他的家里人，男女青少年都睡在他的小屋里。这种小屋通常只有两个房间，个别的才有三个房间，他们统统睡在地上，通风很差。他们劳累一天，浑身汗水，已经精疲力竭，哪还能讲究卫生、清洁和礼貌。这样的小屋多数都是混乱和肮脏的真正标本……雇用少女干这种活的最大弊病就是，这种情况往往使她们从幼年起就终生沦为放荡成性的败类。在自然使她们懂得自己是个女人之前，她们已经变成粗鲁的、出言下流的男孩子。她们身上披着几块肮脏的布片，裸露大腿，蓬头垢面，根本不在乎什么端庄和羞耻。吃饭的时候，她们伸开四肢躺在田野上，或者偷看在附近运河里洗澡的小伙子。她们干完了白天的重活，就换一身好一点的衣服，陪着男人上酒馆。"

"9 岁到 10 岁的孩子，在大清早 2、3、4 点钟就从肮脏的床上被拉起来，为了勉强糊口，不得不一直干到夜里 10、11、12 点钟。他们四肢瘦弱，身躯萎缩，神态呆痴，麻木得像石头人一样，使人看一眼都感到不寒而栗。马利特先生和别的工厂主起来抗议讨论这类事情，是一点也不奇怪的……这种制度正像蒙塔古·瓦尔皮牧师所描写的那样，是无拘无束的奴隶制，是在社会、肉体、道德和智力方面的奴隶制。"

"陶工作为一个阶级，不分男女……代表着身体上和道德上退化的人口。他们一般都是身材矮小，发育不良，而且胸部往往是畸形的。他们未老先衰，寿命不长，迟钝而又贫血；他们常患消化不良症、肝脏病、肾脏病和风湿症，表明体质极为虚弱。但他们最常患的是胸腔病：肺炎、肺结核、支气管炎和哮喘病。有一种哮喘病是陶工特有的，通称陶工哮喘病或陶工肺结核。还有侵及腺、骨骼和身体其他部分的瘰疬病，患这种病的陶工占 $\frac{2}{3}$ 以上。只是由于有新的人口从邻近的乡村地区补充进来，由于同较为健康的人结婚，这个地区的人口才没有发生更严重的退化。"[①]

够了，以上引证的英国官方公布出来的客观事实足以说明：恩格斯出

---

① 以上四则材料，转引自《马克思恩格斯文集》第 5 卷，人民出版社 2009 年版，第 539、534、282、284—285 页。

版于 19 世纪 40 年代的《英国工人阶级状况》一书，其结论是有客观事实依据的，而马克思的《资本论》，利用的是直到 19 世纪 60 年代为止英国官方公布的事实材料。这说明，《资本论》的结论更有客观事实依据。现在需要我们回答的问题是：资产阶级经济学家如何面对这些客观事实？在他们标称为"科学"的言说中，又是如何想掩饰实则充分表现自己的资产阶级立场的？

早期的资产阶级经济学家，没有后来的专业经济学家狡猾，面对上述令人发指的事实，表明阶级立场时直抒胸臆，说起话来并不拐弯抹角。例如，曾经启发过亚当·斯密且以《蜜蜂的寓言》这一长诗著称于世的曼德维尔就是如此："靠每天劳动为生的人，只有贫困才能激励他们去工作，缓和这种贫困是明智的，但加以治疗则未免愚蠢。能使工人勤勉的唯一手段是适度的工资。工资过低会使工人依各自的气质或者垂头丧气，或者悲观绝望，工资过高则会使他们傲慢不逊，好逸恶劳……从以上的说明就可以知道，在不允许奴隶存在的自由民族中，最可靠的财富就是众多的勤劳贫民……没有他们，就不能有任何享乐，任何一个国家的产品都不可能被用来谋利。要使社会（当然是非劳动者的社会）幸福，使人民自己满足于可怜的处境，就必须使大多数人既无知又贫困。"① 我们向曼德维尔的坦诚表示敬意，同时，对他资产阶级立场背后的冷漠、残酷和泯灭良知的心态表示厌恶。

后来，资产阶级经济学家变得狡猾了，当面对上述令人发指的事实表达自己的阶级立场时，就用大部分人看不懂的专业术语说话，有时，可以把要表达的意思说得飘忽不定，不细加分析，就会以为他在漫无目的地谈天说地。我们以被马克思作为分析典型的牛津大学历史上第一位政治经济学教授西尼尔为例证明这一点。他说，政治经济学家"就像个陪审员一样，必须如实地根据证据发表意见，既不容许同情贫困，也不容许嫉视富裕和贪婪，既不容许崇拜现有制度，也不容许憎恶现有的弊害，既不容许酷爱虚名，投合时好，也不容许标新立异或固执不变，以致使他不敢明白说出所相信的事实，或者是不敢根据这些事实提出在他看来是合理的

---

① 转引自《马克思恩格斯文集》第 5 卷，人民出版社 2009 年版，第 710 页。

结论。"① 西尼尔这位政治经济学家"如实地根据证据发表"的意见是什么呢？是一套概念游戏及游戏背后的阶级立场："关于第二个阶级，我们已有的一些词是资本、资本家和利润。这些词所表示的是手段、使用或运用这一手段的人和这个人的报酬。但是，却没有一个惯用的词来表示他的动作；这一动作的报酬是利润，它与利润的关系跟劳动与工资的关系相同。对于这样的动作我们已经给予一个名称——节制。加上这个词之后，第二个阶级就有了完备的命名系统。资本是一项财富，是在财富生产或财富分配中人类作出的努力的结果。节制所表示的，既是不将资本投于非生产性使用的那种动作，也是将劳动使用于产生遥远结果而不是眼前结果的那种在性质上相同的行为。采取这样行动的人是资本家，这一行动的报酬是利润。"②

资本的行为化是节制，节制是一种动作，动作的报酬或结果就是利润。西尼尔真聪明，聪明到能把自己的观点表述得甚至连同为牛津大学出身的洛克和亚当·斯密都有可能看不明白的地步。但是，他也有"马失前蹄"的时候。这一点没有逃过马克思的眼睛。"1836 年的一个早晨，以经济学识和文体优美著称的纳索·威·西尼耳，这位在英国经济学家中在某种程度上相当于克劳伦的人，从牛津被召往曼彻斯特。他在牛津教授政治经济学，现在被召到这里来学习政治经济学。工厂主选中了他，要他充当斗士去反对新颁布的工厂法和比工厂法更激进的争取十小时工作日的鼓动。工厂主以惯常的实际经验上的敏感看出，这位教授先生'还需要好好地最后雕琢一番'。因此他们写信叫他到曼彻斯特来。这位教授先生把他在曼彻斯特从工厂主那里学到的课业，加以润色，写成一本小册子：《关于工厂法对棉纺织业的影响的书信》（1837 年伦敦版）。在这本小册子里"，他得出的结论是"工厂的全部纯利润来源于最后一小时"③。

虽然西尼尔在教科书中为经济学家及其学生们下达了六个"不容许"的强迫式"命令"，面对客观事实时必须保持中立立场的要求可谓严苛，

---

① ［英］西尼尔：《政治经济学大纲》，蔡受百译，商务印书馆 1977 年版，第 12 页。
② ［英］西尼尔：《政治经济学大纲》，蔡受百译，商务印书馆 1977 年版，第 138 页。
③ 《马克思恩格斯文集》第 5 卷，人民出版社 2009 年版，第 258—259 页。

但是，当资本家出于阶级利益的急迫需要向他这位貌似中立公正的经济学家提出帮助性要求时，他的阶级立场本能驱使他突破自己曾经立下的"禁令"，全身心投入且毫不掩饰地为资本家的利益制造经济学理论，以至于这种理论与自己的基本理论主张极度矛盾和尖锐冲突也在所不惜。对此，马克思一语中的地揭露道："这位教授先生总算从这次曼彻斯特的旅行中得到了一些好处！在《关于工厂法的书信》中，全部纯利润，即'利润'、'利息'和甚至'更多的东西'取决于工人的一小时无酬劳动！而在一年前，西尼耳在他那本为牛津的大学生和有教养的庸人写的《政治经济学大纲》一书中，还反对李嘉图提出的价值由劳动时间决定的论点，'发现'利润来源于资本家的劳动，利息来源于资本家的禁欲主义，来源于他的'Abstinenz'['节欲']。"①

　　马克思对西尼耳自相矛盾的揭露击中了西尼耳言说的要害。要害之处在于，西尼耳尽管可以在教科书里和神圣的牛津大学课堂上用鬼话式的专业术语掩藏自己的阶级立场，但阶级立场的本能要求他站出来公开为资本家的利益说话时，他便扯掉自己身上的各种迷人的外衣，暴露给人们的是一副资本家利益代言人的嘴脸。西尼耳是政治经济学家中的个别现象吗？我们用事实来说话。稍晚于西尼耳的剑桥大学政治经济学教授马歇尔，对资产阶级经济学的贡献可谓巨大，正是他，使政治经济学的提法改为更"科学的"经济学，在经济学职业化、学院化的进程中功不可没。他的《经济学原理》教科书教育英语国家的人长达50年之久。正是他，在这部教科书的开篇中就说出了如下话语："经济学是一门研究财富的学问，同时也是一门研究人的学问。"人们概括他的思想，变为这样一个提法：经济学是人学。经济学研究人的什么呢？这要看阶级立场驱使经济学家研究人的什么。马克思受无产阶级立场或说普通劳动者的立场驱使，在自己著作中持续不断地揭露资本主义劳动制度使普通劳动者的生存受到致命性威胁，劳动者的人的价值被践踏，劳动者的尊严被辱夺殆尽。马歇尔看到了什么？资本家的利润来源于劳动者的劳动，劳动需要效率，效率与劳动者的饮食有关，所以，他看到了劳动者的饮食结构对资本家利润的影

---

① 《马克思恩格斯文集》第5卷，人民出版社2009年版，第264页。

响。我们不要忘记，马歇尔人学辞典中的普通劳动者首先不是人，而是像马和蒸汽机一样的创造利润的工具。他认为，劳动者的饮食结构要从效率角度考虑，考虑不到位，"他的效率之将受到损害，正像一匹马饲养不良或一架蒸汽机没有充足的煤的供给一样。达到这种限度的一切消费都是严格地生产的消费：这种消费的任何节省，都是不经济的，而是会造成损失的"①。具体说，"一个人所有的食物供给与他可用的力气之间有密切的关系，而在体力操作方面尤其如此。如果工作是间歇的，像有些码头工人的工作那样，则价廉而有营养的谷类食物就够了。但是，对于非常繁重的连续紧张的工作，像炼铁工人和最艰苦的铁路工人的工作所包含的紧张那样，则需要即使在身体疲劳时也能消化和吸收的食物。高级劳动者工作包含很大的神经紧张，他的食物就更需要具有这种质量，虽然他们所需要的食物数量一般是小的"②。

马歇尔的"高论"既不是经济学，也不是政治经济学，而是像养鸡场或养猪场的专家写出来的"工人饲养学"。资本家看了剑桥大学教授的"迷你高招"当然会高兴，因为这与他的利润即钱袋密切相关且只有好处而没有坏处。问题是：马歇尔有什么权利剥夺劳动者最普通和最基本的人权——饮食自由选择权？他为什么要剥夺？这一剥夺与经济学是人学的命题是什么关系？与阶级立场是什么关系？对问题的不断究问会使"科学"经济学家的"科学"本性暴露无遗。局部和静态地看这种说辞确为科学，就像泰罗《科学管理原理》中所讲的道理一样是科学。但是，这种科学，以剥夺劳动者的基本人权为前提，以资本家的钱袋暴鼓为目的，以资本主义劳动制度更高效地运转为社会历史性后果。马歇尔死后葬埋于剑桥大学校园但少有人"光顾"，这是资本家阶级忘恩负义的本性使他遭此冷落。

马克思在《资本论》中所涉及的工人阶级悲惨处境的事实让每一个有良知的人难以平静，与此形成鲜明对照者是资产阶级经济学家又是如此地处乱不惊，抱定资产阶级立场矢志不移。为什么？难道资产阶级经济学家不是人吗？资产阶级经济学家是人但非空洞抽象的文字符号，而是实际

---

① ［英］马歇尔：《经济学原理》上卷，朱志泰译，商务印书馆1964年版，第89页。
② ［英］马歇尔：《经济学原理》上卷，朱志泰译，商务印书馆1964年版，第215页。

地处于社会现实之中，禀有各种各样的社会身份和特定的社会职责。他的社会职责是资产阶级经济学家，所以，这种社会职责具体化为自己的学术行为，就变为仅在表面上不涉及价值立场的"科学"。真实情况是，"庸俗经济学所做的事情，实际上不过是对于局限在资产阶级生产关系中的生产当事人的观念，当做教义来加以解释、系统化和辩护。因此，我们并不感到奇怪的是，庸俗经济学恰好对于各种经济关系的异化的表现形式——在这种形式下，各种经济关系显然是荒谬的，完全矛盾的；如果事物的表现形式和事物的本质会直接合而为一，一切科学就都成为多余的了——感到很自在，而且各种经济关系的内部联系越是隐蔽，这些关系对普通人的观念来说越是习以为常，它们对庸俗经济学来说就越显得是不言自明的"①。

　　资产阶级经济学家的阶级立场与资本主义生产制度中生产当事人的客观需要之间具有如此密切和必然的联系，所以，生产当事人的实际利益要求变为资产阶级经济学家的"学术观点""科学发现"和"研究成果"等，便是预料之中的事情了，上述西尼尔和马歇尔的例子足能证明这一点。正是因为如此，资产阶级经济学家即便主观愿望上想做到公正客观，但阶级立场和生产当事人的实际利益需要也会逼使他们以自己的学术专长为工具，服务于资本主义生产制度。就这一点而言，马克思的揭露虽然言不中听，但符合实际："在政治经济学领域内，自由的科学研究遇到的敌人，不只是它在一切其他领域内遇到的敌人。政治经济学所研究的材料的特殊性质，把人们心中最激烈、最卑鄙、最恶劣的感情，把代表私人利益的复仇女神召唤到战场上来反对自由的科学研究。"政治经济学领域中自由科学研究的敌人的特殊性，导致了这一领域的特殊景观："现在问题不再是这个或那个原理是否正确，而是它对资本有利还是有害，方便还是不方便，违背警章还是不违背警章。无私的研究让位于豢养的文丐的争斗，不偏不倚的科学探讨让位于辩护士的坏心恶意。"②

　　我们应当看到，马克思对资产阶级经济学家阶级立场的揭露、分析和批判，涉及一系列更一般性的经济哲学问题。经济学家能摆脱以阶级立

---

① 《马克思恩格斯文集》第 7 卷，人民出版社 2009 年版，第 925 页。

② 《马克思恩格斯文集》第 5 卷，人民出版社 2009 年版，第 10、17 页。

场为典型的价值立场约束吗？经济学家作为社会分工中的特殊角色，其职责是什么？经济学家的价值立场与其职责的履行是什么关系？马克思自己的观点很明确，经济学家应站在无产阶级立场和劳动人道主义的立场上看待问题，发表学术观点。在马克思看来，这二者之间不仅不矛盾，而且无产阶级立场和劳动人道主义立场，有助于科学性结论的得出和阐扬。资产阶级经济学家的阶级立场正相反，因为这种立场会严重阻碍科学结论的得出和阐扬。从这个简单的叙述中我们可以体会到，上述三个一般性的经济哲学问题并没有得到回答，它们还在等待着人们的研究和回应。

经济学能否摆脱价值立场如阶级立场的束缚？在纯正的资产阶级经济学家中，对这一问题的看法并不一致。自由市场原教旨主义的坚定分子哈耶克一再申明，经济学理论无法摆脱价值立场的约束，"在理论高度发达的社会科学即经济学中，这一点表现得最为明显。大概可以毫不夸张地说，过去一百年里经济学的每一项重大进步，都是向着不断采用主观主义的方向又前进了一步。对经济活动的对象进行定义不能从客观的角度，而是只能参照人类的意图，这已经成了不言而喻的常识。不管是'商品'或'经济物品'，还是'食品'或'货币'，都不能从自然角度，而只能根据人们对事物的观点进行定义"。"人与物的关系如此，人与人的关系更是如此。社会研究不能用自然科学的客观方法，而是只能根据人们的信念，对这种关系进行定义。"① 有意思的是，同为自由市场原教旨主义的坚定分子，美国经济学家弗里德曼却坚持与哈耶克正相反的立场："原则上，作为一门特殊学科，经济学只涉及环境变化对事件发展进程的影响，只涉及预测和分析，而不涉及评价。它只涉及某些特定的目标是否能够实现；如果能够实现，应该如何实现。但是，严格地说，它并不涉及这些目标的好坏。"让人不可思议者，这位诺贝尔经济学奖获得者又补充了如下一段话："进一步讲，经济学家并不仅仅是经济学家，他们也是人，因此，他们自己的价值观无疑会影响他们的经济学。'不受价值观影响的'经济学只是一种理想，同大多数理想一样，它常常在危难时刻受到尊崇。经济学家的

---

① ［英］弗里德里希·A.哈耶克：《科学的反革命——理性滥用之研究》，冯克利译，译林出版社 2003 年版，第 24 页。

价值判断无疑会影响他所从事的研究课题，也许还会时常影响他所得出的结论。正如我们在前面所说的那样，他的结论又反作用于他的价值判断"，"但是，这并不改变这样一种基本观点：原则上，经济学中并不存在价值判断"。①

我们惊奇于弗里德曼思维逻辑混乱又从容镇定，也高兴于对拒斥经济学中价值立场存在论者思维结构的发现。凡是反对经济学中存在价值立场的经济学家都把这一问题析分为两个问题。一个问题是经济学中应当还是不应当存在价值立场，另一个问题是已经客观存在的经济学中是否存在价值立场。类似弗里德曼这样的学者，把应当存在与现实存在合而为一，应当的就是已经存在的，所以，经济学中不存在价值立场的结论应运而生，而经济学中现实存在的价值立场，由于不合"应当"的要求，这样的经济学便以不够"科学"或不够专业水准的名义被打入另册，逐渐被边缘化。科学经济学的策略真是高明，如此举措既维护了学科自私的利益，又让占统治地位的主流意识形态放心和高兴，这样实惠而又"光彩"的事业，何乐而不为呢？

以上的分析和引证表明，经济学中是否存在价值立场的问题，首先存在于经济哲学本体论层面，其次才是具体学术倾向意义上个人选择性的态度。从态度史角度看，自从西尼尔 1836 年正式提出经济学中的价值立场问题以来②，有如此多的经济学家表明立场，其间有大规模的学术争论，也提出了"价值无涉"或"价值中立"这样著名的口号，但由于切入层面不对头，所以，思考、争论，甚至著名的口号，都不可能真正地解决问题。毋宁说，问题会更复杂，得出符合实际的结论更加困难。情况之所以会如此的根本原因在于本体论层面上解决问题才是根本。在本体论层面上，限于篇幅不能展开论证，但事实的客观存在告诉我们：经济学中存在包括以阶级立场为典型的价值立场，是这门科学在劫难逃的命运。

既然经济学中存在以阶级立场为典型的价值立场是这门学科在劫难

---

① ［美］米尔顿·弗里德曼：《弗里德曼文萃》上册，胡雪峰、武玉宁等译，首都经济贸易大学出版社 2001 年版，第 4 页。

② 参见［英］西尼尔：《政治经济学大纲》，蔡受百译，商务印书馆 1977 年版，第 12 页。

逃的命运，那么，以这门学科为职业、为事业、为安身立命之所在的经济学家，其职责是什么呢？有无数经济学家，如西尼尔、杰文斯、马歇尔和弗里德曼等，孜孜以求地把经济学建设为像自然科学一样的硬科学，但价值立场问题的哲学本体论性质决定了这种追求实在是类如堂·吉诃德与大风车搏斗，幻想过头到了可笑的地步。实际上，经济学家的职责没有什么神秘之处，他应当利用他的专业特长，以经济学的认识方式和分析方法，把经济事实从一个特定角度说清楚，把基本的事实材料和理解方式交给他人，连同自己的价值立场也一并说出。在这里，马克斯·韦伯的观点可能有益。经济学家自己的学术研究成果和价值立场这二者都不能出于各种考虑或以不同的理由有所保留和掩藏，这同样是经济学家的基本职责。经济学家应该注意的是，不能以学者或教授的身份把自己的价值立场以科学的名义强加于他人，而应把判断和选择的权利一并交于他人。这一点做到了，经济学家才算是尽到了自己的职责。概括地说，经济学家面对不同时代、不同国家甚至不同地区的情况，能把三对矛盾的事实真相和价值立场有机统一地拿出言之成理且持之有故的一家之言，就是尽到了经济学家的职责。这三对矛盾是：效率与公平、私利与公利和现在与未来。

四、人学前提批判

我们在上面已经提及，英国经济学家马歇尔曾把经济学称为研究人的学问。引起我们好奇并需要我们思考之处是，在他的话语中经济学这门研究人的学问究竟研究人的什么？他认为，"经济学是一门研究财富的学问，同时也是一门研究人的学问。"具体说，"政治经济学是一门研究人类一般生活事务的学问；它研究个人和社会活动中与获取和使用物质福利必需品最密切相关的那一部分。"①"那一部分"是什么呢？在马歇尔看来，"那一部分"是"在人的日常生活事务方面最有力、最坚决地影响人类行为的那些动机。每个稍有可取之处的人，在从事营业时都具有较为高尚的性格；在

---

① ［英］马歇尔：《经济学原理》上卷，朱志泰译，商务印书馆 1964 年版，第 23 页。

营业方面，像在别处一样，他也受到个人情感、责任观念和对高尚理想的崇拜的影响。的确，最有能力的发明家，和进步的方法与工具的组织者之所以发挥他们的最好的精力，是因为受到高尚的好胜心的鼓舞，并非完全因为爱好财富的缘故。不过，话虽如此，日常营业工作的最坚定的动机，是获得工资的欲望，工资是工作的物质报酬……这个动机是为一定数额的货币所引起的，正是对营业生活中最坚定的动机的这种明确和正确的货币衡量，才使经济学远胜于其他各门研究人的学问"①。进一步说，经济学"所研究的事实是能被观察的"，"所研究的数量是能被衡量和记录的；因此，关于这种事实和数量在意见上发生分歧时，这种分歧就能用公开的和可能的记录来判明是非；这样，经济学就能在坚固的基础上继续工作了"。②

　　之所以如此多地引证马歇尔，根本原因在于他的思路相对完整且基本能代表资产阶级经济学的思维特点，尤为重要者，他是政治经济学向科学经济学转变的关键人物③，他的思想基本能把古典政治经济学和新古典主义经济学勾连起来。如果仅仅关注他关于经济学是研究人的学问的提法，说不定会误入歧途。虽然马歇尔的想法在表述风格上相对温和，但基本的思想因素既没有变化，也没有增添和减少。其基本因素由如下几点构成。第一，经济学虽然是研究人的学问，但它不研究人的全部和整体，而是研究人的特定组成部分，这就是与人的物质福利密切相关的思想动机。第二，动机显然不好观察，也不好把握，但它必然表现于外，表现于外者便是强烈且是难以抑制的获利欲望（马歇尔用了一个易于引起歧义和混乱的提法——"获得工资的欲望"）。第三，这一欲望由货币及其数量引起和表现，这既是经济学优越于其他社会科学学科的地方，也是与其他社会科学学科区别开来的地方。第四，由于经济学所研究的事物可以量化，所以它既能走向自然科学意义上的科学，又能以中立、客观的态度和方式消除歧见。

　　在马歇尔的基本思路中我们应抓住两点。一是相对于古典政治经济学而言，这一思路把自私经济人的含义集中化了，具体说，是把自私经济

<hr>

① ［英］马歇尔：《经济学原理》上卷，朱志泰译，商务印书馆1964年版，第34—35页。

② ［英］马歇尔：《经济学原理》上卷，朱志泰译，商务印书馆1964年版，第47—48页。

③ 这一转变的具体情况参见宫敬才：《经济学名称的黑格尔之"舞"及其意味》，《社会科学论坛》2007年第6期。

人的多层面多向度的含义基本固定在效率、效用和效果上，就这一点而言，前面关于"工人饲养学"的引证和分析可作例证。二是相对于后来的经济学发展而言，这一思路中的中立化表白和科学化倾向得到了论证和申明。这正是后来科学主义经济学最基本的两个特点。实际上，这两个特点早在杰文斯 1871 年出版的《政治经济学理论》一书中就已充分表露出来了："很明白，经济学如果是一种科学，它必须是一种数学的科学。以数学的方法，数学的用语，导入精神科学的尝试，曾遭遇深的成见。有许多人似乎觉得，物理科学才是应用数学方法的适当范围，精神科学需有某种别的方法——是什么我不知道。但我的经济学理论在性质上纯然是数学的。不，因为我相信，我们所处置的量，必定有继续的变化，我又毫不踌躇，在数学中采用适当的部门，大胆讨论无限小量。那就是应用微分法来说明财富、效用、价值、需要、供给、资本、利息、劳动的概念，以及日常产业生活上其他各种量的概念。几乎每种科学的完全的理论都须使用微分法；经济学的正确的理论自亦不能例外。""在我看来，只因经济学所讨究的是量，所以它必须是数学的。"①

与此同时，经济学研究对象的集中化和浅薄化在杰文斯那里也有集中体现。他把边沁的效用原则拉来做哲学基础，规定为经济学的唯一研究对象，他自认为找到了指路明灯，所以对边沁大加赞扬："本书所述的理论完全以快乐痛苦的计算为依据；经济学的目的，原是求以最小痛苦的代价购买快乐，从而使幸福增至最高度。此处的用语或不免引起误解；人们或许会想，我是把低级的快乐和痛苦视为指导人心的唯一的动机。我毫不踌躇地接受功利主义的道德学说，以行为对于人类幸福所发生的影响定为是非的标准。但我决不觉得，这种学说中有任何事物，使我们对于所用的名辞不能采取最广义和最高义的解释。"由是观之，"边沁关于这问题所说的话，固须有相当的解释和限制，但其所包含的真理太伟大了，太充分了，要躲避亦是不能的"。② 杰文斯确实对边沁的学说入了迷，着了魔，

---

① ［英］斯坦利·杰文斯：《政治经济学理论》，郭大力译，商务印书馆 1984 年版，第 30 页。

② ［英］斯坦利·杰文斯：《政治经济学理论》，郭大力译，商务印书馆 1984 年版，第 42 页。

以至于他没有意识到边沁功利主义理论内在的理论缺陷和哲学基础上的毛病，尤其是它对后世经济学的伤害。

边沁对自己的功利主义理论自视甚高，似乎这一理论是人类之谜的解答："自然把人类置于两位主公——快乐和痛苦——的主宰之下。只有它们才指示我们应当干什么，决定我们将要干什么。是非标准，因果联系，俱由其定夺。凡我们所行、所言、所思，无不由其支配：我们所能做的力图摆脱被支配地位的每项努力，都只会昭示和肯定这一点。一个人在口头上可以声称绝不再受其主宰，但实际上他将照旧每时每刻对其俯首称臣。功利原理承认这一被支配的地位，把它当作旨在依靠理性和法律之手建造福乐大厦的制度的基础。凡试图怀疑这个原理的制度，都是重虚轻实，任性昧理，从暗弃明。"① 但是，边沁没有意识到，杰文斯同样没有意识到，快乐与痛苦能计算吗？如何计算呢？后来，不少经济学家意识到这是个问题，所以以替代性办法——用序数计算法来弥补这一硬伤，但是，用基数计算法不能计算的硬伤还在那里张着带血的口子。

就这一理论的哲学基础而言，马克思曾怒气十足地揭露和批判："耶利米·边沁纯粹是一种英国的现象。在任何时代，任何国家里，都不曾有一个哲学家，就连我们的哲学家克利斯蒂安·沃尔弗也算在内，曾如此沾沾自喜地谈论这些庸俗不堪的东西。效用原则并不是边沁的发明。他不过把爱尔维修和18世纪其他法国人的才气横溢的言论平庸无味地重复一下而已。假如我们想知道什么东西对狗有用，我们就必须探究狗的本性。这种本性本身是不能从'效用原则'中虚构出来的。如果我们想把这一原则运用到人身上来，想根据效用原则来评价人的一切行为、运动和关系等等，就首先要研究人的一般本性，然后要研究在每个时代历史地发生了变化的人的本性。但是边沁不管这些。他幼稚而乏味地把现代的市侩，特别是英国的市侩说成是标准人。凡是对这种古怪的标准人和他的世界有用的东西，本身就是有用的。他还用这种尺度来评价过去、现在和将来。例如基督教是'有用的'，因为它对刑法从法律方面所宣判的罪行，从宗教方面严加禁止。艺术批评是'有害的'，因为它妨碍贵人们去欣赏马丁·塔

---

① ［英］边沁：《道德与立法原理导论》，时殷弘译，商务印书馆2000年版，第57页。

珀的作品，如此等等。这位勇敢的人的座右铭是'没有一天不动笔'，他就用这些废话写出了堆积如山的书。如果我有我的朋友亨·海涅那样的勇气，我就要把耶利米先生称为资产阶级蠢材中的一个天才。"① 虽然马克思的用语有失尖刻，但不可否认的是，他所揭露出的事实还是客观存在的。在边沁的理论中，连同鹦鹉学舌式的经济学家们运用经济学术语的鼓噪，使人的生活的所有内容只剩下了快乐和痛苦两种感觉，至于人的历史本性，不同民族文化传统的承续，特定境况和情景的不同激发，人的不同年龄、性别和个性之间的差别，等等，在这里通通不见了。持这种观点者总怕别人说此为浅薄、庸俗，实际情况是，这种观点除浅薄、庸俗外，还非常幼稚，所以，资产阶级经济学以这样的哲学为基础，并以它限定的范围为研究对象，走入死胡同是必然的结局。

就这种哲学和以此为基础的资产阶级经济学对后世的影响而言，比较起来是个复杂的问题。就经济学理论本身而言，它的视域狭窄和浅薄使经济学在适宜学院化的同时离现实的社会经济生活越来越远，加上科学化、数学化的推波助澜，所以，经济学日渐成为自言自语、自得其乐、自立标准和自我欣赏的"经济学的形而上学"（琼·罗宾逊夫人语）。另一方面，这种经济学抓住"效用"概念大做文章，不仅使它成为一种口号，一种时尚，一种哲学和一种文明习惯，而且还使它与当下、个体、有血有肉的人也逐渐脱离。正是因为如此，后来有经济学家讽刺这种效用第一主义且最大化信奉者的经济学理论，"几乎所有的教科书都没有直接阐释理性经济人。理性经济人的潜在假定存在于投入和产出、刺激和反应之间。他不高不矮、不肥不瘦、不曾结婚也不是单身汉。我们不知道他是否爱狗、爱他的妻子或喜欢儿童游戏胜于喜欢诗。我们不知道他要什么。但我们知道，无论他要的是什么，他会不顾一切地以最大化的方式得到它"② 。与此相对照，美国制度主义经济学的创始人之一凡勃伦的批评更严苛，也更切中要害："享乐主义的概念认为，人是快乐和痛苦的灵敏的计算器，人像

---

① 《马克思恩格斯文集》第5卷，人民出版社2009年版，第704页。

② 转引自［英］G.M.霍奇逊：《现代制度主义经济学宣言》，向以斌等译，北京大学出版社1993年版，第88页。

一只同质的渴求幸福的小球一样，在使其围绕一定区域移动的刺激之下摆动，但自己不受损害。他既不在前，也不在后。他是孤立的、确定的关于人的数据，除了撞击力的打击使之向一个方向或另一个方向移动以外，处于稳定的均衡之中。他自愿接受在一个基本空间之中，围绕自己的精神之轴对称地旋转，直到力的平行四边形击倒他，于是就遵从了作为结果的路线。当施加的力停止以后，他就停止下来，仍然是像以前一样自我满足的愿望的小球。"①

实际上，这种源自古典政治经济学、极端化和大盛于新古典主义经济学（马克思称其为庸俗经济学）中的人学理论，其浅薄、庸俗和幼稚只不过是它的特点的一个方面。另一方面，则是它的阶级功用特点。这一特点意在表明，把人的全部注意力引向效用的不同方向：消费者的效用和生产者的效率。效用的物质基础或叫货币前提是效率。对作为消费者的劳动者而言，消费效用的大小、多少和好坏都依赖于自己劳动的效率，如果自己的效用没有达到最大化，那不是资本主义生产制度的过错，而是自己劳动效率的低下所致。这是资产阶级经济学试图让作为消费者的劳动者所相信的"真理"。就作为生产者的资本家而言，"成者王侯败者贼"，资本使用上的效用就是利润意义上的效率，效用的最大化就是效率的最大化，效率最大化就是利润的最大化。照此理论行事，保你钱袋迅速鼓胀起来。这样，劳动者的饮食结构问题成了马歇尔的"经济科学"，劳动者的微观动作控制成了泰罗的"管理科学"，论证效率前提下污染环境天然合理的谬论成了因此而获诺贝尔经济学奖的"科思定理"。②

但是，劳动者也是人，既为人，他不仅具有人所具有的一切情感和生活理想与习惯，同样不可缺乏者是也应该具有人所享有的一切基本权利。基于此，马克思对古典政治经济学中存在、新古典主义经济学发展到病态地对人，具体说是对普通劳动者的扭曲、丑化，进行了揭露和批判。一班文人雅士，在不了解资本主义生产制度下普通劳动者的生存状况和资

---

① 转引自［美］亨利·威廉·斯皮格尔：《经济思想的成长》，晏智杰等译，中国社会科学出版社1999年版，第538页。

② 对这一问题比较系统的分析参见宫敬才：《环境经济学视域中的"科斯定理"及其缺陷》，《中华读书报》2009年8月5日。

产阶级经济学家如何利用大写的"人"字对这种生存状况进行掩饰的情况下，总以为马克思的言辞过于激烈偏颇。实际情况是，如果保有人的良知和了解马克思所掌握的情况，结论会截然相反，因为马克思的揭露和批判，依据客观事实，抓住了本质，打中了要害。由此我们会体会到，马克思对资产阶级经济学的批判，并不仅仅局限于纯经济学理论的层面，除此之外，还有一个既基于经济学又超出于经济学的哲学层面，这就是对资产阶级经济学的人学前提批判。

"不言而喻，国民经济学把无产者即既无资本又无地租，全靠劳动而且是片面的、抽象的劳动为生的人，仅仅当做工人来考察。因此，它可以提出这样一个论点：工人完全像每一匹马一样，只应得到维持劳动所必需的东西。国民经济学不考察不劳动时的工人，不把工人作为人来考察，却把这种考察交给刑事司法、医生、宗教、统计表、政治和乞丐管理人去做。"① 具体说，"国民经济学不知道有失业的工人，即有处于这种劳动关系之外的劳动人。小偷、骗子、乞丐，失业的、快饿死的、贫穷的和犯罪的劳动人，都是些在国民经济学看来并不存在，而只在其他人眼中，在医生、法官、掘墓者、乞丐管理人等等的眼中才存在的人物；他们是一些在国民经济学领域之外的幽灵。因此，在国民经济学看来，工人的需要不过是维持工人在劳动期间的生活的需要，而且只限于保持工人后代不致死绝。因此，工资就与其他任何生产工具的保养和维修，与资本连同利息的再生产所需要的一般资本的消费，与为了保持车轮运转而加的润滑油，具有完全相同的意义"②。

马克思的揭露和批判触及一个基本且是实质性的问题：把劳动者作为人来看，还是虽能冠以人之名但仅把劳动者作为劳动者来看？马克思首先把劳动者视作人，然后才是特定社会历史时期和特定生产资料所有制前提下的劳动者。如此看待劳动者，他或她作为人的一切还保持着，但在现实的社会生活中，他除劳动并通过劳动为资本家创造剩余价值之外的一切都不被尊重，在资产阶级经济学的理论中一切都不见了。这不是劳动者的过

① 《马克思恩格斯文集》第 1 卷，人民出版社 2009 年版，第 124 页。

② 《马克思恩格斯文集》第 1 卷，人民出版社 2009 年版，第 171 页。

错，而是资产阶级经济学家和资本主义生产当事人的共谋所致。从这里我们可以看出，马克思对资产阶级经济学的人学前提批判，同时也是对其社会历史和政治立场的批判。在这种批判中，资产阶级经济学的资产阶级本质，其人学的虚伪性、辩护性和残酷性，再也无法遮掩地暴露在光天化日之下。

与此形成鲜明对照的资产阶级经济学，把劳动者冠以大写的"人"之名，其实际内容，只不过是处于创造剩余价值的劳动过程中的劳动者。在这一点上，李嘉图是生存工资论的首倡者，他的后继者们，一方面是消除其劳动价值论的"有害"影响，另一方面则是顺着视劳动者为牛为马的思路延伸、拓展、抽象、改变名称，等等，一直到杰文斯、马歇尔等人那里，经济学变为被不少人讽刺挖苦因而是不伦不类的东西。尤为重要者，资产阶级经济学由于与资本主义生产制度的连体关系，它握有话语主导权，可以在舆论、文化等方面造势，结果是科学经济学研究视野之外的劳动者不是人，而是成了"社会残渣"（马歇尔语）。这样，劳动者不仅在经济上受剥削，政治上被压迫，而且在文化和人格上，还遭到资产阶级经济学家的恶毒诬蔑。

把问题提得更明确一点，经济学关注劳动者及其劳动是题中应有之意，但是，在什么层面关注和关注劳动者的什么？资产阶级经济学尽管嘴硬，有时强词夺理，有时试图给人造成一种印象，它由于遭到误解而受了委屈。实质上，马克思的分析没有错，持上述观点的经济学是资产阶级经济学，它把资本主义生产当事人也就是资本家的观点理论化，这一根本性的阶级立场决定了它在生产要素的层面上看待劳动者。由此出发，下面的结论不言自明，它关注劳动者在劳动过程中的效率，因为这对资本家的利润有决定性影响，除此之外，他们什么也不关注，类如健康、性别、伦理道德等。

马克思在《资本论》中对这些令人发指的罪恶的揭露，我们在上面已经展示过了。马克思也关注劳动者及其劳动，但他的关注焦点是人之所以为人的哲学层面，所以，在马克思的视野中，劳动者首先是人，且是通过劳动创造社会历史并把自己与动物区别开的人，其次才是劳动者及其劳动。请看马克思在《1844 年经济学哲学手稿》中对这一问题的论证："劳动这种生命活动、这种生产生活本身对人来说不过是满足一种需要即维持肉体生存的需要的一种手段。而生产生活就是类生活。这是产生生命的生活。一个种的整体特性、种的类特性就在于生命活动的性质，而自由的有意识的活动恰恰就是人的类特性……诚然，动物也生产。动物为自己营造巢穴或住所，如蜜蜂、海狸、蚂蚁等。但是，动物只生产它自己或它的幼仔所直接需要的东西；动物的生产是片面的，而人的生产是全面的；动物只是在直接的肉体需要的支配下生产，而人甚至不受肉体需要的影响也进行生产，并且只有不受这种需要的影响才进行真正的生产；动物只生产自身，而人再生产整个自然界；动物的产品直接属于它的肉体，而人则自由面对自己的产品。动物只是按照它所属的那个种的尺度和需要来构造，而人却懂得按照任何一个种的尺度来进行生产，并且懂得处处都把固有的尺度运用于对象；因此，人也按照美的规律来构造。"①

马克思对劳动者及其劳动的定性和定位中有几个理论因素需要我们认真对待和把握。

第一，正是由于劳动者及其劳动，人作为一个特有的类才真正与动物区别开来。这说明，劳动者及其劳动具有经济哲学本体论的性质和意义。经济学由于学科理论逻辑的内在要求，不可能也没有必要在这一层面上展开劳动者及其劳动所具有的全部内容，但硬性的要求还是有的，这就是不能像资产阶级经济学家那样，割断经济学内容与其经济哲学本体论内容的所有联系，各取所需且是主观任性地赋予劳动者及其劳动以为我所用的含义。

第二，人的天赋人权和天赋自由，既不像皮科那样认为是上帝特别垂青人，② 也不是资产阶级学者所以为的那样是人为的政治法律规定，而是基于人的哲学本体论性质。人通过劳动创造了世界，这种创造过程是人之主体地位的确证，同时也表明：在求真、求善、求美这三个维度上，人都是自由的，有着不假外借的权利，按照自己的能力、手段和目标，追求真、善、美的统一，并在追求过程中不断超越自己和提升自己。虽然资产阶级经济学把人的基于经济哲学本体论而来的天赋人权和天赋自由偷换为

---

① 《马克思恩格斯文集》第 1 卷，人民出版社 2009 年版，第 162—163 页。
② 皮科的观点参见 ［瑞士］雅各布·布克哈特：《意大利文艺复兴时期的文化》，何新译，马香雪校，商务印书馆 1979 年版，第 350—351 页。

资产阶级的政治法律规定，但应然意义上的政治经济学，或者说马克思意义上的政治经济学，劳动者及劳动过程中的真、善、美三者绝对应当顾及。真的发展过程主要体现于以生产工具为主要表现形式的生产力发展历史之中，马克思总是不失时机地对此加以赞扬；善的具体含义有两方面，一为当下社会生活中劳动者与劳动的具体关系，马克思在一系列著作中总是不失时机地以异化劳动理论为分析框架，指斥资本主义生产制度中劳动者的非人境况，这实际是对恶的批判和对善的阐扬；二为劳动者劳动的合目的性，马克思在《资本论》第三卷中系统论述了这一问题，资本主义生产制度下劳动的非人性质必然会走向反面，其目标就是人的自由状态的实现。至于说到美，我们不能局限在美学学科的意义上看待这一问题。真和善的有机统一就是美，正是真和善的有机统一过程，反映和表征了劳动者的创造之美、力量之美和不断地自我超越之美；尤为重要者，反映和表征了人与自然之间物质变换关系不断提升和发展的和谐之美。

　　第三，真、善、美三者作为判断标准，既能使人们判明经济学的属人性质，也能判明某一特定的生产活动与劳动者及其劳动的关系性质。经济学无论怎样发展，也不管它发展到什么程度，更不管它朝什么方向发展，有一点是肯定的，这就是它不能脱离基于经济哲学本体论而来的真、善、美三者的内在约束，否则，它就不再具有属人的性质。不具备属人性质的经济学，要它有何用呢？资产阶级经济学的无知、傲慢和学科自私促成了"科学"经济学的产生和发展，但这只不过是经济学历史的插曲，总有一天人们会意识到并身体力行，把"科学"经济学重新改造为属人的经济学。某一特定的生产制度是好还是坏？准确地说是可取还是不可取？自亚当·斯密以来二百多年的西方主流经济学历史中有一条尽管花样翻新但实质始终不变的主线，这就是用相对于资本家利润而言的效率作为判定标准，衡量生产制度的好与坏、可取还是不可取。对这一特点应作出如下概括，此为效率崇拜或叫效率第一主义。① 按照这条思路走下去，不鲜见者

---

① 　对于效率崇拜或叫效率第一主义的系统分析参见宫敬才《经济个人主义的哲学研究》一书中的相关章节。该书由中国社会科学出版社于 2004 年出版，人民出版社 2016 年出第二版。

是资产阶级经济学家认为美国南部的奴隶种植园制度由于其效率高而被认定为好制度，好制度当然是可取的制度；更有不少的人，如西尼尔，面对资本主义生产制度下令人发指的罪恶，失却人之为人的良知，彰显作为资产阶级经济学家的专业权威性，把罪恶说成进步，且是天经地义，天然合理。这是资产阶级经济学家永远应当感到耻辱的学科污点。实际上，资产阶级经济学家如果按照马克思确立的真、善、美三项标准看待问题，这样的学科污点本不会产生，由此而来的耻辱，当然能够避免。

在结束这一部分时还有一点需要强调，马克思对资产阶级经济学的批判有两个基点：一是阶级立场；二是经济学的学科性质。但是，另一基点更重要：这就是哲学层面上的劳动人道主义基点。这一基点只适用于马克思这样的无产阶级经济学家但不适用于西尼尔之类的资产阶级经济学家？错了。基于劳动人道主义立场研究经济问题，看待劳动者及其劳动，是任何一位经济学家的"天职"，舍此，便是没有尽到"天职"，没有尽到"天职"的经济学家能说是合格的因而是真正意义上的经济学家吗？

五、方法论批判

马克斯·韦伯曾说，市场经济"可谓是一个人生在其中的广漠的宇宙，它对这个人来说，至少对作为个人的他来说，是一种他必须生活于其中的不可更改的秩序。他只要涉足于那一系列的市场关系，资本主义经济就会迫使他服从于资本主义的活动准则。假如一个制造商长期违犯这些准则，他就必然要从经济舞台上被赶下去，正如一个工人若不能或不愿适应这些准则就必然被抛到街头成为失业者一样"①。美国经济学家迈克尔·佩雷曼对这一点细加界说："我们都见过商店、农场、工厂和银行，以及工人、雇主和政府公务人员。他们似乎都应该是经济的一部分，而一个养育下一代工人的母亲也应该是经济中的一员。除此之外，学校、教堂和邻居

---

① ［德］马克斯·韦伯：《新教伦理与资本主义精神》，于晓、陈维刚等译，生活·读书·新知三联书店 1987 年版，第 38 页。

也会对人们的工作方式产生影响……出于同样的理由，一般文化所产生的似云雾般不可捉摸的影响，也可归之于主要是一种经济力量在起作用，即使当文化不以商品的形式——诸如电影和音乐制品之类出售时，情况也是这样。换言之，我们很难发现有什么东西可以排除在经济之外。这一推理思路最终导致这样一个结论：经济是一个无所不包的主题。" ① 不仅如此，相对于人们的现实生活而言，经济现象除广漠无垠、时时处处都存在之外，它还与每一个人的生存和发展性命攸关地联系在一起。这两点结合在一起构成最根本的原因，经济学研究不能无视和漠视方法问题，因为面对如此广泛、复杂和独特的研究对象，经济学研究方法是取得和不断提高研究效率的前提条件。

实际上，除这一根本性原因外，还有两个重要原因决定了经济学研究不得不重视方法问题，一是作为社会主流意识形态的形式之一，经济学像小说、诗歌、哲学等一样，负有对社会生活的维护和解释义务，而要让社会成员尤其是让统治者满意，让老百姓信服，就必须讲究方法，否则便会出现事与愿违的结果。二是近代以来，经济学作为一门学科，自觉或不自觉地逐渐向自然科学的研究范式靠拢，总在追求的理想是把经济学建设为像自然科学一样的硬科学。如何建设呢？便利的权宜之计是在研究和表述两个层面上模仿自然科学方法。如何模仿？在模仿过程中如何做到不脱离经济生活实际？这同样是个方法论问题。由此看来，关注方法，形成方法论思想，是经济学研究最基本的任务之一。

资产阶级经济学像政治学、历史学、哲学等其他学科一样，具有自己的独特的方法论原则，要而言之，其中核心的内容便是与马克思主义辩证总体的历史学方法正相反对的人类学方法。何谓人类学方法？这就是以假设为前提的想象和推理。在这一过程中，人类社会中的历史、民族、地域、阶级、文化、个体和个性等等差异都消失殆尽，剩下者，便是学者自己的理论所需要并为自己的理论服务的理想类型、模型或叫范式。这种理想类型或叫模式、范式表面看没有什么奇特之处，但其实质，不过是强势

---

① ［美］迈克尔·佩雷曼：《经济学的终结》，石磊、吴小英译，经济科学出版社 2000 年版，第 1 页。

民族、文化、阶级或利益集团的愿望、好恶和利益的根本性表达或者叫理论化。理论化者是以具体学科为谋生手段的各类专家，如经济学家、历史学家、哲学家等。相对于资产阶级和资本主义社会的需要而言，这一根本性方法有着无限的优越性和合理性，但相对于普通劳动者的根本利益而言，相对于马克思政治经济学的根本诉求而言，这一根本性方法既具有威胁性质又非常有害。由此说，批判资产阶级经济学的方法，是马克思批判资产阶级意识形态、批判资产阶级经济学理论和批判资本主义社会必然要面对的课题。事实确实如此。马克思在批判资产阶级经济学理论的过程中，方法论批判伴随始终，有的地方铿锵有力，切中要害，有的地方则是灵秀优美，给人以散文欣赏的美感。仅就这一点而言，马克思对资产阶级经济学方法论的批判，是我们非常宝贵的精神遗产。

1. 对"鲁滨逊·克鲁索方法"的批判

鲁滨逊·克鲁索是英国作家丹尼尔·笛福《鲁滨逊·克鲁索漂流记》这部著名小说中的主人公。他在船破沉海漂流到一个荒岛因而面临生存绝境的情况下，顽强拼搏，以令人难以置信的毅力和机智生存了下来。这是个人奋斗的文学典型，它鼓舞和激励了英国甚至西欧不同时代的无数年轻人。自19世纪中叶起，这一文学形象便以特有的精神气质进入资产阶级经济学之中，许多著名经济学家以鲁滨逊·克鲁索为例证说明自己的经济学理论，好像这个人真的存在过一样。尤其是其中孤立的个人如何配置消费品、资源和劳动以期达到利益最大化的道理，更是倾倒了无数经济学家。这些经济学家中的著名者有戈森、巴师夏、杰文斯、门格尔、庞巴维克、马歇尔、威克塞尔等。久而久之，鲁滨逊·克鲁索由文学形象演变成了资产阶级经济学中理性经济人的化身，最终，用鲁滨逊·克鲁索为例证说明五花八门的经济学观点，成了资产阶级经济学中最常见也是最实用的方法。

马克思在《政治经济学批判大纲》中专门讲到美国经济学家凯里，说他"是北美唯一的有创见的经济学家。他属于这样一个国度：在那里，资产阶级社会不是在封建制度的基础上发展起来的，而是从自身开始的；在那里，它不是表现为一个长达数百年的运动的遗留下来的结果，而是表现为一个新的运动的起点；在那里，国家和一切以往的国家的形成不同，从一开始就从属于资产阶级社会，从属于这个社会的生产，并且从来未能自命不凡地提出某种自我目的的要求；最后，在那里，资产阶级社会本身把旧大陆的生产力和新大陆的巨大的自然疆域结合起来，以空前的规模和空前的活动自由发展着，在征服自然力方面远远超过了以往的一切成就，并且最后，在那里，资产阶级社会本身的对立仅仅表现为隐约不明的因素"①。正是由于成长于这样的国度，凯里在理解和运用鲁滨逊·克鲁索这一文学形象时，其天真和率直达到了令人发笑的地步，而把这一文学形象用经济学术语重新塑造为理性经济人，使这一理性经济人具有经济学方法典型的示范意义，凯里不仅是最早的经济学家之一，而且也是最系统和完备的经济学家之一。

有鉴于此，我们不得不较为完整地引证他的相关论述："我们的鲁滨逊处在他的孤岛上，周围都是果实和花卉，飞禽和走兽，这些东西几乎都不是他单凭赤手空拳所能得到的。兔子跑得比较快，从他身边逃走了，鸟能飞往空中，鱼能沉入海洋深处，而鲁滨逊眼看着这一切适于给他作食物的东西，自己却不得不挨饿。当然，假如他有斧头和锯子，他可以砍伐树木来建造房屋；但是，没有斧头和锯子，他就不得不住在洞穴里。起初单凭自己的双手工作，他大概是靠大地上的野生果实充饥。稍后，当他制成了弓箭和小艇时，他给自己弄到了一些肉食；而这些肉食，由于他在取得它们时花去了劳动，也就有着巨大的意义。在这里，我们已经看得出价值的概念。为了享有自己所想望的物品，我们必须克服一种反作用；价值只不过是我们对于这种反作用的估计。随着人支配无偿自然力的能力的加强，这种反作用逐渐减少，而我们所注意到的下列事实，也从而得到了说明：在一切发展着的社会里，可以看出，同生活必需品相比，劳动的价值是在增加；而同劳动相比，生活必需品的价值是在减少。

……

"鲁滨逊坐着小船沿海旅行一次，遇到了另一个人，他同自己的处境相同，只有一点区别：他在某一方面对自然的支配权比自己小，而在另一

①　《马克思恩格斯全集》第30卷，人民出版社1995年版，第4页。

方面对自然的支配权却比自己大。这个人没有小艇，但有较好的箭，因而他在一天中所能弋获的鸟同鲁滨逊在一个星期所能弋获的一样多。因此，在他看来，鸟的价格比较小，而鱼的价格则比较大。这便是以货易货制度建立的前提条件。鲁滨逊捕到鱼并用鱼同邻人交换，他通过这种间接方法在一天所能得到的肉，比他自己用他的劣等的弓和箭在整整一个星期所能得到的还多；同时另一个人也完全同样可以获得更多的鱼：假如他用一天去打鸟，用鸟所能换得的鱼就比他自己用一个月所能捕获的更多，因为它既没有鱼钩，也没有钓丝；两个人都看到，通过交换，他们的劳动变得更有成效了。但同时，每个人都力求用自己一天的劳动去换到别人一天的劳动。一个人有各种鱼，他按照他捕鱼所用的劳动来估计每一种鱼的价格；因此，他估计一条咸鲷鱼的价格比六条江鳕鱼还要贵。另一个人有各种动物，他也精确地认为一只吐绶鸡同六只兔子的价值相等。由此可见，交换时的价值，是按照每个人为自己劳动时所根据的同一原则来确定的。两个人现在都能得到好处，是因为他们为了改善本身的处境而把自己的劳动联合起来了；这样，每一个人都有可能越过最小的困难去从事于他觉得最适合于自己的活动，于是劳动生产率随着个性的日益发展而不断提高。"①

限于篇幅和考虑到读者的忍耐力，我们只是引证了这个以文学故事开路的完整经济学理论中的两个自然段，但这两个自然段涉及或说凯里自以为讲清楚了资产阶级经济学中主要的基本原理，如分工效率论、比较优势论、效用价值论、经济交换制度起源论，等等。当然，这一切都以一个最根本的前提为基础，这就是理性经济人。实际上，为了这个理性经济人，凯里还在读者沉醉于文学故事而无暇他顾之际，看似不经意间实则是根本性地改变了笛福的文学初衷。与鲁滨逊交换的那个人，不是理性经济人而是被鲁滨逊用当时欧洲人所能想到的办法变为奴仆的人。主人和奴仆之间能有独立、平等和自由的交换吗？由此可见，资产阶级经济学家为了讲清楚、特别是为了让他人相信自己的一套理论，可以不顾及这个学科一再自我标榜的"科学"和"实证"，"根据"和"事实"，而是任由想象力

---

① 转引自季陶达主编：《资产阶级庸俗政治经济学选辑》，商务印书馆1963年版，第226—228页。

自由飞翔。不过，在想象力自由飞翔的过程中，抓取自己所想抓到的东西——把资本主义生产当事人的想法变为优美典雅的经济学理论故事——这一目的始终未变。

在说明理论时由想象力构想动人的故事确实具有无限多的好处，但经济学毕竟是一门经世致用且与每个人的切身利益密切相关的学科，就是资产阶级经济学也不例外。经济学的学科特点决定了在这一学科的理论逻辑空间中，留给自由编造故事的机会不多，因为它牵涉的因素太复杂了。就凯里的经济学理论故事而言，既优美又完整，恰恰是在这种优美和完整中，暴露了"鲁滨逊·克鲁索方法"所有的缺点和漏洞。马克思说："既然政治经济学喜欢鲁滨逊的故事，那么就先来看看孤岛上的鲁滨逊吧。不管他生来怎样简朴，他终究要满足各种需要，因而要从事各种有用劳动，如做工具，制家具，养羊驼，捕鱼，打猎等等。关于祈祷一类事情我们在这里就不谈了，因为我们的鲁滨逊从中得到快乐，他把这类活动当作休息。尽管他的生产职能是不同的，但是他知道，这只是同一个鲁滨逊的不同的活动形式，因而只是人类劳动的不同方式。需要本身迫使他精确地分配自己执行各种职能的时间。在他的全部活动中，这种或那种职能所占比重的大小，取决于他为取得预期效果所要克服的困难的大小。经验告诉他这些，而我们这位从破船上抢救出表、账簿、墨水和笔的鲁滨逊，马上就作为一个地道的英国人开始记起账来。他的账本记载着他所有的各种使用物品，生产这些物品所必需的各种活动，最后还记载着他制造这种种一定量的产品平均耗费的劳动时间。……价值的一切本质上的规定都包含在这里了。"[①]

尽管资产阶级经济学家试图抹去鲁滨逊身上各种特定的社会历史性生活痕迹，我们还是能够从马克思的叙述中很明显地看出，他是18世纪的英国人。他理性算计的欲望和能力很强，对他的生存尤为重要者是从历史（实际是船只失事）中继承了许多好东西，如计算和记录时间的表、记账用的账本，还有其他非常有用的东西。他在精神生活上也不空虚，因为感到疲劳、恐惧、孤独、无奈或是烦恼时可以向上帝祈祷，但不是向真主或是印度教中的什么神祈祷。这说明，鲁滨逊是个基督徒。马克思的叙述

① 《马克思恩格斯文集》第5卷，人民出版社2009年版，第94页。

告诉我们一个道理，不管资产阶级经济学家用什么办法打扮鲁滨逊，想让他毫无特定的时代、地域、民族和文化的痕迹，但社会存在决定社会意识，他们无法做到这一点，因为被他们从前门赶走的东西，统统从后门溜进来了。尤有方法论警示意义的是，资产阶级经济学家自鸣得意于从前门赶走的东西不再捣乱作怪，但从后门溜进的东西，他们却全然不知。

我们还可以举一个更为具体的例子。在李嘉图《政治经济学及赋税原理》一书中，原始社会中的渔夫和猎人成了理论上包打天下的多面手，起码是李嘉图说明自己的政治经济学原理的典型例证。这里的渔夫和猎人不是鲁滨逊，但其背后的方法论思想是一样的。所以，马克思以同样的立场和观点揭露李嘉图方法论思想的虚妄之处："李嘉图还把劳动的资产阶级形式看成是社会劳动的永恒的自然形式。他让原始的渔夫和原始的猎人一下子就以商品所有者的身份，按照物化在鱼和野味的交换价值中的劳动时间的比例交换鱼和野味。在这里他犯了时代错误，他竟让原始的渔夫和猎人在计算他们的劳动工具时去查看 1817 年伦敦交易所通用的年息表。看来除了资产阶级社会形式以外，'欧文先生的平行四边形'是他所知道的唯一的社会形式。"[①] 实际上，马克思对李嘉图论证方法的揭露和批判，也适用于揭露和批判鲁滨逊方法，因为他们最基本也是最深层的弊端是抛弃了人类社会历史及不同社会历史阶段的不同性质、特点和内容。凡是搞过学术研究的人都知道，研究人文社会科学中的问题，运用简单化的方法，抽象掉问题赖以产生和存在的社会历史背景、文化资源背景等，由假设、想象出的东西作为前提，往下是貌似有理有据的叙述和论证。这非常省劲，但实际得出的结论，与真实存在且需要研究和说明的对象之间没有多少直接关系。李嘉图以及用鲁滨逊方法说事论理的资产阶级经济学家们，走的都是这条路子，用的都是这种方法，所以，犯的都是这种错误。

以上的引证和论述可以使我们得出如下结论：第一，以鲁滨逊为例证作为说明经济学理论的方法在资产阶级经济学中不仅流行，而且长盛不衰；第二，马克思总是不失时机地指出这种方法的不符合实际之处和荒谬之处。

现在需要我们思考的问题是，既然马克思揭露和批判鲁滨逊方法，

---

① 《马克思恩格斯全集》第 13 卷，人民出版社 1965 年版，第 50—51 页。

那么，他自己的方法是什么呢？我们在上边已经提到，马克思方法的根本是历史，他不同于和高明于资产阶级经济学方法的地方不在于要不要从个人出发，而在于首先要对作为出发点的个人进行社会历史还原。还原的过程中，根本性的问题是搞清楚和说明白个人所处的社会历史环境和特定的社会历史性质；然后，再进行生产、分配、交换和消费等方面的社会历史还原。社会历史还原的工作不是可有可无的点缀，而是进行政治经济学研究并得出正确结论的必备前提。我们不能小看这一点，简单地说，马克思的方法比资产阶级政治经济学的"鲁滨逊·克鲁索方法"多了一个环节，恰好这一环节，是正确研究经济现象并从中得出正确结论的根本保障。后继理解者的解释总有挂一漏万的可能，让马克思自己的思想现身是他人理解和信服的最好途径："在社会中进行生产的个人，——因而，这些个人的一定社会性质的生产，当然是出发点。被斯密和李嘉图当作出发点的单个的孤立的猎人和渔夫，属于18世纪的缺乏想象力的虚构。这是鲁滨逊一类的故事，这类故事决不像文化史家想象的那样，仅仅表示对过度文明的反动和要回到被误解了的自然生活中去。同样，卢梭的通过契约来建立天生独立的主体之间的关系和联系的'社会契约'，也不是以这种自然主义为基础的。这是假象，只是大大小小的鲁滨逊一类故事所造成的美学上的假象。其实，这是对于16世纪以来就作了准备、而在18世纪大踏步走向成熟的'市民社会'的预感。在这个自由竞争的社会里，单个的人表现为摆脱了自然联系等等，而在过去的历史时代，自然联系等等使他成为一定的狭隘人群的附属物。这种18世纪的个人，一方面是封建社会形式解体的产物，另一方面是16世纪以来新兴生产力的产物，而在18世纪的预言家看来（斯密和李嘉图还完全以这些预言家为依据），这种个人是曾在过去存在过的理想；在他们看来，这种个人不是历史的结果，而是历史的起点。因为按照他们关于人性的观念，这种合乎自然的个人并不是从历史中产生的，而是由自然造成的。这样的错觉是到现在为止的每个新时代所具有的。"①

马克思对区别于资产阶级经济学"鲁滨逊·克鲁索方法"的个人进行社会历史还原的方法很看重，情况之所以如此是因为只有这一方法才能

① 《马克思恩格斯全集》第30卷，人民出版社1995年版，第22—25页。

为政治经济学研究确立正确的前提。马克思对个人的社会历史还原结果如何？起码，我们可以从中捕捉到如下内容：第一，进行物质生活资料生产的个人总是处于三维的时间结构之中，他首先是人类社会历史演化的结果，他无法逃避和摆脱地处于现在，他的现在又是将来的前提和基础。割断历史，任意剪裁个人的三维时间结构，不会得出符合社会历史实际的结论。第二，个人既然处于社会历史的长河中，那么，个人的肉体存在当然是其存在的前提，同时，他也必须直接和间接地与外在自然不断地进行物质变换。更为根本和重要的是，这首先是社会历史行为和社会历史过程，诚如马克思所说："饥饿总是饥饿，但是用刀叉吃熟肉来解除的饥饿不同于用手、指甲和牙齿啃生肉来解除的饥饿。"[1] 第三，对个人和人类社会历史的浪漫主义理解，如把古代理想化，除价值立场上与进步观念背道而驰之外，还有方法论上的错误，这就是用情感好恶代替理性分析，用想象代替客观存在的社会历史事实。

2. 对过度抽象方法的批判

理论是对现实的反映和建构，二者之间永远处于矛盾状态。情况之所以如此的原因有两个。首先，理论的有限性是人人承认的基本事实，而现实，其丰富和复杂程度没有限度。这里的有限和无限恰好构成一对矛盾。其次，理论一旦成型便相对固定，只要不是有意识地改变，它便以相对静止的形式存在。现实与此正相反，它永远处于生生不息的变化之中，这也是矛盾。鉴于这两者，任何人文社会科学研究者，尤其是经济学家们，在研究过程中必然要面对的问题是对现实的抽象。这就是说，抽象既是科学研究的必经之路，也是最基本的方法。就此而言，它与文学或诗歌等艺术形式形成鲜明对照，因为在这些领域，形象、典型等是具象的、感性的和经验的，其中的大忌是事实抽象基础上的理论概括。既然人文社会科学研究过程中对现实的抽象是必经之路，也是最基本的方法，那么，其中的问题便不能不思考和研究，因为只有通过思考和研究，才能对抽象有

---

[1] 《马克思恩格斯全集》第30卷，人民出版社1995年版，第33页。

一个理智性的把握。实际情况是，正确运用抽象方法就可在抽象过程中采得"黄金"（即获得真理性认识），而不能正确地运用抽象方法，其结果既有可能"沙""金"相混（抽象程度不够），也有可能什么都得不到（因抽象过度所致）。

　　资产阶级经济学家也运用抽象方法，但它显然是运用过了头，其随意性明显地表现出来，给人以逻辑强劲因而科学性很强的印象，然而在实质上，资产阶级经济学理论绝对不是由强劲的逻辑支撑，而是由貌似强劲的逻辑装扮和点缀。这样的经济学理论给人以科学的外观，实则与科学的最起码要求——对事实适度和正确地把握恰相反。后来的资产阶级经济学即现代资产阶级经济学既没有摆脱由抽象过度造成的困境，也没有试图从根本上改变这一状况，而是稍作改装，用数学方式表达过度抽象的内容，这实际是过度抽象的恶性发展。就这一点而言，诺贝尔经济学奖得主罗伯特·索洛的一席话可能是最好的证明："我的印象是，我们这一行中最好的和最聪明的做法似乎是将经济学作为社会物理学来研究。存在着一个独一无二的统一世界模型，而我们所要做的只是把这个模型应用于现实世界。根据这种观点，你可以在任何时间、任何地点将一个经济学家从一个时空穿梭机——如直升机上扔下来，就像一个人从口袋里掏钱一样——只要同时给他或她一台个人电脑，那么他或她就可以直接进行经济活动，而不必费心关注其所处的时间和空间位置。很快的，这个最时髦的经济学家将会使那些看起来再熟悉不过的现有价值组合达到最大化，做出一些我们熟悉的线性对数近似值，并且对它们进行必要的回归分析。计算中所涉及的这些我们所熟悉的系数值或许很难确定，但其中大约只有 1/20 是重要的，其余的 19/20 则不必公开。你只要在各处做一些审慎的选择，就可以发现这些数值恰好与你的论文导师所倡导的假说相一致，如货币无论何时何地都是中性的（或非中性的，随你的选择而定），只要在假说、已有的假说，与数据之间构成了某种信息对称就成。别着急，你总可以找到一种合用的假说的。"[①] 经济学研究抽象到如此随意的地步，离它自己的"终

[①]　转引自［美］迈克尔·佩雷曼：《经济学的终结》，石磊、吴小英译，经济科学出版社 2000 年版，第 11 页。

结"只有一步之遥，起码，会闹出让人看不起的笑料来。例如，数理经济学家德布鲁获得了诺贝尔经济学奖。"当新闻界问他获得诺贝尔奖的感受时，他说他根本不懂经济学，他只是数学经济学家。"① 由此看来，马克思对资产阶级经济学过度抽象方法的批判，在批判过程中确立起来的方法论原则，直到现在还有现实意义，是我们宝贵的精神资源。

我们还是从李嘉图说起吧。后人普遍承认李嘉图的《政治经济学及赋税原理》一书的精华集中于第一章。这一章的篇幅为32开纸的28页。在这28页的论述中，根据笔者的手工统计，他一共运用了74次"如果……那么……"的句式，33次"假定……"的句式，二者合一表明，李嘉图为了达到自己的目的，利用抽象方法已到了病态的程度。可以想见，在如此重要而又短小的篇幅内，如此高密度地运用抽象方法，其实际的社会历史性内容，甚至实际的经济生活内容还能剩下多少而不被抽象掉。

有鉴于此，对李嘉图一贯推崇备至的熊彼特也看不下去了，他把李嘉图过分过度地运用抽象方法斥之为"李嘉图的恶习"，"他的兴趣在于具有直接实际意义的明确的结果。为了获得这种结果，他把那个总的体系切成一片一片的，尽可能把它的大部分包捆起来，放进冷藏室里，以便使尽可能多的东西冻结起来，成为'既定的'。然后他把使事情简单化的假设一个个堆砌起来，直到通过这些假设实际上使一切都安排妥当以后只剩下几个集合的变数，在它们之间，根据这些假设，他建立起简单的单向关系，以便所希望的结果在最后显露出来，几乎就像同义异语反复那样。例如，李嘉图的一个著名理论就是利润'取决于'小麦的价格。而在他的绝对的假设之下，从这个命题的措辞所包含的特殊意义来说，这个理论不仅是真实的，而且它之为真实是无可辩驳的，实际上也是毫无价值的……一种决不可能被驳倒的、除了没有意思之外什么都不缺少的理论，诚然是妙不可言的理论。应用这种性质的结果去解决实际问题的习惯，我们将称之为'李嘉图的恶习'"。②

① ［英］布赖恩·斯诺登、霍德·华·文：《与经济学大师对话——阐释现代宏观经济学》，王曙光、来有为等译，北京大学出版社 2000 年版，第 222 页。

② ［美］约瑟夫·熊彼特：《经济分析史》第 2 卷，杨敬年译，朱泱校，商务印书馆 1992 年版，第 146—147 页。

需要我们关注者是被斥之为"李嘉图的恶习"的行为并非是个别现象，也不是存留短暂时间就销声匿迹，而是在资产阶级经济学以后的发展中仍然大量存在并发挥巨大作用。例如，20 世纪最有影响的经济学家凯恩斯就被熊彼特列入了"李嘉图的恶习"的"黑名单"，"我们说凯恩斯可与李嘉图相提并论，还由于他的著作是所谓'李嘉图恶习'的一个显著例子，也就是说，他习惯于在一个脆弱的基础之上，堆砌一大堆实际结论。他的那个基础，虽说脆弱，可是，由于简单明了，似乎却又不大相称地不单很吸引人，而且还令人信服。所有这些，颇有助于（虽然还不完全够）回答经常萦绕我们脑际的一些问题，那就是：在一个人的启示中，是些什么使得人们去倾听它？人们倾听它的原因何在？它是怎样深入人心的？"①

在关注"李嘉图恶习"的问题上，熊彼特的贡献在于两方面。一是有一个较好的命名。二是提出了有助于人们思考的问题。但他毕竟是后来者，早在 19 世纪中后期就有经济学家注意到这一"恶习"及其有害影响了。例如，德国历史学派的核心人物罗雪尔就较为系统地分析过这一"恶习"："必须承认在政治经济学中是一般的东西在很大程度上类似于数学。像后者一样，它充满了抽象……它还总是假定契约的各方仅仅受他们自己最好利益的观念的指导，而不受次要考虑的影响。因此，毫不奇怪，许多作者努力为政治经济学规律穿上代数公式的外衣。（但是）……数学表达方式的优点，当把它应用于事实而使事实变得更为复杂的时候，便减少了。甚至在普通的个人情形中它也是如此。因此它能在多大程度上描绘国民生活！有一种抽象，所有的人按照这种抽象在性质上都相同、仅仅在结果上不同，这是一种像李嘉图和冯·屠能（von Thülnen）所表明的抽象，必须作为绝对必要的东西通过政治经济学家的准备劳动的阶段。当一种经济事实是由于许多不同的因素联合起作用而产生的时候，为使调查者机智地把某一因素同事实孤立起来，为了时间的原因，这种抽象是特别有用的。他希望考察特殊的情景。所有其他因素，在一个时期内，应当被看成是不起作用的和不变的。然后就提出问题，被考察的因素变化的后果将

---

① ［美］约瑟夫·熊彼特：《经济分析史》第 3 卷，朱泱等译，商务印书馆 1994 年版，第601 页。

是什么，这种变化是由于扩大还是由于减少这种因素而引起的？但是，应当看到，这毕竟仅是一种抽象。由于这种抽象，不仅存在于向实践的转变中，也存在于最后的理论中，我们必须转向无限多样性的实际生活。"①

罗雪尔与熊彼特学习和成长于德语语言环境中。生活于英语语言环境中的经济学家是否意识到"李嘉图恶习"的存在及其有害影响呢？对问题的回答也是肯定性的。英国经济学家马歇尔，在讲到价格问题时就指出："假定其他条件不变"的研究方法必然会掉进客观性陷阱，"一个需求价格表——假定其他情况不变——就是代表一样商品能被出售的价格上的变化，而这种变化是因为该商品被提供出售的数量上变化而引起的；但事实上，经过足以收集完全和可靠的统计的很长时间，其他情况不会没有变化的。妨碍的原因常常发生，这些原因的结果，与我们所要分开的那个特殊原因的结果，混合在一起而不易区分出来。这种困难由于以下的事实而加大：在经济学上，一个原因的全部结果很少立即发生，而往往在这个原因已经消灭之后才表现出来"②。马歇尔的看法触及经济学研究中的一个根本性问题，这就是在时间的序列中，抽象的结果变为静态以后无法顾及到动态的因而不断变化的东西。"李嘉图恶习"在这一点上表现最为明显，所以，马歇尔的话击中了这一"恶习"的要害之一——在处理历时性问题时抽象过度。

按照常规性理解，抽象过度只存在于由经验事实向一般性结论的提升过程中。"李嘉图恶习"及他人的批评性分析表明，经济学研究中的抽象过度还有另一种存在和表现形式，这就是通过"假定其他条件不变"或利用"如果……那么……"的形式抽象出自己所喜欢而又往往与现实相隔十万八千里的结论。上述的引证和分析表明，这种抽象方法比常规的抽象方法随意性更大，危害性也就更大。就危害性而言，这种方法由于与现实相隔甚远而使现实得不到正确反映。实际上，危害性还有一个方面的重要表现，这就是由于抽象过度，研究结果便获得了公理的外观，谁敢怀疑和

① 转引自［美］小罗伯特·B.埃克伦德、罗伯特·F.赫伯特：《经济理论和方法史》，杨玉生等译，张凤林校，中国人民大学出版社 2001 年版，第 209 页。

② ［英］马歇尔：《经济学原理》上卷，朱志泰译，商务印书馆 1964 年版，第 128—129 页。

违逆公理呢？所以，这种抽象过度的结果使自己获得了一种心理和习惯上的优势，其欺骗性不易被人察觉和揭破，随之带来的危害性更大。

"李嘉图恶习"的传布和持久广泛地发挥作用，当然不能逃过马克思的眼睛。他在批判蒲鲁东时说："人们在发展其生产力时，即在生活时，也发展着一定的相互关系；这些关系的形式必然随着这些生产力的改变和发展而改变。他没有看到：经济范畴只是这些现实关系的抽象，它们仅仅在这些关系存在的时候才是真实的。这样他就陷入了资产阶级经济学家的错误之中，这些经济学家把这些经济范畴看做永恒的规律，而不是看做历史性的规律——只是适用于一定的历史发展阶段、一定的生产力发展阶段的规律。"① 与此同时，马克思没有忘记把正确的抽象方法及运用过程中应该注意的问题告诉资产阶级经济学家，"生产一般是一个抽象，但是只要它真正把共同点提出来，定下来，免得我们重复，它就是一个合理的抽象。不过，这个一般，或者说，经过比较而抽出来的共同点，本身就是有许多组成部分的、分为不同规定的东西。其中有些属于一切时代，另一些是几个时代共有的。[有些]规定是最新时代和最古时代共有的。没有它们，任何生产都无从设想；但是，如果说最发达的语言和最不发达的语言共同具有一些规律和规定，那么，构成语言发展的恰恰是有别于这个一般和共同点的差别。对生产一般适用的种种规定所以要抽出来，也正是为了不致因为有了统一（主体是人，客体是自然，这总是一样的，这里已经出现了统一）而忘记本质的差别。那些证明现存社会关系永存与和谐的现代经济学家的全部智慧，就在于忘记这种差别"②。

马克思论述中有三个要点对于政治经济学方法论而言特别有启发意义。第一，从感性具体的杂多事物中抽象出一般属性是社会科学研究，当然也包括经济学研究的必经之路，只要正确运用这种抽象方法，那么，抽象出来的结论就是符合实际的，因而是正确的。第二，针对生产的抽象问题，马克思提出了特别有价值的抽象类型学思想。抽象的基础和依据是生产的客观实际，这是被马克思广义地称为历史的东西。在这里，必须遵循

---

① 《马克思恩格斯文集》第 10 卷，人民出版社 2009 年版，第 47 页。

② 《马克思恩格斯文集》第 8 卷，人民出版社 2009 年版，第 9 页。

的原则是逻辑与历史相统一。依据这样的原则对生产进行抽象，其共同点便呈现出不同的类型，有的为所有的社会历史形态所共有；有的为几种社会历史形态所共有；还有的为最新和最古老的社会历史形态所共有。有一种类型虽然是题中应有之义地包括在马克思的思想逻辑中但没有被提及，这就是仅为资本主义社会所独有。类型实质就是本质规定，本质规定就是限制和约束，突破限制和逃避约束地任意抽象，以此为基础进行跨越，从一种类型跨越到另一种类型，显然是逆历史实际而动，在理论上有可能行得通，但行得通的代价是对历史的任意妄为，结果是理论上的荒谬。第三，马克思实实在在地告诉我们，在抽象过程中找到的是共同点，但在看到共同点和一般性的同时，千万不能轻视或忘记差别，尤其是本质性的差别。这是社会科学研究中，特别是经济学研究中最容易出现的毛病。马克思为什么要特别地突出和强调这一点？原因不难指明。忘记差别，尤其是本质性的差别，历史的真实难以顾及，历史的丰富性无法保证，类型的跨越在所难免，最终的结果是突破抽象本应守住的限制而变为任意或胡乱地抽象。

用马克思提出的关于抽象的方法论原则衡量李嘉图以来的资产阶级经济学，尽管有一些经济学家，如罗雪尔、马歇尔和熊彼特等人，意识到了过度抽象的不当之处和危害，但是，他们都是就事论事式地发议论，表示不满，至于在充分承认抽象方法有正当存在权利的同时指出其有可能出现的毛病，在认识到毛病的基础上提出抽象类型学规定，用类型学的规定限制和约束胡乱或任意抽象行为的发生，实在是资产阶级经济学家无能为力的事情。马克思之所以能够如此的个中原因不难理解，他牢牢地抓住了两个要点。一为历史是母体，是基础，是依据。历史当然不能追究得过细，因为过细会失之为琐碎，琐碎的结果是淹没共性，没有共性，当然不会有作为抽象结果的逻辑。但是，历史不可追究过细并不意味着不顾及历史，不以历史为基础。以历史为基础永远是社会科学包括经济学研究的第一原则。二为度，以历史为基础才有度的问题的客观存在，才有提出度的问题的必要，度的概念才能真正发挥作用。马克思抓住了度，也就能够做到正确地对待历史，在正确对待历史的前提下，区分和提出抽象的类型学问题，有了抽象的类型学，抽象既不会不及也不会过度。

3. 对归类方法的批判

秩序是事物特定的存在状态。特定存在状态的达成是无数种因素相互影响和相互作用的结果。如果我们把问题具体化，看似简单的事物不简单。达成事物特定秩序的因素是什么，有多少？不同的因素在事物特定的秩序中处于什么地位，发挥什么作用？更重要者是构成事物特定秩序的因素种类相同，但关系性质不一，秩序的性质为什么会发生变化？等等。这些问题是每个想认识事物特定秩序的人必然要遇到的。看似简单的定义，来到认识者的具体化过程中马上就会变为不简单而是复杂异常。从总体的层面看问题，每种因素既确定又显得那么飘忽不定。就认识者而言，他的认识过程不但没有减轻而且加剧了这种复杂程度。认识者依据自己的需要、见识和志趣认定什么因素重要或不重要，什么因素该突出或该忽略，什么因素该被实有化或该被虚无化，等等。认识者通过如上行为所展示给我们的事物的特定秩序性质及其复杂状况与事物真实的状况可能一致，也可能不一致，这又给其他的认识者增加了新性质的复杂性。

尽管把秩序问题具体化给人造成了极度复杂的印象，无法改变的事实是，人在劫难逃地生活于各种各样的秩序中。我们的生存背景是自然秩序，我们的生活环境是社会秩序，我们每时每刻的正常生活又依赖于自己身心的秩序。不仅如此，社会与自然之间构成特定的秩序，人与社会之间构成特定的秩序，自然、社会和个人三者之间又构成特定的秩序。尤其重要者是各种各样的秩序总是处于变动之中，变动的结果会让和谐适宜的秩序变为不和谐和不适宜，每种不和谐不适宜都会及时、切实地与人联系在一起，使人深刻、有时是刻骨铭心地感受到秩序及其变化的客观存在。例如，自然灾变如地震、海啸的突然出现，社会生活中的动乱，个人身心不平衡导致的疾病，等等。

正是由于秩序的客观存在、极度复杂和与人的生活息息相关，所以，秩序问题几乎是每种科学，特别是人文社会科学学科所要研究的核心问题之一。谁能说经济学、政治学、法学、历史学、社会学、伦理学等的基本任务不是研究社会生活中的特定秩序问题呢？

在古希腊罗马以来的西方学术历史中，概括地说一共有四种秩序思想处于学术思想史上的显赫地位。第一种是神学秩序思想，这来自于《圣经》或说基督教。神学秩序思想的主旨是上帝创造了世界，当然也就创造、主宰世间万物的秩序。实质上荒谬的秩序思想在西方人的精神世界中不断发挥思想酵母的作用，如亚当·斯密"看不见的手"的理论，其思想源头之一就是神学秩序思想。第二种是自然秩序思想。在古希腊人那里，自然秩序思想是哲学猜测和文学想象，来到达尔文的生物学进化论和更早一点的牛顿的经典物理学中，则是变成了科学规律，起码是变成了科学思想。第三种是人为秩序思想。这种秩序思想在西方思想史上不绝如缕，古希腊时期的集大成之作是柏拉图的《理想国》，近代以来则是各种各样的计划思想，尤其是计划经济思想，在康帕内拉的《太阳城》、培根的《新大西岛》和莫尔的《乌托邦》中都有典型体现。第四种是白生自发秩序思想。虽然"自生自发"的提法由哈耶克创造，但这种秩序思想的谱系，哈耶克不厌其烦地考据和叙说，说近代的苏格兰启蒙运动是其源头，哈耶克会毫不迟疑地同意，说古希腊已有了这种秩序思想的苗头，哈耶克也不会反对，因为这都是哈耶克自己表达过的看法。

秩序的复杂、易变与人的生活息息相关，首先带来的是认识的难度和对人的心智能力的挑战，同时它也带来了意外的好处，这就是它可以使有想法、有理想要表达的思想家，不用花费更多的时间和精力去研究实际的秩序性质和状态，也不用费尽口舌地解释、遮掩和辩解，而是径直地把自己心仪的社会秩序归之于四大传统中的一种，既有了思想上的"传承"，又有了历史的依据。现实生活中没有人能把他心仪的秩序说得更清楚，所以，四大秩序思想，起码是其中的某一种，真是难寻难求又致用的好依靠。实际情况确实如此。

资产阶级庸俗经济学家所面对的是两个方面的难题，其一是现实的社会经济生活中劳动者的悲惨境地用语言难以表达，凡有良知者不能不为之愤怒，起码是不满；其二是经济危机周期性地爆发，其破坏力让整个资产阶级心惊肉跳。面对如此境况的资产阶级庸俗经济学家心有余而力不足，这一学科虽一再被标榜为是像自然科学一样的硬科学，但这种"硬科学"为资本家的贪婪和残酷辩护无人相信，还被马克思痛斥为被资产阶级

"豢养的文丐"；说清楚周期性经济危机的性质、原因、症结和摆脱办法，又总是光打雷不下雨，"硬科学"成了无用的代名词。情急之中没有办法的办法是对资本主义经济秩序及其性质和特点进行归类。资产阶级庸俗经济学家以为归类之后便进入保险安全之地，因为特定的秩序是人力无法干预和改变的，处于这种秩序中的受苦受难者、破产者、失败者，等等，只能认命，其他说词既无济于事，也不符合事实。

资产阶级庸俗经济学家把经济秩序分为两类，一类为人为秩序，如各种各样的社会主义性质的计划经济；另一类为自然秩序，此处自然取自然而然、天经地义和顺理成章之意。这种自然秩序的本质是和谐，为此，便有了法国资产阶级庸俗经济学家巴师夏的《和谐经济论》。正是在这部著作中，巴师夏把资本主义市场经济秩序归类为自然秩序，这种自然秩序不仅非人力所能改变，而且，正像对资本家有好处一样，对处于水深火热之中的劳动者也有好处。有鉴于此，马克思在《政治经济学批判大纲》等著作中对这种悖谬于客观事实的归类方法进行揭露和批判，结果是批判过程中体现出的方法论思想不仅具历史价值，而且也有当今现实的理论价值和意义。因为巴师夏的归类方法并没有伴随马克思的揭露和批判而绝迹，它有现代传人，且是声名显赫的现代传人，这就是诺贝尔经济学奖获得者、被誉为自由主义思想大师的哈耶克。他的"自生自发秩序"思想便是巴师夏"自然秩序"思想的当代"转世"。

巴师夏作为当时名噪一时的经济学家虽然庸俗却很机智，他在深刻领悟自己经济学特定阶级使命的前提下，首先把尖锐残酷的社会不平等问题庸俗化、自然化，具体说是人的本性化："即使我们，像某些动物一样，专心从事孤立的劳动，我们还是要发现我们所处的环境有某种程度的不同；而且即使我们的外界环境相同，即使我们在里面起作用的环境对所有的人都一样，我们彼此间在下列各个方面还是互有区别：我们的欲望、我们的需要、我们的思想、我们的聪明、我们的精力、我们对事物的评价和欣赏的态度、我们的预见、我们的活动力等等，因此一定要出现巨大的和不可避免的不平等。"① 巴师夏的话明证可鉴，他要表达的观点是，社会生

---

① 季陶达主编：《资产阶级庸俗政治经济学选辑》，商务印书馆 1963 年版，第 202 页。

活中的不平等，其原因不在于社会、经济和政治制度，而在于个人之间的差别，特别是个人之间天赋方面的差别。有鉴于此，看待社会不平等问题，着眼点不应是资本主义性质的社会、经济和政治制度，而应是人与人之间的差别。富人之所以富，根本原因在于他有致富的自然禀赋，穷人之所以受穷，原因就在于他的自然禀赋低劣。巴师夏这番论证实际是辩护性说词，资本家听了当然高兴，但让巴师夏放心不下的是，普通劳动者既不会相信，也会对他的阶级立场产生怀疑。

为了消除人们的怀疑，巴师夏进而把自己的经济学理论哲学化，在抽象玄乎的哲学性说明中，让现在和未来的时间因素发挥作用，用未来的"甜美馅饼"充塞当时由于社会不平等造成的思想"饥饿"："在这里，我打算说明那些统治人类社会的自然规律的和谐。这些规律之所以是和谐的而不是冲突的，就是因为一切原则，一切动机，一切行动的根源，一切利益，都是为了一个伟大和最后的结果而相互合作着；由于天生的缺陷，人类永远不能达成这一结果，但是，由于人类具有无限改进的能力，他将会永远愈来愈接近这个结果。这个结果就是：一切的阶级将会无止境地接近一种永远不断提高的水平；换言之，在总的改善过程中，人们平等化起来。"① 可怜的巴师夏一会儿说社会不平等是人的本性所致，一会儿又说人类在无限的将来会趋于社会平等，这已显示出内在逻辑的自相矛盾。人性既为人性，能改变吗？改变人性之后的人还是人吗？况且，在社会不平等已成为社会问题的情况下还硬说和谐是"人类社会的自然规律"，这与客观现实的冲突已达到无以复加的地步。实际上，虽然人们看到的是巴师夏的自相矛盾，但最根本的东西还在后头，一是他为资本家辩护的阶级立场，二是他让人眼花缭乱的归类方法。他想说社会不平等是不可更改且是应该存在的客观事实，就把这种不平等的原因归之于人的本性，亦即人的自然禀赋；他想让社会下层的劳动者打消反抗念头，就把他自己的理想——和谐归类为"人类社会的自然规律"。人类社会中有自然规律吗？什么是自然规律？为什么说和谐是人类社会的自然规律？巴师夏不去回答这些问题，因为他的归类方法总能使他逢凶化吉，步入佳境。

---

① 季陶达主编：《资产阶级庸俗政治经济学选辑》，商务印书馆1963年版，第207页。

　　明眼人一看便知，在资本主义社会，社会不平等的最根本原因是资本及其作用。巴师夏也意识到这个问题的客观存在，出于阶级本能，他又浓彩重墨地对资本加以说明，重点有二：一是把资本人性化，即把资本产生的原因归类为人的某些属性；二是美化资本的作用，进而把资本的作用归类为人类社会的自然规律，这一规律的音调和标志就是和谐。

　　我们还是让巴师夏自己来说话吧："资本的根源是来自人类的某些属性——先见、智慧和节约。为了创造资本，我们必须面对未来，并且为了未来而牺牲现在，我们必须为了一种崇高的目的来控制着自己，控制着我们的口味；我们必须抗拒现时享乐的引诱，抗拒虚荣性的冲动，时尚和社会舆论的反复无常的变化，这些东西，对于一般不思前顾后和奢侈的人是富于引诱力的。我们必须研究因果关系，借以发现：我们可以通过什么过程，利用什么工具，来促使自然界在生产的工作中同我们合作。我们的动机必须是热爱我们的家庭，不应当吝惜目前的牺牲，我们必须为我们亲爱的人着想，等到我们退出舞台以后，他们将要收获我们所种下的果实。创造资本就是为接班人准备食物，衣着，住处，闲暇，训练，独立和尊严。在实现上面一切东西时，我们决不能不借助于那些崇高的社会动机，更重要的是：把这种种美德培养成为习惯。"①

　　"因此，无论我们是用什么观点来看问题，无论我们把资本同我们的欲望联系起来看也好——资本可以使欲望高尚化；把资本同我们的努力联系起来看也好——资本可以使努力轻便化；把资本同我们的享乐联系起来看也好——资本可以使我们的享乐纯洁化；把资本同自然界联系起来看也好——资本可以使自然界为我们服务；把资本同道德联系起来看也好——资本可以使道德变成习惯；把资本同社会性联系起来看也好——资本可以发展社会性；把资本同平等联系起来看也好——资本可以促进平等；把资本同自由联系起来看也好——资本生活在自由之中；把资本同公平联系起来看也好——资本可以利用最巧妙的方法来实现公平；无论在什么地方，什么时候，只要资本是通过正常的途径创造出来的；也是在正常的情况下

────────

①　季陶达主编：《资产阶级庸俗政治经济学选辑》，商务印书馆1963年版，第220—221页。

发生其作用的，而且没有离开它的天然的用途，我们都会认识到：资本里面存在着一切伟大的自然规律的无可怀疑的音调和标志——和谐。"①

巴师夏的归类方法在这里得到了淋漓尽致的运用。在资本产生的根源上，他把这一根源归结为人性中的某些属性，这是巴师夏机智但不老实的地方，人性为任何人所禀有，但人性中的某些属性则与之相反，有的人禀有他提到的"某些属性"，所以，他发财致富，作威作福，横行霸道，又显得天经地义；大部分人没有他提到的"某些属性"，所以受穷受苦，忍饥挨饿，悲惨屈辱，实在是命该如此。人的"某些属性"有如此巨大的威力是巴师夏的一厢情愿和随意归类的结果，就社会历史现实而言，与这种归类方法所指称的事实南辕北辙。

在资本的作用问题上，巴师夏显得更加机智和更加不老实。他把资本的作用极尽美化之能事，把资本本身不具有的作用归类于资本，把资本的有害作用人为地与资本分离而归类于他物，进而把资本的作用归类为"自然规律"。更有甚者，把这种所谓"自然规律"的本质归类于他臆想出来的东西——和谐。细心的读者会发现巴师夏的思维三级跳跃所导致的结果。把自己的想象性归类拔高到哲学性的高度——自然规律，已经与第一级跳跃——把资本的作用神化相隔甚远了，但他还嫌不够，紧接着又是第三级跳跃：把哲学性的想法锁定在"和谐"二字上。实际情况是，把资本抬得越高，不仅离现实越远，而且被人揭穿的危险性也越大。资本的本质在什么时候、什么地方由竞争变为和谐了呢？本质是和谐的资本能说是资本吗？巴师夏把归类方法运用到如此荒谬的地步，这种方法所要和所能表达的理论主张已退居次要地位，因为普通人都能发现他不仅是在编故事，而且是在胡乱编故事。这里的真正重要者，是他通过胡乱编故事的过程，有意考验普通读者的理解力和判断力。

伴随荒谬性的不断暴露，巴师夏对归类方法的运用及其结论已封存于历史陈迹之中，现在已很少有人提起甚至记起巴师夏的归类方法及其相应的理论结论了。但是，事情并未因此而终结，因为相对于资本主义市场经济体系，进而对于整个资本主义制度的辩护性说明而言，他的归类方法

---

① 季陶达主编：《资产阶级庸俗政治经济学选辑》，商务印书馆1963年版，第221—222页。

中还是有"合理成分"和可取之处。这就是把人类社会生活中的制度和其他现象一分为二，自己属意且对自己有用者，便被归类为自然规律或诸如此类的提法，如哈耶克的"自生自发秩序"的提法；对自己所反对且对自己属意的制度或秩序构成威胁者，便被归类为人为制度或诸如此类的提法，如哈耶克的"人为设计"。这种归类方法中的"合理成分"并非真的是与事实相符合意义上的合理，而是指它的本身的功用性质，即是说，它在辩护性说明上更有效，显得更有"说服力"。

　　这其中有一个秘密，这个秘密便是这种归类方法充分利用了大的思想背景。起码是从牛顿时代以来，更早一点可说是从培根时代以来，"科学""自然"和"规律"等概念取代了"道德""上帝""信仰"等概念而成为社会生活中的主导性词汇，与此相伴随，它们的解释优先性和道德优越性也逐渐被人们接受下来。这形成了一种特定的思想氛围和思维定势，人们一见"科学""自然"和"规律"等提法，其潜意识马上发挥作用，无意识、非反思地认定，它们是正确的、有益的，而绝非是荒谬的、有害的。这种显性意识会不加思索和质疑地建立起来。巴师夏把准了这个脉，所以他的理论中，"自然""规律"和"和谐"等词汇成了最主要的归类之处。正是由于巴师夏的归类方法及其应用过程中有"合理"之处，所以，便有了现代的衣钵继承者，这里的继承有两层含义：一为资产阶级自由主义思想体系上的继承，二为自然与人为二者的区分及归类方法的继承。这个衣钵继承者就是诺贝尔经济学奖获得者、被当代人誉为"自由主义思想大师"的哈耶克。出于论题的需要，我们在这里只能再现哈耶克对巴师夏归类方法的继承。

　　哈耶克倾其后半生的时间和精力阐释自己甚为得意的"自生自发秩序"思想。这一思想首先建基于秩序的分类思想之上。在哈耶克看来，如果神学思想可以忽略不计的话，那么，世间万物的秩序有三大类，一为自然秩序，如牛顿和达尔文所揭示者；二为"人为设计"或叫"建构主义的"秩序，如各种各样的集权主义社会；三为他自己的发现（起码他自己认为是如此），这就是根本区别于上述两者的"自生自发秩序"。虽然哈耶克是巴师夏的衣钵继承者，但在具体的分类上还是有不小的差别。在"人为制度"或"人为设计""建构主义"的分类上，二人的观点大体一致；

在"自然秩序"的分类上，巴师夏的做法显得简单、拙劣。与此相对照，哈耶克的分类给人以精细、机智之感。他把"自然秩序"一分为二，自然界的秩序算作一大类，既非"人为设计"又非纯自然的秩序即"自生自发秩序"算作另一类，这样，巴师夏自然、人为的二分法变为哈耶克自然、人为和自生自发的三分法。哈耶克借助大量主要是达尔文生物学进化论的自然秩序思想，但倾其全力区分者是人为设计思想和自生自发秩序思想，着意梳理、阐释和论证者，是自生自发秩序思想。他的论证跨越政治学、法学、经济学、历史学、哲学和心理学等众多学科，史论结合，旁征博引，给人以博大精深的印象。就整体而言，巴师夏与他相比，肯定不在一个档次上，所以，在自由主义思想史上的地位就相差悬殊。这里需要我们特别指出的是，哈耶克与马克思生活于两个时代，由于马克思在世时哈耶克还没有出生，所以马克思对巴师夏归类方法的批判不会涉及哈耶克。但是，如下的两种情况使然，一是哈耶克是巴师夏归类方法的衣钵继承者，二是哈耶克在当代的影响广泛和重大，因此，这更凸显出马克思对巴师夏归类方法批判的当代价值和理论意义。

哈耶克为了让自己的"自生自发秩序"思想更加闪亮地登场，便以批评古希腊的二分法传统作为其切入点："古希腊人这种在漫长的时间里一直支配着人类思想、至今仍然余威犹存的二分法，是对所谓的自然现象（physei）和人为或习惯现象（thesei or nomo）的区分。显然，自然秩序，即 kosmos，是既定的，它独立于人的意志和行为，然而还存在着另一种秩序（他们也为它起了个特别的名称：taxis，我们会为此而妒忌他们），它是人类有意安排的结果。但是，如果所有明显独立于人的意志和行为的事物，从这个意义上说都是明显的'自然现象'，而所有人类行为有意造成的事情都是'人为现象'，那些作为人类行为结果但不是人类设计结果的现象，便没有容身之地了。"① 首先要指出的是，哈耶克的批评有点冤枉古希腊人，因为亚里士多德就明确地指出过："关于创生的事物，有些是自然所成，有些是技术所成，有些是自发所成。"② 很明显，亚里士多德在

---

① ［英］弗里德里希·冯·哈耶克：《经济、科学与政治——哈耶克思想精粹》，冯克利译，江苏人民出版社 2000 年版，第 575—576 页，还见第 609 页。

② ［古希腊］亚里士多德：《形而上学》，吴寿彭译，商务印书馆 1959 年版，第 135 页。

讲到事物的形成问题时涉及秩序的类型问题，他的立场是三分法而非二分法。仅凭这一点，自视甚高的哈耶克就应该向西方各门学术的祖先亚里士多德表示歉意，数典忘祖是客观存在的事实。

既然自古希腊人之后两千多年的时间里没有人发展出系统的第三种秩序思想，而二分法的秩序思想又不能概摄世间存在的所有秩序类型，那么，提出系统的第三种秩序思想便显得适时、必要且十分重要了。"无论是公元前 5 世纪的希腊人，还是此后两千年里他们的后继者，都没有发展出一种系统的社会理论，对人类行为的意外结果作出明确的说明，或者对任何行动者都未曾设想的行为中自发形成的秩序或成规加以解释。因此也必须搞清楚，在完全独立于人的行为这个意义上的自然现象，和人类设计的产物这个意义上的人为或习俗现象中间，还需要插入第三个类别，它是一个独特的范畴，涵盖了我们在人类社会中发现的、应当由社会理论承担起解释任务的全部出乎意料的模式和成规。然而，我们仍然受困于缺少一个得到普遍接受的概念，以便用来描述这种现象；为了避免让混乱继续下去，似乎迫切需要采用这样一个概念。"① 这个概念是什么呢？那就是"自生自发秩序"。

哈耶克很看重自己所提出的"自生自发秩序"概念，并说这是积自己 40 年的研究岁月所达成的最终成果，② 这个成果的基本内容是什么？归纳起来，大体有如下几个要点。第一，自生自发秩序思想的渊源是以休谟、亚当·斯密为代表的苏格启蒙哲学传统，当然，其他国家的思想家也对这一类型的秩序思想的提出作出了贡献，如德国的康德、法国的孟德斯鸠和奥地利的门格尔等。第二，自生自发秩序思想的哲学基础是人类能力有限论、理性作用有限论和文化进化论。第三，自生自发秩序思想承认政府的有益作用，但极力主张要对统治权力加以限制。第四，自生自发秩序思想认为，这一秩序与私有财产制度密不可分，实际上以它为法权基础。第五，自生自发秩序的生成是一个渐进的过程，它甚至超越了帝国和民族

---

① ［英］弗里德里希·冯·哈耶克：《经济、科学与政治——哈耶克思想精粹》，冯克利译，江苏人民出版社 2000 年版，第 522 页。

② 参见 ［英］弗里德里希·冯·哈耶克：《法律、立法与自由》第 2、3 卷，邓正来等译，中国大百科全书出版社 2000 年版，第 492 页。

国家。第六，自生自发秩序的核心任务是保护个人的私生活领域不受任何组织或党派的随意侵扰。第七，自生自发秩序具有抽象特征，它不对这种秩序中生活的细节施加力量。第八，自生自发秩序的维系和进化不取决于共同的目标，而取决于不同利益之间的相互协调。①

哈耶克的上述观点向我们表明，他并没有为自由主义的思想体系添加多少实质性内容，人们看重他，赞扬他，或许是基于如下的理由。第一，他在自由主义思想处于低潮时不遗余力地研究、捍卫和宣传这一思想体系。第二，在秩序类型的意义上，他把自生自发秩序提升为与自然秩序和人为秩序并列的三大秩序类型之一。第三，他区分了经验主义和理性主义的两种自由观。第四，他考据和梳理了自生自发秩序思想的历史渊源和脉络。第五，他挖掘和系统化了自生自发秩序思想的哲学基础，主要表现于认识论和方法论两个方面。与此相伴随，他批判了理性自由主义或人为设计秩序思想的哲学基础。

由以上的论述和分析可以看出，虽然哈耶克的所谓自生自发秩序思想，特别是他为了提出这一思想所运用的归类方法，与巴师夏相比显得精致、思辨，内容也更加丰富，但在思想立场上，二人并没有本质性区别。这说明，马克思对巴师夏归类方法的批判，可以说是以问题的形式对哈耶克自生自发秩序思想及归类方法的批判，起码，我们应该看到马克思对巴师夏归类方法批判的当代价值和意义。

马克思认为，阶级本能使然，巴师夏感到自己的根本任务是"必须在古典经济学家朴素地描绘生产关系的对抗的地方，证明生产关系是和谐的"②。这个任务确实难以完成，因为把事实虚无化，把不是事实的想象论证为事实，确实不仅需要勇气，而且还需要特定的方法。巴师夏真的找到了合适的方法，这就是他屡试不爽的归类方法。这种方法首先对极度复杂且变动不居的经济关系按照自己的主观需要进行剪裁和分类，这一工作完成之后便是主观想象派上用场，按马克思的说法，"把某种关系、某种经

---

① 参见［英］弗里德里希·冯·哈耶克：《经济、科学与政治》，冯克利译，江苏人民出版社 2000 年版，第 389—396 页，还见哈耶克《自由秩序原理》一书的第四章。

② 《马克思恩格斯全集》第 30 卷，人民出版社 1995 年版，第 4 页。

济形式的某个片面的规定固定下来，颂扬这个规定，排斥相反的规定——这种律师和辩护士的惯用手法正是说教者巴师夏的特点"①。从具体存在的现实到巴师夏经过归类方法构筑出来的"美景"——和谐之间的关系是天差地别，但巴师夏的主观用意很明显，让人们用后者代替前者，或者说，后者就是前者。马克思揭穿了巴师夏的这个秘密。马克思指出，从思维方式上看，"不论何种关系，如果被归结为片面的规定，这种规定又被看作肯定的东西，而不是否定的东西，那么，这种关系不是好的吗？一切反思的、忽东忽西的空谈，一切辩护，一切老实的诡辩，都是建立在这种抽象上的"②。

正是由于巴师夏的归类方法太主观和太随意，马克思指出，巴师夏所倡说的"经济规律的和谐在整个世界上表现为不和谐"③。"巴师夏提供的是虚构的历史，他提供的抽象有时采取理性的形式，有时采取假想事变的形式，不过，这些事变在任何时候和任何地方都没有发生过，就像神学家那样，把罪恶有时看作人的本质的规律，有时看作原罪的历史"。所以，"巴师夏所提供的充其量不过是一些以反论方式表述的、经过精雕细刻的陈词滥调"。④被马克思揭破思维方式秘密之后的巴师夏的和谐理论、自然规律理论等现了原形，确实是"陈词滥调"，但这毕竟是"精雕细刻的陈词滥调"，它的欺骗性和麻痹性还是存在的，所以，马克思直击要害，首先指出其归类方法的不切实际和荒谬之处。

实际上，巴师夏只不过是同类经济学家中的一个代表，这类经济学家有着共同的思维方式，他们受启发于源自古罗马西塞罗的自然法理论，这种理论在正式的归类之前先有理论上的假定，假定工作完成之后，自己属意的观点和所要反对的观点可以按照类别划分。可想而知的结果是自己的观点是自然的、自古就有的，人为意志不能改变的；与此相反，实际上是自己所要反对的观点，则是非自然的、没有历史依据的、加上主观意图的，因而是没有存在理由的理论。假定不仅划定了论说范围，实际还指示了论说方向，随之而来的则是假定者心理和道德上的优势地位。由此看

---

① 《马克思恩格斯全集》第 30 卷，人民出版社 1995 年版，第 13 页。
② 《马克思恩格斯全集》第 30 卷，人民出版社 1995 年版，第 14 页。
③ 《马克思恩格斯全集》第 30 卷，人民出版社 1995 年版，第 8 页。
④ 《马克思恩格斯全集》第 30 卷，人民出版社 1995 年版，第 11 页。

来，先假定后归类的论说方式确实管用，因为经过这种方法处理的理论，不仅有了天经地义的外观，而且还无意间取得了论述的优势地位。至于这种理论与现实的真实关系如何，那就不是这类论说者操心的事情了，他只管自己的理论取得优势地位，打败作为对手的理论。就此而言，马克思的揭示确实抓住了本质："经济学家们的论证方式是非常奇怪的。他们认为只有两种制度：一种是人为的，一种是天然的。封建制度是人为的，资产阶级制度是天然的。在这方面，经济学家很像那些把宗教也分为两类的神学家。一切异教都是人们臆造的，而他们自己的宗教则是神的启示。经济学家所以说现存的关系（资产阶级生产关系）是天然的，是想以此说明，这些关系正是使生产财富和发展生产力得以按照自然规律进行的那些关系。因此，这些关系是不受时间影响的自然规律。这是应当永远支配社会的永恒规律。于是，以前是有历史的，现在再也没有历史了。以前所以有历史，是由于有过封建制度，由于在这些封建制度中有一种和经济学家称为自然的、因而是永恒的资产阶级社会生产关系完全不同的生产关系。"①

　　马克思揭示中指称的资产阶级经济学家与巴师夏和当代的哈耶克相比稍有一点不同，那里的资产阶级经济学家的反对目标和斗争对象是封建的生产关系及其相应的理论主张，巴师夏和当代的哈耶克的斗争对象则是社会主义的经济理论以及其他关注公平的经济理论。但有一点是共同的，这两类资产阶级经济学家的思维结构相同，假定方法相同，归类方法也相同。三个相同能够说明问题，资产阶级经济学尽管历经二百多年的历史，但其中还是有不变的东西，这个不变的东西就是思维方式，这种思维方式的核心之一就是简单二分的归类方法。表面看，哈耶克的归类方法以及与此相类似的归类方法独具特色，显得精巧机智，在结构上既复杂又有历史感，但就其实质而言，并没有超出自然、人为二分的思维结构，所以，其历史感带有虚伪性，因为自生自发的文化进化只不过是自由主义逐渐演进的独家表演，阶段性只能通过人们抛弃它又拾起它这样的主观态度来划分。正是因为如此，当面对日渐复杂的社会经济关系客观上需要政府的宏观调控时，哈耶克的应对性说辞总是显得那么捉襟见肘，苍白无力。由此

---

① 《马克思恩格斯文集》第 1 卷，人民出版社 2009 年版，第 612—613 页。

我们可以明了，哈耶克在自由主义经济思想上的贡献并不在于他建树了什么，因为他的经济学理论本身的创新乏善可陈，而在于破坏，即在新的社会历史条件下对计划经济体制、对社会主义经济学极富破坏力的批判。

六、结　论

综上所述，对资产阶级经济学哲学基础的批判是马克思建立自己政治经济学理论体系的题中应有之义。已有的场地不清除干净，怎么能建起新的理论大厦呢？尽管如此，我们还是要说，马克思对资产阶级经济学哲学基础的批判对于我们而言具有独特的价值。囿于学科分野的缘故，马克思主义政治经济学研究以为这是哲学因而采取敬而远之的态度；马克思主义哲学研究则认为这属于政治经济学范围，因而在自己的研究视野中没有列入这项内容。问题的实质在于，马克思对资产阶级经济学哲学基础的批判如果得不到重视和研究，那么，马克思主义政治经济学和马克思主义哲学研究，由于内容的不完整就会与真正的马克思主义政治经济学和真正的马克思主义哲学拉开无法愈合的距离。由此看来，缩小这一距离，进而消除这一距离，是马克思主义理论工作者义不容辞的责任。基于这样的想法，才有了如上的研究。笔者深知，如上的研究只具有提出问题的性质，至于充分展露这一历来被忽视的领域中所具有的无限丰富的内容，只有期待有志于此的学术同仁共同努力，在不远的将来，使这一学术领域成为丰硕成果不断涌现的肥沃之地。

如上的引证、分析和论证，证明了两种事实的客观存在。其一是资产阶级经济学确实具有自己的哲学基础，其制度本质、人学前提、阶级立场（价值立场）和方法论特点就是证据；其二是马克思确实对这一哲学基础进行了批判。检视马克思主义研究史就可以发现，研究者仅关注学科视域中的内容，如马克思主义哲学和马克思主义政治经济学，而在自觉意识层面把资产阶级经济学的哲学基础作为具有相对独立性的事实看待，把马克思对这一哲学基础的批判作为专门的研究对象并拿出相应的研究成果，还是一项有待进行的工作。

在资产阶级经济学二百余年的学术演化史中，有一条逐渐强劲和凸显的思想线索，即把自己刻意打扮为科学，且是像自然科学一样的"硬"科学。这是资产阶级经济学的自作多情和自以为是，实际情况是它在学科性质上与自然科学毫无关系。资产阶级经济学如此行为的目的有二：一是更方便和更具欺骗性地为资本家，进而为资产阶级整体的利益进行辩护；二是出于学科自私的目的，更有效地与其他人文社会科学学科争夺经费、编制、岗位、场地甚至社会名望等的生存性资源。这条思想线索的虚假性质已逐渐被人们识破。被这条思想线索掩盖起来的更重要和更根本的思想线索，即哲学基础，资产阶级经济学在以科学相标称的同时有意识地拒斥形而上学，熊彼特的名言是"学经济学的学生恨哲学如同毒药"，此为典型的"此地无银三百两"性说词。资产阶级经济学的哲学基础以人类的名义提出和论证，但资本主义社会的经济生活，特别是工业革命时期的经济生活，是对这种哲学基础的毁灭性驳斥，劳动者终于发现，这样的哲学是基于资本的需要且为资本服务的哲学。马克思对这一哲学的批判具有直指本质的功效，人们通过这一批判发现，虽然资产阶级经济学刻意模仿自然科学，但其内在本质仍具有十足的哲学性质，表现出来的是资产阶级经济学的制度本质、人学本质、阶级立场本质和方法论本质。

马克思批判资产阶级经济学哲学基础的理论实践是宝贵的精神财富，也是审视现当代资产阶级经济学无可替代的思想资源。认可这一批判，关注和研究这一批判，我们就能更符合社会历史和实际地理解现当代资产阶级经济学。

第二章　政治经济学范畴中的哲学

一、问题的提出及其说明

范畴是对客观事物本质的概括和提炼。对客观事物的认识，只有上升到范畴的高度，其本质性内容才能被提炼和概括出来。为了说明资本主义社会的经济本质以及其他性质，马克思利用和创制了大量政治经济学范畴。把这些范畴组合在一起所形成者，不是范畴"丛林"，而是范畴"森林"。这些范畴中存在与否经济哲学性内容？虽然以往对马克思政治经济学的研究不能在自觉意识层面顾及这一问题的客观存在，但对这一问题的探讨和回答有助于廓清两个问题，一是标明马克思在使用政治经济学范畴时就与资产阶级经济学有本质区别；二是确立基本事实，马克思政治经济范畴中确实客观地存在经济哲学性内容。

限于一个人的时间、能力和精力约束，此项研究不可能逐一揭示马克思所有政治经济学范畴中的经济哲学性内容，变通的办法是以例证形式解决问题。资本范畴是马克思政治经济学理论体系中的核心范畴之一，其生前正式发表的代表性著作就以它命名即《资本论》。同样重要的是我们还应该看到，资本是资本主义社会的本质和灵魂，资本的动态存在是资本主义社会的经济生活现实。鉴于此，从经济哲学的层面认识资本范畴，有助于我们加深对资本主义经济生活的哲学性认识。出于如上两个方面的理由，我们就以资本范畴为例证，借以说明，马克思政治经济学范畴中确实客观地存在经济哲学性内容。

马克思是在资产阶级经济学的学术语境中进行政治经济学研究的。这样的客观情势决定了他首先也必须面对资产阶级经济学的范畴及其资产阶级经济学家对范畴的理解和界定。资产阶级经济学家如何理解和界定资本范畴？在资产阶级经济学说史中占有重要地位且对马克思有重大影响的李嘉图说："资本是一国财富中用于生产的部分，由进行劳动所必需的食物、衣服、工具、原料、机器等组成。"① 被马克思在《资本论》第一卷中设置专节批判、牛津大学历史上的第一位政治经济学教授西尼尔说："资本这个词所指的是，出于人类努力的结果、用于财富的生产或分配中的一项财富。"② 李嘉图的定义相对简单，只是从生产功能的角度看待资本，把资本界定为物。西尼尔的定义相对复杂，他把包藏不可告人目的的"人类努力"因素当作前提。资本到底是人类中哪一部分人努力的结果？西尼尔心目中的这一部分人是资本家，只是在这个狭小的语境中未得说出来而已。③ 没有说出来的内容带有道德攻击性。有资本者是努力工作且节俭的人，而无资本的雇佣劳动者则是懒惰成性。从这两个极具代表性的定义看，资产阶级经济学家确实把凝缩了资本主义社会历史和现实因而具有极其丰富含义的资本范畴简单化了。简单化的典型表现是这一范畴中的经济哲学性内容被抽象掉了。

李嘉图、西尼尔这类资产阶级经济学把资本含义简单化的做法并非是任意妄为，而是承袭了西方社会历史中的传统性理解。法国年鉴学派的第二代领军人物布罗代尔为我们梳理出这种传统性理解的历史演化过程。"资本（源自后期拉丁语 caput 一词，作'头部'讲）于十二至十三世纪出现，有'资金'、'存货'、'款项'或'头部'等含义。当时没有立即下一个严格的定义，论争主要涉及利息，经院神学家、伦理学家和法学家终于找到一条使自己心安理得的理由，据说是贷款人冒有风险。揭开现代序幕的意大利是这场论争的中心。资本一词正是在意大利被创造，被驯化和

---

① 转引自《马克思恩格斯文集》第 8 卷，人民出版社 2009 年版，第 476 页。

② [英] 西尼尔：《政治经济学大纲》，蔡受百译，商务印书馆 1977 年版，第 94 页。

③ 他在另一个地方说："经济学家把地主、资本家和劳动者说成是成果的共享者的那种通常说法，只是出于杜撰。差不多一切所生产的，首先是资本家的所有物。"（[英] 西尼尔：《政治经济学大纲》，蔡受百译，商务印书馆 1977 年版，第 145 页）

逐渐成熟的。它于 1211 年肯定已经问世，于 1283 年以商行资本的含义出现。在十四世纪已普遍使用……资本一词及其确指的实在可在锡耶纳的圣贝纳迪诺（1380—1444 年）布道词中见到：'这种繁衍不息的赚钱手段，我们通常称之为资本。'""资本一词从意大利出发，接着在德意志和尼德兰广为传播，最后到达法国。"到 18 世纪的法国启蒙运动时期，重农学派的创始人有了如下的断言："任何资本都是生产工具。"① 实际上，如上理解资本的路数直到现在也没有发生变化。例如，英国学者于 2004 年在牛津大学出版社出版的《资本主义》一书中仍然认为，"资本是用来投资以获取更多金钱的金钱。广义上，'资本'一词常用来指可用作投资的金钱，或者说，能够转成金钱形式用以投资的任何资产"② 由此看来，资产阶级经济学语境中的资本范畴，其含义在近千年的历史中并没有发生根本性变化，始终不变的是相对于马克思的理解而言的简单化。

我们应该看到，此处的简单化不是思想简单的表现，毋宁说是思想复杂的表现。复杂之处在于，细究资本范畴中的经济哲学性内容就可发现，如果不把资本范畴的含义简单化，那么，资产阶级经济学为自己设定的科学化、进而自然科学化的目标就难以实现，其中的社会历史性内容和基于人类良知而来的伦理性内容就有可能显露出来。由此说，资产阶级经济学家多一事不如少一事的做法是经过深思熟虑的策略，绝不是资产阶级经济学家真的思想简单。

马克思如何看待和说明"资本"范畴？"资本家所执行的职能，不过是用意识和意志来执行的资本本身的职能——通过吸收活劳动来自行增殖的价值的职能。资本家只是作为人格化的资本执行职能，资本表现为人，而工人只是作为人格化的劳动执行职能，这种劳动对于工人是一种痛苦，是一种消耗，而它作为创造财富和增大财富的实体属于资本家，劳动本身事实上就是以这种实体的形式表现为在生产过程中被并入资本的要素，表现为资本的活的可变因素。因此资本家对工人的统治，就是物对人的统

---

① 以上内容见［法］布罗代尔：《15 至 18 世纪的物质文明、经济和资本主义》第 2 卷，顾良译，施康强校，生活・读书・新知三联书店 1993 年版，第 236—238 页。

② ［英］詹姆斯・富尔彻：《资本主义》，张罗、陆赟译，译林出版社 2013 年版，第 14 页。

治，死劳动对活劳动的统治，产品对生产者的统治，因为变成统治工人的手段（但只是作为资本本身统治的手段）的商品，实际上只是生产过程的结果，是生产过程的产物。这是物质生产中，现实社会生活过程（因为它就是生产过程）中，与意识形态领域内表现于宗教中的那种关系完全同样的关系，即主体颠倒为客体以及反过来的情形。历史地看，这种颠倒是靠牺牲多数来强制地创造财富本身，即创造无情的社会劳动生产力的必经之点，只有这种无情的社会劳动生产力才能构成自由人类社会的物质基础。这种对立的形式是必须经过的，正像人起初必须以宗教的形式把自己的精神力量作为独立的力量来与自己相对立完全一样。这是人本身的劳动的异化过程。工人在这里所以从一开始就站得比资本家高，是因为资本家的根就扎在这个异化过程中，并且他在这个过程中找到了自己的绝对满足，但是工人作为这个过程的牺牲品却从一开始就处于反抗的关系中，并且感到它是奴役过程。就生产过程同时是实际劳动过程，而资本家作为生产过程的监督者和指挥者必须在实际生产中执行职能来说，他的活动实际上获得了特殊的、多样的内容。但是，劳动过程本身只表现为价值增殖过程的手段，正像产品的使用价值只表现为产品的交换价值的承担者完全一样。"①

稍显冗长的引证只能被作为例证看待，目的在于说明，马克思在理解和界说资本范畴时既不像李嘉图那样简单，也不像西尼尔那样掩藏道德攻击性，而是逻辑和历史相统一、理论和现实相统一、政治经济学和哲学相统一地揭示出资本主义市场经济中资本何谓和到底意味着什么。其中最重要者是经济哲学性内容，主、客体之间的辩证关系思想和劳动异化思想就可为例证。这样的例证表明，回到马克思的政治经济学文献中，我们就能够发现，资本范畴含义的丰富程度实在惊人。由此我们能够理解到，马克思为什么要把自己的政治经济学代表作命名为《资本论》；同时也能使我们看到，仅就资本范畴的理解而言，马克思政治经济学范畴中的经济哲学思想是多么丰富。

① 《马克思恩格斯文集》第 8 卷，人民出版社 2009 年版，第 469—470 页。

二、资本"只能是生产关系"

　　由上述的历史性溯源和各不相同的例证可以看出，资产阶级经济学家对资本范畴的理解在表述形式上各不相同，但基本立场出奇地一致，资本是物，是能带来可喜成果的物。[①] 马克思对资本的看法正好相反，"资本不是物，正像货币不是物一样。在资本中也像在货币中一样，人们的一定的社会生产关系表现为物对人的关系，或者说，一定的社会关系表现为物的天然的社会属性。当个人作为自由人彼此对立的时候，没有雇佣劳动就没有剩余价值生产，没有剩余价值生产也就没有资本主义生产，从而也没有资本，没有资本家！资本和雇佣劳动……只表现为同一关系的两个因素"[②]。在其他文献中，马克思立场的表达更为明确："资本也是一种社会生产关系。这是资产阶级的生产关系，是资产阶级社会的生产关系。构成资本的生活资料、劳动工具和原料，难道不是在一定的社会条件下，不是在一定的社会关系内生产出来和积累起来的吗？难道这一切不是在一定的社会条件下，在一定的社会关系内被用来进行新生产的吗？并且，难道不正是这种一定的社会性质把那些用来进行新生产的产品变为资本的吗？""可见，资本显然是关系，而且只能是生产关系。"[③] 马克思的论述语气表明，他在反驳视资本为物的观点，同时也在提出自己的观点。资本作为物只不过是外在的表现形式，其内在灵魂是关系，是人与人之间的关系，具体说是资本家和雇佣劳动者之间的关系。这种关系以生产关系的形式表现出来，确实具有经济生活的含义。但是，这一关系的内容绝非如此简单，除此之外，它还包括政治、法律和社会历史性内容。揭示出这样的内容，让它暴露于光天化日之下，是马克思的政治经济学和经济哲学殊异于资产阶级经济学的地方，也是马克思对劳动者的伟大贡献。

　　资本确实是生产关系。这一关系中的本质性内容是什么？这样的内

---

① 　参见《马克思恩格斯全集》第 32 卷，人民出版社 1998 年版，第 172—173 页。

② 　《马克思恩格斯文集》第 8 卷，人民出版社 2009 年版，第 485 页。

③ 　《马克思恩格斯文集》第 1 卷，人民出版社 2009 年版，第 724 页；《马克思恩格斯全集》第 30 卷，人民出版社 1995 年版，第 510 页。

容相对于劳动者和资本家到底意味着什么？在这样的生产关系中隐藏着什么样的秘密？在一系列政治经济学文献中，马克思天才地为我们回答了问题。

从过程论角度看问题，资本与雇佣劳动之间发生的生产关系"可以分为两个完全不同的过程：第一个过程是简单流通行为，一方是买，另一方是卖；第二个过程是买者消费买来的商品，这是在流通范围以外、在流通背后发生的行为。在这里，由于所买商品的特殊性质，消费本身形成某种经济关系。买者和卖者在这个消费过程中彼此发生了一种同时是生产关系的新的关系"①。表面看，这两个过程很简单，头一个过程是劳动力市场上买者和卖者之间的交易行为，紧随其后的过程是工人和资本家各自消费交易行为的结果——商品，劳动者得到的是以工资形式表现出来的生活资料，资本家得到的是劳动者的劳动能力。但是，细加追究就可发现，看似简单的过程并不简单，其中的具体内容和秘密几乎是彻底地改变了世界历史。诚如马克思所说："有了商品流通和货币流通，决不是就具备了资本存在的历史条件。只有当生产资料和生活资料的占有者在市场上找到出卖自己劳动力的自由工人的时候，资本才产生；而单是这一历史条件就包含着一部世界史。因此，资本一出现，就标志着社会生产过程的一个新时代。"②

首先看劳动者。劳动者之所以会并且要在劳动力市场上与货币持有者即资本家相遇，根本原因在于硬性和强势的社会历史条件逼迫他不得不如此行为。马克思为我们揭示了这样的社会历史条件："（1）劳动条件，即劳动的对象条件作为异己的权力，异化的条件与他相对立。""（2）工人以［法］人的身份对待那些与他相异化的劳动条件，以及他自己的劳动能力，因此他作为所有者支配着自己的劳动能力，本身不属于劳动的对象条件，也就是说，他本身不是作为劳动工具为他人所占有。""（3）工人劳动的对象条件本身仅仅作为对象化劳动与工人相对立，也就是说，作为价值、作为货币和商品与工人相对立；作为这样的对象化劳动，它同活劳动相交换仅仅是为了保存并增大自身，为了增殖自己的价值，成为更多的货币，

---

① 《马克思恩格斯全集》第32卷，人民出版社1998年版，第116页。
② 《马克思恩格斯文集》第5卷，人民出版社2009年版，第198页。

而工人拿他的劳动能力与这种对象化劳动相交换，是为了获得这种对象化劳动中构成他的生活资料的那一部分。"① 劳动力市场上交易行为的独立、平等、自由和公正只不过是假象，交易发生的前提条件表明，劳动者走进劳动力市场之前已被完全剥夺了劳动条件，否则他就不会到这里来；在交易行为发生时，劳动者已经处于被动、从属、不平等和任人宰割的地位了。

交易行为发生后是劳动者消费用自己的劳动能力换来的生活资料的过程。在这一过程中又发生了什么？概括地说是生产关系特定内容的再生产过程。马克思的如下论述为我们说明了这一点："至于工人的消费，那么这种消费只再生产一种东西，就是作为活劳动能力的工人本身。因为工人本身的这种再生产是资本的条件，所以工人的消费也不是直接表现为资本的再生产，而是表现为这样一些关系的再生产，只有在这些关系下资本才是资本。……因此，资本以双重方式进行自身的再生产：以它自身的形式和以工人消费的形式，但后者只是指这种消费把工人作为活劳动能力再生产出来。"② 通过消费，劳动者再生产出自己的劳动能力。从一个角度看问题，这种劳动能力属于劳动者所有，他具有出卖或不出卖以及卖给谁的自由。在这里，显示出劳动者独立、自由和与资本家平等的外观。但是，从另一个角度看问题，实质性内容就会表现于我们面前。由于劳动者既没有生产资料又没有生活资料，不出卖自己的劳动力便不能生存，生存的强制性发挥作用的结果是劳动者不得不出卖自己的劳动力。更为要害的是，劳动者出卖劳动力的行为一旦发生，劳动者劳动力的使用权便归资本家所有，获得这一使用权的资本家无论如何使用，甚至危及生命安全的胡乱或说疯狂使用，都是自由的。这才是资产阶级经济学一再大喊大叫地提倡的自由的真实含义。

再看交易的另一方——货币持有者即资本家。他在劳动力市场上购买的不是生活资料而是极为特殊的商品，这种商品是残酷的社会历史过程的结果，也是资本家之所以为资本家和他发财致富且坐拥财富帝国的秘密。这种商品就是劳动者的劳动能力。像工人一样，资本家购买商品的目的也是消费。但是，工人消费生活资料的过程发生于生产过程之外，而资

---

① 《马克思恩格斯全集》第 32 卷，人民出版社 1998 年版，第 149 页。

② 《马克思恩格斯全集》第 31 卷，人民出版社 1998 年版，第 71 页。

本家消费劳动者劳动能力的过程只能发生于生产过程之内且是这种生产过程的制动性和灵魂性要素。在这里，资本的生产关系本质更直接地表现出来，核心性内容是资本的作用使然，活劳动与死劳动关系的性质发生了根本性颠倒。就此而言，马克思的说明如下："资本家购买和工人出卖的是劳动能力的使用价值，也就是劳动本身，即创造和增加价值的力量。可见，创造和增加价值的力量不属于工人，而属于资本。当资本把这个力量并入自身时，它就有了活力，并且用'好像害了相思病'的劲头开始去劳动。因此，活劳动就成为对象化劳动保持和增大自身的一种手段。只要工人创造财富，他就因而成为资本的力量；同样，劳动生产力的全部发挥也就是资本生产力的发挥……因此，过去的对象化劳动就统治现在的活劳动。主体和客体的关系颠倒了。如果实现工人的劳动能力的对象条件，从而现实劳动的对象条件，即工具、材料、生活资料，在工人面前表面为异己的、独立的、反过来把活劳动当作保存并增加自身的条件……的权力，如果这种情况已经作为前提条件而存在，那么，这种［主体和客体之间的关系的］颠倒就会在［生产过程的］结果上更多地表现出来。"① 马克思的论述表明，劳动者一旦进入真实的劳动过程，与自有生产资料和生活资料的劳动的根本性区别就会表现出来。其一，在法权意义上，劳动者面对的生产资料（即劳动资料和劳动材料）不归劳动者而是归资本家所有，劳动者主动主导的地位已丧失殆尽。其二，生产资料的所有权性质使然，劳动者劳动的成果即产品同样不归他所有，谁创造世界谁就拥有世界这个自人类产生以来便是常识的真理遭到了彻底性颠覆。其三，工业革命以后，机器化大生产成为主流。劳动者面对的不再是被动的手工工具，而是自动化甚至是智能化的机器体系。在这样的体系面前，劳动者主体性地位的丧失已成为工艺学意义的客观事实。其四，从《1844年经济学哲学手稿》开始马克思就在哲学意义上揭露和批判雇佣劳动的哲学本质，即劳动异化。在实际的生产过程中，雇佣劳动者的劳动异化成为客观现实。

　　资本家消费劳动者劳动能力的过程是客观的劳动过程，同时是哲学意义上主体和客体之间关系性质发生根本性颠倒的过程。资本家为什么

---

① 《马克思恩格斯全集》第32卷，人民出版社1998年版，第125—126页。

要这么做？根本目的是追逐一样东西，这种东西的政治经济学表述是剩余价值。与历史上的生产关系如奴隶制社会和封建制社会的生产关系相比，资本主义生产关系有自己的特点，也是其秘密。在这里，"这种关系的全部内容，以及与劳动相异化的工人劳动条件的表现方式，都处于它们的纯粹的经济形式中，在这里，没有任何政治的、宗教的和其他的伪装。这是纯粹的货币关系。资本家和工人。对象化劳动和活的劳动能力。不是主人和奴仆，教士和僧侣，封建主和陪臣，师傅和帮工等等之间的关系。"① 如上的特点使然，资本作为特定的生产关系，给人以关系当事人各自独立和自由的外观，而当事人之间的关系则表现为平等和公正。资产阶级经济学家抓住这样的外观大做文章，似乎资本主义生产关系形成的社会是人间伊甸园。

马克思超越于资产阶级经济学家的地方正在于此。他于外观之处继续深挖，后人所见到者是作为生产关系的资本背后的秘密——剩余价值被揭示出来。

资本家是精明人。他购买劳动者劳动能力的目的是消费这种能力。消费的过程是客观的生产过程。这一过程中发挥作用的是三种因素：劳动材料、劳动资料和活劳动。前两种因素以数量不变但存在形态发生变化的形式转移到产品中去。让产品价值发生变化的唯一因素是活劳动。生产过程最起码的要求是不能赔本，次一级的要求是资本的保值。实际上，这二者都不是资本家的目的，他的目的是资本在保值的同时还要增殖。增殖的源泉是什么？在哪里？局外人一头雾水，资本家则心知肚明。马克思为揭示这一秘密建立了逻辑力量强大的分析框架："现在我们知道产品价值的两个组成部分：(1) 在产品上消耗的材料的价值；(2) 在产品上消耗的生产资料的价值。如果这两者分别等于 A 和 B，那么产品的价值首先是由 A 和 B 的价值总量组成，或者说这假定为 P（产品），则 P=A+B+X。我们用 X 表示在劳动过程中通过劳动加到材料 A 上的尚未确定的价值部分。"②

这个神秘莫测的"X"是什么？来自何处？它是剩余价值，来自资本家消费劳动者劳动能力的过程即劳动者的实际劳动过程，诚如马克思所

① 《马克思恩格斯全集》第 32 卷，人民出版社 1998 年版，第 149 页。
② 《马克思恩格斯全集》第 32 卷，人民出版社 1998 年版，第 90 页。

说："劳动过程在只是再生产出劳动力价值的等价物并把它加到劳动对象上以后，还越过这一点继续下去。为再生产出这一等价物，6 小时就够了，但是劳动过程不是持续 6 小时，而是比如说持续 12 小时。这样，劳动力发挥作用的结果，不仅再生产出劳动力自身的价值，而且生产出一个超额价值。这个剩余价值就是产品价值超过消耗掉的产品形成要素即生产资料和劳动力的价值而形成的余额。"①

上述引证和分析表明，资本确实是生产关系，并且只能是生产关系。这种生产关系的实质是人与人之间的关系，具体说是生产过程中资本家与劳动者之间的关系。这种关系围绕中介物而发生和运动，即围绕死劳动（劳动资料和劳动材料）和活劳动（劳动者劳动能力的消费）而发生和运动。这样关系中的四种性质更直白地表现出资本的生产关系性内容。首先是法权性质。在实际的劳动过程中，劳动资料、劳动材料的所有权和劳动者劳动能力的使用权都归资本家所有，此为法律确定下来的基本事实。其次是纯经济性质。与资本主义社会以前的生产关系相比，以资本为核心且围绕资本而形成的生产关系不具有政治、宗教或其他非经济因素的外观，所以马克思说它具有纯经济性质。再次是生产性质。任何生产关系都具有生产性质，但资本主义生产关系的生产性质除一般意义的生产性质外还具有不计后果和不拘形式的无限扩张性质。最后是神秘性质。这种生产关系的前三种性质给人造成了独立、自由、平等和公正的外观，这种外观把剩余价值的剥削性质掩藏起来。由此说，此处的神秘性质也可以说是虚伪性质。

上述的引证和分析表明，马克思资本是生产关系的观点中有一个强劲有力的哲学分析框架。第一，在应然的劳动过程中，劳动者与生产资料和生活资料结为一体，最终的劳动成果归劳动者所有。第二，在资本主义性质的劳动过程中，劳动者与生产资料和生活资料发生分离，不归他所有，劳动成果既产品也不归他所有。第三，由应然状态变化为实然状态的结果是劳动者处于另一种强权的统治之下，这个强权就是资本。由此看，资本是使劳动者地位和劳动性质发生根本性变化的原因。这里的变化就是异化。第四，从经济哲学的层面看问题，马克思得出资本是生产关系和劳

---

① 《马克思恩格斯文集》第 5 卷，人民出版社 2009 年版，第 242 页。

动者在这种生产关系中处于异化地位的结论依赖于特定的哲学分析框架，它便是主体、客体及二者之间的辩证关系。

三、资本是"一种十分特殊的生产方式"

相对于我们而言，资本是政治经济学范畴，就其实际存在状态说，资本是死劳动或说是物化劳动。这样的事实表明，资本具有生产性，诚如马克思所说："资本只有作为商品的生产者才生产剩余价值和再生产自己本身。"① 资本的生产性作为事实一旦确定，顺理成章的结论就会出现于我们的面前，资本是生产方式，按照马克思的说法，资本是"一种十分特殊的生产方式"②。

资本是生产方式的结论带来了范畴意义的辨析问题，什么是生产方式？源自马克思主义教科书的解释非常流行，它是生产力与生产关系的统一。这样的解释与马克思的界定并不完全一致。此处的"不完全一致"之说是想表明两点内容。其一，如此界定马克思的生产方式概念，确实具有马克思的相关论述为根据。例如，马克思在讲到原始部落所有制的生产情况时说："这种生产方式即表现为个人之间的相互关系，又表现为他们对无机自然的一定的能动的关系。"③ 此处"个人之间的相互关系"指生产关系，而"对无机自然的一定的能动的关系"则是指生产力。其二，如此界定马克思的生产方式概念有简单化之嫌。下文重点讲述的关于生产方式的两个方面的内容即基本含义和特殊性可为例证。这样的例证意在表明，如此界定马克思的生产方式概念，丢掉了本属于这一概念的大量内容。请看马克思的如下论述："一个工业部门生产方式的变革，会引起其他部门生产方式的变革。这首先涉及因社会分工而孤立起来以致各自生产一种独立的商品、但又作为一个总过程的各阶段而紧密联系在一起的那些工业部

---

① 《马克思恩格斯文集》第 8 卷，人民出版社 2009 年版，第 444 页。

② 《马克思恩格斯文集》第 5 卷，人民出版社 2009 年版，第 197 页。

③ 《马克思恩格斯文集》第 8 卷，人民出版社 2009 年版，第 146 页。

门。因此，有了机器纺纱，就必须有机器织布，而这二者又使漂白业、印花业和染色业必须进行力学和化学革命。同样，另一方面，棉纺业的革命又引起分离棉花纤维和棉籽的轧棉机的发明，由于这一发明，棉花生产才有可能按目前所需要的巨大规模进行。但是，工农业生产方式的革命，尤其使社会生产过程的一般条件即交通运输手段的革命成为必要。""采用改良的生产方式的资本家，比同行业的其余资本家在一个工作日中占有更大的部分作为剩余劳动。他个别地所做的，就是资本全体在生产相对剩余价值的场合所做的。但是另一方面，当新的生产方式被普遍采用，因而比较便宜地生产出来的商品的个别价值和它的社会价值之间的差额消失的时候，这个超额剩余价值也就消失。"① 马克思的论述涉及两种情况，一种情况是不同行业间生产方式革命的连锁反应，另一种情况是同一行业内不同企业间生产方式革命与否对超额剩余价值的影响。两种情况都表明，在既定的即资本主义生产关系前提下，生产方式会发生变化，这种变化并不以生产关系的变化为前提。如果生产方式果真是生产力与生产关系的统一，那么，生产方式的变化就应以生产关系的变化为前提。问题在于，马克思的论述和工业革命的历史事实都证明，实际情况并非如此。由此可见，生产方式并不完全是生产力与生产关系的统一。

马克思语境中的生产方式概念到底何谓？这是一个用简单几句话无法回答的问题。造成这种局面的原因有二。一是马克思的后继者们长期进行离马克思本意而去的解释，二是马克思自己在大量各不相同的语境中运用生产方式范畴，几种政治经济学手稿中的情况可为例证。梳理上述情况，较为准确全面地再现马克思生产方式范畴中的含义是一篇专题论文的任务。限于篇幅，此处只能撮其要者，提纲挈领式地指出马克思生产方式范畴中的基本含义。

第一，生产方式是生产关系，具体说是生产资料、资本家和劳动者结合在一起使生产得以进行的法权组合形式。马克思说，"一定的生产方式即商品生产的生产关系"。在讲到资本主义积累的历史趋势时马克思又说，以生产资料私人占有为基础的小生产，"这种生产方式必然要被消灭，

① 《马克思恩格斯文集》第 5 卷，人民出版社 2009 年版，第 440—441、370 页。

而且已经在消灭。它的消灭，个人的分散的生产资料转化为社会的积聚的生产资料，从而多数的小财产转化为少数人的大财产，广大人民群众被剥夺土地、生活资料、劳动工具，——人民群众遭受的这种可怕的残酷的剥夺形成资本的前史"。① 马克思的论述中有定义性说明，还有历史事实的证明。两方面的情况都表明，生产方式就是生产关系。

第二，生产方式是劳动生产条件。在讲到相对剩余价值的生产时，马克思说："一个鞋匠使用一定的劳动资料，在一个十二小时工作日内可以做一双皮靴。如果他要在同样的时间内做两双皮靴，他的劳动生产力就必须提高一倍。不改变他的劳动资料或他的劳动方法，或不同时改变这二者，就不能把劳动生产力提高一倍。因此，他的劳动生产条件，也就是他的生产方式，从而劳动过程本身，必须发生革命。"② 马克思的论述用事实说话。实际的例证表明，从静态角度看的生产方式就是劳动生产条件。

第三，生产方式是生产力发展的形式。在讲到资本主义生产方式的特征时马克思说："资本本质上是生产资本的，但只有生产剩余价值，它才生产资本……我们已经看到，在这个上面怎样建立起资本主义时期所特所有的一种生产方式，这是劳动社会生产力发展的一种特殊形式，不过，这种劳动社会生产力是作为与工人相对立的资本的独立力量而发展的，并因而直接与工人本身的发展相对立。"③ 不管是相对于潜在能力而言还是相对于作为事后结果的效率而言，生产力都不是独立自在的东西，它依赖于特定的形式而存在，在特定的形式中发挥作用。形式可以对生产力的发展起阻碍作用，也可以对生产力的发展起促进作用。马克思语境中涉及的是后者，所以说生产方式是生产力发展的形式。

第四，生产方式是生产资料、劳动者和资本家相互结合使生产得以进行的物质技术形式。剩余价值的生产，进而资本的生产，像任何其他生产一样具有一般性质。这种性质的外在表现是劳动者与生产资料相结合以便利用生产资料，把自己的活劳动施加于劳动对象之上，使劳动产品出现

---

① 《马克思恩格斯文集》第 5 卷，人民出版社 2009 年版，第 873 页。
② 《马克思恩格斯文集》第 5 卷，人民出版社 2009 年版，第 366 页。
③ 《马克思恩格斯文集》第 7 卷，人民出版社 2009 年版，第 997 页。

于劳动者面前。劳动者与生产资料相结合必然会采取一定的形式，此处的形式便是劳动者与生产资料相结合的物质技术形式，即生产方式。在这里，本质性内容是劳动者为主体，生产资料中的劳动材料是客体，劳动资料是中介，二者都处于从属和被动的地位。讲到这一点时马克思说，"在劳动过程中，工人作为工人进入了对生产资料的正常的、由劳动本身的性质和目的决定的实际关系。工人掌握生产资料并把生产资料当做自己劳动的单纯的资料和材料。这些生产资料的独立的、自我坚持的、具有自己头脑的存在，它们与劳动的分离，现在实际上都消失了。劳动的物的条件，在它和劳动的正常统一中，表现为劳动的创造活动的单纯材料和器官。"[①] 伴随劳动经验的积累和劳动工具的改进，作为劳动物质技术形式的生产方式也在不断地变化和发展，马克思着意界说的资本主义机器大生产便是此种意义生产方式变化和发展的新阶段。同样是在资本主义时代，作为物质技术形式的生产方式发挥作用的过程，同时也是剩余价值进而资本的生产过程，诚如马克思所说："在这个过程中，资本在劳动过程中直接表现出来的各种物的形式，是生产资料（就是说，又是对象化劳动）表现为榨取和吸收这种活劳动的手段，——所有这一切表现为对象化劳动与活劳动之间进行的一种过程，这个过程不仅把活劳动转化为对象化劳动，而且同时把对象化劳动转化为资本，从而也把活劳动转化为资本。因此，它是一个不仅生产商品，而且生产剩余价值，从而生产资本的过程。"[②]

第五，生产方式是生产资料、劳动者和资本家相互结合使生产得以进行的社会组织形式。马克思有时称这种含义的生产方式为"工人自己的劳动的社会形式，或者说，工人自己的社会劳动的形式"[③]。这种含义的生产方式以特定的生产关系为前提，但区别于社会历史性内容。例如，协作"是资本主义生产方式的基本形式"。这种生产方式"和同样数量的单干的个人工作日的总和比较起来，结合工作日可以生产更多的使用价值，因而可减少生产一定效用所必要的劳动时间"[④]。由于资本主义生产关系的客观

---

① 《马克思恩格斯文集》第 8 卷，人民出版社 2009 年版，第 486 页。
② 《马克思恩格斯文集》第 8 卷，人民出版社 2009 年版，第 499 页。
③ 《马克思恩格斯文集》第 8 卷，人民出版社 2009 年版，第 394 页。
④ 《马克思恩格斯文集》第 5 卷，人民出版社 2009 年版，第 389、382 页。

存在并发挥制动性作用，作为社会组织形式的生产方式"是完全不以单个工人为转移而形成的关系；工人从属于资本，变成这些社会构成的要素，但是这些社会构成并不属于工人。因而，这些社会构成，作为资本本身的形态，作为不同于每个工人的单个劳动能力的、属于资本的、从资本中产生并被并入资本的结合，同工人相对立"①。

第六，生产方式是生产和消费的联结方式。静态地看，生产和消费各自独立，分属于不同的领域。动态地看问题，二者之间的关系密不可分，就像没有生产就不会有消费一样，没有消费同样不会有生产。生产是消费的前提，消费是生产的前提，二者的联结形成特定含义的生产方式。马克思在论述资本主义生产与消费的关系时为我们阐明了这一点："资本主义生产方式中的矛盾：工人作为商品的买者，对于市场来说是重要的。但是作为他们的商品——劳动力——的卖者，资本主义社会的趋势是把它的价格限制在最低限度。——还有一个矛盾：资本主义生产全力扩张的时期，通常就是生产过剩的时期；因为生产能力从来没有能使用到这个程度，以致它不仅能够生产更多的价值，而且还够把它实现。商品的出售，商品资本的实现，从而剩余价值的实现，不是受一般社会的消费需求的限制，而是受大多数人总是处于贫困状态、而且必然总是处于贫困状态的那种社会的消费需求的限制。"②马克思的论述向我们揭明了如下内容。首先，生产与消费二者之间的联结形式是生产方式；其次，资本主义生产方式的内在矛盾之一是生产与消费二者脱节，出现各种各样的危机、动荡甚至革命是必然趋势；最后，资本主义生产方式内在地具有非人性质，因为它不是为满足人的需要而生产，而是为满足资本家的贪欲而生产。

或许以上的引证和分析并没有穷尽马克思生产方式概念中的所有含义，但能够证明一个基本事实，马克思"生产方式"概念的含义绝非"生产力与生产关系的有机统一"的界定所能概括。另外，马克思关于资本是"一种十分特殊的生产方式"判断中"特殊"一词指称的内容是什么？把马克思政治经济学和经济哲学语境中"特殊"一词的指称内容揭示出来，同样

---

① 《马克思恩格斯文集》第 8 卷，人民出版社 2009 年版，第 394 页。
② 《马克思恩格斯文集》第 6 卷，人民出版社 2009 年版，第 350 页。

是我们的任务。

马克思在研究资本主义生产方式问题上下了很大功夫，从不同的角度，在不同的语境中，对资本主义生产方式的"特殊"之处进行界定。他所使用的各种不同的提法足以证明这一点，例如，"发达的特殊资本主义生产方式"，"特殊变化的生产方式"，"资本主义生产方式专有的特征"，"资本所固有的生产方式"，"较不发达的资本主义生产方式"，"本来意义的资本主义生产方式"，"特殊生产方式的资本主义生产方式"，"名副其实的资本主义生产方式"，等等。

在马克思的语境中，"特殊"一词的指称对象到底是什么？细心想来，它首先具有比较的含义。这样的含义包括两个指称方向。一是指资本主义生产方式与非资本主义生产方式的比较；二是指资本主义生产方式内部不同历史时期表现出来的"较发达的资本主义生产方式"与"较不发达的资本主义生产方式"比较。碍于篇幅约束，我们只能在一般比较意义上揭示资本主义生产方式的特殊之处，细加区分是一篇专题性论文才能完成的任务。

其一，资本主义生产方式的商品性特点。马克思在《资本论》的开篇第一句话是告诉我们一个基本事实："资本主义生产方式占统治地位的社会的财富，表现为'庞大的商品堆积'，单个的商品表现为这种财富的元素形式。"①静态看的客观事实确实如此。从动态的角度即从历史的角度看问题，其他社会历史形态中的产品并不都具有商品的性质。比较的结果表明，此为资本主义生产方式的特点。指出这一点是马克思的理论贡献："商品作为产品的一般必要形式，作为资本主义生产方式专有的特征，明显地表现在随着资本主义生产的发展而造成的大规模生产中，表现在产品的片面性和数量庞大上；这就使产品必然具有一种社会的性质和同社会关系紧密联系在一起的性质，但又使产品作为使用价值同满足生产者需要之间的直接关系，表现为某种完全偶然的、无关紧要的和无足轻重的东西。这种大量产品必须实现为交换价值，必须通过商品的形态变化，这不仅是为维持以资本家身份进行生产的生产者的生存所必需，而且是为生产过程本身的更新和连续所必需。因此，这种大量产品也进入了商业的范围。它的买者不

---

① 《马克思恩格斯文集》第 5 卷，人民出版社 2009 年版，第 47 页。

是直接消费者，而是把商品的形态变化当做自己业务来经营的商人。最后，产品发展了自己作为商品的性质，从而发展了自己作为交换价值的性质，因为生产部门的多种多样，从而产品能够进行交换的范围，都随着资本主义生产而不断扩展。"① 马克思的比较告诉我们，资本主义生产方式条件下的产品作为商品与其他生产方式条件下的产品之间有四个方面的根本性区别，首先是产品规模，其次是产品与满足生产者直接需要的关系，再次是商人作为中介出现的必然性和必要性，最后是产品作为商品的范围扩张。这样的结果让人一目了然，由此我们知道，资本主义生产方式条件下的产品是商品，这种性质内在于资本主义生产方式，是这一生产方式的内生变量。

　　其二，资本主义生产方式的工艺学特点。任何生产方式都具有工艺学性质，这种性质表现于两个方面，一是作为劳动者的主观性条件，二是作为劳动资料的客观性条件。非资本主义生产方式条件下的自然经济中，劳动者的主观性条件是体力和经验，资本主义生产方式条件下的商品经济中，劳动者的主观性条件则是科学性、专业性和不断变化发展的技能。客观条件的变化更加巨大，自然经济中往往是单个人的经验积累和外化的手工工具变成了商品经济中以科学技术运用为前提的机器体系。此为资本主义生产方式最明显的特点。这样的特点同样由马克思揭示出来。在自然经济占主导地位的手工劳动中，"一旦从经验中取得适合的形式，工具就固定不变了；工具往往世代相传达千年之久的事实，就证明了这一点。很能说明问题的是，各种特殊的手艺直到 18 世纪还称为 mysteries(mystères)［秘诀］，只有经验丰富的内行才能洞悉其中的奥妙。这层帷幕在人们面前掩盖他们自己的社会生产过程，使各种自然形成的分门别类的生产部门彼此成为哑谜，甚至对每个部门的内行都成为哑谜。大工业撕碎了这层帷幕。大工业的原则是，首先不管人的手怎样，把每一个生产过程本身分解成各个构成要素，从而创立了工艺学这门完全现代的科学。社会生产过程的五光十色的、似无联系的和已经固定化的形态，分解成为自然科学的自觉按计划的和为取得预期有用效果而系统分类的应用。工艺学也揭示了为数不多的重大的基本运动形式，尽管所使用的工具多种多样，人体的一切生产活动必

①　《马克思恩格斯文集》第 8 卷，人民出版社 2009 年版，第 429—430 页。

然在这些形式中进行，正像机器虽然异常复杂，力学仍会看出它们不过是简单机械力的不断重复一样"①。资本主义生产方式的工艺学特点是再明显不过的客观事实，在历史视域的比较中，其特点同样再明显不过地显示出来。

其三，资本主义生产方式的内在动力特点。细加分析便知，上述资本主义生产方式的工艺学特点只不过是结果，这样的结果由资本主义生产方式的内在动力特点促成。资本的存在理由和根本性目的是追逐剩余价值。资本早期和简单的行为方式是追逐绝对剩余价值，即在相对固定的必要劳动时间前提下，最大限度地增加剩余劳动时间，由此获得的剩余价值被马克思称之为绝对剩余价值。

问题在于，劳动者的体力和精力都有限度，劳动时间不能超过劳动者的生理承受能力，此为绝对剩余价值追求的绝对时间界限。但是，资本追逐剩余价值的欲望永远不会满足，为了达到暂时的心理平衡，在绝对剩余价值的追逐达到一定界限后，必然会改变行事方式，最大限度地追逐相对剩余价值。相对剩余价值指称两个方面的内容，在劳动时间已定的情况下提高劳动效率或是在既定效率目标前提下缩短必要劳动时间。如此行事的结果是商品的堆积如山，为了实现剩余价值，对这些商品的需要又成了大问题。资本主义生产方式必须解决旧生产方式没有遇到过的新问题。相对于相对剩余价值的获得而言，解决这一问题具有生命攸关性质的重要性。平心而论，相对于传统生产方式而言，这几乎是无中生有的奋斗目标，但在资本主义生产方式条件下却部分地变成了现实。资本主义生产方式为了完成几乎是无中生有的奋斗目标，"于是，就要探索整个自然界，以便发现物的新的有用属性；普遍地交换各种不同气候条件下的产品和各种不同国家的产品；采用新的方式（人工的）加工自然物，以便赋予它们以新的使用价值……要从一切方面去探索地球，以便发现新的有用物体和原有物体的新的使用属性，如原有物体作为原料等等的新的属性；因此，要把自然科学发展到它的最高点；同样要发现、创造和满足由社会本身产生的新的需要。培养社会的人的一切属性，并且把他作为具有尽可能丰富的属性和联系的人，因而具有尽可能广泛需要的人生产出来……这同样是

————————————
① 《马克思恩格斯文集》第 5 卷，人民出版社 2009 年版，第 559—560 页。

以资本为基础的生产的一个条件"①。检视人类社会经济发展的历史便知，这样的内在动力具有全新的性质，或者说，它为资本主义生产方式所独有。

其四，资本主义生产方式如上的内在动力特点决定了自身的另一特点，即永无止境的革命性。马克思对这一点的揭示如下："现代工业从来不把某一生产过程的现存形式看成和当做最后的形式。因此，现代工业的技术基础是革命的，而所有以往的生产方式的技术基础是保守的。现代工业通过机器、化学过程和其他方法，使工人的职能和劳动过程的社会结合不断地随着生产的技术基础发生变革。"② 如此认识和评价资本主义生产方式永无止境的革命性，是马克思的一贯立场。例如，他早在写作《共产党宣言》时期就以另一种语言风格阐明这一立场："资产阶级除非对生产工具，从而对生产关系，从而对全部社会关系不断地进行革命，否则就不能生存下去。反之，原封不动地保持旧的生产方式，却是过去的一切工业阶级生存的首要条件。生产的不断变革，一切社会状况不停的动荡，永远的不安定和变动，这就是资产阶级时代不同于过去一切时代的地方。"③ 两个地方的论述表明，马克思确实认为，永无止境地革命性是资本主义生产方式自身的性质和特点。这样的认知符合资本主义经济发展的历史实际吗？资本主义三次工业革命的提法及其特点指称的社会经济事实足以证明这一点。④ 人们往往津津乐道于熊彼特"创造性毁灭"提法的智慧性洞见，以为他发现了资本主义生产方式革命性这一秘密，殊不知，马克思几乎早于他一百年就已发现并揭示出这一秘密。⑤

其五，资本主义生产方式的人学特点。资本主义生产方式如上四个特点中的每一个都具有特定的社会历史性后果。这些后果在经济生活甚至社会生活的意义上都有利于资本家，进而有利于整个资产阶级。相对于劳

---

① 《马克思恩格斯文集》第 8 卷，人民出版社 2009 年版，第 89—90 页。

② 《马克思恩格斯文集》第 5 卷，人民出版社 2009 年版，第 560 页。

③ 《马克思恩格斯文集》第 2 卷，人民出版社 2009 年版，第 34 页。

④ 参见 [美] 托马斯·K. 麦克劳：《现代资本主义——三次工业革命中的成功者》，赵文书、肖锁章译，江苏人民出版社 1999 年版，第 14—16 页。

⑤ 关于熊彼特"创造性毁灭"提法的具体内容，参见熊彼特《资本主义、社会主义与民主》（吴良健译，商务印书馆 1999 年版）一书的第七章"创造性毁灭的过程"。

动者而言，如上特点的经济和社会生活含义如何？马克思的揭示道出了社会历史生活中的真相。"大工业的本性决定了劳动的变换、职能的更动和工人的全面流动性。另一方面，大工业在它的资本主义形式上再生产出旧的分工及其固定化的专业。我们已经看到，这个绝对的矛盾怎样破坏着工人生活的一切安宁、稳定和保障，使工人面临这样的威胁：在劳动资料被夺走的同时，生活资料也不断被夺走，在他的局部职能变成过剩的同时，他本身也变成过剩的东西；这个矛盾怎样通过工人阶级的不断牺牲、劳动力的无限度的浪费和社会无政府状态造成的灾难而放纵地表现出来。"①

资本主义生产方式的特殊之处或说特点已如上述。五个方面的内容穷尽资本主义生产方式的所有特点了吗？此为智者见智、仁者见仁的问题。但是，仅看这五个方面的内容就可作出结论，马克思对资本主义生产方式及其特殊性的认识，不仅高于同时代的资产阶级经济学家，而且也远远高于现代的资产阶级主流经济学家。比较性结果出现的原因有很多，如阶级立场、知识积累和精力投入等，但其中更根本的原因在于，马克思做到了经济学、历史学、工艺学和哲学的有机结合。试想，少了生产方式范畴的历史唯物主义内涵会是什么样子呢？有感于此，我国经济学界的老前辈陈岱孙先生说出了如下的话："马克思的政治经济学和他的哲学思想是分不开的。他的政治经济学建立在他的哲学的原理上面，而他的哲学，在他的政治经济学中，又获得了进一步的发展与完成。他对于每一个经济问题是既当作政治经济学中某一特殊问题，又当作整个哲学问题来解决的。"②

四、资本的人格化是资本家

在资产阶级经济学家看来，资本是以货币形式表现出来且能带来一定收益的物。马克思则认为，资本是特定的生产关系，是特殊的生产方

---

① 参见《马克思恩格斯文集》第5卷，人民出版社2009年版，第560—561页。
② 陈岱孙：《从古典经济学派到马克思——若干主要学说发展论略》，上海人民出版社1981年版，第32页。

式。既然资本是这二者，那么，它们的主体形态是什么？或者说，资本的主体表现形式是什么？马克思对问题的回答如下："资本的概念中包含着资本家"，"资本实质上就是资本家"①。概括地说，资本的人格化就是资本家。

从历史的角度看问题，资本主义社会以前的社会形态可以存在资本家，商业资本家和货币资本家的客观存在便是例证。但是，资本主义社会之所以是资本主义社会，除资本按照自己的需要"为自己创造出一个世界"外，②更能说明问题的是产业资本家登上社会历史舞台，且能在经济生活甚至整个社会生活中统领一切，呼风唤雨，重塑社会，左右生命，以至于成了无冕之王。

马克思终生研究政治经济学的目的是说清楚资本主义生产方式，要说清楚这一生产方式，资本的人格化——资本家问题必然会成为言说的对象，因为资本家是这一生产方式的行为主体之一，且是主要的行为主体。确实，马克思从各个角度论说资本家，我们所见到者是高度理论化的资本家形象。

第一个角度。"我决不用玫瑰色描绘资本家和地主的面貌。不过这里涉及的人，只是经济范畴的人格化，是一定的阶级关系和利益的承担者。"③现实生活中的资本家各具特色，在待人接物和生活方式诸方面，每一个资本家都会表现出与另一个资本家不同的面相。但是，资本家就是资本家，就其共性而言，他是资本的人格化，是特定阶级利益的承担者和化身。马克思从经济范畴角度看待资本家，个人性、情感性因素退居幕后，作为政治经济学研究对象的资本家形象便出现在我们面前。

第二个角度。"在每次证券投机中，每个人都知道暴风雨总有一天会到来，但是每个人都希望暴风雨在自己发了大财并把钱藏好以后，落到邻人的头上。我死后哪怕洪水滔天！这就是每个资本家和每个资本家国家的口号。因此，资本是根本不关心工人的健康和寿命的，除非社会迫使它去关心。人们为体力和智力的衰退、夭折、过度劳动的折磨而愤愤不平，资本却回答说：既然这种痛苦会增加我们的快乐（利润），我们又何必为此

---

① 《马克思恩格斯全集》第30卷，人民出版社1995年版，第508、509页。

② 参见《马克思恩格斯文集》第2卷，人民出版社2009年版，第36页。

③ 《马克思恩格斯文集》第5卷，人民出版社2009年版，第10页。

苦恼呢？不过总的说来，这也并不取决于个别资本家的善意或恶意。自由竞争使资本主义生产的内在规律作为外在的强制规律对每个资本家起作用。"①纵观资本主义社会发展史，尤其在资本主义社会的"粗野期"，资本家的个人性行为让人愤怒，例如资本主义社会早期的海盗资本家和 19 世纪末 20 世纪初美国强盗式资本家的行为，②但如果仅从个人性道德品质角度看问题，往往会偏离正确认识资本家的方向。自由竞争是资本主义生产方式的特色，正是自由竞争使资本家个人必须忘掉日常生活意义的自我，尽最大努力地履行资本职能，在竞争中处于不败地位才是重中之重。③制度比人强，制度塑造人。从自由竞争制度的角度看待资本家，作为经济范畴并把资本制度人格化的资本家就好理解了。资本家所表现出来的特性恰好就是资本的制度特性。

第三个角度。"资本家只有作为人格化的资本，他才有历史的价值，

---

① 《马克思恩格斯文集》第 5 卷，人民出版社 2009 年版，第 311—312 页。

② 此处只举一例。1913 年 9 月，美国洛克菲勒石油财富帝国旗下的煤矿公司与煤矿工人之间爆发了劳资纠纷。当时的威尔逊总统曾"出面干预"，由此可见事态的严重程度。到 1914 年 6 月中旬，坚持罢工的工人得到的是如下待遇："在一个俯瞰帐篷区的山梁上驻扎着大约 35 名国家警卫队的军人——据工会说，他们当中有许多是临时宣誓入伍的公司枪手。黎明时响起了一声枪声。谁开的枪始终没有弄清楚，也许这并不重要，因为双方早就全副武装、准备应战了。这一枪响过之后，士兵开始用机枪扫射那些灰白相间的帐篷，断断续续的射击把许多帐篷打成了碎片，到了晚上，他们已经打死了好几名罢工者。在这之后，喝醉了的警卫队士兵冲进帐篷区。据几份报告说，他们用浸过油的火把一个接一个地点着了帐篷。这些纵火犯不知道有 2 名妇女和 11 名儿童正蜷缩在他们用手在帐篷底下刨出来的土坑里，盖在身上的帆布着火后，他们全被烟熏倒了，很快便窒息而死——人们直到第二天早晨才发现了这一惨状"。当时的一家克利夫夫兰报纸说，"20 来个妇女和儿童烧焦的尸体表明，洛克菲勒懂得如何取得胜利"。如上例证及相关情况，见 [美] 荣·切尔诺：《工商巨子——约翰·戴维森·洛克菲勒传》（王恩冕等译，海南出版社 2000 年版），第二十九章"大屠杀"。

③ 马克思在《资本论》第一卷中引证了当时的《评论家季刊》中的一段话，能逼真地刻画出资本的人格化——资本家的内在本质："资本逃避动乱和纷争，它的本性是胆怯的。这是真的，但还不是全部真理。资本害怕没有利润或利润太少，就像自然界害怕真空一样。一旦有适当的利润，资本就胆大起来。如果有 10% 的利润，它就保证到处被使用；有 20% 的利润，它就活跃起来；有 50% 的利润，它就铤而走险；为了 100% 的利润，它就敢践踏一切人间法律；有 300% 的利润，它就敢犯任何罪行，甚至冒绞首的危险。"（《马克思恩格斯文集》第 5 卷，人民出版社 2009 年版，第 871 页）

才有像聪明的利希诺夫斯基所说的'没有任何日期'的历史存在权。也只有这样，他本身的暂时必然性才包含在资本主义生产方式的暂时必然性中。但既然这样，他的动机，也就不是使用价值和享受，而是交换价值和交换价值的增殖了。作为价值增殖的狂热追求者，他肆无忌惮地迫使人类去为生产而生产，从而发展社会生产力，去创造生产的物质条件；而只有这样的条件，才能为一个更高级的、以每一个个人的全面而自由的发展为基本原则的社会形式建立现实基础。只有作为资本的人格化，资本家才受到尊敬。作为资本的人格化，他同货币贮藏者一样，具有绝对的致富欲。但是，在货币贮藏者那里表现为个人的狂热的事情，在资本家那里却表现为社会机制的作用，而资本家不过是这个社会机制中的一个主动轮罢了。"① 由如上的论述可以看出，马克思从线性历史观角度看待资本家。线性历史观角度中的资本家只不过是历史的不自觉的工具。这样的历史由资本家创造。就此而言，只要读一遍《共产党宣言》的第一章，或者随便读一本资本主义扩张史，便可心知肚明。但是，马克思意义上的历史具有三维性：过去、现在和未来。作为资本人格化的资本家在推动社会历史由过去向现在转型的过程中发挥了巨大的历史作用，正如马克思恩格斯所说："资产阶级在历史上曾经起过非常革命的作用。"② 让资本家没有想到也不愿意想到的是，现在为未来做准备，是过渡到未来的桥梁，而未来恰恰是对现在的否定或说是扬弃。从这一角度看问题，资本家是发挥特定社会历史性作用的过客和工具，其社会历史性存在的必要性端赖于此。

三个角度观照中的资本家形象各具特色，共同性的本质表现出来，即资本家的产生、存在、发展和灭亡都与其核心性的职能息息相关。这里的职能指称的内容是追逐和实现剩余价值。为了界定剩余价值，马克思提出了不变资本和可变资本两个范畴，以期让剩余价值的具体内容显现出来。"转变为生产资料即原料、辅助材料、劳动资料的那部分资本，在生产过程中并不改变自己的价值量。因此，我把它称为不变资本部分，或简称为不变资本。""相反，转变为劳动力的那部分资本，在生产过程中改变

① 《马克思恩格斯文集》第 5 卷，人民出版社 2009 年版，第 683 页。
② 《马克思恩格斯文集》第 2 卷，人民出版社 2009 年版，第 33 页。

自己的价值。它再生产自身的等价物和一个超过这个等价物而形成的余额，剩余价值。这个剩余价值本身是可以变化的，是可大可小的。这部分资本从不变量不断转化为可变量。因此，我把它称为可变资本部分。"①

马克思的概念界定意在向我们表明，剩余价值的源泉不是不变资本，而是可变资本。可变资本是以工资形式表现出来的劳动力的价值，所以，剩余价值的最终源泉是劳动者的劳动。为了让这个以法律意义的自由、平等和公正掩盖起来的源泉真正地显现出来，马克思又进一步提出新概念，以劳动时间分段和对比的形式加以说明。"如果工人每天的生活资料的价值平均代表六个对象化劳动小时，那么，工人要生产这个价值，就必须平均每天劳动六小时……因此，我把进行这种再生产的工作日部分称为必要劳动时间，把在这部分时间内耗费的劳动称为必要劳动。"② 资本家不是慈善家，资本主义企业不是慈善单位。资本家雇佣劳动者的唯一目的是榨取劳动者的剩余劳动，把这种剩余劳动实现为剩余价值。所以，劳动力归资本家使用的时间内，劳动者的劳动时间绝对不可能仅仅局限于或止步于必要劳动的时间内，而是继续劳动，即进入第二时间段的劳动。"劳动过程的第二段时间，工人超出必要劳动的界限做工的时间，虽然耗费工人的劳动，耗费劳动力，但并不为工人形成任何价值。这段时间形成剩余价值，剩余价值以从无生有的全部魅力引诱着资本家。我把工作日的这部分称为剩余劳动时间，把这段时间内耗费的劳动称为剩余劳动（surplusl abour）。把价值看做只是劳动时间的凝结，只是对象化的劳动，这对于认识价值本身具有决定性的意义，同样，把剩余价值看作只是剩余劳动时间的凝结，只是对象化的剩余劳动，这对于认识剩余价值也具有决定性的意义。"③

由马克思的概念界定和说明可以看出，他把劳动者生产的产品中包含的价值分为三个量：第一个量是产品中包含的价值，即并没有发生变化的不变资本部分；第二个量是产品中包含的与劳动者的工资等值的部分，即可变资本部分；第三个量是马克思所说的"无中生有"，即劳动者在劳

---

① 《马克思恩格斯文集》第 5 卷，人民出版社 2009 年版，第 243 页。
② 《马克思恩格斯文集》第 5 卷，人民出版社 2009 年版，第 250 页。
③ 《马克思恩格斯文集》第 5 卷，人民出版社 2009 年版，第 251 页。

动过程中加进的剩余劳动部分。此处的第三部分是潜在的剩余价值，产品经过流通领域的洗礼后就会变为以真金白银形式表现出来的现实剩余价值。资本家拼命追逐者，就是这个剩余价值。

资本家到哪里追逐剩余价值？躲在家里？与情妇鬼混？或是与混社会的人和贪腐官员这类社会渣滓称兄道弟？这些行为不可能得到剩余价值。产生剩余价值，资本家能够追逐到剩余价值，唯有一个地方，那就是生产领域。只有在生产领域中，资本家才能追逐到剩余价值。追逐剩余价值，实现剩余价值，这二者都是行为，从这一角度看问题，资本的人格化就是资本的行为化，行为化的主体是资本家而不是资本本身。

资本家如何履行资本的职能并在生产领域中把这一职能行为化？这就是在生产过程中发挥监督、指挥、管理和协调劳动者劳动的作用。就此而言，马克思的论证如下："起初资本指挥劳动只是表现为这样一个事实的形式上的结果：工人不是为自己劳动，而是为资本家，因而是在资本家的支配下劳动。随着许多雇佣工人的协作，资本的指挥发展成为劳动过程本身的进行所必要的条件，成为实际的生产条件。现在，在生产场所不能缺少资本家的命令，就像在战场上不能缺少将军的命令一样。"随着资本主义生产的发展，"一切规模较大的直接社会劳动或共同劳动，都或多或少地需要指挥，以协调个人的活动，并执行生产总体的运动……所产生的各种一般职能。一个单独的提琴手是自己指挥自己，一个乐队就需要一个乐队指挥。一旦从属于资本的劳动成为协作劳动，这种管理、监督和调节的职能就成为资本的职能"[1]。马克思的论证向我们揭明了三点事实。第一，劳动者劳动的社会历史性质是在资本的支配下且从属于资本的劳动。这种劳动的性质决定了劳动者劳动的雇佣性质。第二，劳动者人数众多并集中于同一空间，如大工厂内的原因使然，生产过程中的管理、监督、指挥和调节等成为"必要的条件"。马克思用以证明这一点的例证是战场上不能没有将军，乐队中不能没有乐队指挥。第三，随着资本主义生产的不断发展，资本家管理等职能的发挥显得越来越必要，越来越重要。

由马克思的论证可以看出，在资本主义生产过程中，资本家管理职

---

[1] 《马克思恩格斯文集》第 5 卷，人民出版社 2009 年版，第 383—384、384 页。

能的发挥具有绝对的必要性。但是，相应的且是富有挑战性的问题也接踵而来。资本家管理性职能的发挥是劳动，是管理性劳动，这种劳动的性质是什么？这样的问题在马克思在世时就有人提出并加以回答，但这种回答只不过是资本家的心意表达。马克思在批驳各种回答的过程中提出自己的回答。"在资本家的脑袋里必然产生这样的观念：他的企业主收入远不是同雇佣劳动形成某种对立，不仅不是他人的无酬劳动，相反，它本身就是工资，是监督工资，wages of superintendence of labour，是高于普通雇佣工人工资的工资，1. 因为这是较复杂的劳动，2. 因为是资本家给自己支付工资……人们完全忘记了：资本家作为资本家，他的职能是生产剩余价值即无酬劳动，而且是在最经济的条件下进行这种生产。由于利润即剩余价值所分成的两个部分的对立形式，人们忘记了，二者不过是剩余价值的不同部分，并且它的分割丝毫不能改变剩余价值的性质、它的起源和它的存在条件。"① 马克思的立场很明确，也很坚定。尽管资本家及其学术代理人——资产阶级经济学家提出貌似有理有据因而有力的辩护性理由，尽管资本家的管理性劳动确实具有必要性，但就其实质而言，这种劳动是"参与对劳动的剥削"，因为，"资本家的管理不仅是一种由社会劳动过程的性质产生并属于社会劳动过程的特殊职能，它同时也是剥削一种社会劳动过程的职能，因而也是由剥削者和他所剥削的原料之间不可避免的对抗决定的"②。

马克思关于资本人格化——资本家的思想已如上述，其内含的逻辑力量和价值立场令人感佩。但是，其中的问题毕竟客观存在，需要单独提出来在经济哲学的层面加以讨论。

第一个问题表面看是剩余价值的计算范围问题，实质是基于特定性质劳动而来的产品价值索要权是否具有合理性问题。马克思说，"在直接的生产过程中，情况还简单。剩余价值除了剩余价值本身这种形式外，还没有取得任何特殊的形式，剩余价值本身这种形式，只不过使剩余价值有别于产品的构成在其中再生产出来的价值等价物的那一部分价值。正如价

---

① 《马克思恩格斯文集》第 7 卷，人民出版社 2009 年版，第 427 页。
② 《马克思恩格斯文集》第 5 卷，人民出版社 2009 年版，第 384 页。

值一般归结为劳动一样，剩余价值归结为剩余劳动，即无酬劳动。因此，剩余价值也只是以实际会改变自己价值的那部分资本——可变资本，投在工资上的资本——来计量的。不变资本不过是使资本的可变部分能够发生作用的条件"①。剩余价值是产品价值与可变资本比较的结果。为了更直白和清楚地表明自己的立场，马克思选取的论说对象是"直接的生产过程"，为实现剩余价值而存在的流通过程并没有进入考察的范围。尽管进行这样的限定，我们还是不得不说，这其中潜藏需要说明的问题。

我们看资本主义的生产过程。除雇佣劳动者的劳动外，这一生产过程还有如下几个因素构成。首先是以生产资料形式表现出来的资本家投入的资本，其次是资本家对生产过程进行监督和指挥的管理性劳动，最后是作为商品的产品由于卖不出去剩余价值就不能实现而造成的风险。②

在这三个因素中，资本家投入的资本是死劳动，是雇佣劳动者昔日劳动的凝结，这种因素在生产过程中对产品的价值贡献不能算是资本家的贡献。资本家有可能承担的风险变为现实后是真金白银的损失，但损失中的大部分由投入资本所构成使然，这部分损失不能被视作全部是资本家的损失。最后一个因素比较特殊，由于没有资本家的监督、指挥等管理性职能的发挥，像没有雇佣劳动者的劳动一样，作为商品的产品同样不能被生产出来，所以，根据产品的劳动价值构成就可以看出，资本家有权利索要劳动产品中自己应得的那一份劳动性收入。至于这部分收入在产品价值中占有多么大的比重是数量多寡问题，但性质上具有合理性是应当肯定下来的基本事实。由上述的引文可以看出，马克思既说管理性劳动具有绝对的必要性，又说这种劳动具有剥削性质因而没有收入上的合理性，这与劳动价值论的内在逻辑相冲突，说得严重一点，是自相矛盾。这种自相矛盾从马克思自己的论述中就可以看出来："当然，产业利润中也包含一点工资（在不存在领取这种工资的经理的地方）。资本在生产过程中是作为劳动的管理者和指挥者（captain of industry）出现的，在这个意义上说，资本在劳动过程本身中起着能动作用。但是只要这些职能是产生于资本主义生

---

① 《马克思恩格斯全集》第 35 卷，人民出版社 2013 年版，第 339 页。

② 参见《马克思恩格斯文集》第 7 卷，人民出版社 2009 年版，第 272 页。

产的特殊形式，（也就是说，产生于资本对作为它的劳动的劳动的支配，从而作为对它的工具的工人的支配；产生于作为社会的统一体，作为在资本上人格化为支配劳动的权力的社会劳动形式的主体而表现出来的资本的性质。）那么，这种与剥削相结合的劳动（这种劳动也可以转给经理）当然就与雇佣工人的劳动一样，是一种加入产品价值的劳动，正如在奴隶制下奴隶监工的劳动，也必须和劳动者本人的劳动一样给予报酬。"① 从马克思有点费劲的表述中我们可以感受到他的思绪的变化，似乎，不承认产业资本家根据管理性劳动具有索要劳动收入的合理性权利是难以说得通的。

在另一个地方，马克思把资本家从事的管理劳动的性质解释得更为清楚："资本主义生产本身已经使那种完全同资本所有权（不管是自有的资本还是别人的资本）分离的管理劳动比比皆是。因此，这种管理劳动就无须资本家亲自担任了。这种劳动实际上是同资本分离而存在的，但这不是表现在产业资本家同货币资本家那种表面的分离上，而是表现在产业管理人员等等同各种资本家的分离上。最好的证明就是：[第一，]工人们自己创办的合作工厂。它们提供了一个实例，证明资本家作为生产上的执行职能的人员对工人来说已经成为多余的了，就像在资本家本人看来，土地所有者的职能对资产阶级的生产是多余的一样。第二，只要资本家的劳动不是由作为资本主义过程的那种过程引起，因而这种劳动并不随着资本的消失而自行消失；只要这种劳动不是剥削他人劳动的职能的名称；只要这种劳动是由劳动的社会形式（协作、分工等等）引起，它就同资本完全无关，就像这个形式本身一旦把资本主义的外壳剥去，就同资本完全无关一样。"②

马克思的解释以资本家不断分化的历史演变过程为客观根据。资本主义社会以前存在货币资本家和商业资本家。进入资本主义社会以后，又产生出产业资本家。这种资本家用自己的资本生产且管理自己的企业。马克思关于剩余价值计算范围的判断就是根据这种资本家的情况作出的。伴

① 《马克思恩格斯全集》第 35 卷，人民出版社 2013 年版，第 355—356 页。

② 《马克思恩格斯全集》第 35 卷，人民出版社 2013 年版，第 357 页。

随资本主义生产方式的不断变化，产业资本家又发生了分化，即分化为自有资本且自己管理的资本家和借入资本但自己管理的资本家。这里的情况已经变得复杂，但产业资本家管理性劳动的性质又清楚了一步，马克思剩余价值计算范围的缺陷已显露出来。再到后来，产业资本家又进一步发生分化，出现了既不是自有资本也不是借入资本，而是只管理企业的单纯的经理。马克思所解释者，正是这种单纯的经理所进行的劳动。这种劳动确实是管理性劳动，但它的收入性质是雇佣劳动者的工资。我们可以由最终的结果往前推。单纯的经理发挥的经济职能是管理，在没有出现单纯的经理时，担负这一职能者是自有资本且亲自管理企业的产业资本家。既然在生产过程中发挥同样的职能，在性质判定上怎么能说单纯的经理的劳动是雇佣性劳动，而产业资本家的劳动完全是剥削性劳动呢？既然单纯的经理有索要劳动报酬的天然权利，那么产业资本家就没有这种权利？由此看来，马克思对剩余价值的计算范围规定得太狭窄了，而对产业资本家管理性劳动的性质判定过于简单了。产业资本家的管理性劳动确实具有剥削性质，但与此同时，还具有像单纯的经理的劳动一样的雇佣性质。据此，顺理成章的结论就会出现在我们面前：作为商品的产品价值中，像单纯的经理一样，也有产业资本家发挥管理性职能的贡献。既然如此，那么，剩余价值中也有产业资本家的贡献。基于此说，从事管理性劳动的产业资本家在产品价值中得到应得的一部分具有天然合理性。

如上推理及其结论会被刚性的意识形态论者视为大不敬，顺势而来的结论或许是笔者要彻底否定马克思的剩余价值理论。此为天大的误解。笔者指出马克思剩余价值理论存在可以补充之处的用意是完善这一理论。就基本立场而言，笔者承认剩余价值客观存在，剩余价值理论正确，只是剩余价值的计算范围有待扩大，剩余索取权的主体不仅有马克思意义上的雇佣劳动者，而且还有发挥管理职能的产业资本家。产业资本家的过错不在于依据生产职能的发挥索要自己的劳动报酬，而在于垄断生产剩余的分配权、使用权和处置权，三权背后的原因是他对生产剩余具有所有权。产业资本家职能发挥过程中对雇佣劳动者的剥削正是表现在这一点上。由此看，产业资本家在生产过程中发挥剥削性职能的判断基本符合实际。

　　第二个问题是如何评价资本家的行为及其后果。资本的人格化——资本家的行为及其后果是社会历史性也是当代性的客观存在。如何评价他或她的行为及其后果？马克思为我们所展示者是看问题的三个角度：经济范畴的人格化、自由竞争制度使然和社会历史变迁的"主动轮"。细心品味这三个角度就可发现，与资本的人格化相反，马克思认为资本家具有非人格化特征，他或她是特定经济职能的担当者，是社会历史变迁的推动者，他或她受自由竞争制度的约束而不能自行其是。资本家对此并没有自觉意识，所以他或她是社会历史变迁的不自觉的工具。正是因为如此，不能简单地用道德意义上的善或恶评价资本家的行为及其后果，或者说，资本家道德意义上的恶铸就了社会历史变迁意义上的善，因为资本家在满足发财致富欲望的过程中发展了社会生产力，为资本主义社会的灭亡和共产主义社会的到来准备好了物质前提。

　　马克思的上述观点是始终如一的基本立场。例如，他在评价资本家行为及其后果的放大版——英国对印度的殖民统治时说："的确，英国在印度斯坦造成社会革命完全是受极卑鄙的利益所驱使，而且谋取这些利益的方式也很愚蠢。但是问题不在这里。问题在于，如果亚洲的社会状态没有一个根本的革命，人类能不能实现自己的使命？如果不能，那么，英国不管犯下多少罪行，它造成这个革命毕竟是充当了历史的不自觉的工具。""英国要在印度完成双重的使命：一个是破坏的使命，即消灭旧的亚洲式的社会；另一个是重建的使命，即在亚洲为西方式的社会奠定物质基础。"① 马克思表述观点的思路非常清晰，但不完整，恩格斯的论述能够更完整地表达出马克思的基本观点。1846—1848 年间爆发了美国侵略墨西哥的战争。结果是美国掠夺了墨西哥几乎一半的领土，其中包括得克萨斯、北加利福尼亚、新墨西哥及其他地区。恩格斯针对这一事件说："在美洲我们看到墨西哥已被征服，这使我们十分高兴。"在一般意义上，"凡是我们目力所及的地方，资产阶级到处都做出了巨大的成绩，它昂首阔步，傲慢地向敌人挑战。资产阶级期待着决定性的胜利，而且它的希望不会落空。资产阶级准备根据自己的标准重新划分全世界，并且在地球的大

---

① 《马克思恩格斯文集》第 2 卷，人民出版社 2009 年版，第 683、686 页。

部分区域内作到了这一点"。恩格斯和马克思一样是资产阶级不共戴天的敌人，他为什么要这样看问题？原来还有思想逻辑的另一半要表达："这些先生真的以为，他们是在替自己干。他们鼠目寸光，以为他们一胜利世界就会最后改变面貌。可是很明显，他们到处都只是为我们民主主义者和共产主义者开辟道路，他们充其量只能提心吊胆地享几年福，然后，很快也会被打倒。"最后，恩格斯这位未满28周岁的小伙子豪情万丈地宣布："资产者大人先生们，勇敢地继续你们的战斗吧！现在我们需要你们，我们在某些地方甚至需要你们的统治。你们应该替我们扫清前进道路上的中世纪残余和君主专制。你们应该消灭宗法制，实行中央集权，把比较贫穷的阶级变成真正的无产者——我们的新战士。你们应该通过你们的工厂和商业联系为我们建立解放无产阶级所需要的物质基础。为了奖励这一点，你们可以获得短期政权。你们可以支配法律，作威作福。你们可以在王宫中欢宴、娶艳丽的公主为妻，可是别忘了'刽子手就站在门前'。"①

马克思恩格斯论述的二者合一是相对完整的思路。这个思路涉及三种社会历史形态，即资本主义社会以前的社会、资本主义社会和未来的共产主义社会。资本家的行为及其后果是扫清前资本主义社会残余，发展资本主义生产，为未来的共产主义社会准备条件，资本家并没有自觉意识到这一点。虽然具体的社会历史性内容或许有本质区别，但从思维方式的角度看问题，这个相对完整的思路来自黑格尔。他在《历史哲学》中说："这一大堆的欲望、兴趣和活动，便是'世界精神'为完成它的目的——使这目的具有意识，并且实现这目的——所用的工具和手段。这个目的只是要发现它自己——完成它自己——并把它自己看作是具体的现实。然而前面所述各个人和各民族的种种生活力的表现，一方面，固然是它们追求和满足它们自己的目的，同时又是一种更崇高、更广大的目的的手段和工具，关于这一种目的，各个人和各民族是无所知的，它们是无意识地或者不自觉地实现了它。"② 在《法哲学原理》中，黑格尔论述的思路更加完整："在世界精神所进行的这种事业中，国家、民族和个人都各按其特殊的和

---

① 《马克思恩格斯全集》第 4 卷，人民出版社 1958 年版，第 513、514、515 页。

② ［德］黑格尔：《历史哲学》，王造时译，上海书店出版社 1999 年版，第 26 页。

特定的原则而兴起，这种原则在它们的国家制度和生活状况的全部广大范围中获得它的解释和现实性。在它们意识到这些东西并潜心致力于自己的利益的同时，它们不知不觉地成为在它们内部进行的那种世界精神的事业的工具和机关。在这种事业的进行中，它们的特殊形态都将消逝，而绝对精神也就准备和开始转入它下一个更高阶段。"①

把黑格尔不同地方的论述加以综合，相对完整的思路便显现出来，要点如下。第一，世界精神有自己的目的但总是隐而不露。第二，不同的国家、民族和个人都有自己的欲望，都在追求自己的目的，都在完成自己的事业。第三，所谓自己的欲望、目的和事业不过是世界精神外化后的有机组成部分和现象性显现。它们与世界精神存在本质联系但并没有自觉地意识到这一点。第四，世界精神在国家、民族和个人中的无意识表明，它们都在自发地用自己的行动为世界精神服务，是世界精神实现自己的工具。这恰好是黑格尔"理性的技巧"思想的典型运用。② 第五，世界精神的存在和发展具有阶段性，一个阶段有待于发展到下一个阶段，下一个阶段是对前一个阶段的扬弃，这种扬弃以保存前一个阶段的有益成果为前提。由这五个要点可以看出，黑格尔的思路是以世界精神、世界历史和理性等形式表现出来的目的论。他试图展示于人者是客观的、规律性的和不以人的意志为转移的东西，起码他试图让人相信这一点，但就其实质而言，这只不过是个人性的想法而已。把黑格尔的思路与马克思恩格斯的思路加以对比就可发现，二者在思维方式上是相同的，起码是相通的。

既然国家、民族和个人的欲望、目的、行为及其结果只不过是世界精神实现自己目的的不自觉的工具，那么，伦理道德性因素就不能占据重要地位，甚至可以忽略不计，因为这对于世界精神的自我实现没有益处。黑格尔确实是这样看问题的："那些伟大人物，'世界历史个人'的功业行事，无论从他们所没有觉察到的那种真正的意义来看，无论从世俗的观点来看，一概是合理得当的。然而从这一点看起来，各种不相干的道德的要求，断然不可以提出来同世界历史事业和这些事业的完成相颉颃、抵触。

---

① ［德］黑格尔：《法哲学原理》，范扬、张企泰译，商务印书馆 1961 年版，第 353 页。

② 参见［德］黑格尔：《小逻辑》，贺麟译，商务印书馆 1980 年版，第 394 页。

断然不可以提出各种私德——礼貌、谦让、慈善和节制等等——来反对这些事业。'世界历史'在原则上可以全然不顾什么道德，以及议论纷纷的什么道德和政治的区分——'世界历史'不但要戒绝轻下判断，因为它包含的各种原则和必然的行为同这些原则的关系，对于上述事业便是充分的判断——而且要把个人完全置之度外，置之不论。"① 稍加梳理，上述话语的内容就可展示于我们面前。作为世界历史性的个人，即从事创新性冒险性活动以充当世界历史或叫世界精神不自觉的工具的个人，其行为及其结果本身就具有世界历史性的合理性和正当性。与这种合理性和正当性不相关甚或相抵触的道德原则没有权利评价和约束这种个人及其行为。概括地说，这样的个人可以全然不顾什么道德。当然，这样的个人不是现实生活及其历史中活生生的个人，而是工具化的个人。把黑格尔的上述思想命题化，便是如下三种表述：个人及其行为的工具化论、工具化个人的非道德论和工具化个人的非人格化论。

明了黑格尔的上述思想后回头再看马克思关于资本家的三个角度的论述，不难发现的事实就会出现在我们面前，马克思的相关思想源自黑格尔。这样的结论貌似唐突，稍加解释就可看出其中的内在联系。马克思的相关思想与黑格尔的思想之间有两点区别。其一，马克思是唯物主义者，黑格尔则是唯心主义者。其二，马克思站在劳动者即无产阶级立场上看待问题，黑格尔则是站在资产阶级立场看待问题。但是，他们二人之间的本质联系表现在思维方式上，这种联系的例证便是都坚持：个人及其行为的工具化论、工具化个人的非道德论和工具化个人的非人格化论。

从线性历史观和世界历史目的论两个角度看问题，马克思的思维方式源自黑格尔。关于资本家的上述三论有道理，其合理性不言自明。但是，其中的问题仍然需要我们提出来加以思考、探讨和说明。在非人格化和非道德化的资本家傲视一切、积极进取、不断扩张和重铸世界的过程中，② 作为非资本家阶级的个人、阶级甚至种族付出了用语言难以描述的沉重代价。就这些代价本身的性质而言，如果没有资本家的肆意妄为和

---

① 　[德] 黑格尔：《历史哲学》，王造时译，上海书店出版社 1999 年版，第 70 页。

② 　参见《马克思恩格斯文集》第 2 卷，人民出版社 2009 年版，第 33—36 页。

"凯歌行进"，它们就不会出现。把话说得直白一点，如果没有资本家的行为及其后果，这些代价就不会付出。资本家满足了自己发财致富的欲望，客观后果则是不自觉地推动了社会历史的发展，所以成了社会历史意义上的英雄。

简单概括地说，这样的代价有如下几类。第一类是农民阶级。这个阶级作为整体为资本家付出代价是史书记载下来的客观事实，莫尔关于"羊吃人"的提法背后的残酷事实可作证据。第二类是作为雇佣劳动者的工人阶级。这个阶级为资本家的财富帝国付出血汗甚至生命，所得到者却是食不果腹，衣不遮体。这种情况让现在的人难以置信，却是英国工业革命时期官方承认的客观事实。第三类是种族代价。这种代价同样是客观事实。土著印第安人的灭绝、非洲黑人的美洲为奴，都可为例证。第四类是环境代价。这一代价往往被论者所忽略，所以这里应说得稍微具体一点。为"日不落帝国"英国完成工业革命和创造惊人财富因而养肥资本家的雇佣劳动者，不仅劳动所得少得可怜，而且，其生存环境的污染几乎到了难以逃遁的地步。首先是食物污染。面包是当时英国人最基本的生活必需品。马克思在讲到面包的污染情况时说："熟读圣经的英国人虽然清楚地知道，一个人除非由于上帝的恩赐而成为资本家、大地主或领干薪者，否则必须汗流满面来换取面包，但是他不知道，他每天吃的面包中含有一定量的人汗，并且混杂着脓血、蜘蛛网、死蟑螂和发霉的德国酵母，更不用提明矾、砂粒以及其他可口的矿物质了。"① 其次是生活环境污染。恩格斯通过实地调查告诉我们，伦敦"250万人的肺和25万个火炉挤在三四平方德里的面积上，消耗着大量的氧气，要补充这些氧气是很困难的，因为城市建筑形式本来就阻碍了通风。呼吸和燃烧所产生的碳酸气，由于本身比重大，都滞留在街道上，而大气的主流只从屋顶掠过。居民的肺得不到足够的氧气，结果肢体疲劳，精神委靡，生命力减退……一切腐烂的肉类和蔬菜都散发着对健康绝对有害的臭气，而这些臭气又不能毫无阻挡地散出去，势必要造成空气污染。因此，大城市工人区的垃圾和死水洼对公共卫生造成最恶劣的后果，因为正是这些东西散发出制造疾病的毒气；至于

---

① 《马克思恩格斯文集》第5卷，人民出版社2009年版，第289页。

被污染的河流，也散发出同样的气体"①。最后是工作环境污染。当时英国官方的《工厂视察员报告》披露："拆棉花包的工人告诉我，难忍的臭味熏得人恶心……在混棉间、清棉间和梳棉间里，棉屑和尘埃飞扬，刺激人的七窍，引起咳嗽和呼吸困难……由于纤维短，浆纱时棉纱上附加大量的材料，而且是用各种代用品来代替原来使用的面粉。这就引起织布工人恶心呕吐和消化不良。因为灰尘多，支气管炎、咽喉炎十分流行；其次，由于苏拉特棉里的脏东西刺激皮肤，皮肤病也很流行。"②

　　上述代价以及诸如此类的代价是资本家创造历史的必然伴生物，资产阶级经济学家想否认，但事实胜于雄辩。在西方主流经济学的历史上，对资本家的认识有一个不断演化的过程，主导性趋势是把资本家神圣化或世俗英雄化。西方主流经济学的奠基人亚当·斯密对资本家没有什么好印象，如下话语可资为证："我国商人和制造者，对于高工资提高物价、从而减少国内外销路的恶果，大发牢骚；但对于高利润的恶果，他们却只字不谈。关于由自己得利而产生的恶果，他们保持沉默。他们只对由他人得利而产生的恶果，大喊大叫。"资本家聚会，"往往不是阴谋对付公众便是筹划抬高价格"。③ 到 19 世纪末，让经济学由一门学科变成一个专业的马歇尔在他那部著名的教材《经济学原理》中，设置专节谈论资本家的才能问题，把资本家神化或英雄化的苗头已显露无遗。④ 到 20 世纪初，西方主流经济学把资本家神化或英雄化的任务已告完成。能够证明这一点的是两部著作。一是马克斯·韦伯的《新教伦理与资本主义精神》，其中的第五章"禁欲主义与资本主义精神"围绕世俗社会生活中的职业观而展开，而尽职尽责则是不辱天职的使命，达到了与神同在的境界。另一部是约瑟夫·熊彼特的《经济发展理论》，其中讲到企业家（资本家）的价值观时，认为资本家在"征服的意志"和"战斗的冲动"催促下，"要去找到一个

① 《马克思恩格斯文集》第 1 卷，人民出版社 2009 年版，第 409—410 页。

② 转引自《马克思恩格斯文集》第 5 卷，人民出版社 2009 年版，第 526—527 页。

③ ［英］亚当·斯密：《国民财富的性质和原因的研究》上卷，郭大力、王亚南译，商务印书馆 1972 年版，第 90、122 页。

④ 参见［英］马歇尔：《经济学原理》上卷，朱志泰译，商务印书馆 1964 年版，第 309 页。

私人王国"。① 但是，非资本家阶级的阶级和个人为此而付出的社会历史性代价谁来补偿呢？谁应该补偿呢？补偿了吗？西方主流经济学家从来不回答这样的问题。这只能说明现代的西尼尔、哈耶克之类的人物有眼无珠或是故意昧着良心说话。② 与上述代价事实的客观存在密切相关，还有一个事实同样客观存在，上述付出代价者没有获得任何补偿。如果说资本家的行为及其后果作为工具无意识地创造了历史，那么，上述付出代价者是否为同类性质的工具？对问题作出否定性回答违背社会历史生活的常识。作为"日不落帝国"的英国的强盛源自雇佣劳动者的非人性劳动，而资本家用于剥削雇佣劳动者的资本的一部分，如土地是靠牺牲作为阶级的农民得来的。没有种族性代价，就没有美洲的土地，资本家就没有地方种植蔗糖原料、棉花和烟草，从而也就没有劳动力和商品输出的市场，等等。对问题作出否定性回答符合社会历史事实，但基于事实而来的经济哲学性结论，则是资本家及其心意表达者——资产阶级经济学家不愿意见到的。资本家确实是社会历史性的工具，但他们得到了应得的管理性劳动的报酬，还得到了不应该得到的对雇佣劳动者生产剩余的垄断权，与此同时，他们没有付出任何代价。与此形成鲜明对比的是，非资本家阶级在付出上述代价的同时还被剥夺了对生产剩余的拥有权，实际上是什么样的补偿性回报也没有得到。这种状况及结局合理吗？当然不合理。把不合理的状况变为合理就是"造反有理"中的"理"。至于"造反"采取何种形式，只能根据特定的社会历史情势而定。

五、资本的矛盾性质

如果像资产阶级经济学家那样把资本理解为物，那么，这种物便与矛盾无关，因为矛盾只存在于人与人和人与物之间。如果把资本理解为生

---

① 参见［美］约瑟夫·熊彼特：《经济发展理论》，何畏等译，张培刚等校，商务印书馆1990年版，第102—103页。

② 参见［英］F.A.哈耶克编：《资本主义与历史学家》，秋风译，吉林人民出版社2003年版，第4—5页。

产关系，那么，资本中便存在矛盾，或者说，资本是矛盾集合体。资本原始积累过程中的原罪性质足以证明这一点。有感于此，仅在《政治经济学批判大纲》中，马克思至少有四次以概括的形式提到资本的矛盾性质："在资本的简单概念中已经潜在地包含着以后才暴露出来的那些矛盾"；"资本是一个活生生的矛盾"；"资本本身就是矛盾"；"资本本身是处于过程中的矛盾"。① 用带有黑格尔哲学痕迹的矛盾辩证法揭示资本中存在的客观矛盾，是马克思政治经济学的一大特色，也是马克思对资本的认识超出于资产阶级经济学之上的体现，更是马克思政治经济学具有哲学性质的证明。这样的事实表明，研究资本而不涉及其内在矛盾，是一种离开本质而去的做法。资本内在的矛盾性有哪些具体内容？请看马克思为我们作出的揭示。

1. 表现形式与实际内容之间的矛盾

资产阶级意识形态的旗帜上赫然写着："独立、自由和平等。"不同学科的学者们在认可的前提下利用自己的知识专长，殚精竭虑地为这种意识形态内容作论证。这样的论证并非空穴来风或任意编造，它有自己认可的客观依据，即资本主义的经济生活及其法律规定。问题在于，所谓的"独立、自由和平等"只不过是外在的表现形式，涉入资本主义经济生活的内部和深处，真正的实际内容正好与此相反。马克思发现了这种矛盾性，为我们透彻地揭示出这种矛盾性质。

资本主义经济体系以商品生产和交换占绝对统治地位为特色。与自给自足的自然经济相比，交换的特色更为明显。马克思对交换的分析之透骨见底，让我们不得不为之拍案叫绝。"只要考察的是纯粹形式，关系的经济方面……那么，在我们面前出现的就只是形式上不同的三种要素：关系的主体，交换者，他们处在同一规定中；他们交换的对象，交换价值，等价物，它们不仅相等，而且确实必须相等，还要被承认为相等；最后，

---

① 《马克思恩格斯全集》第 30 卷，人民出版社 1995 年版，第 395、405、542 页；《马克思恩格斯全集》第 31 卷，人民出版社 1998 年版，第 101 页。

交换行为本身，中介作用，通过这种中介作用，主体才表现为交换者，相等的人，而他们的客体则表现为等价物，相等的东西。"①

交换的要素分析具有静态性质，但只有通过这种分析人们才能明了，交换行为发生的基本前提条件到底是什么。同样，另一种具有静态性质的前提条件也不能被忽略，即交换主体与主体之间和商品与商品之间必须具有差别，诚如马克思所说："如果个人 A 和个人 B 的需要相同，而且他们都把自己的劳动实现在同一种对象中，那么他们之间就不会有任何关系；从他们的生产方面来看，他们根本不是不同的个人……只有他们在需要上和生产上的差别，才会导致交换以及他们在交换中的社会平等化；因此，这种自然差别是他们在交换行为中的社会平等的前提，而且也是他们相互作为生产者出现的那种关系的前提。"②

前提条件的具备意味着交换的必然发生，否则，人的需要便得不到满足，生存就会成为问题。市场经济生活中的人们每日甚至每时都在进行着商品交换，一元钱一瓶纯净水，两元钱一把小白菜，三元钱一个面包，等等。交换的过程易如反掌，需要的满足轻松自如，人们从中感受到了商品交换带来的快捷和方便，更体会到了交换双方各自独立、平等和自由的关系。马克思对这种内容的概括如下："如果说经济形式，交换，在所有方面确立了主体之间的平等，那么内容，即促使人们去进行交换的个人和物质材料，则确立了自由。可见，平等和自由不仅在以交换价值为基础的交换中受到尊重，而且交换价值的交换是一切平等和自由的生产的、现实的基础。"③

如果马克思的思路行进至此而结束，那么，这样的马克思就不是真正的马克思，充其量是比较具有哲学气质的资产阶级经济学家。客观事实正好与此相反。马克思并没有就此止步而是继续前进，在前进过程中发现了资本的秘密；揭破这一秘密，让资本的剥削本质暴露于光天化日之下。

马克思认为，交换过程及其结果貌似具有天经地义和天然合理的性

---

① 《马克思恩格斯全集》第30卷，人民出版社1995年版，第196页。

② 《马克思恩格斯全集》第30卷，人民出版社1995年版，第197页。

③ 《马克思恩格斯全集》第30卷，人民出版社1995年版，第199页。

质，但就实质言，它只不过"是法律上的合理存在，而不是经济上的合理存在"①。为什么说商品交换过程及其结果的平等和自由性质"不是经济上的合理存在"？作为整体存在的资本是交换过程和生产过程的有机统一。仅有交换过程而无生产过程，资本无法达到自己的目的，结果是走向自己的反面成为非资本。资本的最终目的是获取剩余价值，直接目的则是进入生产过程，只有生产过程才是剩余价值的创造之地。在这里，个人之间的平等和人的自由完全消失，资本和劳动的对立关系变得实实在在。在劳动力市场上，一旦交易完成，劳动者的劳动力便归资本家随意支配，支配的过程是劳动者的劳动过程，在这一过程中，资本的真实目的显现出来。"劳动是酵母，它被投入资本，使资本发酵。一方面，资本借以存在的对象性必须被加工，即被劳动消费；另一方面，作为单纯形式的劳动，其纯粹主体性必须被扬弃，而且劳动必须被对象化在资本的物质中。""于是，原料被消费了，因为它被劳动改变了，塑形了；劳动工具被消费了，因为它在这个过程中被使用了，磨损了。另一方面，劳动也被消费了，因为劳动被使用，被推动了，以致工人的一定量体力等等被耗费了，结果是工人精疲力尽。但是劳动不仅被消费，而且同时从活动形式被固定为，被物化为对象形式，静止形式；劳动在改变对象时，也改变自己的形态，从活动变为存在。过程的终点是产品，在这个产品中，原料表现为同劳动结合在一起，劳动工具由于变成劳动的现实传导体也从单纯可能性变为现实性；但是，劳动工具本身由于它对劳动材料发生力学或化学的关系，它也在它的静止形式上被消费。"②

劳动者劳动的过程是产品被创造出来的过程。需要特别强调指出的是，此处的产品是商品，并且只能是商品。劳动者和资本家共同面对被创造出来的产品，但意义却截然相反。由于产品的所有权属于资本家，所以，资本由可能性变成了现实性，基于产品，资本家获得了继续剥削劳动者的无上权力；劳动者的劳动力被资本消费，他或她所获得者是勉强维持生存的工资和继续被资本驱使的命运。马克思直白地把被资本主义意识形

---

① 《马克思恩格斯全集》第 30 卷，人民出版社 1995 年版，第 292 页。

② 《马克思恩格斯全集》第 30 卷，人民出版社 1995 年版，第 256、258 页。

态和人们的习惯性思维掩盖起来的如上真相摆在我们面前。"资本换进的这种劳动是活劳动，是生产财富的一般力量，是增加财富的活动。可见，很明显，工人通过这种交换不可能致富，因为，就像以扫为了一碗红豆汤而出卖自己的长子权一样，工人也是为了一个既定量的劳动能力［的价值］而出卖劳动的创造力。相反，我们往下就会知道，工人必然会变得贫穷，因为他的劳动的创造力作为资本的力量，作为他人的权力而同他相对立。他把劳动作为生产财富的力量转让出去；而资本把劳动作为这种力量据为己有。可见，劳动和劳动产品所有权的分离，劳动和财富的分离，已经包含在这种交换行为本身之中。"①

　　由马克思的揭示可以看出，资本的表现形式与实际内容相冲突和相背离是客观存在的事实。这里的冲突和背离当然包括人与自然之间的关系，但更为主要的指涉对象是人与人之间的关系，具体说是资本家与劳动者之间的关系。对于资本家而言，从这种关系性质中获得了意识形态资源和优势，不管其实际行为多么残酷和恶劣，自我防卫和辩护的理由充分且正当，他可以说雇佣劳动者像他一样是平等自由的人，雇佣劳动者是自愿上钩且符合法律规定。尤为重要者，资本家从这种关系性质中获得了生命所系的实际利益——剩余价值，同时还给人造成了一种印象，资本家是节俭的人，是勤劳的人，是聪明的人，是富于创新的人。这种印象被资产阶级经济学家学理化，我们所见到者是萨伊、马歇尔、马克斯·韦伯和熊彼特等人的企业家理论。相对而言的雇佣劳动者的情况如何？他或她被资本驱使和剥削的真相被平等且自由的外观掩盖起来，实际获得的是维持生命及其延续的工资、劳动过程中被异化以及这二者持续不断地生产和再生产。马克思独具慧眼，发现了资本的这种矛盾性质并以哲学方式加以分析和表达。资本家及其资产阶级经济学家痛恨马克思，惧怕马克思，是自然而然的事情。

2. 产品生产与价值实现之间的矛盾

　　产品并不必然地是商品。农民种地生产粮食以供自己及家人的消费

---

① 《马克思恩格斯全集》第30卷，人民出版社1995年版，第266页。

之用，这样的产品不是商品。商品生产的目的不是消费而是交换，从涉及的因素角度看问题，商品生产要复杂得多。按马克思的说法，商品是用于交换的劳动产品，[①] 其客观基础当然是使用价值，但没有交换参与进来，商品的价值就无法实现，生产的目的也难以达到。问题在于，交换的涉入其中导致了一系列后果，经济行为的主体已多元化，不仅有生产者而且还有交换者；经济行为的链条拉长了，不仅有生产环节而且还有交换环节；经济行为的目的发生了变化，由直接消费变成了互通有无；经济行为的风险增大了，交换不成功，将一事无成，前功尽弃；等等。客观事实告诉我们，简单的商品生产和交换的复杂程度已非自然经济中的产品生产所可比拟。

　　资本主义生产是最发达的商品生产，资本所涉及的因素更为复杂。资本的实现是诸多因素协调一致的结果，但这只不过是多种可能性中的一种变成了现实。细检资本主义发展的历史就可明白，其他可能性同样会变为现实，当然是资本家最不愿意见到且是最惧怕的可能性变为现实，即经济危机的爆发。其中的原因何在？根本原因是生产与交换脱节，具体说是产品生产与价值实现二者之间产生了矛盾。多费口舌解释不如直接品味马克思的科学分析，在分析中，这一矛盾活灵活现地展现在我们面前。

　　"一旦可以榨出的剩余劳动量对象化在商品中，剩余价值就生产出来了。但是，这样生产出剩余价值，只是结束了资本主义生产过程的第一个行为，即直接的生产过程。资本已经吮吸了这么多无酬劳动。随着表现为利润率下降的过程的发展，这样生产出来的剩余价值的总量会惊人地膨胀起来。现在开始了过程的第二个行为。总商品量，即总产品，无论是补偿不变资本和可变资本的部分，还是代表剩余价值的部分，都必须卖掉。如果卖不掉，或者只卖掉一部分，或者卖掉时价格低于生产价格，那么，工人固然被剥削了，但是对资本家来说，这种剥削没有原样实现，这时，榨取的剩余价值就完全不能实现，或者只是部分地实现，资本就可能部分或全部地损失掉。进行直接剥削的条件和实现这种剥削的条件，不是一回事。二者不仅在时间和地点上是分开的，而且在概念上也是分开的。前者只受社会生产力的限制，后者受不同生产部门的比例关系和社会消费力的

---

① 　参见《马克思恩格斯文集》第 5 卷，人民出版社 2009 年版，第 54 页。

限制。但是社会消费力既不是取决于绝对的生产力，也不是取决于绝对的消费力，而是取决于以对抗性的分配关系为基础的消费力；这种分配关系，使社会上大多数人的消费缩小到只能在相当狭小的界限以内变动的最低限度。其次，这个消费力还受到追求积累的欲望，扩大资本和扩大剩余价值生产规模的欲望的限制。这是资本主义生产的规律，它是由生产方法本身的不断革命，由总是和这种革命联系在一起的现有资本的贬值，由普遍的竞争斗争以及仅仅为了保存自身和避免灭亡而改进生产和扩大生产规模的必要性决定的。因此，市场必须不断扩大，以致市场的联系和调节这种联系的条件，越来越取得一种不以生产者为转换的自然规律的形式，越来越无法控制。这个内部矛盾力图通过扩大生产的外部范围求得解决。但是生产力越发展，它就越和消费关系的狭隘基础发生冲突。"①

　　马克思的上述分析对我们理解资本内含的产品生产与价值实现二者之间的矛盾极为重要，其中有一个强劲有力的内在逻辑。

　　第一，产品生产与价值实现二者之间有本质区别，这种区别表现于三个方面：时间、地点和主体。产品生产时间在产品的销售时间之前而不是相反，此为常识性区别。地点的情况也如此，虽然二者之间的距离有大有小，但产品的生产和销售两种行为不发生于同一地点是客观存在的事实。说到主体，其重要性更为突出。在产品生产中，资本家面对的是劳动者，在实现价值的产品销售中，资本家则要面对消费者。很明显，生产者和消费者不是一回事。要害问题在于，产品的价值能否实现，关键在于消费者。

　　第二，消费者的购买行为使产品的价值由可能性变得具有现实性，资本家的剥削行为得以完成，发财致富的欲望得到满足，这一切都取决于消费者的消费能力，而消费能力又取决于购买能力。现在看来，消费者的购买能力大小成为资本价值实现的关键。资本主义经济发展的历史表明，其中的分配关系具有不同阶级之间的对抗性质，这种对抗性质使然，资本的产品生产与价值实现二者之间必然会发生冲突。劳动者由于所得工资太少，购买力极为有限。大量的产品被生产出来，但价值实现成为问题，作为消费者的劳动者手中没有那么多的钱购买如此多的产品。资本内含的这

---

① 《马克思恩格斯文集》第 7 卷，人民出版社 2009 年版，第 272—273 页。

种矛盾具有客观性，常常以经济危机的形式表现出来。著名历史学家霍布斯鲍姆以具体的历史事实为我们证明这一点："回顾19世纪前半叶，应引起关注的是下面这项对照，即巨大和快速成长的资本主义工业化所能达到的生产能力，与其无法扩大的基础和无法摆脱的基础之间的对照。生产力可以戏剧化地提高，但却没有能力扩大其产品的销售市场，扩大其积累资本的可获利场所，更别提以相应的速度或适当的工资来创造就业机会。"①

第三，资本的产品生产与价值实现二者之间的矛盾带有必然性，一系列根本性原因促成了这种必然性的产生和客观存在。马克思为我们指出了这一系列的原因。首先，资本的本性使然，利益最大化是唯一追逐的目标，加上资本始终处于强势地位，在劳动者工资问题上说话算数，所以，压低劳动者的工资标准，尽最大努力地少付报酬成为持续不断存在的客观事实。劳动者得到的报酬少，购买力当然低，低购买力使资本的价值实现受阻。其次，资本家的积累欲望强烈且持续不断，积累的客观需要逼迫或说引诱资本家以最低的限度付给劳动者报酬。最后，不同资本之间的竞争态势迫使资本家不断改进生产方法，使原有的资本贬值，弥补资本的贬值部分挤占了劳动者应得的份额。

马克思科学分析中强劲的内在逻辑是资本内含且客观的矛盾的理论表达，资本家会时时感受到矛盾的客观存在。否认这一矛盾的资产阶级经济学家如萨伊，② 只会被人们作为笑料谈论，因为这样的矛盾太明显了。

马克思对资本的产品生产与价值实现二者之间矛盾的揭示已如上述。其中，马克思展示出来的强劲有力的内在逻辑，让人感受到了哲学的力量。为了更全面地理解马克思的相关思想，这里需要作两点说明。首先，马克思所揭示出来的是资本内含的两种矛盾，即产品生产与价值实现之间的矛盾和生产与消费之间的矛盾。这两种矛盾有本质性区别，但也有内在

---

① ［英］艾瑞克·霍布斯鲍姆：《资本的年代》，张晓华等译，钱进校，江苏人民出版社1999年版，第37页。

② 把亚当·斯密的经济学理论引进到法国且把它庸俗化的经济学家萨伊有一个著名且影响广泛的论断："生产给产品创造需求。"（［法］萨伊：《政治经济学概论》，陈福生、陈振骅译，商务印书馆1963年版，第142页）这个论断的题中之意不难被捕捉到：生产与交换、进而与消费之间不会产生矛盾。

性联系。在马克思的语境中，生产与消费之间的矛盾导致和决定了产品生产与价值实现之间的矛盾，产品生产与价值实现之间的矛盾把生产与消费之间的矛盾表现出来。其次，在马克思的科学分析中，有些被现代资产阶级经济学家作为研究重点的因素没有涉及，例如，消费者的偏好、厂家的营销策略、国家的积累导向和文化价值观驱使的消费观，等等。但是，上述因素毕竟处于次要地位，分配关系才是起决定性作用的本质性因素。由此看来，马克思的科学分析才真正抓住了本质。

3. 生产目的与目的实现之间的矛盾

在个体资本家的意义上说，资本主义生产的目的既单一又明确。资产阶级经济学家把这一目的表述为利润，马克思则把它表述为剩余价值。像社会生活中的任何其他事物一样，目的是一回事，目的变为现实是另一回事，二者之间并非总是处于和谐一致的关系状态中，大部分情况下二者之间的关系具有冲突甚至对抗的性质。说到资本主义生产的目的与目的实现之间的关系，马克思认为二者之间的冲突甚至对抗带有必然性："为生产而生产（实际是为利润或说剩余价值而生产——引者注），即不顾任何事先决定的和事先被决定的需要界限来发展人类劳动生产力。以后将更详细地说明，即使是在资本主义生产的内部，这件事虽然作为一种趋势也竭力追求达到目的，但还是和它自己的界限相矛盾。因为，即使资本主义生产是迄今为止一切生产方式中最有生产效力的，但它由于自身的对立性质而包含着生产的界限，它总是力求超出这些界限，由此就产生危机，生产过剩等等。另一方面，为生产而生产因而表现为它的直接对立物。生产不是作为人的生产率的发展，而是作为与人的个性的生产发展相对立的物质财富的生产。"[1] 此处的界说哲学气息浓一点儿，或许不好理解，《资本论》第三卷中的界说则好理解多了。"生产的扩大或缩小，不是取决于生产和社会需要即社会地发展了的人的需要之间的关系，而是取决于无酬劳动的占有以及这个无酬劳动和对象化劳动之比，或者按照资本主义的说

————————

[1] 《马克思恩格斯文集》第 8 卷，人民出版社 2009 年版，第 387 页。

法，取决于利润以及这个利润和所使用的资本之比，即一定水平的利润率。因此，当生产扩大到在另一个前提下还显得远为不足的程度时，对资本主义生产的限制已经出现了。资本主义生产不是在需要的满足要求停顿时停顿，而是在利润的生产和实现要求停顿时停顿。"①

由马克思的界说可以把两件基本的事实确立下来。一是资本生产的唯一目的是剩余价值或说利润。二是这样的目的与人类生活的常识——生产的目的是满足需要——相冲突，所以，目的与目的实现二者之间发生冲突具有必然性。把这样的冲突还原到资本主义经济生活的现实之中，其矛盾性质便以更明显和更具冲击力的形式表现出来。

第一，人们都承认，资本主义生产方式最具有生产效率，这造成了生产力的极大发展和物质财富的惊人积累。但是，问题的另一面是资本家和资产阶级经济学家所不愿意承认的，那就是作为消费者的劳动者所得报酬太少，把利润变为现实的消费能力太小。生产力的极大发展、物质财富的惊人积累与消费能力的相对弱小是一对矛盾，严重者便是经济危机或叫生产过剩。讽刺的是，当这种情况真的发生，冻饿而死的人横尸街头并不是新鲜事。马克思对这种现象的概括如下："因为资本的目的不是满足需要，而是生产利润，因为资本达到这个目的所用的方法，是按照生产的规模来决定生产量，而不是相反，所以，在立足于资本主义基础的有限的消费范围和不断地力图突破自己固有的这种限制的生产之间，必然会不断发生不一致。"② 这样的概括基于客观事实而来，没有丝毫的夸张成分在其中。

第二，为了使不断扩张的生产力变为资本，进而变为剩余价值，资本家必须也确实在扩大需求实际是扩大消费能力上下足了工夫，具体说是把劲头用在相对剩余价值的生产上，诚如马克思所说："生产相对剩余价值，即以提高和发展生产力为基础来生产剩余价值，要求生产出新的消费；要求在流通内部扩大消费范围，就像以前［在生产绝对剩余价值时］扩大生产范围一样。第一，要求在量上扩大现有的消费；第二，要求

---

① 《马克思恩格斯文集》第 7 卷，人民出版社 2009 年版，第 287—288 页。

② 《马克思恩格斯文集》第 7 卷，人民出版社 2009 年版，第 285 页。

把现有的消费推广到更大的范围来造成新的需要；第三，要求生产出新的需要，发现和创造出新的使用价值。换句话说这种情况就是：获得的剩余劳动不单纯仍然是量上的剩余，同时劳动（从而剩余劳动）的质的差别的范围不断扩大，越来越多样化，本身越来越分化。"① 上述做法或许在一定程度上奏效，但是，由资本主义生产关系决定的分配关系的对抗性质使然，生产绝对剩余价值时造成的生产目的与目的实现之间的矛盾，会在更大的范围和更高的程度上爆发出来。基于这样的情况，马克思说出了如下的话："资本不可遏止地追求的普遍性，在资本本身的性质上遇到了限制，这些限制在资本发展到一定阶段时，会使人们认识到资本本身就是这种趋势的最大限制，因而驱使人们利用资本本身来消灭资本。"②

第三，从技术的层面看问题，作为整体的资本主义生产内部分为不同的部门，部门与部门之间的比例关系协调一致，生产的目的就会变为现实。但是，协调一致只不过是资本家的良好愿望或说是想当然意义上的预判，实际情况远非如此简单。个体资本家发财致富的强烈欲望，资产阶级经济学极力倡导的"自由放任"即无政府状态，必然导致的结果是整体中各部门之间的比例关系不协调一致。这种结果会导致另·种结果的必然出现，个别资本家的生产目的与目的实现之间的矛盾尖锐化、血本尽失是可以预想的结局。马克思为我们揭示出了资本主义生产的这种情势，"资本既是按比例的生产的不断确立，又是这种生产的不断扬弃。现在比例必然会由于剩余价值的创造和生产力的提高而不断被扬弃。但是，要求生产同时一齐按同一比例扩大，这就是向资本提出外部的要求，这种要求决不是由资本本身产生的；同时，一个生产部门超出现有的比例，就会促使所有生产部门都超出这种比例，而且超出的比例又各不相同"③。不同生产部门间比例上的协调一致关系是硬性约束，但不同的资本之间并不存在这种要求协调一致的力量，所以，生产目的与目的实现之间的矛盾只能以破坏性的经济危机或说生产过剩形式表现出来。

---

① 《马克思恩格斯文集》第 8 卷，人民出版社 2009 年版，第 89 页。

② 《马克思恩格斯文集》第 8 卷，人民出版社 2009 年版，第 91 页。

③ 《马克思恩格斯文集》第 8 卷，人民出版社 2009 年版，第 95 页。

第四，生产目的与目的实现之间的矛盾还会在流通领域中产生和表现出来。马克思为我们揭示和分析了这种可能性，"资本流通本身包含着破坏的可能性。例如，在货币再转化为资本的生产条件时，问题不仅在于货币重新转化为同样的（按种类来说）使用价值，而且，为了使再生产过程重复进行，十分重要的是能够按原来的价值（或者按更低的价值，那当然更好）得到这些使用价值。但是，这些再生产要素有很大一部分是由原料组成，它们可能由于下述两个原因涨价：第一，如果生产工具的数量增加的比例高于既定时间内能够得到的原料数量增加的比例。第二，由于季节具有易变性……因此，货币再转化为商品，完全同商品转化为货币一样，也可能遇到困难，也可能造成危机的可能性"①。马克思分析中的核心因素是价格变动，这种变动是个体性资本家无法左右的事情。相对资本的再生产而言，无法左右的事情造成了不确定性，不确定性的客观存在使生产的目的与目的实现之间潜在的矛盾凸显出来。资产阶级经济学家显然是意识到了这种矛盾的客观存在，但解决矛盾的办法，如亚当·斯密"看不见的手"的著名比喻和步其后尘者哈耶克的"自生自发秩序"理论，显然是只能掩盖矛盾但无助于矛盾的解决。马克思的资本会消灭资本的看法更符合资本主义生产的实际。

如何解决具有巨大破坏性作用的生产目的与目的实现之间的矛盾？马克思用阶级分析的方法，从线性历史观的角度看问题，得出的结论带有强烈劳动人道主义的性质。"资本的限制就在于：这一切发展都是对立地进行的，生产力，一般财富等等，知识等等的创造，表现为从事劳动的个人本身的外化；他不是把他自己创造出来的东西当作他自己的财富的条件，而是当作他人财富和自身贫穷的条件。但是这种对立的形式本身是暂时的，它产生出消灭它自身的现实条件。""结果就是：生产力——财富一般——从趋势和可能性来看的普遍发展成了基础，同样，交往的普遍性，从而世界市场成了基础。这种基础是个人全面发展的可能性，而个人从这个基础出发的实际发展是对这一发展的限制的不断扬弃，这种限制被意识到是限制，而不是被当作神圣的界限。个人的全面性不是想象的或设想的

---

① 《马克思恩格斯文集》第 8 卷，人民出版社 2009 年版，第 272—273 页。

全面性，而是他的现实联系和观念联系的全面性。由此而来的是把他自己的历史作为过程来理解，把对自然界的认识（这也作为支配自然界的实践力量而存在着）当作对他自己的现实躯体的认识。发展过程本身被设定为并且被意识到是这个过程的前提。"①

马克思的论述向人们表达出两层含义。其一，资本主义经济生活中，生产目的与目的实现之间的矛盾客观存在，这种客观存在以强势不断地向不承认这一矛盾的客观存在者发出挑战。其二，如何解决这一矛盾？或者说，这一矛盾必然的发展趋势是什么？就此而言，马克思的思路已远远超出了资产阶级经济学的思想境界，哲学而不是经济学发挥主导性作用。这种作用非同小可，它使得认识问题和回答问题的思路全面了。稍加比较，这一点就可充分地显现出来。

像马克思一样，资产阶级经济学也在面对这一矛盾，并试图解决这一矛盾。措施有二。一是承认资本主义生产目的具有天然合理性，尽最大努力地论证这一合理性。二是在这一大前提下挖空心思地设想解决矛盾的方法。其一，伴随资本家已有市场扩张的脚步，探讨和论证已有市场的深层次开发问题，使现有的矛盾得到缓解。其二，探讨和论证新市场开发的合理性和可行性，使生产目的与目的实现之间的矛盾得到阶段性、暂时性解决。其三，基于资产阶级整体利益的考虑，从生产与消费协调一致的角度出发，在有限度的基础上改变分配政策（包括国民财富的第一次分配和第二次分配），逐步扩大劳动者的消费能力。必须指出的是，劳动者消费能力的扩大绝对不是资产阶级及其政府和资本家的良心发现所致，而是资本主义经济生活正常运转的客观要求。这种要求是外在性强制，否则，便会是经济危机或说是生产过剩的沉重打击。如上解决问题的办法获得了暂时性效果，到现在，资本主义经济仍然能够维持运转就是证明。

马克思走了一条截然相反的思想路线。第一，马克思在哲学层面而非经济运行的技术层面提出和认识问题。第二，直接指斥资本主义生产目的的不合理性，并且探讨和论述的重点就是这种不合理性。不合理性的根本性表现在于，经济、生产和财富不是作为人生存和发展的手段，而是相

---

① 《马克思恩格斯全集》第30卷，人民出版社1995年版，第540—541、541页。

反，人（具体说是劳动者）倒是成了经济、生产和财富的手段。概括地说，不是人掌控物，而是物掌控人。第三，尽管资本家和资产阶级经济学家为这种悖谬常识的现象作出了尽最大可能的论证，但劳动者不是傻瓜，他们意识到了这种不合理性，试图改变这种不合理性。量变引起质变，结果是劳动者阶级觉悟的形成。认识会导致行动，结果是劳动者各种形式的反抗，如罢工、起义和更具有整体性质的无产阶级革命。第四，改变资本主义生产目的不合理性的目标何在？人是目的，经济、生产和财富只不过是手段，这种手段为人服务，具体说是为个人的全面自由发展服务。

4. 财富生产与其内在本质之间的矛盾

像其他社会历史形态中的情况一样，资本主义生产也是财富的生产。但是，作为资本运动的财富生产具有自己的特点，根本性表现是生产过程与财富的内在本质相矛盾。马克思对这一点的概括是，"生产表现为人的目的，而财富表现为生产的目的"。这是财富生产与人的关系的根本性颠倒，具体说是财富生产与财富的内在本质关系的根本性颠倒。在马克思看来，"事实上，如果抛掉狭隘的资产阶级形式，那么，财富不就是在普遍交换中产生的个人的需要、才能、享用、生产力等等的普遍性吗？财富不就是人对自然力——既是通常所谓的'自然'力，又是人本身的自然力——的统治的充分发展吗？财富不就是人的创造天赋的绝对发挥吗？这种发挥，除了先前的历史发展之外没有任何其他前提，而先前的历史发展使这种全面的发展，即不以旧有的尺度来衡量的人类全部力量的全面发展成为目的本身。在这里，人不是在某一种规定性上再生产自己，而是生产出他的全面性；不是力求停留在某种已经变成的东西上，而是处在变易的绝对运动之中"。与此形成鲜明对比的是，"在资产阶级经济以及与之相适应的生产时代中，人的内在本质的这种充分发挥，表现为完全的空虚化；这种普遍的对象化过程，表现为全面的异化，而一切既定的片面目的的废弃，则表现为了某种纯粹外在的目的而牺牲自己的目的本身"。① 马克

---

① 《马克思恩格斯文集》第 8 卷，人民出版社 2009 年版，第 137、137—138 页。

思以反问句形式且雄辩滔滔的论述，把自己的财富观和盘托出。财富的内在本质是人的内在本质的对象化和确证，它表现为人的需要、才能、享用、生产力和创造天赋。离开人的内在本质谈论财富，只能是离财富的内在本质越来越远。与此相对应，资产阶级或说资本的财富观把财富的内在本质即人空虚化、异化，人们见到的是为财富而财富，财富成了人的目空一切、无孔不入、无所不能和无所不用其极的统治者，人则成了财富的奴隶。人与货币关系的根本性扭曲，足以证明这一点。

马克思以上述财富观为判断标准，多角度和多层面地揭示出资本在财富生产中包含的种种内在矛盾，其中的根本性表现是财富与其内在本质的矛盾，并指出这种内在矛盾的必然发展趋势。

马克思说："资本本身是处于过程中的矛盾，因为它竭力把劳动时间缩减到最低限度，另一方面又使劳动时间成为财富的唯一尺度和源泉。因此，资本缩减必要劳动时间形式的劳动时间，以便增加剩余劳动时间形式的劳动时间；因此，越来越使剩余劳动时间成为必要劳动时间的条件——生死攸关的问题。一方面，资本唤起科学和自然界的一切力量，同样也唤起社会结合和社会交往的一切力量，以便使财富的创造不取决于（相对地）耗费在这种创造上的劳动时间。另一方面，资本想用劳动时间去衡量这样造出来的巨大的社会力量，并把这些力量限制在为了把已经创造的价值作为价值来保存所需要的限度之内。"[1] 上述表达中有的用语不准确，但内在逻辑还是清晰的。第一，在资本看来，剩余劳动时间是衡量财富的尺度。第二，为了财富，资本想尽一切办法缩减必要劳动时间以便增加剩余劳动时间。第三，剩余劳动时间有自然限度，劳动者劳动的一天不能超过24小时，甚至在一天之内也不能24小时都用于劳动。第四，为了增加财富，资本便以加大固定资本投资的形式提高效率，这种做法的必然结果是剩余劳动时间与财富创造并不必然地联系在一起，起码，不是一一对应的关系。第五，上述结果的出现导致了如下后果的必然出现，剩余劳动时间并不一定是财富的衡量尺度。从观念上说，这是矛盾。

比观念中的内在矛盾更"性命攸关"的是特定社会历史后果的出现。

---

[1] 《马克思恩格斯文集》第 8 卷，人民出版社 2009 年版，第 197 页。

资本生产确实在不断地提高效率，但在这样做时，人的需要并没有被顾及到。不顾及人的需要的效率提高导致如下结果，即"过剩人口"和"过剩生产"的大量出现。① 这是资本的内在矛盾。按照马克思的说法，"这个矛盾越发展，下述情况就越明显：生产力的增长再也不能被占有他人的剩余劳动所束缚了，工人群众自己应占有自己的剩余劳动。当他们已经这样做的时候——这样一来，可以自由支配的时间就不再是对立的存在物了——，那时，一方面，社会的个人的需要将成为必要劳动时间的尺度，另一方面，社会生产力的发展将如此迅速，以致尽管生产将以所有的人富裕为目的，所有的人的可以自由支配的时间还是会增加。因为真正的财富就是所有个人的发达的生产力。那时，财富的尺度决不再是劳动时间，而是可以自由支配的时间"②。马克思的论述指称的对象是未来的共产主义社会。这个社会的到来既不是空想，也不是上帝的恩赐，而是社会历史发展的必然。造成这种必然趋势的"功臣"是资本，因为它必须不顾一切地追求以剩余劳动时间为尺度的财富，"于是，资本就违背自己的意志，成了为社会可以自由支配的时间创造条件的工具，使整个社会的劳动时间缩减到不断下降的最低限度，从而为全体［社会成员］本身的发展腾出时间。但是，资本的趋势始终是：一方面创造可以自由支配的时间，另一方面把这些可以自由支配的时间变为剩余劳动。如果它在第一个方面太成功了，那么，它就要吃到生产过剩的苦头，这时必要劳动就会中断，因为资本无法实现剩余劳动"③。

马克思的如上论述内容极为丰富，从时间角度看待财富，从财富角度比较资本主义社会与未来的共产主义社会。我们所得到者，是立场鲜明和观点截然对立的五组命题。第一组：在资本主义社会，财富的尺度是劳动者的剩余劳动时间；在共产主义社会，财富的尺度是所有个人可以自由支配的时间。第二组：在资本主义社会，缩减必要劳动时间等于增加剩余劳动时间；在共产主义社会，节约人们的必要劳动时间等于增加人们可以

---

① 参见《马克思恩格斯文集》第 8 卷，人民出版社 2009 年版，第 198—199 页。

② 《马克思恩格斯文集》第 8 卷，人民出版社 2009 年版，第 199—200 页。

③ 《马克思恩格斯文集》第 8 卷，人民出版社 2009 年版，第 199 页。

自由支配的时间。第三组：在资本主义社会，剩余劳动时间是必要劳动时间的尺度；在共产主义社会，所有人的需要是必要劳动时间的尺度。第四组：在资本主义社会，真正的财富是以货币形式表现出来的支配他人劳动时间的能力；在共产主义社会，真正的财富是以可以自由支配的时间为特征的所有个人发达的生产力。第五组：在资本主义社会，可以自由支配的时间是少数人的特权；在共产主义社会，可以自由支配的时间是所有"个人的充分发展"的前提条件。五组命题中的核心性内容是人的需要、人的能力（创造天赋、生产力）和人可以自由支配的时间与财富的关系。鲜明对比的形式有助于我们理解和把握马克思论述的精神实质，即资本的财富生产与其内在本质之间确实存在着矛盾，把话说得更直白，这一命题就会变为如下的表述：资本的财富生产与财富生产的内在本质相冲突，是矛盾的。

5. 消费中的内在矛盾

资本具有生产性，与此直接和必然相关的是，资本也要消费。这里的消费指称的内容并非是如资本家和劳动者那样，他们也要吃饭、穿衣和住宿，而是指它要消费生产资料和劳动力。有消费，必然会存在节约或浪费的问题，资本的消费亦然。细加分析就可发现，资本的消费过程总是伴随节约和浪费的矛盾冲突。冲突的宏观和激烈性表现是经济危机，随时和平缓的表现则是劳动者难以改变的生活悲苦状况。

马克思指出："每个资本家虽然要求他的工人节约，但也只是要求他的工人节约，因为他的工人对于他来说是工人，而决不要求其余的工人界节约，因为其余的工人界对于他来说是消费者。因此，资本家不顾一切'虔诚的'词句，寻求一切办法刺激工人的消费，使自己的商品具有新的诱惑力，强使工人有新的需求等等。"[1]资本家要求自己的工人节约具有观念性质，但这种要求可以产生两个客观性效果。其一是经由这种要求使劳动者的报酬最小化变得可以忍受，顺其自然的结果是用以支付必要劳动时间的费用减少，使剩余劳动时间增加，进而使剩余价值增加。其二，按照

---

[1] 《马克思恩格斯全集》第30卷，人民出版社1995年版，第247页。

马克思的说法，要求工人始终保持最低限度的生活享受，"可以减轻资本家在危机时的负担"①。但是，商品是用来交换的劳动产品。厉行节约的工人生产出产品，这样的产品一定要卖出去才能成为现实的商品，资本家的投入才能有所回报，剩余价值才能实现。看来，交换环节成了剩余价值实现的相对于生产而言的另一个关键。问题在于，如果"其余的工人界"都如个别资本家要求自己的工人那样厉行节约，那么，购买能力极低的"其余的工人界"怎么能购买产品以便使只具有商品可能性的商品变为现实的商品呢？进一步说，资本家的剩余价值梦想如何变为现实的剩余价值呢？看来，资本家必须不惜犯观念上自相矛盾的错误即工人身份的裂变，把"其余的工人界"不是视为工人，而是看作潜在的消费者，看作是使自己的产品变为商品的"流通中心"，从而鼓励他们消费，刺激他们消费。马克思正是这样分析问题的："对于每一个资本家来说，除了他自己的工人以外，所有其他的工人都不是工人而是消费者；是交换价值（工资）即货币的所有者，他们用货币来换取资本家的商品。他们都是流通中心，交换行为从这些中心出发，资本的交换价值通过这些中心而保存下去。他们在消费者中占有很大一部分比例——虽然，如果指的是真正的产业工人，那并不像通常想象的那么多。他们的数量越大，产业人口的数量越大，他们支配的货币量越大，资本的交换领域也就越大。"②

　　个别资本相对于工人而言的消费观念中的自相矛盾并不仅仅是个观念问题，它要表现于外，要支配自己的实际行为，行为的结果是促成客观的、带来严重有害后果的社会历史性矛盾。在资本主义生产过程中，虽然整体性的资本由个体性资本构成，但明显的事实是，对个体资本具有决定权、使用权、受益权和支配权的是个别资本家，作为整体的资本家没有权力对个别资本家发号施令。正是因为如此，作为整体的资本家，作为整体性的资本主义生产确实客观地要求工人的节约与享受平衡，生产与交换进而与消费平衡，价值生产与价值实现平衡。真实和客观的情况正好与此相反。整体性的客观要求无法左右个体性资本家的观念改变和生产行为，让

---

① 《马克思恩格斯全集》第30卷，人民出版社1995年版，第246页。

② 《马克思恩格斯全集》第30卷，人民出版社1995年版，第400—403页。

个体性资本家把自己的工人看作有购买力的消费者因而增加工资，以便达到整体性价值生产与价值实现二者之间的平衡，这位资本家会把问题看得比杀了他爹还严重。

个体性资本家的主观性行为并不是仅仅具有个别性而是带有普遍性，资本主义生产历史上一再重演因而是真实的结果出现于人们面前，它与整体性资本的客观要求背道而驰，即生产过剩或叫经济危机。此处的"过剩"并非真正意义上的过剩，因为就业者的生活水平仍然很低，失业者的生存问题仍无着落，社会生活中的弱势群体，其处境更是苦不堪言。这样说或许会被认为是言过其实，资本主义生产的历史事实表明，这是直到19世纪中叶为止的资本主义经济生活的真实写照。马克思写作《资本论》时大量引用的英国官方公布的调查报告足以证明这一点。实际上，在21世纪有学术良知和对历史事实负责任的历史学家仍然承认这一点："19世纪上半叶，欧洲的工人阶级并不是一帆风顺。农村和城市的生活水平都在下降。持续了几个世纪的生死平衡被高生育能力和低道德观念打乱了。工资赶不上支出的增加，特别是女性劳动者深受其害。农村的穷人一直生活不易，而城市也出现了明显的就业歧视。粮食供应的持续短缺使女人必须让着更需要营养的丈夫。英国的农民被新农场设备所吸引，开始从饲养牲畜转向种植谷物，他们强迫女人放下高薪的农活，去做低收入的工作或者回家做苦工。女人还得承受丈夫容易被裁员或遭遇工业事故这些痛苦。"①

上述文字所揭示者只不过是资本在消费问题上表现出来的内在矛盾之一，另一种内在矛盾同样不应忽视，即生产资料节约与对活劳动的浪费惊人地结合在一起。

马克思指出："生产资料使用上的这种节约，这种用最少的支出获得一定结果的方法，同劳动所固有的其他力量相比，在更大得多的程度上表现为资本的一种固有的力量，表现为资本主义生产方式所特有的并标志着它的特征的一种方法。"② 上述结论是客观事实证明的结果。这样的客观事

---

① ［美］乔伊斯·阿普尔比：《无情的革命——资本主义的历史》，宋非译，社会科学文献出版社2014年版，第218—219页。

② 《马克思恩格斯文集》第7卷，人民出版社2009年版，第99页。

实计有四种：生产条件的节约、生产排泄物的废物利用、流通时间的缩短和不变资本本身使用上的节约。这里以生产排泄物的废物利用为例证说明问题。"我们指的是生产排泄物，即所谓的生产废料再转化为同一个产业部门或另一个产业部门的新的生产要素；这是这样一个过程，通过这个过程，这种所谓的排泄物就再回到生产从而消费（生产消费或个人消费）的循环中。我们以后还要比较详细地探讨的这一类节约，也是大规模社会劳动的结果。由于大规模社会劳动所产生的废料数量很大，这些废料本身才重新成为贸易的对象，从而成为新的生产要素。这种废料，只有作为共同生产的废料，因而只有作为大规模生产的废料，才对生产过程有这样重要的意义，才仍然是交换价值的承担者。这种废料——撇开它作为新的生产要素所起的作用——会按照它可以重新出售的程度降低原料的费用，因为正常范围内的废料，即原料加工时平均必然损失的数量，总是要算在原料的费用中。在可变资本的量已定，剩余价值率已定时，不变资本这一部分的费用的减少，会相应地提高利润率。"①

马克思的详细分析和论证表明，在资本主义生产过程中，生产资料的节约确为客观事实。但是，这只不过是资本在自己的消费过程中表现出来的一种性质，另一种性质往往被人忽略，这就是在人身材料方面即劳动者方面存在惊人的浪费。马克思指出："资本主义生产方式按照它的矛盾的、对立的性质，还把浪费工人的生命和健康，压低工人的生存条件本身，看做不变资本使用上的节约，从而看做提高利润率的手段。""因为工人一生的大部分时间是在生产过程中度过的，所以，生产过程的条件大部分也就是工人的能动生活过程的条件，是工人的生活条件，这些生活条件中的节约，是提高利润率的一种方法；正如我们在前面已经看到的，过度劳动，把工人变成一种役畜，是加速资本自行增殖，加速剩余价值生产的一种方法。这种节约的范围包括：使工人挤在一个狭窄的有害健康的场所，用资本家的话来说，这叫做节约建筑物；把危险的机器塞进同一些场所而不安装安全设备；对于那些按其性质来说有害健康的生产过程，或对于像采矿业中那样有危险的生产过程，不采取任何预防措施，等等。更不

① 《马克思恩格斯文集》第 7 卷，人民出版社 2009 年版，第 94 页。

用说缺乏一切对工人来说能使生产过程合乎人性、舒适或至少可以忍受的设备了。从资本主义的观点来看，这会是一种完全没有目的和没有意义的浪费。总之，资本主义生产尽管非常吝啬，但对人身材料却非常浪费。"①

马克思对"人身材料浪费"的指斥有事实根据吗？请看他根据英国官方公布的材料列出的统计数据："1860 年和 1861 年卫生局调查了在室内经营的产业部门，这些部门的死亡统计表明：就同等数量的 15 岁到 55 岁的男子来说，如果在英国农业地区因肺结核和其它肺病引起的死亡数为 100，在以下几个地方的死亡数是：考文垂死于肺结核的为 163，布莱克本和斯基普顿 167，康格尔顿和布拉德福德 168，莱斯特 171，利克 182，麦克尔斯菲尔德 184，博尔顿 190，诺丁汉 192，罗奇代尔 193，德比 198，索尔福德和阿什顿安德莱恩 203，利兹 218，普雷斯顿 220，曼彻斯特 263。"② 把上述统计数据与马克思对资本主义生产过程中浪费人身材料的指斥加以对比，读者得出自己的结论易如反掌。在品味上述统计数字时应关注三点。其一，工人被作为人身材料浪费的情况只是谈到了死于肺病者。如果再加上死于其他疾病者呢？因伤致残者呢？其二，为什么曼彻斯特浪费工人人身材料的情况最为严重？根本原因在于，这里是英国工业革命的发源地，这里的资本统治最为强劲有力。其三，统计数据的背后是鲜活的生命，生命的背后是一个又一个的家庭。想到这一点我们就能体悟到，资本对工人这种人身材料的浪费是多么惨无人道。

面对由马克思经过详细分析和论证而确立起来的基本事实，即资本消费过程中节约和浪费之间的内在矛盾，需要我们思考和回答两个问题。第一，资本消费过程中为什么会出现这样的内在矛盾？根本原因在于，节约和浪费是同一过程的两个侧面，它们服务于同一个目标——最大化地获取剩余价值；它们都受同一个硬性条件的约束——不断提高剩余价值率。第二，资本为什么能够做到如此违背人性地浪费劳动者这种人身材料？根本原因有二。其一，由于生产资料属于资本家所有，工人离开资本就无法生存。此为资本浪费人身材料的可能性。其二，把可能性变为现实的契机

①《马克思恩格斯文集》第 7 卷，人民出版社 2009 年版，第 101 页。
②《马克思恩格斯文集》第 7 卷，人民出版社 2009 年版，第 107 页。

在于，工人自身所具有的劳动能力，其所有权和使用权分离为二，所有权属于工人，使用权属于资本家，因为他为获得使用权而付出了代价——工资。既然一定期限内的使用权属于资本家，他当然会把这种使用权发挥到最大限度，这正好应验了中国的一句俗语，"有权不使，过期作废"。把工人劳动能力的使用权发挥到极致的结果是什么？当然是工人这种人身材料的极大浪费。

6. 目标追逐与社会历史性后果之间的矛盾

资本的追逐目标是剩余价值。马克思研究的结果表明，剩余价值分为两类：绝对剩余价值和相对剩余价值。资本追逐绝对剩余价值会受到诸多限制，如自然时间，人身体的自然界限和其他自然条件。这样的限制与资本的无限欲望或叫内在冲动相矛盾，资本便在相对剩余价值的追逐上下工夫。工夫下多了，独特性便显示出来，如分工协作，组织创新，大量地使用科学技术，使发明成为一种职业，创造和培养新的需求，新市场的开拓形成世界市场，等等。相对剩余价值确实追逐到了，资本实现了自己的目标，资本家发财致富的欲望变成了现实。但是，资本实际是资本家做梦时也不会想到，与这个追逐过程必然联系在一起或说必然要出现的一系列社会历史性后果会逐渐出现并以强劲势头表示自己的存在。置身事外地看问题，这些社会历史性后果与资本追逐的目标相冲突，相矛盾。资本实际是资本家根本想不到这些社会历史性后果会出现，更不愿意见到这些社会历史性后果的出现。

虽然资本想不到也不愿意见到特定的社会历史性后果，但它仍然必然要出现。按照马克思的说法，资本的"一切发展都是对立地进行的"[①]。马克思用生动形象的语言为我们揭示出这种对立："在我们这个时代，每一种事物好像都包含有自己的反面。我们看到，机器具有减少人类劳动和使劳动更有成效的神奇力量，然而却引起了饥饿和过度的疲劳。财富的新源泉，由于某种奇怪的、不可思议的魔力而变成贫困的源泉。技术的胜

————————

① 《马克思恩格斯全集》第 30 卷，人民出版社 1995 年版，第 540 页。

利，似乎是以道德的败坏为代价换来的。随着人类愈益控制自然，个人却似乎愈益成为别人的奴隶或自身的卑劣行为的奴隶。甚至科学的纯洁光辉仿佛也只能在愚昧无知的黑暗背景上闪耀。我们的一切发明和进步，似乎结果是使物质力量成为有智慧的生命，而人的生命则化为愚钝的物质力量。现代工业和科学为一方与现代贫困和衰颓为另一方的这种对抗，我们时代的生产力与社会关系之间的这种对抗，是显而易见的、不可避免的和毋庸争辩的事实。"① 事实的客观存在让马克思警醒，其哲学分析可谓透彻见底。

上述的对立、对抗与资本"凯歌行进"的过程相伴而行，此为资本内在的、必然的因而是不可避免的矛盾。这种矛盾有一个从量变到质变的演化过程，质变的条件一旦具备，按照马克思的说法是"达到一定点以后"，以资本为核心的生产体系就会崩溃，代替资本主义社会的共产主义社会就会到来。由此看，"资本不过表现为过渡点"是自然而然的逻辑结论。②

马克思所说的"一定点"或说"过渡点"指称什么内容？《资本论》第一卷中的相关论述气势更大，"剥夺剥夺者"的警句让资产阶级心惊肉跳，③ 但远不如《政治经济学批判大纲》中的相关论述内容更全面。在讲到利润率下降规律时马克思说："利润的这种下降，既然意味着直接劳动同由直接劳动再生产出来以及新创造出来的对象化劳动量相比的减少，所以，资本就想尽一切办法，力图通过减少必要劳动的份额，并且同所使用的全部劳动相比进一步增加剩余劳动的量，来弥补活劳动同整个资本量之比的减少，从而弥补表现为利润的剩余价值同预先存在的资本之比的减少。因此，生产力获得最高度的发展，同时现存财富得到最大程度的扩大，而与此相应的是，资本贬值，工人退化，工人的生命力被最大限度地消耗。""这些矛盾会导致爆发、灾变、危机，这时，劳动暂时中断，很大一部分资本被消灭，这样就以暴力方式使资本回复到它能够充分利用自己的生产力而不致自杀的水平。但是，这些定期发生的灾难会导致灾难在更

① 《马克思恩格斯文集》第2卷，人民出版社2009年版，第580页。
② 参见《马克思恩格斯全集》第30卷，人民出版社1995年版，第539页。
③ 参见《马克思恩格斯文集》第5卷，人民出版社2009年版，第873页。

高的程度上重复发生，而最终导致用暴力推翻资本。"①

谁是"用暴力推翻资本"的主体？当然是工人阶级，《共产党宣言》对工人阶级的这种主体地位进行了强劲有力的论证。但是，这样的主体必须具备相应的前提条件，卢卡奇说这个前提条件是"阶级意识"，马克思则说是阶级觉悟。工人阶级"认识到产品是劳动能力自己的产品，并断定劳动同自己的实现条件的分离是不公平的、强制的，这是了不起的觉悟，这种觉悟是以资本为基础的生产方式的产物，而且也正是为这种生产方式送葬的丧钟，就像当奴隶觉悟到他不能作第三者的财产，觉悟到他是一个人的时候，奴隶制度就只能人为地苟延残喘，而不能继续作为生产的基础一样"②。

与"用暴力推翻资本"的社会历史性后果必然联系在一起的，还有什么样的社会历史后果？马克思对问题的回答表明，他对未来共产主义社会的理解远比时下流行的宣示更为深刻和全面。

第一，资本即雇佣劳动制度"作为桎梏被摆脱掉"。马克思对这一社会历史性后果必然出现的论证如下："超过一定点，生产力的发展就变成对资本的一种限制；因此，超过一定点，资本关系就变成对劳动生产力发展的一种限制。一旦达到这一点，资本即雇佣劳动就同社会财富和生产力的发展发生像行会制度、农奴制、奴隶制同这种发展所发生的同样的关系，就必然会作为桎梏被摆脱掉。于是，人类活动所采取的最后一种奴隶形式，即一方面存在雇佣劳动，另一方面存在资本的这种形式就要被脱掉，而这种脱皮本身是同资本相适应的生产方式的结果；雇佣劳动和资本本身已经是以往的各种不自由的社会生产形式的否定，而否定雇佣劳动和资本的那些物质条件和精神条件本身则是资本的生产过程的结果。"③ 此为生产关系的变化，核心内容是生产资料所有制的改变。此后，资本凌驾于一切之上并统治一切的时代被终结，代之而起的是劳动者与生产资料真正地结为一体、后者只是前者的作为外在条件的经济制度。这是前提，只有具备这一前提，才是真正的共产主义社会。

---

① 《马克思恩格斯全集》第31卷，人民出版社1998年版，第150页。
② 《马克思恩格斯全集》第30卷，人民出版社1995年版，第455页。
③ 《马克思恩格斯全集》第31卷，人民出版社1998年版，第149页。

第二，工人阶级真正主体地位的确立。在雇佣劳动中，工人劳动的"关键不在于对象化，而在于异化，外化，外在化，在于不归工人所有，而归人格化的生产条件即资本所有。归巨大的对象［化］的权力所有，这种对象［化］的权力把社会劳动本身当作自身的一个要素而置于同自己相对立的地位"。与此形成强烈对比的是，"随着活劳动的直接性质被扬弃，即作为单纯单个劳动或者作为单纯内部的一般劳动或单纯外部的一般劳动的性质被扬弃，随着个人的活动被确立为直接的一般活动或社会活动，生产的物的要素也就摆脱这种异化形式；这样一来，这些物的要素就被确立为这样的财产，确立为这样的有机社会躯体，在其中个人作为单个的人，然而是作为社会的单个的人再生产出来"。① 工人主体地位的异化是雇佣劳动中的基本事实。这样的事实将在共产主义社会得到根本性改变。改变后的情况是，工人与其外在的劳动条件结合为一，外在的劳动条件成为工人无机的、延伸的机体；而工人，则是这种外在的劳动条件的真正主人。雇佣劳动中外在性的劳动条件的真正主人——资本，成为有害的赘余物而被消灭。

第三，工人个人的"个性得到自由发展"。马克思认为，雇佣劳动制度被消灭以后，"以交换价值为基础的生产便会崩溃，直接的物质生产过程本身也就摆脱了贫困和对立的形式。个性得到自由发展，因此，并不是为了获得剩余劳动而缩减必要劳动时间，而是直接把社会必要劳动缩减到最低限度，那时，与此相适应，由于给所有的人腾出了时间和创造了手段，个人会在艺术、科学等等方面得到发展"。② 个性得到自由发展的个人同样会从事物质生产活动，但这种物质生产活动是"真正自由的劳动"，具有自己的特点："（1）劳动具有社会性；（2）这种劳动具有科学性，同时又是一般的劳动，这种劳动不是作为用一定方式刻板训练出来的自然力的人的紧张活动，而是作为一个主体的人的紧张活动，这个主体不是以单纯自然的，自然形成的形式出现在生产过程中，而是作为支配一切自然力的活动出现在生产过程中。"③

---

① 《马克思恩格斯全集》第 31 卷，人民出版社 1998 年版，第 244 页。

② 《马克思恩格斯全集》第 31 卷，人民出版社 1998 年版，第 101 页。

③ 《马克思恩格斯全集》第 30 卷，人民出版社 1995 年版，第 616 页。

　　上述的引证和分析表明，资本对自己意欲的目标的追逐与其导致的一系列社会历史性后果之间确实具有对立、对抗关系的性质，这就是客观存在的矛盾。稍作思考便会明白，这种矛盾是内在的，只要资本追逐自己的目标，它便会为上述一系列社会历史性后果的产生创造条件。这些条件确实是资本意想不到和不愿意见到的，但它们的出现不以资本的主观意志为转移，带有必然性。

六、资本的"原罪"性质

　　作为生产关系的资本具有神秘性质确为客观事实。事实背后的原因何在？在《政治经济学批判大纲》中，马克思为我们揭破了资本的神秘面纱。资本的神秘性缘于两种"辩证地转化"："对过去的或客体化了的他人劳动的所有权，表现为进一步占有现在的或活的他人劳动的唯一条件。由于剩余资本 I 是通过对象化劳动和活劳动能力之间的简单交换创造出来的，而这种简单交换是完全根据等价物按其本身包含的劳动量或劳动时间进行交换的规律进行的，并且，由于从法律上来看这种交换的前提无非是每一个人对自己产品的所有权和自由支配权，——从而，剩余资本 II 同剩余资本 I 的关系是这前一种关系的结果——，我们看到，通过一种奇异的结果，所有权在资本方面就辩证地转化为对他人的产品所拥有的权利，或者说转化为对他人劳动的所有权，转化为不支付等价物便占有他人劳动的权利，而在劳动能力方面则辩证地转换为必须把它本身的劳动或它本身的产品看作他人财产的义务。所有权在一方面转化为占有他人劳动的权利，在另一方面则转化为必须把自身的劳动的产品和自身的劳动看作属于他人的价值的义务。"① 这是马克思堪称伟大的发现。平等的权利对权利、义务对义务的关系，怎么能在不知不觉间变为一方享有权利但不承担义务，另一方则只承担义务却无任何权利呢？根本原因在于活劳动的支配权、使用权在资本家手中。资本家之所以能够做到这一点，端赖于他掌控生产资料

---

① 《马克思恩格斯全集》第 30 卷，人民出版社 1995 年版，第 449—450 页。

所有权。

揭破资本的神秘面纱之后，马克思又陷入了与这一问题有必然联系的另一个问题的沉思和探究，这个神秘的、怪怪的、威力无比、无所不能和恶迹滔滔但又给人以独立、自由、平等和公正外观的资本是如何产生的？这便是资本的原始积累问题。根据客观的社会历史事实理解问题，又可把这一问题称作资本的原罪性质问题。

马克思在《政治经济学批判大纲》的写作过程中，几次遇到和提及资本的原始积累问题，先是在第一篇"资本的生产过程"，后是在第二篇"资本的流通过程"。① 第一次仅仅是提到，难以发现马克思如何思考问题和思考的结果是什么；第二次提到时，马克思的思路出现于我们面前。他告诉我们，就资本论资本时，"问题都清楚了，而当资本第一次出现时，即它表现为从价值的规定过渡到资本的规定的货币时，这些问题还完全不清楚"②。不清楚的问题当然要搞清楚。如何把不清楚的问题搞清楚？马克思提出的解决问题的办法是把资本划分为"剩余资本Ⅰ"和"剩余资本Ⅱ"，③ 把注意力集中于前者。逆溯历史的结果是找到作为非资本的货币转化为作为资本的货币的断截面，需要探讨的问题应然地出现于人们面前："剩余资本Ⅰ"的"历史前提"是什么？具体说，"属于资本的洪水期前的条件"是什么？这便是资本的原始积累问题。④

问题的症结找到了，接踵而至的问题是回答问题的形式。马克思以生产关系为核心梳理历史，结果是著名的"资本主义生产以前的各种形式"一节被写作出来。马克思写作这一文献的目的是什么？基于人类良知，终生用马克思主义方法为资本主义历史立传的著名历史学家霍布斯鲍姆说，"马克思尝试解决资本主义生产以前的历史演变问题"⑤。这样的评

---

① 参见《马克思恩格斯全集》第30卷，人民出版社1995年版，第279、451页。

② 《马克思恩格斯全集》第30卷，人民出版社1995年版，第441页。

③ 参见《马克思恩格斯全集》第30卷，人民出版社1995年版，第448页。

④ 参见《马克思恩格斯全集》第30卷，人民出版社1995年版，第451页。

⑤ [英]埃里克·霍布斯鲍姆：《如何改变世界——马克思和马克思主义的传奇》，吕增奎译，中央编译出版社2014年版，第120页。关于为资本主义立传，见他著名的四部曲：《革命的年代》《资本的年代》《帝国的年代》和《极端的年代》。

价有点儿跑题，因为马克思真正要解决的是资本的原始积累问题，资本主义生产以前的各种形式问题只能说是无法绕开的过渡点。确实，这一节的前半部分梳理生产资料所有制的历史脉络，后半部分的焦点是回答资本的原始积累或者说"剩余资本Ⅰ"的形成问题。马克思对问题的猜测性回答如下："事情仿佛是这样：在资本家那里，必定已经有了一种积累——出现在劳动之前并且不是来自劳动的积累——，它使资本家能够驱使工人劳动，维持他们的活动能力，把他们作为活的劳动能力维持下去。"[1]"出现在劳动之前并且不是来自劳动的积累"到底来自哪里？这种积累的主体是谁？这样的积累在什么样的社会历史条件下才能实现？马克思对问题的回答是，"正如我们已经看到的，资本的概念，资本的形成，包含着这样的意思：资本是以货币，从而以货币形式存在的财富为起点的。这里还包含着这样的意思：资本是从流通中来的，是作为流通的产物出现的。因此，资本的形成不是来自土地财产（在这种场合，至多是来自租地农民，只要他是农产品商人），也不是来自行会（虽然在这种场合有这种可能性），而是来自商人的和高利贷者的财富。可是，只有当自由劳动通过历史过程而与自己存在的客观条件相分离的时候，这种财富才能找到购买这种自由劳动的条件。也只有这时候，这种财富才有可能购买这些条件本身"[2]。马克思对问题的回答涉及了四个方面的内容。第一，从存在形态角度看问题，作为可能性的资本以货币财富为起点。第二，从经济领域角度看问题，作为可能性的资本产生于流通领域而非生产领域，这与"剩余资本Ⅱ"的情况正好相反。第三，从主体角度看问题，作为可能性的资本的掌控者是商人和高利贷者。第四，从制度角度看问题，作为可能性的资本以劳动者生产资料的被强行剥夺而成为自由劳动者即雇佣劳动者为基本的前提条件。没有自由劳动者，资本就不可能产生。

由回答问题的理路可以看出，写作《政治经济学批判大纲》时期的马克思对资本原始积累问题已经形成了思路清晰和内容丰富的认识。但是，不足之处明显可见。虽然这里也涉及英国资本原始积累的经验性事

---

[1]　《马克思恩格斯全集》第30卷，人民出版社1995年版，第498页。

[2]　《马克思恩格斯全集》第30卷，人民出版社1995年版，第499页。

实，① 但大量且是种类繁多的经验性事实并未涉及。不涉及的后果可想而知，资本的原罪性质难以显现出来。来到《资本论》第一卷，马克思回答问题的方式大变，经验事实跃居前台，占据主导地位，相应地，理论分析和概括退居次要地位。当然，这样说并不意味着认为此时的马克思没有理论，也不意味着认为此时的马克思轻视理论，更不意味着认为马克思改变了原有立场，因为马克思确有理论且立场未变。能够证明这二者的是《资本论》中"所谓原始积累"一章的第一节和第七节。

在这一章中，马克思有三个论断让资本家和资产阶级经济学家不舒服：资本原始积累的"历史是用血和火的文字载入人类编年史的"；"资本来到世间，从头到脚，每个毛孔都滴着血和肮脏的东西；"对直接生产者的剥夺，是用最残酷无情的野蛮手段，在最下流、最龌龊、最卑鄙和最可恶的贪欲的驱使下完成的"。② 仅看五个"最"字就能感悟到，马克思的情绪状态已经愤怒到什么程度。他为什么如此愤怒？资本的原罪性质太明显、太普遍、太极端、太惨无人道了。

先看国内资本原始积累的情况。"剩余资本Ⅰ"的国内起源是改变土地的社会历史性质，这由两方面的内容组成。一方面是农业用地改变为工商业用地，具体说是由种植供农民活命的粮食变为工商业价值更高的牧羊场；另一方面是改变土地的所有制性质，把农民的自有土地用暴力加以剥夺，把公有土地、教会土地和国有土地通通变为私人财产，以供牧羊之用。马克思讲到这一点时说："掠夺教会地产，欺骗性地出让国有土地，盗窃公有地，用剥夺方法、用残暴的恐怖手段把封建财产和克兰财产转化为现代私有财产——这就是原始积累的各种田园诗式的方法。这些方法为资本主义农业夺得了地盘，使土地与资本合并，为城市工业造成了不受法律保护的无产阶级的必要供给。"③ 农业用地变为工商业用地，农民的生产资料被强行剥夺，大量农民成为叫天不应、呼地不灵的一无所有者。这一幕历史悲剧的目击者英国人莫尔写作了《乌托邦》一书，其中的"羊吃人"提法成为

---

① 参见《马克思恩格斯全集》第 30 卷，人民出版社 1995 年版，第 502 页。

② 《马克思恩格斯文集》第 5 卷，人民出版社 2009 年版，第 822、871、873 页。

③ 《马克思恩格斯文集》第 5 卷，人民出版社 2009 年版，第 842 页。

后来的专有名词，用以描述资本原始积累的残酷性质和原罪性质。资本确实带有原罪性质，上引马克思的三个论断，并没有超出事实概括的范围。

被强行剥夺土地的农民处于无依无靠被迫流浪的状态。如何让这些人成为依赖资本而存活的劳动者？解决这一问题的过程同样是资本原始积累的原罪性质暴露无遗的过程。史称"圈地运动"的强行剥夺农民过程始于 15 世纪末，大盛于 16 世纪及其后，大体结束于 19 世纪早期。我们以 16 世纪中期的历史事实为例证说明问题。"爱德华六世在即位的第一年（1547 年）颁布的法令规定，拒绝劳动的人，如被告发为游惰者，就要判为告发者的奴隶。主人应当用面包和水，用稀汤和他认为适当的肉屑给自己的奴隶吃。他有权用鞭打和镣铐强迫奴隶从事一切令人厌恶的劳动。如果奴隶逃亡达 14 天，就要判为终身奴隶，并在额头或脸颊打上 S 字样的烙印；如果第三次逃亡，就要当做叛国犯处死。主人可以把他出卖，遗赠，作为奴隶出租，完全像对待其他动产和牲畜一样。如果奴隶图谋反抗主人，也要被处死。治安法官必须根据报告搜捕逃亡的奴隶。如果发现流浪者三天无所事事，就要把它送回原籍，用烧红的铁器在他胸前打上 V 字样的烙印，套上锁链在街道上服役或服其他劳动役。如果流浪者谎报籍贯，就要被罚充当该地、该地居民或社团的终身奴隶，并打上 S 字样的烙印。任何人都有权把流浪者的子女领去当学徒，男的当到 24 岁为止，女的当到 20 岁为止。如果他们逃亡，就要成为他们师傅的奴隶，直到这个年龄为止。师傅随意可以给他们戴上镣铐，鞭打他们等等。为了便于识别和更加保险起见，每个主人可以在自己奴隶的脖子、手或脚上套一个铁环。这个法令的最后一部分规定，贫民必须在愿意给他们饮食和劳动的地区或个人那里干活。在英国，这种教区的奴隶，在游荡者的名义下一直保留到 19 世纪。"① 这种原罪性质的残酷手段的日积月累，年复一年地不断重演，确实产生了资本家和官府意愿中的社会历史性后果：现代无产阶级的形成。马克思具体历史事实性的描述让人心酸，理论上的揭示同样使人产生压抑感："在农业中，像在工场工业中一样，生产过程的资本主义转化同时表现为生产者的殉难史。劳动资料同时表现为奴役工人的手段、剥

---

① 《马克思恩格斯文集》第 5 卷，人民出版社 2009 年版，第 843—844 页。

削工人的手段和使工人贫穷的手段，劳动过程的社会结合同时表现为对工人个人的活力、自由和独立的有组织的压制。农业工人在广大土地上的分散，同时破坏了他们的反抗力量，而城市工人的集中却增强了他们的反抗力量。在现代农业中，像在城市工业中一样，劳动生产力的提高和劳动量的增大是以劳动力本身的破坏和衰退为代价的。"① 这说明，农民变为农业工人以后的日子同样不好过。

再看国外资本原始积累的情况。资本一产生就具有国际性质，或者说，资本的本性使然，它不会局限于一国之内，它要表现于外，要冲出国门，任何地方只要有利可图，它就会出现在那里，就此而言，资本原始积累时期的情况更为典型。马克思说："美洲金银产地的发现，土著居民的被剿灭、被奴役和被埋葬于矿井，对东印度开始进行的征服和掠夺，非洲变成商业性地猎获黑人的场所——这一切标志着资本主义生产时代的曙光。这些田园诗式的过程是原始积累的主要因素。接踵而来的是欧洲各国以地球为战场而进行的商业战争。"②

其一，关于美洲的金银。法国历史学家米歇尔·博德引证的资料表明，美洲的"征服者仅一次就运走 130 万盎司的黄金。他们找到用黄金铸成的四个美洲驼大雕塑，和十二个像真人一样大的妇女塑像。作为赎金，国王交出一间装满黄金的屋子。""根据官方统计数字，1521—1600 年间从美洲运到西班牙的白银有 18000 吨，黄金 200 吨，而其他人的估计则是此数的两倍。"③ 这样的真金白银治好了欧洲征服者的"心病"④，也为欧洲资本主义社会的兴起注入了急缺急需的"血液"。

其二，关于美洲土著人。美洲土著人的财富被洗劫一空，被强制地成为种植园中的奴隶。他们由于难以抵抗欧洲人带来的病菌的侵袭，其灭

---

① 《马克思恩格斯文集》第 5 卷，人民出版社 2009 年版，第 579 页。
② 《马克思恩格斯文集》第 5 卷，人民出版社 2009 年版，第 860—861 页。
③ [法] 米歇尔·博德：《资本主义史（1500—1980）》，吴艾美等译，东方出版社 1986 年版，第 7 页。
④ 墨西哥的征服者赫尔南·科特斯说："我们西班牙人人都受着一种心病的折磨，这种病只有黄金才能治愈。"见 [法] 米歇尔·博德：《资本主义史（1500—1980）》，吴艾美等译，东方出版社 1986 年版，第 6 页。

亡速度之快，令人瞠目结舌。"只不过一个世纪稍多一点儿的时间，墨西哥的印第安人口就减少了90%（从2500万人下降到150万人），在秘鲁则减少了95%。"① 侥幸存活下来的土著人的命运没有丝毫改变。为了证明这一点，马克思列举的事实如下："在像西印度那样专营出口贸易的种植殖民地，以及在像墨西哥和东印度那样任人宰割的资源丰富人口稠密的国家里，土著居民所受的待遇当然是最可怕的。但是，即使在真正的殖民地，原始积累的基督教性质也是无可否认的。那些谨严的新教大师，新英格兰的清教徒，1703年在他们的立法会议上决定，每剥一张印第安人的头盖皮和每俘获一个红种人都给赏金40镑；1722年，每张头盖皮的赏金提高到100镑；1744年马萨诸塞湾的一个部落被宣布为叛匪以后，规定了这样的赏格：每剥一个12岁以上男子的头盖皮得新币100镑，每俘获一个男子得105镑，每俘获一个妇女或儿童得55镑，每剥一个妇女或儿童的头盖皮得50镑！……英国议会曾宣布，用警犬捕杀和剥头盖皮是'上帝和自然赋予它的手段。'"② 这些罪恶昭昭的客观事实已淹没于历史的演化过程之中。谁能想到，这些罪人恶人的后代——美国和英国的当代统治者，总要以人权捍卫者的架势教训他人呢？这真是一幅绝妙的讽刺画，大谈特谈人权者，其祖宗正是肆意践踏人权的典型。

其三，关于非洲黑人。美洲土著居民的过快死亡促使殖民主义者进行所谓的"制度创新"，他们把捕获的非洲黑人变为奴隶，先是种植甘蔗和水稻，继而种植英国资本家急需的烟草和棉花，直接结果是大量非洲黑人远离故土，成为像牛马一样甚至不如牛马的白种人发财致富的工具。马克思在1846年致安年柯夫的信中说："直接奴隶制也像机器、信用等等一样，是我们现代工业的枢纽。没有奴隶制，就没有棉花；没有棉花，就没有现代工业。奴隶制使殖民地具有了价值，殖民地造成了世界贸易，而世界贸易则是机器大工业的必不可少的条件。"③ 到底有多少非洲黑人遭此待遇？"历史学家不清楚多少人死于大西洋贸易的中途。大致有2000多万

---

① ［法］米歇尔·博德：《资本主义史（1500—1980）》，吴艾美等译，东方出版社1986年版，第7页。

② 《马克思恩格斯文集》第5卷，人民出版社2009年版，第863页。

③ 《马克思恩格斯文集》第10卷，人民出版社2009年版，第49页。

人被俘，只有约 1200 万幸存者熬过了陆地行程，登上越洋海船。在这些'移动监狱'里，他们被塞进潮湿污秽的铺位，食不果腹，饱受虐待。七名囚犯中约有一名死亡。"反抗的"黑人拒绝进食的时候，我亲眼目睹船员把烧红的火炭放在铲子里，端近黑奴的嘴唇，近到就要烧焦他们"①。

上述事例和统计数据只不过是例证。这样的例证表明，资本的原始积累过程确实具有原罪性质，而这样的原罪性质是由马克思揭示出来的。这样的揭示让资本家阶级和为其辩护的资产阶级经济学家不高兴且心生恐惧，但事实胜过雄辩，资本原始积累的原罪性质是无法否认和改变的客观事实。

七、资本的文明作用

马克思终其一生都在揭露和批判资本主义社会，具体说是揭露和批判资本主义社会中的资本。为此，他牺牲或说奉献了自己的一切。在《资本论》第一卷出版前致友人的一封信中，马克思剖白心迹地表明了这一点："我一直在坟墓的边缘徘徊。因此，我不得不利用我还能工作的每时每刻来完成我的著作，为了它，我已经牺牲了我的健康、幸福和家庭。我希望，这样解释就够了。我嘲笑那些所谓'实际的'人和他们的聪明。如果一个人愿意变成一头牛，那他当然可以不管人类的痛苦，而只顾自己身上的皮。但是，如果我没有全部完成我的这部书（至少是写成草稿）就死去的话，那我的确会认为自己是不实际的。"② 如果机械和绝对化地看问题，或许会以为马克思是资本的不共戴天的仇敌，对资本持有毫无辩证分析的否定态度。这种"以为"是错误的。马克思确实是终生、全面和透彻地批判资本，为了进行这种批判而牺牲了自己的"健康、幸福和家庭"，但这种批判以历史和现实、逻辑和历史、理论和实践相统一的了解为前提，其中就包括对资本伟大社会历史性作用的肯定和赞扬。仅就这一点而

---

① ［美］丽莎·A. 琳赛：《海上囚徒——奴隶贸易四百年》，杨志译，中国人民大学出版社2014 年版，第 148、152 页。

② 《马克思恩格斯文集》第 10 卷，人民出版社 2009 年版，第 253 页。

言，马克思的观点远比以为资本辩护为职业甚至志业的资产阶级经济学家的观点更为深刻、全面、具体和到位。

马克思恩格斯在《共产党宣言》中说，"资产阶级在历史上曾经起过非常革命的作用"。典型表现之一是，"资产阶级在它的不到一百年的阶级统治中所创造的生产力，比过去一切世代创造的全部生产力还要多，还要大。自然力的征服，机器的采用，化学在工业和农业中的应用，轮船的行驶，铁路的通行，电报的使用，整个整个大陆的开垦，河川的通航，仿佛用法术从地下呼唤出来的大量人口——过去哪一个世纪料想到在社会劳动里蕴藏有这样的生产力呢？"① 对资产阶级的赞扬实际是对资本的赞扬，区别在于提法不同而不在于内容有别。来到《资本论》第三卷中，马克思把资本正面的社会历史性作用概括为"资本的文明面"的提法，② "资本的文明面之一是，它榨取这种剩余劳动的方式和条件，同以前的奴隶制、农奴制等形式相比，都更有利于生产力的发展，有利于社会关系的发展，有利于更高级的新形态的各种要素的创造"③。"三个有利于"的提法是我们的认识纲领和指南，由此，我们能够追溯到马克思对资本文明作用的具体认识和论述。

资本的文明作用之一是科学技术的大量应用成为社会历史的必然。从人类社会历史的角度看问题，生产经验的习得、积累、代代相传和凝结于工具中都是客观存在的事实。但是，把生产中面临的难题上升到科学和技术的高度概括提炼并加以解决，则是资本主义社会的特有现象。基于此，一个新的职业群体——科学技术人员——出现于社会历史舞台，套用马克思的说法，"发明成了一种特殊的职业"④。马克思在论述这一点时的态度非常坚定，"只有资本主义生产方式才第一次使自然科学为直接的生产过程服务，同时，生产的发展反过来又为从理论上征服自然提供了手段。科学获得的使命是：成为生产财富的手段，成为致富的手段"。"只有在这种生产方式下，才产生了只有用科学方法才能解决的实际问题。只有

---

① 《马克思恩格斯文集》第 2 卷，人民出版社 2009 年版，第 33、36 页。

② 实际上，早在写作《1857—1858 年经济学手稿》时期，马克思就认识到了"资本的伟大的文明作用"。见《马克思恩格斯文集》第 8 卷，人民出版社 2009 年版，第 90 页。

③ 《马克思恩格斯文集》第 7 卷，人民出版社 2009 年版，第 927—928 页。

④ 《马克思恩格斯文集》第 8 卷，人民出版社 2009 年版，第 359 页。

现在，实验和观察——以及生产过程本身的迫切需要——才达到使科学的应用成为可能和必要的那样一种规模。现在，科学，人类理论的进步，得到了利用。资本不创造科学，但是它为了生产过程的需要，利用科学，占有科学。"① 资本占有科学和利用科学最直接的表现是以劳动生产率大幅度提高的形式满足资本家发财致富的欲望，但资本家没有意识到也不愿意见到的社会历史性后果是，人类与自然进行物质变换的能力获得了质的飞跃，共产主义社会所需要的物质前提被准备出来。

资本的文明作用之二是创造出人与人、人与社会和人与自然关系的丰富性。从静态的角度看问题，资本确实是用于生产和获取剩余价值的财富。但是，从动态和历史的角度看问题，资本的内涵和作用绝非如此简单，它是一种社会历史性存在。与前资本主义社会的资本如商业资本相比，它具有自己的社会历史特性；与资本主义社会的其他构成要素相比，它具有自己的生产特性。马克思对资本的这种文明作用的揭示如下："如果说以资本为基础的生产，一方面创造出普遍的产业，即剩余劳动，创造价值的劳动，那么，另一方面也创造出 个普遍利用自然属性和人的属性的体系，创造出一个普遍有用性的体系，甚至科学也同一切物质的和精神的属性一样，表现为这个普遍有用性体系的体现者，而在这个社会生产和交换的范围之外，再也没有什么东西表现为自在的更高的东西，表现为自为的合理的东西。因此，只有资本才创造出资产阶级社会，并创造出社会成员对自然界和社会联系本身的普遍占有。由此产生了资本的伟大的文明作用；它创造了这样一个社会阶段，与这个社会阶段相比，一切以前的社会阶段都只表现为人类的地方性发展和对自然的崇拜。只有在资本主义制度下自然界才真正是人的对象，真正是有用物；它不再被认为是自为的力量；而对自然界的独立规律的理论认识本身不过表现为狡猾，其目的是使自然界（不管是作为消费品，还是作为生产资料）服从于人的需要。资本按照自己的这种趋势，既要克服把自然神化的现象，克服流传下来的、在一定界限内闭关自守地满足于现有需要和重复旧生活方式的状况，又要克服民族界限和民族偏见。资本破坏这一切并使之不断革命化，摧毁一切阻碍发展生产力、

① 《马克思恩格斯文集》第 8 卷，人民出版社 2009 年版，第 356—357、357 页。

扩大需要、使生产多样化、利用和交换自然力量和精神力量的限制。"①

概括地说，马克思雄辩地证明了如下真理。相对于前资本主义社会的约束和限制而言，资本具有摧毁一切的破坏作用；相对于资本主义社会的自身需要而言，它建立了适应特定发展需要的各种关系，如人与自然、人与他人、人与社会、人与传统、甚至民族与民族之间的关系。这种文明作用的揭示依赖于特定的哲学历史观，即从发展进步的角度看待人类社会历史和资本主义社会，它们的必然归宿是未来的共产主义社会。资本的文明作用之一是为这个社会的到来准备前提条件。这样的哲学理念用马克思自己的话表述是，"资本不过表现为过渡点"②。

资本的文明作用之三是为个人的全面发展准备前提条件。"每个人的自由发展"是马克思主义的灵魂性内容。③ 但是，个人的自由发展或叫全面发展不是凭空而来，它产生于特定的社会历史条件之下。这种特定的社会历史条件在资本职能的发挥过程中被创造出来。马克思对这一内容的揭示和论证是，"资本把财富本身的生产，从而也把生产力的全面的发展，把自己的现有前提的不断变革，设定为它自己再生产的前提……资本的限制就在于：这一切发展都是对立地进行的，生产力，一切财富等等，知识等等的创造，表现为从事劳动的个人本身的外化；他不是把他自己创造出来的东西当做他自己的财富的条件，而是当做他人财富和自身贫穷的条件。但是这种对立的形式本身是暂时的，它产生出消灭它自身的现实条件"。"结果就是：生产力——财富一般——从趋势和可能性来看的普遍发展成了基础，同样，交往的普遍性，从而世界市场成了基础。这种基础是个人全面发展的可能性，而个人从这个基础出发的实际发展是对这一发展的限制的不断扬弃，这种限制被意识到是限制，而不是被当作神圣的界限。个人的全面性不是想象的或设想的全面性，而是他的现实联系和观念联系的全面性。由此而来的是把他自己的历史作为过程来理解，把对自然界的认识（这也作为支配自然界的实践力量而存在着）当做对他自己的现

---

① 《马克思恩格斯文集》第 8 卷，人民出版社 2009 年版，第 90—91 页。

② 《马克思恩格斯文集》第 8 卷，人民出版社 2009 年版，第 170 页。

③ 参见《马克思恩格斯文集》第 2 卷，人民出版社 2009 年版，第 53 页。

实躯体的认识。发展过程本身被设定为并且被意识到是这个过程的前提。但是，要达到这点，首先必须使生产力的充分发展成为生产条件，不是使一定的生产条件表现为生产力发展的界限。"①

马克思的揭示和论证具有强劲的内在逻辑，稍作梳理是如下几点。第一，个人的全面发展与资本职能的发挥二者之间有必然联系，不结合资本职能发挥地理解马克思个人全面发展的思想是片面的。第二，资本生产的前提条件是对现有前提条件的"不断变革"，此为资本的特有品质，马克思称之为"大工业的革命性"。② 第三，在资本主义生产中，生产力、财富和知识的创造等等的发展都是在对立中进行的，资本家获得了这一切的好处，劳动者不得不接受的是贫穷和异化。第四，异化是资本主义生产中特有的社会历史现象，这种现象为异化的消除创造社会历史条件。第五，这样的社会历史性条件是个人全面发展的现实基础。第六，"全面发展的个人"提法中，"全面"指称有特定的含义。首先，"全面"指称联系的普遍性，即现实的联系和观念的联系，"现实"的提法指称个人与他人、个人与自然、个人与社会和历史等的联系具有客观性而非停留于空想层面。其次，"全面"还指称劳动者的自我意识状态，他意识到自己处于现实和普遍的联系之中。

揭示资本正面的社会历史性作用是全面辩证地界说资本范畴的题中应有之义，马克思做到了这一点。他对资本文明作用的揭示是我们认识资本的宝贵的精神资源。

八、资本职能的发挥是通过吸收活劳动
而使价值自行增殖

资本主义社会的经济生活及其历史告诉我们，资本职能发挥的过程是活劳动力的使用过程。这一过程隐藏着天大的秘密，揭破这一秘密是马克思对政治经济学、进而对雇佣劳动者的伟大贡献。他说："如果是等价

---

① 《马克思恩格斯文集》第 8 卷，人民出版社 2009 年版，第 171、172 页。
② 参见《马克思恩格斯文集》第 5 卷，人民出版社 2009 年版，第 560 页。

交换，不产生剩余价值；如果是非等价物交换，也不产生剩余价值。流通或商品交换不创造价值。"① 实际情况确实如此。流通或商品交换过程的结果是剩余价值的实现，但创造剩余价值的源头不在这里而在生产领域中。在生产过程中，不变资本的部分价值转移到作为商品的产品中，但它并不能自动地创造价值和剩余价值。没有活劳动，劳动资料只不过是一堆物，诚如马克思所说："机器不在劳动过程中服务就没有用。不仅如此，它还会受到自然的物质变换的破坏力的影响。铁会生锈，木会腐朽。纱不用来织或编，会成为废棉。"②

　　既然商品的等价交换不产生剩余价值，不变资本不创造剩余价值，那么，资本自行增殖以便达到资本家发财致富的目的如何变为现实呢？马克思为我们揭破了这个谜底。资本要达到自行增殖的目的就必须找到一种特殊商品，这种商品的使用过程可以达到资本自动增殖的目的。"劳动力这种独特商品的特性，使劳动力的使用价值在买者和卖者缔结契约时还没有在实际上转到买者手中。和其他任何商品的价值一样，它的价值在它进入流通以前就已确定，因为在劳动力的生产上已经耗费了一定量的社会劳动，但它的使用价值只是在以后的力的表现中才实现。因此，力的让渡和力的实际表现即力作为使用价值的存在，在时间上是互相分开的。"③ 由马克思的论述可以看出，真正的秘密在于，作为特殊商品的劳动力在劳动力市场上表现出来的是交换价值，资本家看中的是劳动力的使用价值，这种价值只有在生产过程中才能表现出来。表现的过程是资本家发挥监督、指挥和管理职能的用武之地，是资本自行增殖的环节，是剩余价值的创造过程。资本家之所以要购买劳动力，真正看中的就是这个过程。

　　马克思把资本的自行增殖称为价值增殖，而"价值增殖过程不外是超过一定点而延长了的价值形成过程。如果价值形成过程只持续到这样一点，即资本所支付的劳动力价值恰好为新的等价物所补偿，那就是单纯的价值形成过程。如果价值形成过程超过这一点而持续下去，那就成为价值

---

① 《马克思恩格斯文集》第 5 卷，人民出版社 2009 年版，第 190 页。

② 《马克思恩格斯文集》第 5 卷，人民出版社 2009 年版，第 214 页。

③ 《马克思恩格斯文集》第 5 卷，人民出版社 2009 年版，第 202 页。

增殖过程"①。马克思的论述表明，劳动力使用价值表现出来的过程分为两个阶段，第一阶段中劳动力生产的是自身交换价值的等价物——工资，第二阶段中生产的价值则是资本家拼命追逐的东西即剩余价值。马克思对此的解释如下："我们已经知道，劳动过程在只是再生产出劳动力价值的等价物并把它加到劳动对象上以后，还越过这一点继续下去。为再生产出这一等价物，6 小时就够了，但是劳动过程不是持续 6 小时，而是比如说持续 12 小时。这样，劳动力发挥作用的结果，不仅再生产出劳动力自身的价值，而且生产出一个超额价值。这个剩余价值就是产品价值超过消耗掉的产品形成要素即生产资料和劳动力的价值而形成的余额。"②

马克思的分析和界定表明，劳动者在劳动力的使用过程中创造出超过自身等价物的剩余价值，但这个剩余价值既不属于劳动者，也没有在劳动力的交换价值即工资中有任何表现。这样的过程及其结果具有合理性吗？在资产阶级经济学的语境中，它既具有政治经济学的理论合理性，也具有法权意义的法律合理性。这种合理性的根据在于劳动力的交换价值与使用价值要有机统一。马克思为我们解释了这种统一："资本家例如支付劳动力一天的价值。于是，在这一天内，劳动力就像出租一天的任何其他商品（例如一匹马）一样，归资本家使用。商品由它的买者使用；劳动力的占有者提供他的劳动，实际上只是提供他已卖出的使用价值。从他进入资本家的工场时起，他的劳动力的使用价值，即劳动力的使用，劳动，就属于资本家了。资本家购买了劳动力，就把劳动本身当做活的酵母，并入同样属于他的各种形成产品的死的要素。从资本家的观点看来，劳动过程只是消费他所购买的劳动力商品，而他只有把生产资料加到劳动力上才能消费劳动力。劳动过程是资本家购买的各种物之间的过程，是归他所有的各种物之间的过程。因此，这个过程的产品归他所有，正像他的酒窖内处于发酵过程的产品归他所有一样。"③

由以上的引证和分析可以看出，资本职能发挥的直接结果是价值的自行增殖。由此，资本家发财致富的目的大功告成。资本自行增殖的秘密

---

① 《马克思恩格斯文集》第 5 卷，人民出版社 2009 年版，第 227 页。
② 《马克思恩格斯文集》第 5 卷，人民出版社 2009 年版，第 242 页。
③ 《马克思恩格斯文集》第 5 卷，人民出版社 2009 年版，第 216—217 页。

何在？在于劳动力这种特殊商品的使用过程。具体说，这种商品的特殊性表现于交换价值与使用价值的关系之中。在资产阶级经济学的语境中，商品交换价值和使用价值的统一是天经地义和天然合理的事情。劳动力的情况也应如此而不是例外。由此看，资本自行增殖的结果归劳动力交换价值的付出者资本家所有，既具有政治经济学的合理性，也具有法权意义的法律合理性。从资产阶级经济学的立场出发看问题，此为一种能够自圆其说且能做到言之成理和持之有故的语境。问题在于，貌似自圆其说的理论经不住事实的拷问：资本家用于购买劳动力和劳动资料的资本从何而来？资本家没有参与剩余价值的创造过程却能拥有剩余价值，即不劳而获，根据何在？劳动者在劳动力的使用过程中创造了剩余价值但剩余价值的所有权不属于他或她，即创造财富与拥有财富二者之间发生分离，根据又何在？对这些问题的追问和回答形成了在本质上区别于资产阶级经济学语境的话语系统。在这样的话语系统中，保护资本家财富的政治法律意义的私有财产制度失去了天然合理性，劳动者既然创造财富就应当拥有财富的理论被建立起来了。这套话语系统由马克思提出，其特点是政治经济学、哲学、政治学、法学、工艺学、社会学和历史学等诸多学科知识的有机统一和综合运用。仅从此处的一个点看，马克思资本范畴中的具体内容绝非资产阶级经济学语境中的资本范畴所可比拟。具体说，马克思的这套话语系统在四个层面上表现出与资产阶级经济学的根本性区别：哲学层面是劳动哲学本体论，政治经济学层面是剩余价值理论，政治哲学层面是劳动者主权论，政治经济学研究范式层面是多学科知识的融汇贯通。

九、资本职能的发挥是主客体之间相互作用的过程

资本职能的发挥是劳动力的使用过程，实质是劳动者的劳动过程。像人类社会历史上其他社会形态中的劳动一样，资本主义生产方式中的劳动过程同样是主体、客体之间相互作用的过程。这一过程是劳动的本然状态或叫原生形态。正是从这里，我们才能检视出人类社会历史中劳动的不同发育程度、劳动者的地位、状况和命运以及劳动的未来发展趋向，因

为它是比照标准。这种标准表明，此种理解层面的劳动仅仅指称人与自然的物质变换过程，既不涉及劳动的具体的社会历史性质，更与资本无关。就这一点而言，马克思曾作过两个角度的说明。

第一个角度是劳动相对于人类社会历史产生、存在和发展的一般条件性质："劳动过程，就我们在上面把它描述为它的简单的、抽象的要素来说，是制造使用价值的有目的的活动，是为了人类的需要而对自然物的占有，是人和自然之间的物质变换的一般条件，是人类生活的永恒的自然条件，因此，它不以人类生活的任何形式为转移，倒不如说，它为人类生活的一切社会形式所共有。"

第二个角度是劳动与生产资料二者之间抽象性质的关系："劳动本身，就它作为有目的的生产活动这个简单的规定性而言，不是同作为社会形式规定性的生产资料发生关系，而是同作为物质实体、作为劳动材料和劳动资料的生产资料发生关系。这些生产资料也只是在物质方面，作为各种使用价值来互相区别，即土地是作为非生产出来的劳动资料，而其余的东西是作为生产出来的劳动资料而互相区别。"①

从方法论的角度看问题，没有这种原生形态劳动的抽象，劳动的具体社会历史性质无法显现，资本职能发挥意义上的劳动没有逻辑起点。由此看来，资本与劳动之间有必然联系，劳动是说明资本的历史起点，更是逻辑起点。情况之所以如此的原因在于，虽然资本主义市场经济条件下的劳动过程与价值增殖过程是同一社会历史运动过程，但为了说明资本的增殖过程，首先要说明一般意义上的劳动过程。马克思就是这样理解问题的："在价值增殖过程中，资本价值的各个组成部分——其中一部分以材料形式存在，另一部分以工具形式存在——对于工人，即对于活劳动来说（因为工人在这个过程中只是作为活劳动而存在），不是表现为价值，而是表现为生产过程的简单要素，表现为供劳动用的使用价值，表现为劳动发挥作用的对象的条件，或者说表现为劳动的对象的要素。而工人把工具当做工具来使用，赋予原料以更高形式的使用价值，从而把工具和原料保存

---

① 《马克思恩格斯文集》第5卷，人民出版社2009年版，第215页；《马克思恩格斯文集》第7卷，人民出版社2009年版，第934页。

下来，这是劳动本身的性质。"①

　　能让资本的价值增殖过程显露于光天化日之下的一般性劳动是一个什么样的主、客体相互作用过程？在不同的政治经济学文献中，马克思从不同的角度回答问题，我们所见到者是劳动过程中主、客体二者之间辩证关系的经济哲学思想。

　　第一，劳动过程是一般意义的主、客体相互作用过程。马克思说："劳动首先是人和自然之间的过程，是人以自身的活动来中介、调整和控制人和自然之间的物质变换的过程。人自身作为一种自然力与自然物质相对立。为了在对自身生活有用的形式上占有自然物质，人就使他身上的自然力——臂和腿、头和手运动起来。当他通过这种运动作用于他身外的自然并改变自然时，也就同时改变他自身的自然。他使自身的自然中蕴藏着的潜力发挥出来，并且使这种力的活动受他自己控制。"② 这样的主、客体相互作用过程存在于任何社会历史形态的劳动过程之中，没有这样的过程，人类社会历史的存在都是问题，更谈何发展。

　　第二，劳动过程使劳动对象的有用性质形成并显示出来。马克思对此的论证如下："活劳动通过把自己实现在材料中而改变材料本身，这种改变是由劳动的目的和劳动的有目的的活动决定的……因此，材料在一定形式中保存下来，物质的形式变换就服从于劳动的目的。劳动是活的、造形的火；是物的易逝性，物的暂时性，这种易逝性和暂时性表现为这些物通过活的时间而被赋予形式。在简单生产过程中——撇开价值增殖过程不谈——物的形式的易逝性被用来造成物的有用性。"③ 相对于人类需要而言，自然资源的性质和形式多种多样，但其中的大部分不能直接满足人类的需要。人类社会发展程度越高，这种情况会越普遍，程度也会越高。这说明，人类社会历史发展的过程实际是越来越依赖劳动的过程。劳动何谓？它把暂时不能满足人类需要的自然资源变为有用之物，以满足不同时代和不同人的需要。此为人类劳动最基本、最重要也是最朴素的目的。由

---

① 《马克思恩格斯文集》第 8 卷，人民出版社 2009 年版，第 75 页。

② 《马克思恩格斯文集》第 5 卷，人民出版社 2009 年版，第 207—208 页。

③ 《马克思恩格斯文集》第 8 卷，人民出版社 2009 年版，第 73 页。

此看，劳动的确是"活的、造形的火"，人类依此而产生、存在和发展。

第三，劳动过程中使用的工具有增强劳动者力量的作用，这种作用无论怎样评价都不会过分。就此而言，马克思的界说具有无可辩驳的说服力。"劳动资料是劳动者置于自己和劳动对象之间、用来把自己的活动传导到劳动对象上去的物或物的综合体。劳动者利用物的机械的、物理的和化学的属性，以便把这些物当做发挥力量的手段，依照自己的目的作用于其他的物。劳动者直接掌握的东西，不是劳动对象，而是劳动资料……这样，自然物本身就成为他的活动的器官，他把这种器官加到他身体的器官上，不顾圣经的训诫，延长了他的自然的肢体。"① 劳动工具使人的自然肢体的延长没有限度，科学技术是第一生产力的命题便是这种事实的理论概括。从某种意义上说，人类社会历史是劳动工具不断演化和改进的历史，正如马克思指出的："尽管直到现在，历史学对物质生产的发展，即对整个社会生活从而整个现实历史的基础，了解得很少，但是，人们至少在自然科学研究的基础上，而不是在所谓历史研究的基础上，按照制造工具和武器的材料，把史前时期划分为石器时代、青铜器时代和铁器时代。"② 现代何尝不是如此呢？比如，材料科学已成为与人们的生产和日常生活密不可分的学科。

相对于说明资本的价值增殖职能而言，从一般性的哲学层面说明劳动的主、客体相互作用性质具有经济哲学方法论意义，它是马克斯·韦伯"理想类型"或熊彼特"简单循环流转"方法的思想先驱。从这里可以衍生出许多伟大的理论成果。马克思伟大的工艺学思想是劳动资料或叫劳动工具相关观点的理论结晶；资本的文明作用理论和共产主义社会的物质前提理论等是主、客体关系中有关客体的观点的理论结晶；劳动主体是马克思更为关注的目标，其理论结晶是伟大的劳动异化理论、劳动人道主义理论和人学历史唯物主义理论。

以上的引述、分析和结论表明，马克思的政治经济学文献确实在不断地运用主体、客体及二者之间辩证关系的哲学分析框架看待资本及其他经济现象。这样的事实证明了另一种事实的客观存在，马克思的经济哲学

---

① 《马克思恩格斯文集》第 5 卷，人民出版社 2009 年版，第 209 页。
② 《马克思恩格斯文集》第 5 卷，人民出版社 2009 年版，第 211 页。

分析框架是主体、客体及二者之间的辩证关系。这样的客观事实向我们提出了一系列需要说明的问题。

首先，既然马克思经济哲学的分析框架是主体、客体及二者之间的辩证关系，那么，为什么在以往的马克思政治经济学研究中人们无视这一哲学分析框架的客观存在？这种结果的造成或许有三个原因。在狭窄的学科意识约束下，政治经济学研究者并不关注马克思政治经济学理论中的哲学性内容，至多以为，方法论历史唯物主义与马克思的政治经济学有关系。另外，人们习惯性地用哲学原理教科书的思维方式看待马克思政治经济学与哲学的关系问题，认为方法论层面的唯物辩证法内容与马克思的政治经济学有直接关系，至于主体、客体及二者之间的辩证关系原理，则无法进入研究者的视野。还有，人们无意识地受到资产阶级经济学的影响，这一经济学的哲学分析框架是主观、客观及二者之间的关系。

其次，马克思政治经济学中的哲学分析框架与资产阶级经济学中的哲学分析框架有什么本质区别？这样的区别首先体现于所运用的概念上，马克思政治经济学的哲学分析框架是主体、客体及二者之间的辩证关系；资产阶级经济学的哲学分析框架是主观、客观及二者之间的关系。当然，二者之间本质性区别的最主要表现是内容。马克思政治经济学的哲学分析框架必然的逻辑结果是有人经济学，资产阶级经济学的哲学分析框架必然的逻辑结果是无人经济学。如此说的根据在于，客体相对于主体而言，无主体便不会有客体，尤为重要者，客体是主体设定的结果，是主体的改造对象，是满足主体客观需要的手段。问题的要害在于，只有人才能成为主体，在马克思政治经济学的语境中，只有劳动者才能成为主体。内在逻辑的演化表明，马克思的政治经济学由于选择主体、客体及二者之间的辩证关系为哲学分析框架，必然的结果是有人经济学，具体说是以劳动者为核心的政治经济学。鉴于此，马克思称自己的政治经济学为"劳动的政治经济学"。① 与此形成鲜明对比的是资产阶级经济学。在它的主观、客观及二者之间关系的哲学分析框架中，主观即人的意识只能被动地反映客观对象，除此之外，主体性的任何因素都不能参与其中。尤为重要者，作为结

---

① 《马克思恩格斯文集》第3卷，人民出版社2009年版，第12页。

果出现的主观意识（理论）除反映的理论表达形式外，不能掺杂任何人的主观性成分。资产阶级经济学主张经济学是科学，且是自然科学意义上的"硬"科学，"社会物理学"的提法足以证明这一点。像物理学研究物一样，社会物理学也研究物（经济事实），在一个研究物的学科中，怎么会有和能有人的地位被凸显出来呢？由此说，资产阶级经济学是无人经济学。这样的结论既没有夸大其词，也没有冤枉资产阶级经济学。

最后，马克思经济哲学的分析框架与他的政治经济学理论是什么关系？由上述的分析可以看出，主体、客体及二者之间辩证关系的哲学分析框架是马克思政治经济学理论的内生变量，它内在于马克思的政治经济学，抽掉这一哲学分析框架，马克思的政治经济学就会走向自己的反面，成为非本真意义的马克思政治经济学。与这样的结论必然相连，无视这一哲学分析框架在马克思政治经济学中的客观存在，或是看不到这一哲学分析框架的真正地位和作用，导致的必然性后果只有一个，不能准确和全面地理解马克思的政治经济学。由此可以看出，承认马克思政治经济学中主体、客体及二者之间辩证关系哲学分析框架的客观存在，充分认识到它的地位和作用，是准确和全面地理解马克思政治经济学的前提条件之一。

十、资本职能的发挥过程是劳动者的异化过程

在资本主义市场经济条件下，不存在超越于社会历史条件约束之外的纯粹主、客体之间关系性质的劳动过程，真正存在的是发挥资本价值增殖职能的劳动过程。马克思对这一点区分得非常清楚。"就生产过程是单纯的劳动过程来说，工人在这个生产过程中把生产资料作为劳动的单纯生活资料来消费。但是，就生产过程同时是价值增殖过程来说，资本家在生产过程中消费工人的劳动能力，或者说，把活劳动作为资本的活命血液来占有。原料，总的来说劳动对象，只是用来吸收他人的劳动，劳动工具只是用做这个吸收过程的传导者，传导体。由于活的劳动能力被并入资本的物的组成部分，资本变成为有生命的怪物，并且'好像是害了相思病'一样开始行动起来。因为劳动只有在一定的有用形式中才创造价值，因为每

一种特殊有用劳动都需要具有独特使用价值的材料和资料，纺纱劳动需要纱锭和棉花等等，锻冶劳动需要铁砧、锤子和铁等等，所以只有当资本采取一定劳动过程所需要的特有生产资料形态的时候，劳动才能被吸收，而且资本也只有采取这种形态才能吸收活劳动……于是，劳动过程就表现为对象化劳动借助于活劳动来进行的自行增殖过程。"① 马克思的分析一语中的，资本之所以不得不吸收活劳动，根本原因在于要满足"好像是害了相思病"一样的发财致富的欲望，唯一途径是把活劳动纳入生产过程，使其成为生产过程中的主体，让这一主体把自身的劳动能力施于劳动对象之上。施加的过程是劳动者发挥主体性作用的过程，更重要者是价值的形成过程，剩余价值便在这个过程中被创造出来，资本家发财致富的欲望变成了现实。

劳动者在生产中发挥主体性作用的过程是资本的价值增殖过程。由于资本的客观存在及其发挥作用，劳动者劳动过程中的主、客体之间关系性质发生了质变，质变的直接表现是为资本家创造了现实性却使自己陷入非现实性之中。这个看似玄虚的道理是无法否认的客观事实，马克思对这一点的揭示让人口服心服："劳动的这种变为现实性的过程，也是丧失现实性的过程。劳动把自己变成客观的东西，但是它把它的这种客体性变为它自己的非存在，或它的非存在——资本——的存在。劳动作为创造价值或增殖价值的单纯可能性返回到自身，因为全部现实财富，现实价值世界以及劳动本身得以变为现实性的现实条件，都成了同它相对立的独立的存在。孕育在活劳动本身中的可能性，由于生产过程而作为现实性存在于劳动之外，但这种现实性对于劳动来说是他人的现实性，它构成同劳动相对立的财富。"② 资本主义生产过程中劳动者主体性地位的丧失，主体性由现实性变为非现实性，有专门的经济哲学范畴概括，即劳动异化或叫异化劳动。这一范畴的创造者是马克思。③ 基于此，劳动者应当永远铭记和感谢他。

---

① 《马克思恩格斯文集》第 8 卷，人民出版社 2009 年版，第 487—488 页。

② 《马克思恩格斯文集》第 8 卷，人民出版社 2009 年版，第 102—103 页。

③ 如此说只具有相对意义。"异化"一词是德国古典哲学中，尤其是黑格尔哲学的常用词汇。但马克思运用这一概念的创造性体现于两个方面。其一，马克思把德国古典哲学中仅为中性的主体客体化含义改造成为带有价值倾向性的含义。其二，规范性的异化劳动或劳动异化范畴由马克思提出。基于这二者，我们说马克思是异化劳动或劳动异化范畴的创造者。

顺着异化劳动或劳动异化的思路继续前进，马克思为我们具体揭示出资本价值增殖过程中产生的异化及其表现。

首先，劳动者在财富世界面前的异化。财富由劳动创造，是劳动成果的凝结，是劳动的结果。按照常识，甚至按照西方主流经济学的奠基者亚当·斯密的观点，劳动者拥有自己的劳动成果也是天经地义的。[①] 但是，在资本主义生产条件下情况大变，劳动者创造的财富不归劳动者所有且与劳动者为敌。具体说，"通过劳动本身，客观的财富世界作为与劳动相对立的异己的权力越来越扩大，并且获得越来越广泛和越来越完善的存在，因此相对来说，活劳动能力的贫穷的主体，同已经创造出来的价值即创造价值的现实条件相比较，形成越来越鲜明的对照。劳动本身越是客体化，作为他人的世界——作为他人的财产——，而同劳动相对立的客观的价值世界就越是增大"[②]。

其次，劳动者在劳动工具面前的异化。在前资本主义社会的生产过程中，劳动者与劳动工具结为一体，在劳动工具不属于劳动者的情况下同样如此。其中的原因不难发现，在劳动者与工具的关系中，劳动者处于绝对的主体和主动地位，他创造和使用工具而不是相反。在资本主义社会的历史发展中，特别是在工业革命以后，伴随科学技术转化为生产力的过程，劳动工具发生了巨大变化，科学技术直接渗入其中，不同性质的工具之间通过本质和必然的联系而形成机器体系，作为个体劳动者的脑和手已不能完全掌握这一复杂和庞大的机器体系，劳动者在它面前由主体变成了

---

① 参见［英］亚当·斯密：《国民财富的性质和原因的研究》上卷，郭大力、王亚南译，商务印书馆 1972 年版，第 72 页："下层阶级生活状况的改善，是对社会有利呢，或是对社会不利呢？一看就知道，这问题的答案极为明显。各种佣人、劳动者和职工，在任何大政治社会中，都占最大部分。社会最大部分成员境遇的改善，决不能视为对社会全体不利。有大部分成员陷于贫困悲惨状态的社会，决不能说是繁荣幸福的社会。而且，供给社会全体以衣食住的人，在自身劳动生产物中，分享一部分，使自己得到过得去的衣食住条件，才算是公正。"亚当·斯密的论述有两点值得我们关注。其一，争辩的语境表明，他在批驳一种观点，这种观点反对改善劳动者的生活境况。其二，亚当·斯密批驳他人的理论根据是，供全体社会成员以衣、食、住之用的物质财富都是劳动者的"劳动生产物"。

② 《马克思恩格斯文集》第 8 卷，人民出版社 2009 年版，第 104 页。

"工具""零部件"和附属品。用马克思的话说，这是劳动者在工具面前的异化："在这里，过去劳动——在自动机和由自动机推动的机器上——似乎是自动的、不依赖于［活］劳动的；它不受［活］劳动支配，而是使［活］劳动受它支配；铁人反对有血有肉的人。工人的劳动受资本支配，资本吸吮工人的劳动，这种包括在资本主义生产概念中的东西，在这里表现为工艺上的事实。奠基石已经埋好。死劳动被赋予运动，而活劳动只不过是死劳动的一个有意识的器官。在这里，协作不再是整个工厂的活的相互联系的基础，而是机器体系构成由原动机推动的、包括整个工厂的统一体，而由工人组成的活的工厂就受这个统一体支配。这样一来，这些工人的统一体就获得了显然不依赖于工人并独立于工人之外的形式。"①"铁人反对有血有肉的人"这一提法形象生动地揭示出劳动者在劳动工具面前的异化情况，再作解释实为多余。表面看，造成这种结果出现的原因是劳动工具的智能化、科学化、复杂化和体系化；就实质而言，它是资本发挥职能必然要出现的结果。资本与资本之间的竞争迫使资本家使用机器，约束和镇压劳动者即"有血有肉的人"的反抗也会使用机器。二者合一，使劳动者在劳动工具面前的异化成为历史性的必然。

最后，异化性生产关系的再生产使劳动者的异化一时难以消除。资本自行增殖的过程是劳动力的使用过程，同时也是劳动者异化的过程。这种过程的发生及其结果都依赖于以私有制为基础的生产关系。相对于劳动者而言，这种生产关系具有异化性质。资本自行增殖的过程既是微观的，如个体资本家的一个生产周期；也是宏观的，如整个资本主义生产体系的不断延续。这样的事实表明，劳动者的劳动过程同时是资本主义生产关系的再生产过程，准确地说，是异化性质的生产关系的再生产过程。马克思意识到了这一点，为我们揭示出这一点："劳动能力不仅生产了他人的财富和自身的贫穷，而且还生产了这种作为自我发生关系的财富的财富同作为贫穷的劳动能力之间的关系，而财富在消费这种贫穷时则会获得新的生命力并重新增殖。"②异化生产关系的再生产是个大问题，它既告诉我们劳

---

① 《马克思恩格斯文集》第 8 卷，人民出版社 2009 年版，第 354 页。

② 《马克思恩格斯文集》第 8 卷，人民出版社 2009 年版，第 101 页。

动异化的直接原因，也向人们表明，在资本主义社会中，劳动者的劳动异化不是暂时性现象，也不只是个别行业或厂家存在这种现象，而是整体性的社会历史过程，只有资本主义生产关系退出社会历史舞台，劳动者的劳动异化现象才能被消除。

上述的引述和分析证明了一个基本事实：马克思的政治经济学文献中确实客观地存在异化劳动或叫劳动异化理论。在政治经济学的语境中，这一理论的典型表述是资本职能的发挥过程是劳动者的异化过程。把这一命题具体化，基于马克思政治经济学文献而来的一系列命题就会出现在我们面前。第一，劳动力的使用过程是资本消费劳动力的过程；第二，资本价值增殖的过程是劳动者的相对贫困化过程；第三，资本的人格化过程——即资本家发财致富的过程是劳动者被剥削的过程；第四，资本性生产关系的再生产过程是雇佣劳动者身份和命运的再生产过程；第五，资本的主体性发挥出来的过程是劳动者主体性丧失的过程；第六，相对资本而言的自然资本化过程是劳动者人化自然的过程；第七，资本现实性增强的过程是劳动者现实性丧失的过程。

基于如上七个命题，顺理成章的结论如下。

首先，从思维方式的角度看问题，这七个命题基于马克思主体、客体及二者之间辩证关系的哲学分析框架而来，源自这一哲学分析框架。这说明，异化劳动或叫劳动异化理论与马克思政治经济学的哲学分析框架有必然、本质和内在的联系，二者之间的关系是果与因的关系。试想，如果按照资产阶级经济学的哲学分析框架理解资本职能的发挥过程，上述命题能在逻辑上顺理成章地出现于我们面前吗？如果不能，那么，非马克思哲学分析框架下的资本职能发挥理论，还是本真意义或说原生态的马克思政治经济学吗？不言而喻的事实就摆在我们面前，想不承认也困难。

其次，上述七个命题中的一部分如命题一至命题三具有典型的马克思意义的政治经济学含义，而另一部分如命题四至命题七则具有典型的马克思意义的经济哲学含义。这说明，在马克思那里，政治经济学与经济哲学有机地结合在一起，是相互包含、相互支撑、相互补充和相互过渡的统一体。由此看，马克思的经济哲学是马克思政治经济学的有机组成部分，用现在流行的行话说是"内生变量"。"内生变量"的提法较为恰当地表征了马克思政治经济学与其经济哲学的关系，这种关系的"科学化"处理，即按照资产阶级经济学的哲学分析框架理解马克思的政治经济学，会导致天大的悲剧性结果：马克思的经济哲学被虚无化。此时的所谓马克思政治经济学还被人们信以为真，实际情况恰恰相反，马克思原生态的政治经济学也被虚无化了。

最后，与上述两个结论密切相关，有一个马克思主义史尤其是马克思主义哲学史中的话题不能不涉及。自从《1844 年经济学哲学手稿》公布于世以来，其中的异化劳动或叫劳动异化理论一再地被讨论、争论甚至辩论。基于苏联和法国哲学家阿尔都塞观点的一方认为，马克思的异化劳动或叫劳动异化理论基于人——非人——人的复归的人学公式而来，费尔巴哈哲学的痕迹明显，所以具有抽象的资产阶级人性论和历史唯心主义的性质。往轻里说，这种判断是没有准确理解马克思文献的结果；往重里说，相对于马克思的政治经济学文献而言，这种判断实在是不着调，太离谱。马克思的异化劳动或叫劳动异化理论中确实饱含人道主义情怀，但这样的人道主义是劳动人道主义而非资产阶级学术传统中的资本人道主义。① 劳动人道主义从何而来？它的源头有两个，一个是马克思基于资本主义经济残酷现实而来的价值立场选择，另一个则是主体、客体及二者之间辩证关系的哲学分析框架。前者提供动力，后者提供理论思维条件。在思想资源的意义上，马克思当然受到了资产阶级学术中人道主义思想的启发，但在由可能性变为现实的过程中，发挥根本性制动性作用的是哲学分析框架，它内在地潜含得出劳动人道主义结论的可能性。马克思的伟大之处和让人敬佩之处就在于他把可能性变成了现实。现实的客观存在及其影响让资产阶级经济学家气恼和惧怕，所以他们才在枝节问题如"转型"问题上纠缠不休。

---

① 对劳动人道主义和资本人道主义的概念性说明，参见宫敬才：《马克思劳动人道主义视野中的科学技术观》，《北京师范大学学报》2009 年第 1 期。

十一、结　论

从 1211 年到资产阶级经济学的诞生（1776 年），资本范畴历经大几百年的时间，含义始终未变，它是用于投资以期获得回报的钱或物。资产阶级经济学继承了这种理解但添加了新东西，作为资本的钱或物是辛勤努力的结果。这种理解的道德攻击性不言自明，无资本者如雇佣劳动者之所以处于被剥削和受压迫的地位，根本原因是懒惰成性，不思节俭。

马克思从根本上颠覆了历史上及资产阶级经济学对资本范畴的理解。资本确实是用于投资以期获得回报的钱或物，但不仅仅是钱或物，甚至主要不是钱或物。资本是特定的社会历史现象，是"支配一切的权力"，这种权力重铸社会，使社会生活的每一细节都以它为灵魂，钱、物通神只不过是外在表现。套用《共产党宣言》中的话说，资本"按照自己的面貌，为自己创造出一个世界"。不理解资本，就不能理解资本主义社会，不能正确地理解资本，就不能正确地理解资本主义社会。

马克思运用政治经济学、哲学、历史学、法学、工艺学、社会学等众多学科的知识，历史与现实、理论与实际相结合地揭示资本的内在本质，呈现出来的资本理论"是一个艺术的整体"。这样的艺术整体当然具有政治经济学、历史学、法学、工艺学、社会学等学科性含义，但其中的哲学性内容同样是客观存在的事实。仅从纯哲学的角度看，如下内容便赫然在目。

第一，资本既是生产关系，又是生产方式，作为客观基础的这二者使资本主义社会的经济生活秉有自己的本质规定性，殊异于历史上任何社会形态的经济生活。

第二，资本是诸多矛盾缠绕交织的综合体，上文揭示出来的六种矛盾可为例证。多种矛盾的共同作用使然，资本主义社会特别是资本主义经济生活，总是处于动荡不定和喧嚣鼎沸的状态中，不断出现的经济危机可为例证。

第三，资本内部多种矛盾的并存交织预示了不可改变的社会历史性趋势，它具有暂时性质，在凯歌行进式发展自己的同时，也为自己退出社会历史舞台准备好了前提条件。

第四，就历史和现实两个层面说，作为特定社会历史现象的资本既具有原罪性质，又发挥文明作用。好坏皆具的两面性为人们准确全面地理解资本增加了难度，同时使人们的情感性态度处于爱恨交织的状态中。

第五，资本的现实化是主、客体及二者之间的辩证关系，这种关系具有社会历史上主、客体及二者之间辩证关系的一般性质，又具有鲜明的社会历史特性，其中最突出者是主体的异化性质。

第六，马克思作为"艺术整体"的资本范畴基于特定的方法而来。马克思对这种方法的表述是"从抽象上升到具体"，后人对这种方法的概括是逻辑与历史的有机统一。就马克思政治经济学的理论体系来说，资本只不过是范畴"森林"中的一个范畴。处于如此重要地位，哲学性内容又是如此丰富的范畴还有很多，如劳动、商品和价值等。只要我们细加研究，这些范畴中哲学性内容的丰富程度同样会使我们震惊不已。资本范畴中的哲学性内容是证据，它证明了如下事实的客观存在。其一，马克思政治经济学的范畴中确实客观地存在哲学性内容；其二，马克思经济哲学的存在形式之一是范畴。

第三章　政治经济学命题中的哲学

一、问题的提出及其说明

上一章指出，马克思的政治经济学文献中存在范畴"森林"，并以资本范畴为例证地说明，政治经济学范畴中存在极为丰富的哲学性内容。范畴的展开是判断，判断便是命题。马克思的政治经济学命题中是否存在哲学性内容？这是一个人们没有自觉意识到并提出来加以探讨的问题。具体说，在马克思主义哲学领域，人们往往引证马克思的政治经济学命题借以说明自己对马克思哲学的理解，但在自觉意识层面提出和探讨马克思政治经济学命题中的哲学性内容问题，还是一件有待进行的工作。在马克思主义政治经济学领域，人们的学科意识相对刚性，孜孜以求者是命题中的所谓科学性内容，至于其中是否存在哲学性内容的问题，则是难以进入研究视野之中。这样的状况说明，马克思政治经济学命题中极为丰富的哲学性内容与人们对这一内容的自觉认知之间是一种不协调的关系。

不协调的关系导致了比较严重或说非常严重的理论后果。马克思主义哲学领域中的个别论者对马克思政治经济学命题的引证并不说明，命题中存在哲学性内容已成为自觉意识。实际情况是，马克思政治经济学命题中的哲学性内容并没有成为专门的研究对象。问题在于，这二者之间有本质区别。相对于研究者而言，是无意识和自觉意识之间的区别。这样的事实告诉我们，马克思经济哲学的存在形式之一——政治经济学命题中的哲学被忽略了，或者说，在研究对象的意义上，马克思哲学的重要思想资源之一被丢失了。马克思主义政治经济学领域中的科学性追求并没有过错，但是，仅仅关注马克思政治经济学命题中的科学性内容而不顾涉其哲学性内容，肯定是犯了以偏概全的错误，因为其中的哲学性内容在那里客观地存在着，在研究者的视野中则是变成了不存在。表面看，由存在变为不存在是学科意识从弹性向刚性演化的结果，实际情况并不这么简单。最明显者，在马克思那里是科学性内容与哲学性内容紧密交织的政治经济学命题，变成了研究者笔下仅具有科学性内容的政治经济学命题。这样的命题已不是马克思文献中原生态的政治经济学命题，而是变成了刚性的学科意识剪裁后符合所谓科学性标准的政治经济学命题，这才是要害所在。如此行为者以为是在捍卫和阐扬马克思的政治经济学思想，实际是无意间离马克思原生态的政治经济学思想而去。现在，这种状况并没有改变的迹象。鉴于此，本章提出并尝试回答的问题是：马克思的政治经济学命题中存在哲学性内容吗？这样的内容是什么，有哪些？

马克思政治经济学命题中到底是否存在哲学性内容？请看如下论述："劳动资料是劳动者置于自己和劳动对象之间、用来把自己的活动传导到劳动对象上去的物或物的综合体。劳动者利用物的机械的、物理的和化学的属性，以便把这些物当做发挥力量的手段，依照自己的目的作用于其他的物。劳动者直接掌握的东西，不是劳动对象，而是劳动资料……这样，自然物本身就成为他的活动的器官，他把这种器官加到他身体的器官上，不顾圣经的训诫，延长了他的自然的肢体……劳动资料的使用和创造，虽然就其萌芽状态来说已为某几种动物所固有，但是这毕竟是人类劳动过程独有的特征，所以富兰克林给人下的定义是'a toolmaking animal'，制造工具的动物。动物遗骸的结构对于认识已经绝种的动物的机体有重要的意义，劳动资料的遗骸对于判断已经消亡的经济的社会形态也有同样重要的意义。各种经济时代的区别，不在于生产什么，而在于怎样生产，用什么劳动资料生产。劳动资料不仅是人类劳动力发展的测量器，而且是劳动借以进行的社会关系的指示器。"①

为了学理性地界说以劳动工具为主的劳动资料，马克思在《资本论》

_____

① 《马克思恩格斯文集》第 5 卷，人民出版社 2009 年版，第 209—210 页。

第一卷中说出了如上的话。稍作梳理，马克思论述中的如下六个命题会自然而然地出现在我们面前：第一，劳动资料是人的自然肢体的延长；第二，人是制造和使用工具的动物；第三，劳动资料的遗骸对于认识已经消亡的经济的社会形态有重要意义；第四，劳动资料是经济时代的区分标准；第五，劳动资料是人类劳动力发展的测量器；第六，劳动资料是劳动借以进行的社会关系的指示器。这六个命题当然是政治经济学命题，它们出现于政治经济学文献中，对说明和论证马克思的政治经济学思想发挥必不可少且无可替代的作用。例如，没有对劳动资料的认识，马克思就不能发现大工业的革命性并展开性地详加论述。①

这些命题中是否存在哲学性内容？对问题作出肯定性回答顺理成章。从宏观的层面看问题，六个命题中存在三项历史唯物主义的内容。一是人学历史唯物主义。人与劳动资料的关系以及劳动资料对于认识和界定人为何物的重要意义是基本内容。二是经济社会历史观意义的哲学性内容。在这里，马克思的哲学唯物主义不是体现在抽象地谈论物质范畴上，而是径取经济社会历史中最基础和最客观的物质性存在——劳动资料，通过突出和强调它在经济社会历史中的地位和作用，表达出自己对哲学唯物主义的理解。三是经济社会历史观层面的方法论内容。显示社会历史时代本质及其特点的是经济时代。经济时代的本质性规定是什么？生产力、生产关系（生产组织）及这二者的发展程度。用什么标准判断这二者的发展程度？只有劳动资料。作为经济时代判断标准的劳动资料也有自己的演化历史，演化过程中的发育程度，恰好表征出不同经济时代之间的本质性区别。六个命题的主旨是从各不相同的角度界说劳动资料，但它们同时在告诫人们，如何认识和说明经济社会历史形态及其演进才能得出正确结论？途径只有一个：以劳动资料为判断标准。

毋庸讳言，提出和研究马克思政治经济学命题中的哲学性内容具有重要的学术意义。第一，确立一个客观事实，马克思政治经济学命题中存在哲学性内容。第二，揭示出马克思政治经济学命题中具体内容的完整性

---

① 参见《资本论》（人民出版社 2004 年版）第一卷第四篇"相对剩余价值的生产"，尤见第 13 章"机器和大工业"。

质，它在具有科学性质的同时还客观地存在哲学性质。第三，由此，马克思哲学研究增添了新的思想资源，有了新的研究对象，找到了新的学术生长点。这里有一个重要问题需要我们特别关注，即对马克思哲学思想资源的理解问题。德国古典哲学和英国古典政治经济学当然是马克思哲学的思想资源，但马克思非哲学性著作如政治经济学著作中是否存在马克思哲学的思想资源？对问题的回答应当是肯定的。可惜者，人们往往忽略这一问题的客观存在。第四，从过程的角度看问题，研究的结果将会表明，我们向再现马克思原生态政治经济学和原生态哲学的目标又靠近了一步。

像马克思政治经济学文献中的范畴云集一样，其中的命题同样众多。限于一个人的能力、精力和时间，穷尽所有马克思的政治经济学命题，逐一揭析其中的哲学性内容，实在是无法完成的任务。鉴于这种客观性矛盾，笔者只能采取变通的办法，一是以例证形式证明，马克思的政治经济学命题中确实客观地存在哲学性内容；二是以抛砖引玉的形式吸引有识有志者一起努力，把马克思政治经济学命题中的哲学性内容作为自觉和专门的研究对象，使其成为马克思哲学研究新的学术生长点。这是一个过程，在这一过程中，特定角度中的原生态马克思哲学就会显现出来。

二、命题一：国民经济学表面上承认人，其实是彻底实现对人的否定，是敌视人的

此处的国民经济学即资产阶级经济学。这一命题出现于如下语境中："以劳动为原则的国民经济学表面上承认人，其实是彻底实现对人的否定，因为人本身已不再同私有财产的外在本质处于外部的紧张关系中，而是人本身成了私有财产的这种紧张的本质。以前是自身之外的存在——人的真正外化——的东西，现在仅仅变成了外化的行为，变成了外在化。因此，如果上述国民经济学是从表面上承认人、人的独立性、自主活动等等开始，并由于把私有财产移入人自身的本质中而能够不再受制于作为存在于人之外的本质的私有财产的那些地域性的、民族的等等的规定，从而发挥一种世界主义的、普遍的、摧毁一切界限和束缚的能量，以便自己作为唯

一的政策、普遍性、界限和束缚取代这些规定，——那么国民经济学在它往后的发展过程中必定抛弃这种伪善性，而表现出自己的十足的昔尼克主义。它也正是这样做的——它不在乎这种学说使它陷入的那一切表面上的矛盾——，它十分片面地，因而也更加明确和彻底地发挥了关于劳动是财富的唯一本质的论点，然而它表明，这个学说的结论与上述原来的观点相反，实际上是敌视人的。"①

用德国古典哲学语言表述和批判资产阶级经济学造成了后人理解上的困难，细加思量，马克思表述中的思想逻辑就会显现出来。在马克思构筑的语境中，有两种性质有别的私有财产，一种是还没有变为资本的私有财产，另一种是已经变为资本的私有财产。没有变为资本的私有财产存在于劳动者之外，与劳动者处于外在性的关系中，它是劳动者劳动的外化、物化和结果，已与劳动者分离，归属于不劳动的另一种人。与此形成鲜明对照的是，变为资本的私有财产与劳动者处于本质和必然的关系中，它驱使劳动者劳动，是劳动者的主宰，使劳动者的劳动外在化，使作为物存在的资本主体化、外在化和行为化。在这一过程中，劳动者的独立、自主和自由，甚至地域和民族等一切特性统统被消灭了，人们真正见到的是变为资本的私有财产凌驾于一切事物之上，它统治一切，主宰一切，指挥一切，为一切事物制定适合自己的标准和规则。从这种意义上说，变为资本的私有财产敌视人，具体说是敌视劳动者，视劳动者为必须加以看管和约束的像牛马一样的工具。由此说，变为资本的私有财产"表现出自己的十足的昔尼克主义"："蔑视道德；凌辱人的尊严；不知羞耻；冷酷无情；无所顾忌；对眼前事物冷嘲热讽，等等。"②

资产阶级经济学站在资本家的立场上，从资本的角度看待人（此处的人指劳动者），导致必然性的理论后果，即劳动者不是完整的人，而是适应资本的客观需要且为资本服务的商品人。马克思对这一理论后果的论证如下："在工人身上主观地存在着这样一个事实，即资本完全是失去自身的人；同样，在资本身上也客观地存在着这样一个事实，即劳动是失去

---

① 《马克思恩格斯文集》第 1 卷，人民出版社 2009 年版，第 179 页。

② 《马克思恩格斯文集》第 1 卷，人民出版社 2009 年版，第 787 页。

自身的人。但是，工人不幸而成为一种活的、因而是贫困的资本，这种资本只要一瞬间不劳动便失去自己的利息，从而也失去自己的生存条件。作为资本，工人的价值按照需求和供给而增长，而且，从肉体上来说，他的存在、他的生命，也同其他任何商品一样，过去和现在都被看成是商品的供给。工人生产资本，资本生产工人，因而工人生产自身，而且作为工人、作为商品的人就是这整个运动的产物。对于仅仅充当工人而别无其他身份的人来说，他作为工人之所以还保留着人的种种特性，只是因为这些特性是为异己的资本而存在的。但是，因为资本和工人彼此是异己的，从而处于漠不关心的、外部的和偶然的相互关系中，所以这种异己性也必定现实地表现出来。因此，资本一旦想到——不管是必然地还是任意地想到——不再对工人存在，工人自己对自己来说便不再存在：他没有工作，因而也没有工资，并且因为他不是作为人，而是作为工人才得以存在，所以他就会被埋葬，会饿死，等等。工人只有当他对自己作为资本存在的时候，才作为工人存在；而只有当某种资本对他存在的时候，他才作为资本存在。资本的存在是他的存在、他的生活，资本的存在以一种对他来说无所谓的方式规定他的生活的内容。"① 马克思论证的核心内容是工人与资本之间的关系。这种关系中的资本凌驾于一切之上，处于制动一切的地位，工人在资本面前则处于从属、被规定和被制动的地位。处于这种关系中的工人只具有商品的性质，是商品人，用亚里士多德的话说，他只不过是会说话的工具，这种工具的唯一价值和作用是使资本增殖。

马克思论证中的"商品人"提法是个重要范畴，这一范畴以极强的概括能力使资产阶级经济学中关于经济生活逻辑前提的内在本质显现出来，它敌视首先作为人的劳动者，把劳动者仅仅视作资本增殖的工具。资产阶级经济学如此看待资本与劳动者的关系导致了诸多更为荒谬的理论后果，马克思为我们揭示出这些理论后果的荒谬之处。

第一，资产阶级经济学视野狭窄，仅仅看到商品人提法中人的商品属性和劳动人提法中人的劳动属性，没有看到的则是更为根本和重要的内容：商品人、劳动人的存在前提是人，是像资本家和资产阶级经济学家一

---

① 《马克思恩格斯文集》第 1 卷，人民出版社 2009 年版，第 170—171 页。

样活生生的人。资本家和资产阶级经济学家眼中的商品人、劳动人是物，是会说话的物，这种物与作为物的生产资料没有本质性区别，二者都是资本的有机组成部分，都在为资本的增殖发挥作用。有鉴于此，马克思愤怒地指斥说："国民经济学不知道有失业的工人，即处于这种劳动关系之外的劳动人。小偷、骗子、乞丐，失业的、快饿死的、贫穷的和犯罪的劳动人，都是些在国民经济学看来并不存在，而只是在其他人眼中，在医生、法官、掘墓者、乞丐管理人等等的眼中才存在的人物；他们是一些在国民经济学领域之外的幽灵。因此，在国民经济学看来，工人的需要不过是维持工人在劳动期间的生活的需要，而且只限于保持工人后代不致死绝。因此，工资就与其他任何生产工具的保养和维修，与资本连同利息的再生产所需要的一般资本的消费，与为了保持车轮运转而加的润滑油，具有完全相同的意义。"①

资产阶级经济学的眼界狭窄是客观事实，马克思的论述雄辩地为我们揭示出这一点。情况为什么会是这样？根本性原因有二。资产阶级经济学的资本家立场是硬性约束，离开这一立场看待劳动者及其劳动，它就会走向自己的反面，阶级性质发生根本性变化，由资产阶级经济学变为非资产阶级经济学，这是资本家不愿意见到的事实。正是因为如此，资本家会以各种形式抛弃已发生质变的经济学。资产阶级经济学家既没有意愿也没有胆量冒这样的风险。另外，阶级立场的硬性约束不仅决定了资产阶级经济学看问题的视野，同时也左右了资产阶级经济学看问题的角度。资本能否增殖是衡量一切的标准，论证资本增殖的技巧及其合理性是资产阶级经济学始终不变的奋斗目标。这样的奋斗目标使资产阶级经济学有眼无珠，除商品人、劳动人的资本增殖功能外，什么也看不到。在这里，商品人、劳动人只不过具有人的外观，实际剩下的是适合资本需要且为资本服务的商品，这种商品的具体表现形式是劳动能力。

第二，资产阶级经济学为了服务于资本便扭曲事物的本质，让生产的真正目的服从于资本家的客观需要，使生产的真正目的被掩盖起来。马克思对这一点的揭示如下："李嘉图、穆勒等人比斯密和萨伊进了一大步，

---

① 《马克思恩格斯文集》第1卷，人民出版社2009年版，第171页。

他们把人的存在——人这种商品的或高或低的生产率——说成是无关紧要的，甚至是有害的。在他们看来，生产的真正目的不是一笔资本养活多少工人，而是它带来多少利息，每年总共积攒多少钱。"① 马克思的话语不多，涉及的静态因素并不复杂，包括资本、资本家和工人。在动态的关系中，资本在运动，资本家在管理，工人在劳动。资本家管理的目的是获得剩余价值，资本运动的结果是价值增殖，劳动者劳动的结果是使资本家获得剩余价值的目的变为现实。三者之间的动态关系符合资本的本性，也符合资本家的主观目的。资产阶级经济学看到了这一点，理解了这一点，把这一点拔高为经济学原理。实质上，这样的经济学原理只不过是资本家的心意表达。问题在于，这样的经济学原理及其表现的实际经济关系符合客观事物的本性吗？我们只能作出否定性的回答。自从人类产生以来，生产的目的既简单又直接，它首先和必须满足人的需要，特别是满足劳动者的需要。不能满足人的需要的生产还有什么实际意义呢？反观资产阶级经济学及其表现的经济关系，把满足资本家的致富欲望作为第一任务，因此被人称为发财致富的科学，而人的需要，尤其是劳动者的需要，则是被压缩到只能维持生命存在的限度。至于劳动者作为人的其他需要，在资产阶级经济学的视野中没有表示存在的机会。马克思的揭露一语中的，劳动者会因此而感谢他。

第三，资产阶级经济学把私有财产作为既定的事实加以接受并作为自己的逻辑前提，实际是"把应当加以阐明的东西当做前提"②。资产阶级经济学如此行为的原因何在？根本原因在于它有需要掩饰的东西，即私有财产变为资本以后对劳动者的敌视和残酷。从这里看，资产阶级经济学确实是表面上承认人，骨子里头则是敌视人。马克思把资产阶级经济学的这种性质淋漓尽致地揭示出来。"私有财产的关系潜在地包含着作为劳动的私有财产的关系和作为资本的私有财产的关系，以及这两种表现的相互关系。一方面是作为劳动的人的活动的生产，即作为对自身、对人和自然界，因而也对意识和生命表现来说完全异己的活动的生产，是人作为单纯

---

① 《马克思恩格斯文集》第 1 卷，人民出版社 2009 年版，第 171 页。

② 《马克思恩格斯文集》第 1 卷，人民出版社 2009 年版，第 155 页。

的劳动人的抽象存在，因而这种劳动人每天都可能由他的充实的无沦为绝对的无，沦为他的社会的从而也是现实的非存在。另一方面是作为资本的人的活动对象的生产，在这里，对象的一切自然的和社会的规定性都消失了，在这里，私有财产丧失了自己的自然的和社会的特质（因而丧失了一切政治的和社会的幻象，而且没有任何表面上的人的关系混合在一起），在这里，同一个资本在各种极不相同的自然的和社会的存在中始终是同一的，而完全不管它的现实内容如何。劳动和资本的这种对立一达到极端，就必然是整个关系的顶点、最高阶段和灭亡。"① 为了说明资产阶级经济学如何敌视人，马克思为我们提供了特定的分析框架，私有财产变为资本以后便处于三种关系中。第一种是"劳动的私有财产的关系"，第二种是"资本的私有财产的关系"，第三种是私有财产两种表现之间的关系。在第一种关系中，劳动人的劳动是资本家关注的唯一因素，其劳动效率如何，对资本价值增殖的贡献大小，资本家会时时刻刻铭记在心。此为"劳动的私有财产关系"中劳动者的唯一功能。但是，劳动者首先是人，其次才是劳动者。作为人的劳动者的其他特性呢？其他需求呢？在这种关系中统统变成不存在，实际是作为完整的人的不存在，用马克思的话说是："由他的充实的无沦为绝对的无，沦为他的社会的从而也是现实的非存在。"在第二种关系中，变为资本的私有财产统治一切，无情地剥削劳动者，最大限度地增殖和积累自身是仅有的特质。两种关系之间的关系是矛盾，更是对立，对立的日积月累和不断发展，必然性结果只有一个：资本主义制度的灭亡。

以上的引述和分析表明，马克思揭露和批判资产阶级经济学的人学前提是表面上承认人，实质是否定人和敌视人。这样的批判有道理吗？批判表现出来的内在逻辑告诉我们，确实有道理。这里的内在逻辑是：私有财产有两种，即非资本化的私有财产和资本化的私有财产。资产阶级经济学所研究和表述的是资本化的私有财产。资本化的私有财产与劳动者处于一种动态的因而是特定的关系中。为了生存，劳动者不得不处于这种关系中，而一旦处于这种关系中，作为完整的人的劳动者便身不由己，完全任

---

① 《马克思恩格斯文集》第 1 卷，人民出版社 2009 年版，第 172 页。

凭变为资本的私有财产的摆布。劳动人、商品人是唯一的身份，其职能是为资本的增殖而耗尽生命。在这里，劳动人、商品人是资本的有机组成部分，发挥资本家欲求其发挥的功能，而人的特性，人的价值，个人的志趣和爱好，等等，都必须变为绝对的无。资产阶级经济学把上述的一切理论化且是科学理论化，所以，像资本一样，资产阶级经济学也是否定人和敌视人的。

资产阶级经济学否定人和敌视人的结论出自马克思的论证逻辑。这样的结论不要说资产阶级经济学家难以接受，就是其他的人也会觉得难以理解。不接受和难理解是认知结果，这种结果的出现是由于没有理解马克思基于客观事实而来的强劲理论逻辑所致。在一般性层面上，马克思为我们揭示出的理论内容是，资产阶级经济学确实看到了人，确实看重人，但这样的人是劳动人、商品人，实质是为资本而产生、而存在、而服务的人。这种人作为人的价值已被虚无化，被实有化者则是为资本服务的功能价值。服务的结果如何？是财富的增长、积累和逐步升级地再转化为资本。财富归谁所有和支配？当然是资本家。这就是资产阶级经济学秉有的内在逻辑。在这一逻辑中，财富、资本占有主导、支配因而是第一的位置，而人则处于次要的、从属的和第二的地位。这样的内在逻辑表明，站在资本家的立场上，从资本的角度看人，出现否定人、敌视人的结论是自然而然或说顺理成章的结果。

在具体的或说社会历史实际的层面上，资产阶级经济学眼中的商品人、劳动人实际是劳动者，这样的人为资本服务，使资本增殖，让资本家发财致富的欲望成为现实，是"天职"且合情、合理和合法。资产阶级经济学的教科书和研究专著所挖空心思地论证的，就是这种所谓的"道理"。用这种所谓的"道理"与马克思资产阶级经济学否定人、敌视人的结论相对照，得出难以理解因而难以接受的结论确实说得过去。但是，从人的角度、从劳动者的角度看资本呢？必然性的结果是，只有马克思的结论才符合社会历史实际。资本的原始积累过程剥夺了劳动者赖以生存的生产资料之一——土地，资本发动的工业革命使劳动者赖以生存的生产资料之二——手工劳动工具失去使用价值。资本使劳动者无处奔逃，唯一的去处是资本家掌控的大工厂。在大工厂中，劳动者的劳动时间过长，劳动强度过高，劳动纪律过于严苛，劳动者成了双重意义的工具，成为资本增殖的工具，成为机器体系运转的工具（配角）。劳动结果呢？劳动者所得到的只不过是维持生命存在的工资。这样的社会历史事实表明，资产阶级经济学由于从资本角度看人，站在资本家的立场上说话，已经不能客观地面对现实和说明现实了。现实中的劳动者是有血有肉因而活生生的人，不见这样的人而只见资本，说其否定人和敌视人，有什么过分之处吗？

三、命题二：自由的有意识的活动恰恰就是人的类特性

马克思在《1844 年经济学哲学手稿》中完成了对资产阶级经济学人学前提堪称伟大的批判。现在需要我们思考的问题是，他以什么样的理论为工具完成这个堪称伟大的批判？或者说，在批判过程中，马克思提出了什么样的能与资产阶级经济学人学前提相抗衡的人学前提理论？进一步说，马克思批判的任务完成以后确立起来的东西是什么？对这些问题的回答涉及对整个马克思政治经济学人学前提问题的理解。

在很长的历史时期内，马克思政治经济学的人学前提问题并没有进入人们的研究视野，此为不应该出现更不应该存在的疏漏。例如，苏联研究《资本论》的权威卢森贝出版于 20 世纪 30 年代的《〈资本论〉注释》一书中，对马克思政治经济学的人学前提问题只字未提。[1] 我国著名经济学家郭大力先生《关于马克思的〈资本论〉》一书以 20 世纪 50 年代在中央党校讲课时的讲稿为基础整理而成，其中马克思政治经济学的人学前提问题同样没有表示存在的机会。[2] 进入 21 世纪，情况已有改观。程恩富连发四篇文章论述同一个观点："现代马克思主义政治经济学应深入到理论假设来确立基本思想并开展逻辑叙述……依据人类实践和问题导向，并受马克思的思想启发，我认为必须确立一种新'经济人'假说和理论，即

---

① 参见卢森贝：《〈资本论〉注释》第 1 卷，赵木斋、朱培兴译，生活·读书·新知三联书店 1963 年版。

② 参见郭大力：《关于马克思的〈资本论〉》，生活·读书·新知三联书店 1978 年版。

'利己和利他经济人假设'（或称'己他双性经济人假设'），其方法论和哲学基础是整体主义、唯物主义和现实主义的。作为创新的现代马克思主义政治经济学基本假设之一，它应对'完全自私经济人假设'，也包含三个基本命题：1、经济活动中的人有利己和利他两种倾向或性质。2、经济活动中的人具有理性和非理性两种状态。3、良好的制度会使经济活动中的人在增进集体利益或社会利益最大化的过程中实现合理的个人利益最大化。"① 观点一出，随即引发争论，赞成者有之，② 批评者更多。③ 参与争论者的观点正确与否暂且不说，其中的倾向值得关注。"现代马克思主义政治经济学"的主体在性质上应该与马克思政治经济学相符合，否则，提法本身便只不过是标签。问题在于，马克思政治经济学的人学前提是什么？进一步说，马克思政治经济学是否有自己的人学前提？争论者既没有提出也没有回答这样的问题，似乎，原生态的马克思政治经济学中不存在这样的问题，马克思的政治经济学文献没有涉及人学前提问题。这样的做法实在过分。不顾及马克思政治经济学的人学前提理论，无视马克思政治经济学文献中人学前提理论的客观存在，自说自话地谈论"现代马克思主义政治经济学"中的人学前提问题，这种态度不足取。有的论者确实顾及了马克思政治经济学中的人学前提问题，观点有三种：其一是"现实的、历史的人"；其二是"社会人"④；其三是"生产关系人"⑤。与程恩富的观点比较

---

① 程恩富：《现代马克思主义政治经济学的四大理论假论》，《中国社会科学》2007 年第 1 期。还见他的如下文章：《新"经济人"论：海派经济学的一个基本假设》，《教学与研究》2003 年第 11 期；《新马克思经济学综合学派的两个主要假设》，《上海财经大学学报》2004 年第 5 期；《理论假设的分类与马克思主义经济学的创新》，《云南财经大学学报》2007 年第 6 期。

② 参见李增福、袁溥：《论现代马克思主义政治经济学利己和利他经济人假设》，《华南师范大学学报》2011 年第 2 期。

③ 参见陈文通：《关于马克思经济理论的几个重要问题——兼评〈现代马克思主义政治经济学的四大理论假设〉》，《政治经济学评论》2010 年第 2 期；许兴亚：《马克思主义经济学应如何看待"经济人假设"——与程恩富同志商榷》，《中国社会科学》2008 年第 2 期。

④ 参见吴易风主编：《马克思主义经济学与西方经济学比较研究》第 1 卷，中国人民大学出版社 2009 年版，第 146、179 页。

⑤ 参见聂志红：《马克思主义经济思想的内在规定性与西方主流经济学比较中的界定》，《贵州社会科学》2014 年第 8 期。

起来，这三种观点与马克思文献中的政治经济学人学前提理论之间的距离拉近了一步，但我们不能说它们就是马克思政治经济学的人学前提理论本身。

像资产阶级政治经济学一样，马克思的政治经济学也需要自己的人学前提，在马克思文献中确实客观地存在这种前提。原因很简单，缺乏人学前提的政治经济学理论不是真正意义上的政治经济学理论，马克思的政治经济学也不例外。由此看，马克思的政治经济学中是否存在人学前提的问题是伪问题，是人为制造的问题，其中存在的人学前提是什么、它与资产阶级经济学人学前提的本质区别是什么，才是真正的问题，才是我们应该探讨并在探讨中加以确立的内容。让我们进入马克思政治经济学人学前提的伟大理论中，以窥其堂奥。

1. 确立政治经济学的人学前提需要特定的哲学分析框架

哲学分析框架不一样，确立起来的人学前提会判然有别。马克思文献中的大量论述和分析表明，他运用的是主体、客体及二者之间辩证关系的哲学分析框架。他始终运用这一哲学分析框架看待资本主义经济生活，批判资产阶级经济学的弊端及其后果。实际情况是否如此？请看下面的例证。

例证一。"一个存在物如果在自身之外没有自己的自然界，就不是自然存在物，就不能参加自然界的生活。一个存在物如果在自身之外没有对象，就不是对象性的存在物。一个存在物如果本身不是第三存在物的对象，就没有任何存在物作为自己的对象，就是说，它没有对象性的关系，它的存在就不是对象性的存在。非对象性的存在物是非存在物[Unwesen]。"[①] 这番让研究政治经济学的人如坠五里云雾的论述透露出对于马克思政治经济学的人学前提而言性命攸关的哲学信息。政治经济学的哲学分析框架到底是什么？在马克思看来，客观事物存在与否的判定标准是一种特定的关系，即对象性关系，而对象性关系只存在于主、客体之

---

① 《马克思恩格斯文集》第1卷，人民出版社2009年版，第210页。

间，主、客体之间的关系之外不存在对象性关系。对象性相对于主体而言，只能是主体的对象性，由此说，"非对象性的存在物是非存在物"。主体何谓？当然是人，只有人才能成为主体，才能作为主体存在。主体相对于客体而言，客体相对于主体而言。所以，任何主体都是处于主、客体之间关系中的主体。

例证二。上述论述出现于《1844 年经济学哲学手稿》中，基于两个理由，或许有人会认为，马克思的论述与其政治经济学理论没有直接关系。一是太哲学化，或太德国古典哲学化；二是主观武断地认为，此为马克思青年时期不成熟的思想，不足以成为说明马克思政治经济学人学前提的根据。问题在于，《政治经济学批判大纲》中，马克思用的是同样的哲学分析框架："劳动是酵母，它被投入资本，使资本发酵。一方面，资本借以存在的对象性必须被加工，即被劳动消费；另一方面，作为单纯形式的劳动，其纯粹主体性必须被扬弃，而且劳动必须被对象化在资本的物质中。资本（按其内容来说）对劳动的关系，对象化劳动对活劳动的关系——在这种关系中，资本在劳动面前表现为被动的东西，资本的被动存在作为特殊实体同作为造形活动的劳动发生关系——只能是劳动对它的对象性的关系，劳动对它的物质的关系……物质，对象化劳动，对于作为活动的劳动来说只有两种关系：一种是作为原料，即无形式的物质，作为劳动的创造形式的、有目的的活动的单纯材料；另一种是作为劳动工具，即主体活动用来把某个对象作为自己的传导体置于自己和对象之间的那种对象手段。"[1] 马克思的论述向我们表达了四项理论内容。其一，劳动与资本之间的关系是主、客体之间的关系，劳动者是主体，资本为客体。其二，劳动是主体的活动，资本是主体活动的对象和主体与对象之间的中介——劳动工具。其三，劳动作为主体的活动是造形活动，是形塑活动，通过这样的活动使劳动对象——原材料发生质变，具有使用价值，成为交换价值的物质载体。其四，像任何其他主、客体之间关系的内容一样，劳动与资本之间的主、客体关系中，也具有一般哲学性质的主、客体之间关系的内容，并且以这样的内容为前提，为基础。四项理论内容是一个微观意义的

---

[1] 《马克思恩格斯全集》第 30 卷，人民出版社 1995 年版，第 256 页。

政治经济学分析框架，这个分析框架会自然而然地告诉我们，使用价值和交换价值如何被创造出来和由谁创造出来。继续往前走，剩余价值的最终源泉就会被揭示出来。简单分析表明，主、客体之间关系的哲学分析框架是劳动价值论，进而是剩余价值论的哲学基础之一。

例证三。资本主义条件下的劳动并非是超越特定社会历史性质的中性行为。私有财产制度的作用所致，劳动过程中不同因素之间的关系在发生变化，结果是如下的社会历史性内容表现出来："通过劳动本身，客观的财富世界作为与劳动相对立的异己的权力越来越大，并且获得越来越广泛和越来越完善的存在，因此相对来说，活劳动能力的贫穷的主体，同已经创造出来的价值即创造价值的现实条件相比较，形成越来越鲜明的对照。劳动本身越是客体化，作为他人的世界，——作为他人的财产——而同劳动相对立的客观的价值世界就越是增大。"① 在《1844年经济学哲学手稿》中，同样的内容就已出现，二者之间的差别只是在于说得更直白和更形象化而已："劳动为富人生产了奇迹般的东西，但是为工人生产了赤贫。劳动生产了宫殿，但是给工人生产了棚舍。劳动生产了美，但是使工人变成畸形。劳动用机器代替了手工劳动，但是使一部分工人回到野蛮的劳动，并使另一部分工人变成机器。劳动生产了智慧，但是给工人生产了愚钝和痴呆。"② 两处论述中的哲学分析框架都是主体、客体及二者之间的辩证关系，但具体的内容稍有变化。它结合和顾及了主、客体之间关系的特定社会历史性内容，具体说是资本主义经济生活的内容，其对劳动者的关系和对资本的关系以及这两种关系之间的关系被真确地提示出来。

三个例证能够证明，马克思政治经济学中的哲学分析框架确为主体、客体及二者之间的辩证关系。这样的哲学分析框架能够保障马克思提出自己的且是独树一帜的政治经济学人学前提理论。这里有一个重要事实需要特别指明。马克思政治经济学的哲学分析框架绝对不是主观、客观及二者之间的关系。其中的原因不难发现，主观、客观及二者之间的关系只能运用于自然科学研究领域，其重点、焦点和核心是获得非历史、非社会和非

① 《马克思恩格斯全集》第 30 卷，人民出版社 1995 年版，第 447 页。
② 《马克思恩格斯文集》第 1 卷，人民出版社 2009 年版，第 158—159 页。

主体性的客观性知识，至于其中的历史性、社会性和主体性内容，则是被排除得越干净，知识的客观化程度就越高，越可信。试想，把社会性、历史性和主体性内容排除净尽的政治经济学，还是本真意义的政治经济学吗？

　　或许，它能够成为、事实上已经成为时下流行的"社会数学"或叫"社会物理学"即经济科学的哲学分析框架，但这样的所谓"科学"与现实的经济生活几乎可以说没有多少直接关系。资产阶级经济学确实是极力主张和始终运用主观、客观及二者之间关系的哲学分析框架，追求的目标是自然科学意义上的硬科学。诺贝尔经济学奖获得者罗伯特·索洛的一席话足以证明这一点："我的印象是，我们这一行中最好的和最聪明的做法似乎是将经济学作为社会物理学来研究。存在着一个独一无二的统一世界模型，而我们所要做的只是把这个模型应用于现实世界。根据这种观点，你可以在任何时间、任何地点将一个经济学家从一个时空梭机——如直升飞机上扔下来，就像一个人从口袋里掏钱一样——只要同时给他或她一台个人电脑，那么他或她就可以直接进行经济活动，而不必费心关注其所处的时间和空间位置。很快地，这个最时髦的经济学家将会使那些看起来再熟悉不过的现有价值组合达到最大化，做出一些我们熟悉的线性对数近似值，并且对它们进行必要的回归分析。"[①] 结果怎么样呢？研究对象是人的经济生活，理论表达则是与现实经济生活没有直接关系。由此可见，把主观、客观及二者之间关系的哲学分析框架运用于经济学研究的荒谬之处是明摆着的事实，这一事实被上已提及的索洛揭示出来："假定我是一个物理学家，我正在研究电子的衰变。你把我放到一架飞机上，蒙住我的双眼，让我飞往某个地方，再把我和随身的仪器一起降落到地面上。现在，如果我能够，或是如果我就是这种选择，我只需要继续我对电子的研究，根本用不着问一句：'我在什么地方？'但是，如果我是一个研究劳动市场的经济学家，同样的事情也发生在我身上，那么，当我带着降落伞下到地面，并打算研究当地的劳动市场时，我真的必须要问一下自己：'我现在身处什么社会之中？是在非洲部落里吗？这些人是澳洲原住民吗？他们是

---

① 转引自［美］迈克尔·佩雷曼：《经济学的终结》，石磊、吴小英译，经济科学出版社2000年版，第11页。

欧洲人还是日本人？'"① 索洛的话形象生动，但不失为至理名言，经济学之所以根本区别于物理学，原因在于研究对象不同，更在于各自所运用的哲学分析框架不同。

2. 马克思运用的哲学分析是主体、客体及二者之间的辩证关系

这一哲学分析框架中的重点、焦点和核心是主体，客体只不过是对主体的承认、肯定和确证，是主体的对象化和现实化，是主体的自我实现。在《1844 年经济学哲学手稿》中，马克思对自己理解重点的转移作出了强劲有力的逻辑论证。"随着对象性的现实在社会中对人来说到处成为人的本质力量的现实，成为人的现实，因而成为人自己的本质力量的现实，一切对象对他来说也就成为他自身的对象化，成为确证和实现他的个性的对象，成为他的对象，这就是说，对象成为他自身。对象如何对他来说成为他的对象，这取决于对象的性质以及与之相适应的本质力量的性质；因为正是这种关系的规定性形成一种特殊的、现实的肯定方式……因此，人不仅通过思维，而且以全部感觉在对象世界中肯定自己。"② 稍加分析便知，马克思论述的对象是主、客体之间关系中的客体，但论述的目的是以间接方式说明主体。客体何谓？它是主体的对象，这一对象存在的价值和意义是对主体的承认、肯定和确证，是主体的自我实现。这里的自我实现具有两层含义。在理论层面，主体之所以为主体，关键在于他要设定客体，面对客体，认知客体。设定、面对和认知过程的结束是理论层面主体自我实现过程的完成。在实践层面，劳动者利用手中的工具"造形"或说"形塑"客体，"造形"或说"形塑"的结果是产品的出现，产品出现的事实在意识和实践两个层面证明，主体的主观性目的符合客观实际，这种目的已变为看得见摸得着的现实。在这里，马克思的思想与资产阶级经济学主张的本质区别显而易见，因为后者的重点、焦点和核心是对象本

---

① 转引自〔瑞典〕理查德·斯威德伯格：《经济学与社会学》，安佳译，商务印书馆 2003 年版，第 367—368 页。

② 《马克思恩格斯文集》第 1 卷，人民出版社 2009 年版，第 190—191 页。

身，如资本、利润和效率等，至于让这些对象成为其实现者——主体的自我认知、承认和确证，则只是被置于不得不顾及的位置。

然后，马克思直接论述主体。他要告诉我们的是，没有主体就没有客体，客体是人为设定和行为的结果，是外在对象即自然的主体化、人化，由此说，主体处于主动性、制动性因而是决定性的地位。就此而言，马克思的论证雄辩有力："另一方面，即从主体方面来看：只有音乐才激起人的音乐感；对于没有音乐感的耳朵来说，最美的音乐也毫无意义，不是对象，因为我的对象只能是我的一种本质力量的确证，就是说，它只能像我的本质力量作为一种主体能力自为地存在着那样才对我而存在，因为任何一个对象对我的意义……恰好都以我的感觉所及的程度为限。因此，社会的人的感觉不同于非社会的人的感觉。只是由于人的本质客观地展开的丰富性，主体的、人的感性的丰富性，如有音乐感的耳朵、能感受形式美的眼睛，总之，那些能成为人的享受的感觉，即确证自己是人的本质力量的感觉，才一部分发展起来，一部分产生出来……一句话，人的感觉、感觉的人性，都是由于它的对象的存在，由于人化的自然界，才产生出来的。"① 人的本质力量，人的主体能力有自己产生和发展的历史。这样的历史不是孤立存在，而是必须在主体、客体及二者之间的相互关系中且以客体为中介、为对象，才能成为现实的历史。在这样的历史中，主体不仅始终处于主动、制动和主导的地位，而且客体是为主体服务的，是用来承认、肯定和确证主体的，主体的地位由此被高扬起来。

马克思关于主体、客体及二者之间辩证关系的分析性论述明证可鉴，他看重、突出和强调主体的地位。

3. 马克思看重、突出和强调的主体是"完整的人"

"人以一种全面的方式，就是说，作为一个完整的人，占有自己的全面的本质。"② 这样的人是主体、客体及二者之间辩证关系社会历史性质的

---

① 《马克思恩格斯文集》第 1 卷，人民出版社 2009 年版，第 191 页。

② 《马克思恩格斯文集》第 1 卷，人民出版社 2009 年版，第 189 页。

判定标准。这样的判断标准不能见容于资产阶级经济学，却是马克思着意界说和大力张扬的基本内容。在界说和张扬过程中，一种全新的人学本体论出现在我们面前。阅读马克思才华横溢和激情满怀的论述是一种享受，值得相对完整地引证出来。"劳动这种生命活动、这种生产生活本身对人来说不过是满足一种需要即维持肉体生存的需要的一种手段。而生产生活就是类生活。这是产生生命的生活。一个种的整体特性、种的类特性就在于生命活动的性质，而自由的有意识的活动恰恰就是人的类特性。""动物和自己的生命活动是直接同一的。动物不把自己同自己的生命活动区别开来。它就是自己的生命活动。人则使自己的生命活动本身变成自己意志的和自己意识的对象。他具有有意识的生命活动。这不是人与之直接融为一体的那种规定性。有意识的生命活动把人同动物的生命活动直接区别开来。正是由于这一点，人才是类存在物。或者说，正因为人是类存在物，他才是有意识的存在物，就是说，他自己的生活对他来说是对象。仅仅由于这一点，他的活动才是自由的活动。""通过实践创造对象世界，改造无机界，人证明自己是有意识的类存在物，就是说是这样一种存在物，它把类看做自己的本质，或者说把自身看做类存在物。诚然，动物也生产。动物为自己营造巢穴或住所，如蜜蜂、海狸、蚂蚁等。但是，动物只生产它自己或它的幼仔所直接需要的东西；动物的生产是片面的，而人的生产是全面的；动物只是在直接的肉体需要的支配下生产，而人甚至不受肉体需要的影响也进行生产，并且只有不受这种需要的影响才进行真正的生产；动物只生产自身，而人再生产整个自然界；动物的产品直接属于它的肉体，而人则自由地面对自己的产品。动物只是按照它所属的那个种的尺度和需要来构造，而人却懂得按照任何一个种的尺度来进行生产，并且懂得处处都把固有的尺度运用于对象；因此，人也按照美的规律来构造。"①

马克思对自己的政治经济学人学前提的论述已引证如上。我们能够从他的论述中梳理出什么样的具体内容？

马克思论述中的思维方式是比较，即人与动物的比较。比较的结果显现出来，作为"完整的人"，他或她的"全面的本质"远非资产阶级经

---

① 《马克思恩格斯文集》第 1 卷，人民出版社 2009 年版，第 162、162—163 页。

济学中人学前提的各种提法——经济人、效率人、效用人、劳动人、商品人、工人——所能概括和表征。

第一，动物与自己的活动直接统一，它不能超出自己所属的那个种的限定范围。人同样与自己的活动直接统一，但人的活动是有意识的活动，是对象性的活动。设定对象，按照自己的需要或想法改造对象，说明有意识的活动是自由的活动。

第二，人通过自己的实践创造对象世界，在实践性创造之前这个世界已存在于人的意识中，这说明，人的活动具有意识和实践的双重创造性。就此而言，马克思在《资本论》中的论述更充分和更完整因而更能说明问题："蜘蛛的活动与织工的活动相似，蜜蜂建筑蜂房的本领使人间的许多建筑师感到惭愧。但是，最蹩脚的建筑师从一开始就比最灵巧的蜜蜂高明的地方，是他在用蜂蜡建筑蜂房以前，已经在自己的头脑中把它建成了。劳动过程结束时得到的结果，在这个过程开始时就已经在劳动者的表象中存在着，即已经观念地存在着。他不仅使自然物发生形式变化，同时他还在自然物中实现自己的目的，这个目的是他所知道的，是作为规律决定着他的活动的方式和方法的，他必须使他的意志服从这个目的。"①

第三，动物的生产是片面的，人的生产则是全面的，因为动物的生产只与自己身体的直接需要相关，人则"再生产整个自然界"。"人再生产整个自然界"的提法易于引起误解，因为这一提法与人的日常感知相冲突。我们总不能说珠穆朗玛峰和太平洋是人再生产出来的吧？但是，以人为中心，在主体、客体及二者之间辩证关系的哲学分析框架中看问题，马克思的观念是正确的，人们的日常感知是错误的。在认识和实践与上述对象交集之前，人怎么能知道它们存在与否和是什么样子呢？为它们命名本身就说明，认识它们的活动在先，它们相对于人而言的存在在后，这正好应验了马克思的话："非对象性的存在物是非存在物。"在人以认识和实践的形式与它们交集之前说它们存在与否或说它们是什么，只具有猜测和想象的性质。要真正地解决它们是否存在和是什么的问题，只有让它们进入主体、客体及二者之间的关系中，以对象的形式出现，才是唯一有效的

---

① 《马克思恩格斯文集》第 5 卷，人民出版社 2009 年版，第 208 页。

途径。

第四，动物与自己活动的产品直接统一，人则自由地对待自己的产品。此处的自由意在表明，人能够以各种不同的方式对待或处理自己活动的产品，使用、观赏、储存、赠予他人、与他人相交换以获得自己需要的他人活动的产品、以自己活动的产品为中介进而更有效率或更方便地创造产品，等等。这样的自由体现于人与自己的活动及其产品之间的关系中，正是从这里，根本性地表现出人在对象面前的主动性、能动性和创造性。

第五，人在对象面前表现出来的主动性、能动性和创造性表明，人也能按照美的规律进行生产。"人也按照美的规律来构造"的提法表明，在马克思的意象世界中，作为"完整的人"的对象性活动，这种人的实践，进一步说，这种人的生产，是真、善、美的有机统一。真者，意在表明对客观事物本质的认识和把握，此为人的实践活动的基础和前提。善者，意味着实践活动及其结果能够满足远远超出于动物本能性需要之上的各种需要。这是人的实践活动，尤其是生产活动最基础、最重要因而也是最大的善，其他的善，皆基于此而来且依赖于这种善。美者，表达的是完整的人对对象性活动及其结果的愉悦感悟。这种感悟是活动者的人之常情，农民劳作收获之后哼出的民间小曲可为例证。这是真正的美，也是最大的美，其他一切种类的美皆基于此而来且依赖于这样的美。生产中的美不存在，其他的美便失去了客观基础和源泉。

五个方面的内容只是笔者理解的一家之言，他人理解或许会出现更丰富的内容。但是，仅就这五个方面的内容而言就可以证明，马克思政治经济学的人学前提远非资产阶级经济学的人学前提——经济人——所可比拟。从任何角度看问题，我们都可以这样说。

论述至此，马克思政治经济学的人学前提——"完整的人"理论——已揭示完毕。但是，出于学术完整性的考虑，如下两个问题应当也必须要进行讨论。

其一，马克思论述中的类概念问题。马克思不断运用"类""类本质"和"类存在"概念。这样的运用给人造成了印象，此时马克思思想的发育程度还处于"费尔巴哈派"阶段，[①] 具有资产阶级抽象的人性论和历史唯

---

① 《马克思恩格斯文集》第 4 卷，人民出版社 2009 年版，第 275 页。

心主义性质，因为这些概念来自费尔巴哈哲学。这种观点很流行，解体以前的苏联和我国有为数不少的人坚持这种观点，而极端和典型的表达则是出现于法国结构主义的马克思主义创始人阿尔都塞的《保卫马克思》一书中，苏联和我国为数不少的人受到了这种观点有害且是强烈的影响。确实，此时甚至稍后的马克思如在《神圣家族》中，总是不惜笔墨地赞扬费尔巴哈。但是，这只不过是外在的表现形式，就思想发育程度说，马克思已经超越费尔巴哈，其思想具有了自己的特质。能够证明这一点的事例如下。此时马克思思想以劳动范畴为核心，其历史观为劳动历史观，而其中的人是完整的、历史的和现实的人，早已不是费尔巴哈式的生物学意义的人了。这样的证据说明，此"类"概念非彼"类"概念，马克思的类概念与费尔巴哈的类概念相比，虽然概念是一个，但含义则有本质的区别。我们可以马克思《1844 年经济学哲学手稿》中的人学公式为例证说明这一点。① 马克思认为，劳动是人的本质。原始社会的生产资料所有制是公有制，人与劳动的对象、工具、活动和结果没有产生分离而是结为一体，此时的人是没有被异化的人或说是本真意义的人。私有制产生后，尤其是资本主义社会中的劳动者与劳动的对象、工具、活动和结果分裂为二，它们不归劳动者所有，而是主宰劳动者命运的外在性力量，所以此时的人即劳动者是被异化的人，即"非人"。共产主义社会中，人与生产资料重新结合为一，因为此时已消灭了私有制，所以，此时的人重新成为本真意义的人，从过程的角度看问题，是人的"复归"。这是真正的人学历史唯物主义。为了更充分地说明这一点，请看马克思的如下论述："这种物质的、直接感性的私有财产，是异化了的人的生命的物质的、感性的表现。私有财产的运动——生产和消费——是迄今为止全部生产的运动的感性展现，就是说，是人的实现或人的现实。宗教、家庭、国家、法、道德、科学、艺术等等，都不过是生产的一些特殊的方式，并且受生产的普遍规律的支配。""整个所谓世界历史不外是人通过人的劳动而诞生的过程，是自然界对人来说的生成过程。"② 这不是典型的历史唯物主义思想表述吗？在这

---

① 参见《马克思恩格斯文集》第 1 卷，人民出版社 2009 年版，第 185—186 页。

② 《马克思恩格斯文集》第 1 卷，人民出版社 2009 年版，第 186、196 页。

里，有费尔巴哈意义上的"类"概念存在的理论逻辑空间吗？明眼人一看便知。当然，不可否认者是此时的马克思超越和清算费尔巴哈的工作还没有最终完成，这要等到1845年《关于费尔巴哈的提纲》《德意志意识形态》写作时才成为现实。

其二，马克思"完整的人"理论的内容如此丰富，这些内容是否皆由马克思独创？或者说，马克思提出"完整的人"理论时有思想资源可凭借吗？对前一个问题应当作出否定性的回答，对第二个问题则应当作出肯定性的回答。像马克思经济哲学思想中的其他内容一样，"完整的人"理论也有自己的思想资源，确切说是理论来源。此处举出两个例证以资证明。

例证一。关于人与动物相比较的需求满足方式。黑格尔说："动物是一种特异的东西，它有其本能和满足的手段，这些手段是有限度而不能越出的。有些昆虫寄生在特定一种植物上，有些动物则有更广大的范围而能在不同的气候中生存。但是跟人的生存范围比较起来总是有某种限制的。人有居住和穿衣的需要，他不再生吃食物，而必然加以烹调，并把食物自然直接性加以破坏，这些都使人不能象动物那样随遇而安，并且作为精神，他也不应该随遇而安。能理解差别的理智使这些需要殊多化了。趣味和用途成为判断的标准，因此需要本身也受其影响。必须得到满足的，终于不再是需要，而是意见了。"① 对比黑格尔和马克思有关动物与人之间比较的论述就可发现，在需求满足方式的层面上，二者之间的相通之处远大于相异之处。马克思是黑格尔哲学研究的顶尖级专家，自称是黑格尔的学生，由此说马克思受到了黑格尔的有益性影响，是经得住检验的结论。

例证二。马克思不仅受古希腊文化传统的影响，而且文艺复兴以来的文化传统对马克思的影响同样至深至大，这其中就包括人本主义思想传统。就此而言，我们在马克思的具体论述及其背后的思维方式中，都可以发现明显和深刻的痕迹。对人的主体性地位的高扬和赞美可为例证。这样的例证在文艺复兴时期的作品中同样能够找到，请看皮科《论人的尊严的演讲》中的论述："最后大造决定每一种受造所私有的不论什么东西都公

---

① ［德］黑格尔：《法哲学原理》，范扬、张企泰译，商务印书馆1961年版，第206页。

之于人，人是不能被赋予以任何固有的东西的。所以大造把人作为一个没有区别的肖像作品来对待，并把他放在宇宙的中间这样对他说：亚当呀，我们不给你固定的地位，固有的面貌和任何一个特殊的职守，以便你按照你的志愿，按照你的意见，取得和占有完全出于你自愿的那种地位，那种面貌和那种职守。其他受造物，我们将它们的天性限制在我们已经确定了的法则中，而我们却给了你自由，不受任何限制，你可以为你自己决定你的天性。我把你放在世界的中间，为的是使你能够很方便地注视和看到那里的一切。我把你造成为一个既不是天上的也不是地上的，既不是与草木同腐的，也不是永远不朽的生物，为的是使你能够自由地发展你自己和战胜你自己……哦，天父无上的豪爽，和人的无上的惊人幸运呀！人被赋予了他所希望得到的东西，他所愿意取得的为人。"[①]虽然皮科的论述中上帝（即"大造"）处于至高无上的地位，但这只不过是外在的表现形式，用这样的表现形式表达思想，与当时特定的社会历史情势有关，即天主教会刚性地裁判思想，持有异端思想者，尤其是无视上帝至高无上地位者，可能的结局是上断头台或是被烧死。但是，皮科论述的实质性内容是人与动物之间的比较，在比较中突出和强调人的主体性地位和相对于万事万物而言至高无上的地位。马克思是文艺复兴运动以来人本主义思想传统的忠实继承者，这样的思想影响马克思，在马克思形成和提出"完整的人"理论时发挥作用，是可以确定下来的基本事实。

4. 马克思用"完整的人"理论判定主、客体之间关系的社会历史性质及其后果，理论结果之一是劳动异化理论

马克思的《1844 年经济学哲学手稿》迟至 1932 年才公布于世。自此之后，其中的思想陷入后人的跨世纪争论之中，直到现在也没有停歇的迹象。或许，这样的争论永远不会终结。争论的焦点是劳动异化理论和人道主义思想。由此，人们提出了青年马克思与老年马克思、不成熟的马克思

---

① 转引自 ［瑞士］雅各布·布克哈特：《意大利文艺复兴时期的文化》，何新译，马香雪校，商务印书馆 1979 年版，第 350—351 页。

与成熟的马克思、人道主义的马克思与科学的马克思二者之间的关系问题。争论双方各持一端，互不相让，你来我往，甚是热闹。这种壮观的情势对激起人们尤其是青年人关注马克思和阅读马克思文献有极大帮助，但就问题本身而言，或许是越争论就会离马克思原生态的思想越远，因为不同时代的政治情势及基于这种情势而来的个人性情绪总会掺杂其间。如此说的原因有三。其一，参与争论的人们忘记了顾及如下问题：马克思提出的劳动异化理论和人道主义理论与"完整的人"理论之间是什么关系？其二，马克思提出的劳动异化理论和人道主义理论与主体、客体之间辩证关系的哲学分析框架是什么关系？其三，马克思提出的劳动异化理论和人道主义理论与政治经济学的人学前提理论之间是什么关系？顾及这三个问题，以这三个问题为参照，回到马克思的文献中，宏观语境和微观语境相结合地理解马克思的相关论述，我们才能真正理解他原生态的政治经济学思想和经济哲学思想。

马克思所要解决的既基本又根本的问题是政治经济学的人学前提问题。为了解决这一问题，马克思采用了与资产阶级经济学的哲学分析框架有本质区别的哲学分析框架，即主体、客体之间的辩证关系。在这种哲学分析框架作用下，马克思提出了与资产阶级经济学的人学前提即经济人理论有本质区别的"完整的人"理论，这就是马克思政治经济学的人学前提。以这样的人学前提理论为指导，用主体、客体之间辩证关系的哲学分析框架看待资本主义社会的经济生活，特别是其中劳动者的生存状况、在经济活动中的地位和作用以及劳动者的劳动与资本的关系，劳动异化理论呼之欲出，以极具震撼力和理论原创性的面貌出现于世人面前，是自然而然或说是水到渠成的事情。

马克思大力指斥的劳动异化现象主要表现于五个方面。

第一，劳动者在劳动产品面前的异化。顾名思义，劳动产品是劳动者通过劳动创造出来的产品。按照《圣经》中《创世纪》以神话故事形式表征出来的思想，或者根据洛克在《政府论》下篇中以雄辩的论证逻辑确立起来的思想，谁创造世界，谁就应该拥有世界，此为天经地义的道理，也是妇孺皆知的常识。但是，资本主义生产过程中客观存在的事实恰好与此相反，创造世界（劳动产品）者并不拥有世界，而拥有世界者（资本家）并不进行创造（劳动）。马克思把这种悖逆天理的事实用经济哲学的命题加以表述，即劳动者在劳动产品面前的异化。"工人生产的财富越多，他的生产的影响和规模越大，他就越贫穷。工人创造的商品越多，他就越变成廉价的商品。物的世界的增值同人的世界的贬值成正比。""这一事实无非是表明：劳动所生产的对象，即劳动的产品，作为一种异己的存在物，作为不依赖于生产者的力量，同劳动相对立。劳动的产品是固定在某个对象中的、物化的劳动，这就是劳动的对象化。劳动的现实化就是劳动的对象化。在国民经济的实际状况中，劳动的这种现实化表现为工人的非现实化，对象化表现为对象的丧失和被对象奴役，占有表现为异化、外化。"① 马克思的论述揭露出资本主义生产的秘密，由于私有制的存在，由于私有制内含的劳动关系与资本关系及这两种关系之间关系的存在，劳动者与自己创造的产品之间的关系发生了质变，劳动产品不再属于劳动者，不再是劳动者主体地位和能力的确证，不再为劳动者服务，而是与劳动者为敌，是压迫和剥削劳动者的物质力量。由此说，资本主义生产过程中劳动者在劳动产品面前的异化是客观存在的事实。

　　第二，劳动者在劳动对象面前的异化。劳动对象是劳动者经由劳动过程改造的对象，用《政治经济学批判大纲》中的话说是"形塑"对象。经过改造和形塑的对象由原材料变成了劳动产品，适应了人的特定需要，由此，人的主体地位得以确证。但是，由于资本主义私有财产制度的存在并发挥作用，劳动者与劳动对象的关系发生了质的变化，后者不是确证劳动者的主体地位和满足劳动者的客观需要，而是使劳动者失去自己的主体地位，以特定形式满足资本家的需要和巩固资本统治一切的地位。马克思为我们揭示出了这种悖谬自然秩序的异化性质："工人在他的对象中的异化表现在：工人生产得越多，他能够消费的越少；他创造的价值越多，他自己越没有价值、越低贱；工人的产品越完美，工人自己越畸形；工人创造的对象越文明，工人自己越野蛮；劳动越有力量，工人越无力；劳动越机巧，工人越愚笨，越成为自然界的奴隶。"② 马克思以对比的形式说明劳

---

① 《马克思恩格斯文集》第 1 卷，人民出版社 2009 年版，第 156、156—157 页。

② 《马克思恩格斯文集》第 1 卷，人民出版社 2009 年版，第 158 页。

动者在劳动对象面前异化的基本事实，资本家和资产阶级经济学无法否认这样的客观事实。

第三，劳动者在劳动活动中的异化。基于资本主义生产中的客观逻辑，劳动者在劳动对象和劳动产品面前的异化，必然性地决定了劳动者在劳动活动中的异化。马克思对这种客观逻辑的揭示如下："异化不仅表现在结果上，而且表现在生产行为中，表现在生产活动本身中。如果工人不是在生产行为本身中使自身异化，那么工人活动的产品怎么会作为相异的东西同工人对立呢？产品不过是活动、生产的总结。因此，如果劳动的产品是外化，那么生产本身必然是能动的外化，活动的外化，外化的活动。在劳动对象的异化中不过总结了劳动活动本身的异化、外化。""劳动的外化表现在什么地方呢？""劳动对工人来说是外在的东西，也就是说，不属于他的本质；因此，他在自己的劳动中不是肯定自己，而是否定自己，不是感到幸福，而是感到不幸，不是自由地发挥自己的体力和智力，而是使自己的肉体受折磨、精神遭摧残。因此，工人只有在劳动之外才感到自在，而在劳动中则感到不自在，他在不劳动时觉得舒畅，而在劳动时就觉得不舒畅。因此，他的劳动不是自愿的劳动，而是被迫的强制劳动。因此，这种劳动不是满足一种需要，而只是满足劳动以外的那些需要的一种手段。"① 马克思的揭示表明，劳动者在劳动活动中的异化同样是客观事实。

第四，人的类本质异化。马克思认为，人是"完整的人"，劳动者也如此。这种人的根本特性是包括劳动活动在内的活动性质，即"自由的有意识的活动"。用这样的标准衡量资本主义生产活动中劳动者的劳动条件和劳动状况，得出结论并不难，劳动者作为人这个类的类本质发生了异化。人的类本质是抽象的结果，但这样的结果基于客观事实而来。资本主义生产过程中的劳动是异化劳动，而"异化劳动，由于（1）使自然界同人相异化，（2）使人本身，使他自己的活动机能，使他的生命活动同人相异化，因此，异化劳动也就使类同人相异化；对人来说，异化劳动把类生活变成维持个人生活的手段。第一，它使类生活和个人生活异化；第二，它把抽象形式的个人生活变成同样是抽象形式和异化形式的

① 《马克思恩格斯文集》第 1 卷，人民出版社 2009 年版，第 159 页。

类生活的目的"①。

第五,"人同人相异化"。马克思对这一命题的论证如下:"人同自己的劳动产品、自己的生命活动、自己的类本质相异化的直接结果就是人同人相异化。当人同自身相对立的时候,他也同他人相对立。凡是适用于人对自己的劳动、对自己的劳动产品和对自身的关系的东西,也都适用于人对他人、对他人的劳动和劳动对象的关系。""总之,人的类本质同人相异化这一命题,说的是一个人同他人相异化,以及他们中的每个人都同人的本质相异化。"② 像人的类本质异化的结论一样,"人同人相异化"的结论也是抽象归纳的结果。由于这样的结论出现于尚处于思考过程中因而具有不完善性的手稿中,所以,这样的结论需要解释才能显示出其本真的含义。

"人同人相异化"指称的对象是什么?在马克思的语境中有四种可能的对象。其一,工人与资本家相异化的关系;其二,资本家与工人相异化的关系;其三,工人与工人相异化的关系;第四,资本家与资本家相异化的关系。在这四种具有可能性的相互关系中,工人与资本家处于异化关系中,即工人在资本家面前的异化。至于其他三种具有可能性的异化关系,在现实中并不存在。如此说的理由在于,资本家是私有财产的掌控者和使用者,况且资本家并不劳动,因此,资本家不可能在工人面前处于异化地位。工人与工人的异化关系更不可能成为现实。虽然他们之间存在着竞争关系,但工人之所以是工人,端赖于他们既不是私有财产的掌握者,也不是以私有财产为手段的榨取剩余价值者。资本家与资本家之间既存在竞争关系,又都是私有财产的掌控者和使用者,但是,他们都不是劳动者,因此说,资本家和资本家之间也不会存在劳动异化关系。具体的分析表明,"人同人相异化"这一命题确切的指称对象,只能是工人与资本家相异化,即工人在资本家面前的异化。

马克思的异化劳动理论已如上述。它具有多重的指向性意义。第一,马克思的劳动异化理论是一种独具特色的哲学分析框架,它继承了黑格尔的外化理论,但又内含自己的特色,如其中包含黑格尔外化理论中并不存

---

① 《马克思恩格斯文集》第 1 卷,人民出版社 2009 年版,第 161—162 页。

② 《马克思恩格斯文集》第 1 卷,人民出版社 2009 年版,第 163—164、164 页。

在的特定价值立场。在理解这一哲学分析框架时我们需要注意两点。一是此为马克思分析资本主义社会中劳动现象的一以贯之的哲学分析框架，如后来写出的《政治经济学批判大纲》《1861—1863 年经济学手稿》《资本论》中的情况同样是如此。二是马克思论列的劳动异化的外延不仅仅是上述五种，劳动异化还有其他表现形式，如劳动者在劳动工具面前的异化即"铁人反对有血有肉的人"，和在科学面前的异化。① 第二，马克思的劳动异化理论指向资本主义经济生活的严酷现实，在微观层面上揭露这种现实对劳动者的有害性影响，把这种有害性影响暴露于光天化日之下。这样的揭露同时是对资产阶级经济学人学前提理论的批判，使这一理论扭曲客观事实和为资本家剥削行为辩护的本质显示出来。第三，马克思的劳动异化劳动理论是对自己政治经济学的人学前提即"完整的人"理论的验证，这样的验证告诉世人，只有基于"完整的人"理论分析资本主义经济生活的严酷现实，才能得出符合客观实际的结论。劳动异化理论为资产阶级经济学家和资本家所惧怕、所痛恨，但它是劳动者反抗资本统治的有力武器。

5. 特定的阶级立场是提出"完整的人"理论的必要条件

在上述的引证和分析中，我们试图再现马克思提出政治经济学人学前提——"完整的人"理论的逻辑脉络：确定一个基本的哲学理念，这一理论唯一适用的哲学分析框架是主、客体之间的辩证关系，集中注意力于这一关系中的焦点、重点和核心即主，这个主体便是"完整的人"。用"完整的人"理论分析资本主义经济生活中劳动者的劳动，理论结果是劳动异化理论。这样的逻辑脉络似乎表明，主、客体之间辩证关系的哲学分析框架是马克思提出"完整的人"理论的充分条件。再一次回到马克思文献，细心思考马克思提出"完整的人"理论的具体情况就会发现，上述逻辑脉络是必要条件，但绝对不是充分条件，使充分条件成为现实的是另一个必要条件，只有这一必要条件具备了，马克思提出"完整的人"理论的条件才算充分。这个必要条件是特定的阶级立场。

----

① 《马克思恩格斯文集》第 8 卷，人民出版社 2009 年版，第 354、358 页。

能够证明笔者观点的是黑格尔的思想发展历程。黑格尔的思想历程与马克思有类似之处。他在自己的哲学思想形成过程中也曾大力研究政治经济学，其研究成果体现于他后来的一系列著作中。

例证一。黑格尔哲学思想形成过程中研究政治经济学的初步成果是《伦理生活体系》，这可以说是黑格尔版的经济学哲学手稿。在这部著作中，他根据自己对亚当·斯密劳动分工理论的理解，提出了劳动异化理论："这种劳动，它要求客体成为一个整体，而自身出现分离并且变成一种单一的劳动；并且由于这种特殊的原因这种单一化的劳动变得越来越机械化，因为这种劳动排除了多样性，也因此，它使自身变得越来越具有普遍性（获得一种普遍性）、越来越与活生生的整体相异化。这种劳动分工以维持需要为前提，是人与人相互提供所需要的一种方法，也就是说，这种方法依赖其他人的劳动。但是，这种机械性劳动直接意味着使劳动失去整体感，劳动从一个整体的意义系统变成支离破碎的碎片；总之，这种劳动是数量化的，失去了多样性。"[①] 这个例证告诉我们两点内容。其一，黑格尔在主体、客体及二者之间辩证关系的哲学分析框架内看待劳动分工问题。其二，黑格尔像亚当·斯密一样看到了劳动分工对劳动者的有害性影响，区别于亚当·斯密的地方在于，他对这种现象加以哲学性概括，提出劳动异化范畴。

例证二。黑格尔在《精神现象学》中提出的伟大思想之一是劳动过程中主人与奴隶地位的相互转化。提出这一思想的功劳应归功于主体、客体及二者之间辩证关系的哲学分析框架。黑格尔设定的思想场景是主人与奴隶的关系、主人与劳动的关系和奴隶与劳动的关系。主人与劳动的关系是否定性关系，奴隶与劳动的关系则是建设性的"陶冶"关系。正是在这种"陶冶"关系中，事物的性质发生了根本性变化。"对于事物的陶冶不仅具有肯定的意义，使服役的意识通过这种过程成为事实上存在着的纯粹的自为存在，而且对于它的前一个环节，恐惧，也有着否定的意义。因为在陶冶事物的过程中，它意识到它特有的否定性、它的自为存在是它的对

---

① 转引自张雪魁：《古典承认问题的源与流——从康德到马克思》，中国社会科学出版社2013年版，第92页。

象，只因为它扬弃了与它相对立的存在着的形式。但是这个客观的与它相对立的否定物正是那异己的存在，在这个异己的存在面前它曾发抖过。但是现在它摧毁了这个异己的否定者，并且在持久的状态下把自己建立为一个否定者，由此它自己本身变成为一个自为存在着的东西。在主人面前，奴隶感觉到自为存在只是外在的东西或者与自己不相干的东西；在恐惧中他感觉到自为存在只是潜在的；在陶冶事物的劳动中则自为存在成为他自己固有的了，他并且开始意识到他本身是自在自为存在着的。"① 可以用一句话概括黑格尔表达出来的伟大思想：奴隶在劳动中，即在"陶冶事物"的主体、客体及二者的辩证关系中发现和确立自己为人。或许，正是由于这个伟大思想，马克思认为《精神现象学》是"黑格尔哲学的真正的诞生地和秘密"，并赞扬说："黑格尔的《现象学》及其最后成果——辩证法，作为推动原则和创造原则的否定性——的伟大之处首先在于，黑格尔把人的自我产生看做一个过程，把对象化看做非对象化，看做外化和这种外化的扬弃；可见，他抓住了劳动的本质，把对象性的人、现实的因而是真正的人理解为人自己的劳动的结果。"②

两个例证表明，黑格尔利用主、客体及二者之间辩证关系的哲学分析框架看待劳动现象，取得的伟大理论成果有目共睹，上已提及的劳动异化理论和基于劳动而来的奴隶对自身人性的自我发现和自我确证就是。这样伟大的思想令马克思激动不已，也受益匪浅。但是，黑格尔在看待以劳动者为主体的人民群众时，阶级立场极端反动，例如他说，"人民就是一群无定形的东西"，"人民就是不知道自己需要什么的那一部分人。知道别人需要什么，尤其是知道自在自为的意志即理性需要什么，则是深刻的认识和判断的结果，这恰巧不是人民的事情"。③ 这样的阶级立场使然，黑格尔既不愿意也不能够提出基于劳动者和为了劳动者的"完整的人"理论。反动的阶级意识消磨了黑格尔相关思想的影响力，他不可能再前进一

---

① ［德］黑格尔：《精神现象学》上卷，贺麟、王玖兴译，商务印书馆1979年版，第131页。

② 《马克思恩格斯文集》第1卷，人民出版社2009年版，第201、205页。

③ ［德］黑格尔：《法哲学原理》，范扬、张企泰译，商务印书馆1961年版，第298、319页。

步了。

与黑格尔的阶级立场恰恰相反，马克思的阶级立场旗帜鲜明，始终如一。站在劳动者的立场，站在社会弱势群体的立场，为劳动者说话，为人民说话，是他一生矢志不移的信念。暂且让我们跟随马克思的人生脚步，看看他的社会情感世界。

1835 年 8 月，17 岁的中学毕业生马克思写作德语毕业论文《青年在选择职业时的考虑》。该文以这样的段落收尾："如果我们选择了最能为人类而工作的职业，那么，重担就不能把我们压倒，因为这是为大家作出的牺牲；那时我们所享受的就不是可怜的、有限的、自私的乐趣，我们的幸福将属于千百万人，我们的事业将悄然无声地存在下去，但是它会永远发挥作用，而面对我们的骨灰，高尚的人们将洒下热泪。"① 粗心的人们读到马克思的话时或许会不以为然，认为这只不过是一个 17 岁的中学毕业生暂时发出的豪言壮语，真的走向社会，这样的豪言壮语将不会发挥作用。如此理解大错而特错。纵观马克思一生的奋斗经历明证可鉴，他始终在践行自己许下的诺言，把为人类而工作看作高尚和幸福，即便做出各种各样的牺牲也是值得的。这样的情怀及这种情怀激励下终其一生的伟大经历让人感佩，马克思墓前他人献上的常艳不衰的鲜花，就可证明这一点。

1842 年 10 月，马克思已走向社会历史舞台。此时他是《莱茵报》的实际主编。在《关于林木盗窃法的辩论》一文中，他以雄辩的法哲学逻辑分析和指斥统治阶级混淆穷人捡拾枯树枝与盗贼砍伐树木两类性质不同的事实以便利用法律条款惩罚穷人的行为，"如果法律把那种未必能叫作违反林木管理条例的行为称为盗窃林木，那么法律就是撒谎，而穷人就会成为合法谎言的牺牲品了"。在一般性层面上，马克思的立场同样旗帜鲜明："在封建制度下也是这样，一种人靠另一种人为生，而最终是靠那种像水螅一样附在地上的人为生，后一种人只有许多只手，专为上等人攀摘大地的果实，而自身却靠尘土为生；因为在自然的动物王国，是工蜂杀死不劳而食的雄蜂，而在精神的动物王国恰恰相反，是不劳而食的雄蜂杀死

---

① 《马克思恩格斯全集》第 1 卷，人民出版社 1995 年版，第 459—460 页。

工蜂——用劳动把它们折磨死。"① 马克思的指斥对象是统治阶级的立法行为，所持立场是穷人的立场，是"贫苦群众"的立场，是没有政治权势、没有经济权势也没有话语权势因而处于社会底层的劳动者的立场。从马克思主义哲学史的角度看问题，马克思把《青年在选择职业时的考虑》中的价值立场具体化了。这样的具体化是本质性的跨越，此后，他再也没有离开过劳动人民的立场。

1843 年 3 月至 9 月间，经历与反动统治阶级战斗洗礼的马克思退出《莱茵报》。此时写作的《黑格尔法哲学批判》手稿中，他说出了如下的话："丧失财产的人们和直接劳动的即具体劳动的等级，与其说是市民社会中的一个等级，还不如说是市民社会各集团赖以安身和活动的基础。"② 话虽不多，却是提出了一个相对于马克思自己而言极其重要的经济哲学命题。这一命题具有双重意义。其一是马克思思想史的意义。从劳动出发，以劳动为基础地看待人类社会历史，尤其是看待资本主义社会的经济生活，就能得到大量原创性的理论成果，稍后出现于我们面前的劳动异化理论、劳动哲学本体论和劳动人道主义等可为例证。其二是阶级立场意义。经由这一经济哲学命题，马克思把自己的劳动人民立场哲学化了。说有变化也言之成理，那就是这样的立场变得更具体、内容更丰富因而更具有说服力。例如，有哪一个以反马克思主义为职业的死硬派学者敢于质疑《资本论》第一卷第 8 章和第 24 章揭露出来的大量令人发指的事实呢？没有深沉坚定的阶级立场，这样的事实就不能够被暴露于光天化日之下。

1844 年夏天，马克思写作了那部人类学术思想史上的奇书《1844 年经济学哲学手稿》。在这部残缺不全的手稿中，马克思抱怨资产阶级经济学即"国民经济学虽然从劳动是生产的真正灵魂这一点出发，但是它没有给劳动提供任何东西，而是给私有财产提供了一切。"③ 正是基于这样的看法，20 年后的 1864 年，自认为已给劳动提供了一切的马克思把自己的政治经济学命名为劳动的政治经济学，而称资产阶级经济学为资本的政治

---

① 《马克思恩格斯全集》第 1 卷，人民出版社 1995 年版，第 244、249 页。

② 《马克思恩格斯全集》第 3 卷，人民出版社 2002 年版，第 100—101 页。

③ 《马克思恩格斯文集》第 1 卷，人民出版社 2009 年版，第 166 页。

经济学或财产的政治经济学。① 与资产阶级经济学针锋相对，此时的马克思要为劳动提供一切，实际是要给劳动者一切。"一切"的指称何谓？那就是以劳动为基础、为核心和以劳动者主权论为诉求的博大精深的思想体系。马克思此时的阶级立场更直白地体现在如下的论述中："当共产主义的手工业者联合起来的时候，他们首先把学说、宣传等等视为目的。但是同时，他们也因此而产生一种新的需要，即交往的需要，而作为手段出现的东西则成了目的。当法国社会主义工人联合起来的时候，人们就可以看出，这一实践运动取得了何等光辉的成果。吸烟、饮酒、吃饭等等在那里已经不再是联合的手段，不再是联系的手段。交往、联合以及仍然以交往为目的的叙谈，对他们来说是充分的；人与人之间的兄弟情谊在他们那里不是空话，而是真情，并且他们那由于劳动而变得坚实的形象向我们放射出人类崇高精神之光。"② 这样的表述和马克思与工人接触时的新鲜感以及同时产生的兴奋情绪有直接关系，不惜赞美之词的情绪表达恰好是阶级立场的生动写照。这样的阶级立场激励马克思，催动马克思，要为以体力劳动为职业的工人做事情，从理论上为他们鼓与呼，而让他们改变非人的生存状态和成为人之所以为人的那种人，便是"完整的人"，政治经济学研究最根本性的诉求，就是这种"完整的人"。与此形成鲜明对照的是，"为私有财产提供一切"的资产阶级经济学则视自己的人学理想为经济人。

1867 年 4 月 29 日，《资本论》第一卷开始印刷，第二天马克思给一位朋友写回信。这封回信显然是迟作答复，但如下内容会令任何读一遍该信的人动容："我为什么不给您回信呢？因为我一直在坟墓的边缘徘徊。因此，我不得不利用我还能工作的每时每刻来完成我的著作，为了它，我已经牺牲了我的健康、幸福和家庭。我希望，这样解释就够了。我嘲笑那些所谓'实际的'人和他们的聪明。如果一个人愿意变成一头牛，那他当然可以不管人类的痛苦，而只顾自己身上的皮。但是，如果我没有全部完成我的这部书（至少是写成草稿）就死去的话，那我的确会认为自己是不

---

① 参见《马克思恩格斯文集》第 3 卷，人民出版社 2009 年版，第 12 页。
② 《马克思恩格斯文集》第 1 卷，人民出版社 2009 年版，第 232 页。

实际的。"① 结合马克思到 1867 年为止的奋斗经历理解上述话语，就能感悟到马克思此时的精神世界中，什么东西占据高于一切和重于一切的位置。完成《资本论》的写作是高于一切和重于一切的任务。为了完成这一任务，牺牲了自己的"健康、幸福和家庭"。对任何一个具体的人而言，还有什么东西比马克思提及的三者更重要呢？马克思超出常人之处是这三者皆可牺牲，因为还有更重要的任务需要完成。人类的行为皆由目的促成。马克思的目的是什么？减轻人类的痛苦。人类是分阶级的。就当时的情况说，人类中的什么人处于水深火热的痛苦中？是以工人阶级为典型和代表的劳动人民。由此看，要减轻人类的痛苦，首先和基本的是减轻以工人阶级为典型和代表的劳动人民的痛苦。朋友之间倾诉衷肠表达出来的阶级情感最真实，这样的真实表明，马克思确实是站在以工人阶级为典型和代表的劳动人民立场上想问题，做事情。

以上选取的几个时间节点的马克思论述带有随机性，但它们能够证明，马克思政治经济学中的阶级立场到底是什么。这样的阶级立场是内在动力，它鞭策、激励和催促马克思获得如下经济哲学认识论性质的内容。第一，资产阶级经济学的阶级立场使然，其理论逻辑的必然结果是资本或说财产的政治经济学。这样的政治经济学表面上关注劳动，从劳动出发，实质却是为资本作论证，作辩护。说到家，它是服务于资本的政治经济学。第二，马克思自己的政治经济学当然也要关注劳动，也从劳动出发，但这里的焦点、重点和核心不是相对于资本而言的效率、利润或叫剩余价值，而是进行劳动的人以及这种劳动对人的影响。第三，关注和认识进行劳动的人需要逻辑前提。进行劳动的人首先是人，其次才是使资本家发财致富欲望变为现实的劳动者。既然如此，那么，作为劳动者的人应当是什么样子呢？具有什么样的内涵规定性呢？首先和首要的是"完整的人"。以特定阶级立场为前提的理论逻辑演化到此为止，马克思政治经济学的人学前提由此浮出水面并被确立起来。

马克思政治经济学的人学前提理论是比照标准，也是批判的分析框架。在这样的标准比照下，资本家要钱不要命，即为了获得剩余价值而不

---

① 《马克思恩格斯文集》第 10 卷，人民出版社 2009 年版，第 253 页。

顾劳动者的死活。同时，也比照出资产阶级经济学名义上虽有经济人的人学空名，实质上是无人经济学，进而是否定人和敌视人的经济学。这样的经济学以科学相标称，借以把否定人和敌视人的阶级本质掩盖起来。从这里我们能够理解到，资产阶级经济学惧怕马克思政治经济学，痛恨马克思政治经济学，其原因除符合社会历史实际的科学性内容和结论外，还有一个同样重要甚至更重要的原因，即阶级立场以及由阶级立场必然导致的政治经济学的人学前提理论。这样的事实向我们证明，"完整的人"的人学前提理论是马克思政治经济学理论体系的内生变量，是其必不可少的有机组成部分。任何人无法否认的是，这样的内生变量和有机组成部分首先具有哲学性质。这说明，在马克思的政治经济学理论体系内部，政治经济学与哲学二者是紧密交织的，试图割裂二者之间的关系，从中剥离出所谓科学的马克思政治经济学，结果将会是离原生态的马克思政治经济学越来越远。原因很简单，马克思的政治经济学是哲学经济学。

四、命题三：在追逐剩余价值的过程中，资本突破了一切界限

马克思的这一命题出现于如下的语境中："资本经历了几个世纪，才使工作日延长到正常的最大极限，然后越过这个极限，延长到十二小时自然日的界限。此后，自18世纪最后三十多年大工业出现以来，就开始了一个像雪崩一样猛烈的、突破一切界限的冲击。习俗和自然、年龄和性别、昼和夜的界限，统统被摧毁了。"[①] 在另一个地方，马克思对这一命题作出了展开性说明："资本由于无限度地盲目追逐剩余劳动，像狼一般地贪求剩余劳动，不仅突破了工作日的道德极限，而且突破了工作日的纯粹身体的极限。它侵占人体的成长、发育和维持健康所需要的时间。它掠夺工人呼吸新鲜空气和接触阳光所需要的时间。它克扣吃饭时间，尽量把吃饭时间并入生产过程本身，因此对待工人就像对待单纯的生产资料那样，

---

① 《马克思恩格斯文集》第5卷，人民出版社2009年版，第320页。

给他饭吃，就如同给锅炉加煤、给机器上油一样。资本把积蓄、更新和恢复生命力所需要的正常睡眠，变成了恢复精疲力竭的有机体所必不可少的几小时麻木状态。在这里，不是劳动力维持正常状态决定工作日的界限，相反地，是劳动力每天尽可能达到最大量的耗费（不论这是多么强制和多么痛苦）决定工人休息时间的界限。资本是不管劳动力的寿命长短的。它唯一关心的是在一个工作日内最大限度地使用劳动力。"①马克思提出的命题及其对命题的解释涉及如下因素：资本家的贪欲、劳动者在一个工作日中的劳动时间和对工作日中内含的各种界限的突破。

　　资本家的如此行为超出了正常人的心理界限。这样的贪婪、残酷和不近人情非常人所能理解。但是，资本家对自己的行为有基于资本逻辑而来的理解。"工作日就是一昼夜24小时减去几小时休息时间。没有这种休息时间，劳动力就根本不能重新工作。首先，不言而喻，工人终生不外就是劳动力，因此他的全部可供支配的时间，按照自然和法律都是劳动时间，也就是说，应当用于资本的自行增殖。至于个人受教育的时间，发展智力的时间，履行社会职能的时间，进行社交活动的时间，自由运用体力和智力的时间，以至于星期日的休息时间（即使是在信守安息日的国家里），——这全都是废话！"②在资本家的看法中，有一个貌似强劲有力的资本逻辑起支撑作用。"资本家按照劳动力的日价值购买了劳动力。劳动力在一个工作日的使用价值归资本家所有。因此，资本家有权要工人在一日之内为他做工。但什么是一个工作日呢？当然比一个自然的生活日短。短多少呢？关于这个极限，即工作日的必要界限，资本家有他自己的看法。作为资本家，他只是人格化的资本。他的灵魂就是资本的灵魂。而资本只有一种生活本能，这就是增殖自身，创造剩余价值，用自己的不变部分即生产资料吮吸尽可能多的剩余劳动。资本是死劳动，它像吸血鬼一样，只有吮吸活劳动才有生命，吮吸的活劳动越多，它的生命就越旺盛。工人劳动的时间就是资本家消费他所购买的劳动力的时间。如果工人利用他的可供支配的时间为自己做事，那他就是

① 《马克思恩格斯文集》第5卷，人民出版社2009年版，第306—307页。
② 《马克思恩格斯文集》第5卷，人民出版社2009年版，第305—306页。

偷窃了资本家。"①

　　在资本家追逐剩余价值的行为、对这种行为的自我辩护性认知以及对这种认知起支撑性作用的资本逻辑中，起核心作用的是物，是名之曰剩余劳动、剩余价值或叫资本的物。这种物有自己的特点，它不是自然而然地生长出来，而是必须通过劳动者的劳动创造出来。这样的创造过程始终处于矛盾之中，一方是劳动者对自己劳动力的所有权，另一方是资本家对这种劳动力的使用权。在这种矛盾中，资本家具有经济、政治和舆论优势，所以，胜利者总是资本家，他可以任性而为甚至肆意妄为地行使对劳动力的使用权。诚如马克思所说："商品交换的性质本身没有给工作日规定任何界限，因而没有给剩余劳动规定任何界限。资本家要坚持他作为买者的权利，他尽量延长工作日，如果可能，就把一个工作日变成两个工作日。另一方面，这个已经卖出的商品的独特性质给它的买者规定了一个消费的界限，并且工人也要坚持他作为卖者的权利，他要求把工作日限制在一定的正常量内。于是这里出现了二律背反，权利同权利相对抗，而这两种权利都同样是商品交换规律所承认的。在平等的权利之间，力量就起决定作用。"② 有感于资本家的任性而为甚至肆意妄为及其这种性质的行为导致的残酷无情和惨不忍睹的结果，马克思在《资本论》第一卷的第8、第13和第24章中，对资本家的种种罪恶行径进行揭露性批判，我们所见到的，是后人用"曼彻斯特资本主义"这一专有名词加以概括的种种令人发指的事实。

　　例证一。"1836 年 6 月初，迪斯伯里（约克郡）的治安法官接到控告，说巴特利附近有八个大工厂的厂主违犯了工厂法。其中有几位先生雇佣 12—15 岁的儿童五人，迫使他们从星期五早晨 6 点一直劳动到星期六下午 4 点，除了吃饭和半夜一小时睡眠外，不让有任何休息。这些孩子在那种叫做'再生毛料洞'的小屋里一连劳动 30 小时，他们在那里把破旧毛织物撕成碎片，洞里弥漫着灰尘和毛屑，连成年工人都要经常用手帕捂着嘴来保护自己的肺！这些被告先生虽然没有发誓……但是硬说他们怀有怜悯之心，本来允许这些可怜的孩子睡四个小时，但是这些固执的孩子偏

---

① 《马克思恩格斯文集》第 5 卷，人民出版社 2009 年版，第 269—270 页。

② 《马克思恩格斯文集》第 5 卷，人民出版社 2009 年版，第 271—272 页。

偏不肯睡！"另一个行业里的一个 12 岁男孩说："我干的是运模子和转辘轳。我早晨 6 点钟上工，有时 4 点钟上工。昨天，我干了一整夜，一直干到今天早晨 6 点钟。我从前天夜里起就没有上过床。除我以外，还有八九个孩子昨天都干了一整夜。除了一个没有来，其余的孩子今天早晨又都上工了。"[①] 由两个分属于不同行业的例证可以看出，童工的劳动时间之长令人难以置信。成年工人的劳动时间到底有多长？可想而知。问题在于，劳动者在如此长的劳动时间挤压下，马克思论述中提到的受教育的时间、发展智力的时间、尽其社会职责的时间、进行社会活动的时间、自由运用体力和智力的时间和休息的时间到哪里去了呢？都被劳动时间挤占了。

　　例证二。一位主任医生说："陶工作为一个阶级，不分男女……代表着身体上和道德上退化的人口。他们一般都是身材矮小，发育不良，而且胸部往往是畸形的。他们未老先衰，寿命不长，迟钝而又贫血；他们常患消化不良症、肝脏病、肾脏病和风湿症，表明体质极为虚弱。但他们最常患的是胸腔病：肺炎、肺结核、支气管炎和哮喘病。有一种哮喘病是陶工特有的，通称陶工哮喘病或陶工肺结核。还有侵及腺、骨骼和身体其他部分的瘰疬病，患这种病的陶工占 $\frac{2}{3}$ 以上。"另一位医生针对漂白行业的情况说："没有规定专门的时间让人们凉快一下，不过当温度高得实在受不了，或者女工的手被汗水弄脏了，便允许她们出去几分钟……我在这些女工中行医的经验使我断定，她们的健康状况比纺纱女工坏得多〈而资本家在递交给议会的请愿书中，竟用鲁本斯的风格把她们描画成非常健康!〉。她们中间最常见的病是：肺病、支气管炎、子宫病、恶性歇斯底里和风湿症。我认为，造成所有这些病症的直接或间接的原因，就是她们的工作室温度太高以及她们缺少足够的舒适的衣服，不能在冬季回家时抵御寒冷潮湿空气的袭击。"[②] 两个行业的情况反映的是同一类问题：劳动者的职业病及造成职业病的恶劣的劳动条件和环境。这样的劳动条件和环境是由节约成本行为造成的。成本确实被节约下来，这就是资产阶级经济学大吹大擂并加以神化的效率，为了这种效率的获得而使劳动者做出的牺牲，则被资

---

① 转引自《马克思恩格斯文集》第 5 卷，人民出版社 2009 年版，第 280、283 页。

② 转引自《马克思恩格斯文集》第 5 卷，人民出版社 2009 年版，第 284、343 页。

本家和资产阶级经济学虚无化了。

例证三。在制砖工场，"男女儿童从 6 岁起，甚至从 4 岁起就被使用。他们劳动的时间同成年人一样长，甚至往往比成年人还要长。活很吃力，夏天的酷热更容易使人精疲力竭"。"通过制砖工场这座炼狱，儿童在道德上没有不极端堕落的……他们从幼年起就听惯了各种下流话，他们在各种卑劣、猥亵、无耻的习惯中野蛮无知地长大，这就使他们日后变成无法无天、放荡成性的无赖汉……他们的居住方式是道德败坏的一个可怕根源。每个成型工〈他是真正的熟练工人，又是一个工人小组的头〉要在自己的小屋里安排他这一班七个人的吃和住。这些人不管是不是他的家里人，男女青少年都睡在他的小屋里。这种小屋通常只有两个房间，个别的才有三个房间，他们统统睡在地上，通风很差。他们劳累一天，浑身汗水，已经精疲力竭，哪还能讲究卫生、清洁和礼貌。这样的小屋多数都是混乱和肮脏的真正标本……雇用少女干这种活的最大弊病就是，这种情况往往使她们从幼年起就终生沦为放荡成性的败类。在自然使她们懂得自己是个女人之前，她们已经变成粗鲁的、出言下流的男孩子。她们身上披着几块肮脏的布片，裸露大腿，蓬头垢面，根本不在乎什么端庄羞耻。吃饭的时候，她们伸开四肢躺在田野上，或者偷看在附近运河里洗澡的小伙子。她们干完了白天的重活，就换一身好一点的衣服，陪着男人上酒馆。"① 童工的道德沦丧是客观事实。造成这种事实的原因何在？谁应该担负这种对童工有致命性有害后果的责任？资本家和资产阶级经济学会说，个人行为及其后果由个人负责，具体说是由童工负责；资产阶级的舆论工具会说，这样的有害后果应由童工的家长负责。实质上，说到底是资本惹的祸。资本家发财致富的欲望确实变成了现实，但这样的现实是以一代又一代童工个人性牺牲的代价换来的。

例证四。"1863 年 6 月下旬，伦敦所有日报都用《活活累死》这一'耸人听闻'的标题登载着一条消息，报道 20 岁的女时装工玛丽·安·沃克利是怎样死的。她在一家很有名的宫廷时装店里做工，受一位芳名爱利莎的老板娘的剥削。这里又碰到我们常常讲的那一类老故事了。店里的少

---

① 转引自《马克思恩格斯文集》第 5 卷，人民出版社 2009 年版，第 533—534 页。

女平均每天劳动$16\frac{1}{2}$小时，在忙季，她们往往要一连劳动 30 小时，要不时靠喝雪莉酒、波尔图葡萄酒或咖啡来维持她们已经不听使唤的'劳动力'。当时正是忙季的最高潮。为了迎贺刚从国外进口的威尔士亲王夫人，少女们要为高贵的夫人小姐在转眼之间就变出参加舞会的华丽服装来。玛丽·安·沃克利同其他 60 个少女一起连续干了$26\frac{1}{2}$小时，每 30 个人挤在一间屋里，空气少到还不及需要量的 1/3，夜里睡在用木板隔成的一间间不透气的小屋里，每两人一张床。这还是伦敦一家较好的时装店。玛丽·安·沃克利星期五得病，星期日就死了，而使老板娘爱利莎大为吃惊的是，她竟没有来得及把最后一件礼服做好。"[①] 现在，有专有名词概括上述事实：过劳死。20 岁的花季少女正是爱美爱打扮的时候。具有强烈对比意义的是，这个不幸成为雇佣劳动者的花季少女，为了同是年轻女人的爱美爱打扮，竟活活累死！在这里，资本是杀人不见血的刽子手。

上述例证涉及了四个方面的情况：劳动者的劳动时间过长、职业病缠身、道德状况恶化至极和过劳死。根据这些情况作出如下结论不能被认为是唐突之举。第一，马克思罗列的事实都是当时英国官方公布的调查报告披露的，它们客观和普遍地存在毋庸置疑。如果是个别性现象，官方就不会付出人力和物力进行专门调查研究了。第二，这些事实的客观存在证明，资本的贪婪和由贪婪导致的行为之残酷和极端已达到无以复加的地步，人之为人的任何界限都被资本追逐剩余价值的过程突破了。第三，在资本"凯歌行进"实际是肆意妄为的过程中，劳动者尤其是童工和女工的身心受到致命性摧残，职业病缠身、发育不良和道德沦丧是典型表现。第四，作为资本人格化的资本家在这一过程中达到了目的，得到了物，名之曰剩余劳动、剩余价值或叫资本的物。为了得到这种物而被牺牲掉的，则是活生生的人，其中就包括儿童和妇女。第五，上述事实及其有害后果证明，资产阶级经济学确实是无视人的活生生的存在，是敌视人的。这样的立场被似乎能摆到台面上加以讨论的所谓学术观点掩饰起来。例如，曾被马克思在《资本论》第一卷中设置专节揭露和批判的西尼尔说："作为政治经济学家，我们所关怀的是财富而不是幸福。我们只是要说明事实，以

---

① 《马克思恩格斯文集》第 5 卷，人民出版社 2009 年版，第 294—295 页。

便对学生进行教导，并增加其知识，而不是要为立法者设定条规，对其举措进行指导。"① 关注财富而不关注幸福的经济学，得到的结果是所谓的科学，这样的科学只不过是资本家的心意表达或说是资本家想法的理论化。在这样的理论表达中，财富的创造和积累被神化，财富的掠取者——资本家被描绘为推动社会历史进步的英雄，而真正的财富创造者——劳动者，则是被抛入视野黑洞之中。劳动者付出的代价呢？根本不存在；劳动者作为人要求幸福的权利呢？与作为科学的政治经济学毫无关系。这便是西尼尔也是资产阶级经济学所谓的学术观点包含的内在逻辑。面对同样令人发指的经济事实，比较马克思和西尼尔作出的截然相反的理论概括，明眼人作出结论易如反掌。马克思的理论概括基于人类良知而来，其政治经济学是有人的政治经济学，以人为本的政治经济学；西尼尔及其代表的资产阶级经济学，则是泯灭人类良知的经济学，是见物不见人的经济学，是要钱（资本）不要命（劳动者）的经济学。

上述所言是资本追逐绝剩余价值的过程造成的人学后果，实际上是对劳动者的致命性伤害。但是，"单靠滥用妇女劳动力和未成年劳动力，单靠掠夺一切正常的劳动条件和生活条件，单靠残酷的过度劳动和夜间劳动来实现的劳动力的便宜化，终究会遇到某些不可逾越的自然界限，而以此为基础的商品的便宜化和整个资本主义的剥削，随着也会发生这种情形。当这一点终于达到时（这需要很长的时间），采用机器和把分散的家庭劳动（还有工场手工业）迅速转化为工厂生产的时刻来到了"。与此同时，"正是由于转化为商品的人的血和汗变得便宜，销售市场不断地扩大并且仍在一天天扩大，而对英国来说，盛行英国习俗和爱好的殖民地市场尤其是如此。最后，转折点来到了。旧方法的基础是单纯对工人材料进行残酷的剥削，同时多少采用一些系统发展起来的分工。这种基础已经不再能适应日益发展的市场和更加迅速地发展着的资本家之间的竞争了。采用机器的时刻来到了"。② 马克思的上述分析为我们揭示出一个重大的社会历史性转折。一方面是资本家不管多么无节制无限度地剥削劳动者，但人

---

① ［英］西尼尔：《政治经济学大纲》，蔡受百译，商务印书馆 1977 年版，第 229 页。

② 《马克思恩格斯文集》第 5 卷，人民出版社 2009 年版，第 541、542—543 页。

身毕竟是肉长的，这其中就包含对剥削的硬性约束，即劳动者身体的自然界限；另一方面，追求绝对剩余价值的过程导致了一系列社会历史性变化，其中典型的表现之一是市场空间在扩大，由商品化程度和市场化程度逐步提高造成的需求在扩大。这是一对矛盾，是资本在追逐剩余价值的过程中不得不面对和不得不克服的矛盾。解决矛盾的办法终于找到了，那就是大量地运用科学技术，采用机器进行生产，以现代工厂为组织形式进行生产。由此，资本追逐剩余价值的过程进入了新时代，即追逐相对剩余价值的时代。

相对剩余价值的生产带来了劳动生产率大幅度甚至是不成比例提高的结果。这种结果让资本家心满意足，同时也诱激出他更大的贪欲。贪欲变为实际行动导致资本主义经济高歌猛进地发展，在全世界肆无忌惮地扩张。在这一过程中，有那么多的后发展中国家被侵略、被掠夺、被征服，为资本主义的经济发展提供原材料、廉价劳动力和资本与商品输出的市场。为上述的一切提供物质前提的劳动者呢？他们在现代化的大工厂中用机器进行生产。进行这种生产的劳动状况如何？劳动者的状况有很大变化但是否有所改善？马克思根据资本主义经济发展的新变化，对问题作出了否定性回答。劳动者的劳动条件发生了几乎可以说是根本性的变化，例如，生产工具由手工工具变成了机器体系，生产组织由手工工场变成了现代化大工厂，但说到劳动者的劳动状况，则是丝毫没有改善，甚至比以前更加恶化。这就是说，"由于采用机器生产才系统地实现的生产资料的节约，一开始就同时是对劳动力的最无情的浪费和对劳动发挥作用的正常条件的剥夺，而现在，在一个工业部门中，社会劳动生产力和结合的劳动过程的技术基础越不发达，这种节约就越暴露出它的对抗性的和杀人的一面"①。机器生产"对抗性的和杀人的一面"的具体表现何在？马克思会为我们揭示出来。

第一，机器生产使男性劳动力贬值。一位童工的父亲说："我这个孩子7岁的时候，我就常常背着他在雪地里上下工，他常常要做16个钟头的工！……当他在机器旁干活的时候，我往往得跪下来喂他饭，因为他不

---

① 《马克思恩格斯文集》第5卷，人民出版社2009年版，第532页。

能离开机器，也不能把机器停下来。"① 这样的事实令现代人难以置信，但却是当时英国官方调查委员会予以确认和公布的。7岁童工的工资数额当然不能与成年工人相比，所以，机器生产的必然后果之一是把大量童工和女工吸收到现代化的工厂中来，男性成年劳动力再也没有昔日手工工场中因技巧和体力合一而具有的"舍我其谁"的竞争优势了。马克思从理论上为我们说明了这一点："就机器使肌肉力成为多余的东西来说，机器成了一种使用没有肌肉力或身体发育不成熟而四肢比较灵活的工人的手段。因此，资本主义使用机器的第一个口号是妇女劳动和儿童劳动！这样一来，这种代替劳动和工人的有力手段，就立即转化为这样一种手段，它使工人家庭全体成员不分男女老少都受资本的直接统治，从而使雇佣工人人数增加。为资本家进行的强制劳动，不仅夺去了儿童游戏的时间，而且夺去了家庭本身惯常需要的、在家庭范围内从事的自由劳动的时间。""劳动力的价值不只是决定于维持成年工人个人所必需的劳动时间，而且决定于维持工人家庭所必需的劳动时间。机器把工人家庭的全体成员都抛到劳动市场上，就把男劳动力的价值分到他全家人身上了。因此，机器使男劳动力贬值了。"② 男性劳动力的贬值以隐蔽的形式表现出来，但作为一家之主的他心知肚明，仅靠一个人出卖劳动力已经无法养家糊口了。

第二，机器生产使工人与资本家之间的契约关系发生了革命。机器生产使男性劳动力贬值造成了可以预料的结果，他的妻子儿女也必须加入被资本剥削者的队伍才能维持一家的生存。这样的事实客观且大量地存在，但其内涵不经意间已发生了变化，男性劳动力以隐蔽但确为不得已的形式，在出卖自己劳动力的同时也在出卖妻子儿女。这其中的秘密被马克思揭示出来。"机器还从根本上使资本关系的形式上的中介，即工人和资本家之间的契约发生了革命。在商品交换的基础上，第一个前提是资本家和工人作为自由人，作为独立的商品占有者而互相对立：一方面是货币和生产资料的占有者，另一方是劳动力的占有者。但是现在，资本购买未成年人或半成年人。从前工人出卖他作为形式上自由的

---

① 转引自《马克思恩格斯文集》第5卷，人民出版社2009年版，第286页。

② 《马克思恩格斯文集》第5卷，人民出版社2009年版，第453—454、454页。

人所拥有的自身的劳动力。现在他出卖妻子儿女。他成了奴隶贩卖者。"例如，"在大不列颠，不顾法律的规定，至少还有 2000 名儿童被自己的父母卖出去充当活的烟囱清扫机（虽然已经有机器可以代替他们）。机器引起的劳动力买者和卖者之间的法的关系的革命，使全部交易本身失去了自由人之间的契约的外表，这就为后来英国议会提供了国家干涉工厂事务的法律上的根据"①。马克思的揭示让人明了，虽然机器生产使劳动者的劳动从技巧和体力两方面来说已变得容易，但它没有给劳动者带来任何好处，意想不到的是，资本家充分利用"容易"中的机遇，以让男性劳动力价值贬值的形式，使男性劳动力与资本家之间的劳动力买卖契约普遍化，以自由、平等和公正的名义，把妇女和儿童也逼入被剥削者的队伍中。

第三，机器生产使大量育龄妇女外出务工，直接结果是婴儿死亡率的急剧上升。根据英国官方的统计数据，马克思为我们整理出来的对比性事实如下："在英格兰，有 16 个户籍区在 10 万个不满一周岁的儿童中每年平均的死亡人数只是 9085 人（其中有一个区只是 7047 人）；24 个区是 10000 人至 11000 人；39 个区是 11000 人至 12000 人；48 个区是 12000 人至 13000 人；22 个区超过 20000 人；25 个区超过 21000 人；17 个区超过 22000 人；11 个区超过 23000 人；在胡、伍尔弗汉普顿、阿什顿安德莱恩和普雷斯顿超过 24000 人；在诺丁汉、斯托克波特和布拉德福德超过 25000 人；在威斯贝奇是 26001 人；在曼彻斯特是 26125 人。"上述统计数据中最刺人眼球者是曼彻斯特，而这里恰恰是英国工业革命的发源地，是工业化程度最高的地方。婴儿死亡率急剧上升或说过高的原因何在？"1861 年的一个官方医生调查报告指出：造成这样高的死亡率的原因，除了当地的情况外，主要是由于母亲外出就业，以及由此引起的对子女的照顾不周和虐待，例如饮食不适、缺乏营养、喂鸦片剂等等，另外，母亲还违反天性地虐待自己的子女，从而发生故意饿死和毒死的事件。相反地，在'妇女最少就业'的农业区，'死亡率则最低'。"② 实际上，婴儿死亡率

---

① 《马克思恩格斯文集》第 5 卷，人民出版社 2009 年版，第 455、457 页。
② 《马克思恩格斯文集》第 5 卷，人民出版社 2009 年版，第 457—458、458 页。

过高或急剧上升的原因不难判明，母亲外出就业是直接和基本的原因，就业过程中人性的扭曲是间接但重要的原因。问题在于，如果男性劳动力的工资收入足以养家糊口，大量育龄妇女就不会外出就业而是专事养育儿女。母亲专心养育儿女的前提下，婴儿死亡率还会如此之高吗？除了泯灭人性的资本家和敌视人的资产阶级经济学家如西尼尔之流，都会知道正确的答案是什么。能证明资产阶级经济学家在这一问题上的态度的是西尼尔的如下话语："机器简直是有百利而无一弊的。"① 看来，机器生产不仅仅是个生产方式问题，它还是个十足的社会历史现象。正是马克思的研究和论述，不仅告诉我们机器生产是什么，而且还告诉我们机器生产到底意味着什么。

第四，机器生产造成儿童智力荒废，阻断了未来发展的一切可能性。请看如下事实。在英国官方公布的童工调查委员会报告中，一个 12 岁的童工说："4 的 4 倍是 8，而 4 个 4 是 16……国王是有一切金钱和黄金的人。我们有个国王，据说他是个女王，他们叫她亚历山德拉公主。据说她嫁给了女王的儿子。公主是男人。"一位 14 岁的童工说："听说上帝造了世界，又听说所有的人都淹死了，只有一个人活着；听说，这个人是一只小鸟。"一位 15 岁的童工说："我根本不知道伦敦。"② 这几个例证表明，英国当时 12—15 岁的童工中，有为数不少的人知识贫乏，思维逻辑混乱，数学基础极度薄弱，说起话来前言不搭后语。面对这样的结果，人们可以找到许多原因加以解释，马克思的解释最切中要害："把未成年人变成单纯制造剩余价值的机器，就人为地造成了智力的荒废，——这和自然的无知完全不同，后者把智力闲置起来，并没有损坏它的发展能力、它的自然肥力本身，——这种智力的荒废甚至使英国议会最后不得不宣布，在一切受工厂法约束的工业中，受初等教育是'在生产上'使用 14 岁以下儿童的法定条件。"③ 工厂法的约束是一回事，剩余价值的诱惑是另一回事。当这二者相遇时，占上风的总是追求剩余价值的冲动。在追逐剩余价值的过程中造

① ［英］西尼尔：《政治经济学大纲》，蔡受百译，商务印书馆 1977 年版，第 249 页。
② 《马克思恩格斯文集》第 5 卷，人民出版社 2009 年版，第 300 页。
③ 《马克思恩格斯文集》第 5 卷，人民出版社 2009 年版，第 460 页。

成的童工智力荒废呢？资本家会运用资产阶级经济学家的理论回应说，这并不与独立、平等和自由的天赋人权原则相冲突，童工做一天工拿一天的工资，所以，智力荒废的事实与自己无关。

第五，机器生产严重削弱了成年男性工人为维护自己的合法权益而进行斗争的能力。以《工厂哲学》一书为工具极力为机器生产辩护的尤尔说："资本家终于求助于科学来摆脱这种难以忍受的奴役（也就是使他们感到负担的同工人签订的契约条件），他们很快地恢复了自己的合法权利——头脑支配身体其他部分的权利。""一帮不满分子自以为在旧的分工线上构筑了无法攻破的工事，却发现现代机械战术已把他们的侧翼包围，他们的防御手段已经毫无用处。他们只好无条件投降。"机器生产的"使命是恢复工业阶级中间的秩序……这一发明证实了我们已经阐述的理论：当资本迫使科学为自己服务时，它总是迫使劳动的反叛之手就范"。[①] 尤尔用准军事学语言描写了阶级关系性质发生逆转的一幕。在非机器生产阶段，成年男性劳动者由于体力、经验和技能等方面的优势，可以在劳动时间、劳动条件和劳动报酬等方面展开与资本家的较量，因为资本家没有可替代的选择。机器生产出现以后情况大变，工人以往的优势不再是优势，机器的力量和技巧代替了工人的力量和技巧，非熟练工、妇女和儿童都可加以利用。这说明，成年男性工人已处于劣势了。马克思站在劳动者的立场上为我们揭示出这一点。"在机器上，劳动资料的运动和活动离开工人而独立了。劳动资料本身成为一种工业上的永动机，如果它不是在自己的助手——人的身上遇到一定的自然界限，即人的身体的虚弱和人的意志，它就会不停顿地进行生产。因此，劳动资料作为资本——而且作为资本，自动机在资本家身上获得了意识和意志——就受这样一种欲望的激励，即力图把有反抗性但又有弹性的人的自然界限的反抗压到最低限度。而且，由于在机器上劳动看来很容易，由于妇女和儿童比较温顺驯服，这种反抗无疑减小了。"[②] 可想而知，获得优势的资本家会怎样行事以便把追逐相对剩余价值的欲望最大化地变为现实。

---

① 转引自《马克思恩格斯文集》第 5 卷，人民出版社 2009 年版，第 502 页。
② 《马克思恩格斯文集》第 5 卷，人民出版社 2009 年版，第 464 页。

　　第六，机器生产制造了过剩的劳动人口，劳动资料扼杀人成为现实。资本家利用机器进行生产，除了减少和镇压成年男性工人的反抗外，还有一个既基本又现实的目的，即提高生产效率，最大限度地获得相对剩余价值。马克思对这一点的说明如下："机器的资本主义应用，一方面创造了无限度地延长工作日的新的强大动机，并且使劳动方式本身和社会劳动体的性质发生这样的变革，以致打破对这种趋势的抵抗，另一方面，部分地由于使资本过去无法染指的那些工人阶层受资本的支配，部分地由于使那些被机器排挤的工人游离出来，制造了过剩的劳动人口，这些工人不得不听命于资本强加给他们的规律。由此产生了现代工业史上一种值得注意的现象，即机器消灭了工作日的一切道德界限和自然界限。"① 机器消灭工作日的一切道德界限和自然界限的过程是一个怎样的过程？直接结果是什么？"劳动资料一作为机器出现，就立刻成了工人本身的竞争者。资本借助机器进行的自行增殖，同生存条件被机器破坏的工人的人数成正比。资本主义生产的整个体系，是建立在工人把自己的劳动力当做商品出卖的基础上的。分工使这种劳动力片面化，使它只具有操纵局部工具的特定技能。一旦工具由机器来操纵，劳动力的交换价值就随同它的使用价值一起消失。工人就像停止流通的纸币一样卖不出去。工人阶级的一部分就这样被机器转化为过剩的人口，也就是不再为资本的自行增殖所直接需要的人口，这些人一部分在旧的手工业和工场手工业生产反对机器生产的力量悬殊的斗争中毁灭，另一部分则涌向所有比较容易进去的工业部门，充斥劳动市场，从而使劳动力的价格降低到它的价值以下……在机器逐渐地占领某一生产领域的地方，它给同它竞争的工人阶层造成慢性的贫困。在过渡迅速进行的地方，机器的影响则是广泛的和急性的。世界历史上再没有比英国手工织布工人缓慢的毁灭过程更为可怕的景象了，这个过程拖延了几十年之久，直到 1838 年才结束。在这些织布工人中，许多人饿死了，许多人长期地每天靠 $2\frac{1}{2}$ 便士维持一家人的生活。与此相反，英国的棉纺织机在东印度的影响却是急性的。1834—1835 年东印度总督确认：'这种灾难在商业史上几乎是绝无仅有的。织布工人的尸骨把印度的平原漂白

① 《马克思恩格斯文集》第 5 卷，人民出版社 2009 年版，第 469 页。

了。'"鉴于这种铁证如山的事实,马克思总结道:"劳动资料扼杀工人。"①
马克思论述揭示出来的客观事实,这些客观事实的演化过程及其特点,尤
其是马克思最终作出的结论,现代人实在难以理解,但事实胜于雄辩,它
们确实客观地发生和存在于资本家追逐相对剩余价值的过程中,确实客观
地发生和存在于手工工场的生产方式向机器生产方式转化的过程中。实际
上,这两个过程是同一社会历史过程的两个方面,追求前者催生了后者,
后者让前者由欲望变为现实。马克思是历史的忠实记录者,凭着这一记
录,现代人才能知道专有名词"曼彻斯特资本主义"到底指称什么和到底
意味着什么。仅凭这一点,现代人就应当铭记和感谢马克思。

第七,机器生产使劳动者的紧张程度增加。机器生产的根本目的是
抑制工人的反抗和获得相对剩余价值,至于减轻劳动者的劳动强度,是资
本家根本不愿意见到的事情。面对机器生产确实减轻劳动强度的事实,资
本家的心思用在了"在同一时间内榨取更多的劳动"上,他们通过两种方
法达到目的:"一种是提高机器的速度,另一种是扩大同一个工人看管机
器的数量,即扩大他的劳动范围。"资本家的目的达到了吗?一位贵族在
议会的发言中指出:"现在,在制造过程中雇用的工人的劳动,是开始实
行这些操作时的三倍。毫无疑问,机器完成的工作,代替了成百万人的肌
肉,但是,机器也使受它可怕的运动支配的人的劳动惊人地增加了……
1815 年,工人在 12 小时内来回看管两台纺 40 支纱的走锭纺纱机,等于
步行 8 英里。1832 年,在 12 小时内管两台纺同样支纱的走锭纺纱机所走
的距离等于 20 英里,并且往往还要多……现在,我手头另有一份 1842 年
的文件,证明劳动累进地增加,不仅是因为步行的距离加大了,而且还因
为生产的商品数量增加了,而人手的数量相应地减少了;此外,还因为现
在纺的往往是较次的棉花,需要较多的劳动……在梳棉间,劳动也大大增
加了。"② 机器生产使劳动者的紧张程度增加肯定是客观事实,否则,便会
与资本的内在逻辑相冲突,资本家就会走向自己的反面,变为非资本家。
发表上述言论的英国贵族以具体的统计数据证明了这一点。

---

① 《马克思恩格斯文集》第 5 卷,人民出版社 2009 年版,第 495—497、497 页。
② 《马克思恩格斯文集》第 5 卷,人民出版社 2009 年版,第 474、475 页。

第八，机器生产形成的工作环境是对工人人身和安全的致命性威胁。在机器生产的"幼年期"，这样的情况不是偶尔出现，而是司空见惯。马克思指出："人为的高温，充满原料碎屑的空气，震耳欲聋的喧嚣等等，都同样地损害人的一切感官，更不用说在密集的机器中间所冒的生命危险了。这些机器像四季更迭那样规则地发布自己的工业伤亡公报。社会生产资料的节约只是在工厂制度的温和适宜的气候下才成熟起来的，这种节约在资本手中却同时变成了对工人在劳动时的生活条件系统的掠夺，也就是对空间、空气、阳光以及对保护工人在生产过程中人身安全和健康的设备系统的掠夺，至于工人的福利设施就根本谈不上了。傅立叶称工厂为'温和的监狱'难道不对吗？"① 为什么会出现上述情况？仅仅用机器使用的幼年期作为上述情况不可避免的理由回答问题是无法让人信服的。改善工人的工作环境需要资金投入，资本为了相对剩余价值的最大化，必然会挖空心思和杜撰各种理由地节约这部分资金，节约的结果客观和必然地出现在工人面前：劳动环境的恶劣和危险。与此同时，劳动紧张程度的提高是资本家最大限度榨取相对剩余价值的题中应有之义，问题在于，人的身体的自然界限并不能与资本家的想法完全一致。这种矛盾的客观后果显而易见，工伤事故连续不断，工人身体残疾的风险时时地威胁着处于劳动过程中的工人。在人身材料没有法律性保护的前提下，资本家为了节约手中的资本而牺牲这种由于过剩人口的大量存在而可源源不断供给的人身材料，是一种自然而然的想法。自然而然的想法以特定的哲学性理论为前提：作为人身材料的劳动者只不过是"会说话的工具"（亚里士多德语），他们因资本而来，为资本而存在。在这里，高于一切和重于一切的是资本，而不是由于机器生产的出现和存在而自身价值不断贬值的人身材料。这样的事实表明，在现实形态上，资本敌视人（劳动者）；在理论形态上，资产阶级经济学敌视人（劳动者）。

第九，机器生产使劳动者的异化进一步深化。劳动者在资本主义生产过程中被异化是客观存在的事实。这样的事实已被马克思在《1844年经济学哲学手稿》《政治经济学批判大纲》中相对系统地揭示出来。在资

---

① 《马克思恩格斯文集》第 5 卷，人民出版社 2009 年版，第 490—492 页。

本家追逐相对剩余价值的过程即机器生产中，劳动者的异化发生变化了吗？发生了哪些变化？马克思对问题的回答如下："机器劳动极度地损害了神经系统，同时它又压抑肌肉的多方面运动，夺去身体上和精神上的一切自由活动。甚至减轻劳动也成了折磨人的手段，因为机器不是使工人摆脱劳动，而是使工人的劳动毫无内容……生产过程的智力同体力劳动相分离，智力转化为资本支配劳动的权力，是在以机器为基础的大工业中完成的。变得空虚了的单个机器工人的局部技巧，在科学面前，在巨大的自然力面前，在社会的群众性劳动面前，作为微不足道的附属品而消失了；科学、巨大的自然力、社会的群众性劳动都体现在机器体系中，并同机器体系一道构成'主人'的权力。"① 马克思的论述意在表明，手工工具和机器同为劳动资料且都是资本家的所有物。但是，从劳动者在劳动过程中与劳动资料的关系角度看问题，这二者之间又有区别。机器中包含智力成分，具体说包含科学技术成分。这样的成分使然，劳动者在劳动资料面前的异化发生了变化，变化的表现是异化的程度进一步深化。例如，"在工场手工业和手工业中，是工人利用工具，在工厂中，是工人服侍机器。在前一种场合，劳动资料的运动从工人出发，在后一种场合，则是工人跟随劳动资料的运动。在工场手中业中，工人是一个活机构的肢体。在工厂中，死机构独立于工人而存在，工人被当做活的附属物并入死机构"② 。具体说，劳动者在生产资料私有制面前异化的同时，又进一步深化为在科学技术面前的异化，"正是在这里存在着劳动的客观条件——过去劳动——与活劳动相异化的情况，这种异化是直接的对立，也就是说，过去劳动，其中包括劳动的一般社会力，自然力和科学，直接表现为一种武器，这种武器部分是用来把工人抛向街头，把他变成多余的人，部分是用来剥夺工人的专业和消除以专业为基础的各种要求，部分是用来使工人服从工厂中精心建立的资本的专制制度和军事纪律"③ 。科学为什么能在资本家手中成为对付劳动者的武器？因为它内化于劳动资料之中，而劳动资料是资本家的所

---

① 《马克思恩格斯文集》第5卷，人民出版社 2009 年版，第 486—487 页。

② 《马克思恩格斯文集》第5卷，人民出版社 2009 年版，第 486 页。

③ 《马克思恩格斯文集》第8卷，人民出版社 2009 年版，第 353 页。

有物。

　　上述的诸多实证性材料及其分析表明，资本家在追逐相对剩余价值的过程中确实突破了包括身体和道德界限在内的一切界限。从更高的层面看问题，就资本家个人而言，他只不过是社会生活中的一分子；就资本家整体而言，他们所构成的阶级只不过是社会生活中诸多阶级的一个阶级。但是，资本家个体所构成的阶级的行为及其后果，对整个社会生活的影响既深刻又广泛。这其中有好的一面，物质财富的巨大增长可资证明。坏的一面呢？上述的一切只是揭示出资本追逐相对剩余价值的过程对劳动者的有害性影响，另一种有害性影响往往被论者所忽略但被马克思发现并指出来："使国家的生命力遭到根本的摧残。"这就是说，资本家在追逐剩余价值过程中的胆大妄为，肆意而为，已对民族国家的国脉根基构成致命性威胁，马克思用以证明自己观点的材料涉及三个国家，英国是流行病的周期性复发，德国和法国则是征兵标准的变化："法国在革命（1789 年）以前，步兵身高的最低标准是 165 厘米，1818 年（根据 3 月 10 日的法令）是 157 厘米，根据 1832 年 3 月 21 日的法令是 156 厘米。在法国，应征者平均有一半以上因身高不够和体质孱弱而被淘汰。在萨克森，1780 年军人的身高标准是 178 厘米，目前是 155 厘米。在普鲁士目前是 157 厘米。根据 1862 年 5 月 9 日《巴伐利亚报》刊载的迈耶尔博士的报告，普鲁士按九年平均计算，每 1000 个应征者当中有 716 人不合格；其中 317 人因身高不够，399 人因体质孱弱……1858 年，柏林就没有征足兵额，差 156 人。"① 提供上述材料者，是大名鼎鼎的德国化学家尤·冯·李比希，这样的材料应该是可信的。一个民族国家的兵源大成问题会导致什么样的灾难性后果？任何理智正常的人都能想象得出来。

　　资本家个人发财致富的目的以"使国家的生命力遭到根本的摧残"的形式实现，必然会引起国家的警觉和干预，客观的历史事实证明了这一点。从 1833 年开始，英国在原来零散、专门性法律的基础上制定整体性的工厂法。仅从 1833 年的工厂法中就可感悟到国家立法所要解决的问题是什么和所要达到的目的是什么。"1833 年的法令规定，工厂的普通工作

---

① 转引自《马克思恩格斯文集》第 5 卷，人民出版社 2009 年版，第 277 页。

日应从早晨 5 点半开始，到晚上 8 点半结束。在这 15 小时的界限内，在白天的任何时间使用少年（从 13 到 18 岁）做工都是合法的，但是有一个条件：除某些特别规定的情况外，同一个少年一天之内做工不得超过 12 小时。法令的第六节规定：'在限制的劳动时间内，每人每天至少应有 $1\frac{1}{2}$ 小时的吃饭时间'……禁止雇用未满 9 岁的儿童；9 岁至 13 岁的儿童的劳动每天限制为 8 小时。禁止 9 岁至 18 岁的少年做夜工，也就是在该法令所说的晚上 8 点半至早晨 5 点半之间做工。"① 从马克思的转述中，我们起码可以感悟出如下三项内容。

第一，国家以专门立法的形式限定劳动者的劳动时间，说明劳动时间过长以至于超过了身体和道德所能承受的界限确为客观存在的事实。资本家以各种强词夺理的理由加以辩解，资产阶级经济学家则是不惜理论上的自相矛盾和漏洞百出为代价而作出辩护，西尼尔可为典型例证。② 这样的事实诱激出两种结果。一是劳动者的反抗和斗争加剧，对资产阶级整体的统治构成了威胁；二是劳动者由于劳动时间过长而损及身体健康，以有害性的形式影响到了整个民族国家的国脉根基。

第二，童工劳动时间和不做夜工的限制性规定表明，立法以前的资本家在追逐剩余价值的过程中，任意妄为、胡作非为和漫无节制确为客观事实。问题在于童工的身体和智力发育尚未完成，他们真正面临的任务是身体发育和智力形成而不是过早地成为资本家追逐剩余价值的牛马般的工具。统治阶级从国家整体的层面看问题，童工劳动时间过长和做夜工势必影响身体和智力的正常发育，这对国家的未来虽为潜在却是可以直接感受到的威胁。

第三，禁止雇用未满 9 岁儿童的限定性规定证明，资本家为了最大化地追逐剩余价值而雇用未满 9 岁儿童是普遍性或说是司空见惯的现象。这种做法阻断了儿童未来发展的一切可能，这样的儿童一旦成年就会成为社会政治秩序的巨大威胁，这同样与民族国家国脉根基的内在要求背道而驰。

三项内容及其依据的客观事实从一个特定角度说明，马克思的政治

①　《马克思恩格斯文集》第 5 卷，人民出版社 2009 年版，第 321—322 页。

②　参见《马克思恩格斯文集》第 5 卷，人民出版社 2009 年版，第 264 页。

经济学命题——在追逐剩余价值的过程中，资本突破了一切界限——是能够成立的。但是，在我们本该结束这一命题论证的时候却不能停下来，因为有一个不大不小的历史事件必须提及，否则，别说上述命题，就是马克思整个思想体系的客观基础也会受到致命性威胁。这就是诺贝尔经济学奖获得者、自由市场原教旨主义的现代宗师级人物哈耶克，通过召集学术会议的形式炮制出来的所谓"超级神话"论。

1951 年 9 月，朝圣山学社在法国的博瓦隆召集了一次所谓的学术会议，主题是"历史学家是如何论述资本主义的"。哈耶克把会议中有代表性的论文结集出版，名之曰《资本主义与历史学家》，并为其写作"导论——历史学与政治"。哈耶克说："在所有这些神话中，有一个最离谱的超级神话，人们一直用它来贬低令我们当今的文明受益匪浅的经济体系，本书就专门探讨了这一超级神话。这个神话就是：随着'资本主义'（或者是'制造业'、'工业制度'）的兴起，工人阶级的状况反而恶化了。有谁没听过'早期资本主义的惨状'？有谁没有下面的印象：这种制度的出现，给从前知足常乐、心满意足的广大民众带来了罄竹难书的新痛苦？我们可能恰恰是在维护一种已经臭名昭著的制度，人们指责说，这种制度，最起码在一段历史时期内，使社会上最贫穷、人口也最多的那部分人的境遇恶化了。"① 哈耶克论述的主题思想有三。其一，人们说到的资本主义社会的罪恶，如对劳动者的伤害，是神话而非客观存在的事实。其二，凡是揭露和叙说这些罪恶者，他们不是在揭露和叙述事实，而是在编造神话。其三，马克思是批判资本主义罪恶的集大成者，所以，他是"最离谱的超级神话"的编造者。

其他的历史学家与哈耶克的"超级神话"论相互配合，利用自己的聪明才智制造出新的奇谈怪论。其中一位历史学家说，"'资本主义'这个词尽管不是马克思发明的，但却是他让这个词广泛传播。""历史的真相是……不管是马克思还是索姆巴尔特（更不要说亚当·斯密），对我们所称的工业革命的真正本质，从来没有提出过任何可信的解释。他们过于强

---

① ［英］F.A. 哈耶克编：《资本主义与历史学家》，秋风译，吉林人民出版社 2003 年版，第 5 页。

调科学所发挥的作用，而对那种既不需要国家帮助也不需要哲学家出手、自发发展的经济体系并没有形成正确的认识。"① 另一位历史学家说话的口气更大，但由于粗野无比所以不像个文明人："如果说阿什顿可能是第一个承认马克思和索姆巴尔特对经济史学作出了突出贡献的学者，那么，我则愿意第一个承认，他们的历史哲学是错误百出的、危险的胡说八道。"有鉴于此，"我们必须清理马克思、恩格斯、索姆巴尔特等人陆陆续续加在这个古老的城堡（指"资本主义"一词——引者注）上的破砖烂瓦。就像在发掘特洛伊古城遗址时那样，只有足够的耐心和专注才能使我们取得最后的成功。这样的破砖烂瓦有厚厚的一层：辩证的革命，理性主义精神，对人的剥削，人的贪婪——这些都是一百多年间积累下来的流行的套话，复仇的狂热，迷乱的情绪！"②

梳理上述资产阶级经济学家和历史学家的所谓论述，其中的五个要点性内容应引起我们的高度关注。第一，以哈耶克为代表且由他带领的这批人，攻击的目标主要是马克思，其次是恩格斯和索姆巴尔特。第二，指责马克思等人对资本主义的批判没有事实根据，是胡编滥造，是"最离谱的超级神话"。第三，认为马克思等人对资本主义和工业革命等这些重大的社会历史性事实没有正确的学术性认知。第四，对马克思的历史哲学极尽咒骂之能事，认为这种哲学是"胡说八道"。第五，鉴于以上理由，这些无法与马克思在同一学术水准上对话因而是自不量力的所谓学者们，要"清算马克思"。

如何回应这些自由市场原教旨主义的死硬分子们极具攻击性的上述指责？

其一，这些人把攻击的目标集中于马克思，说明他们的判断力不错，虽然知其不可为而为之地与马克思较劲显得缺乏自知之明。概括地说，相对于研究工业革命和批判性地研究资本主义社会而言，后继的跟从者云集，成果可谓汗牛充栋。但是，马克思是其中最早、最系统、理论内涵最

---

① ［英］F.A. 哈耶克编：《资本主义与历史学家》，秋风译，吉林人民出版社 2003 年版，第 36、37 页。

② ［英］F.A. 哈耶克编：《资本主义与历史学家》，秋风译，吉林人民出版社 2003 年版，第 46、48 页。

丰富、最有说服力因而影响最大的研究者，他所确立的研究范式和基本概念，直到现在仍然没有人能超越。后人不能无视其客观存在，而是以各种形式从中吸取营养、获得灵感和受到启发。就此而言，哈耶克们的做法值得肯定，因为他们的判断力没有像其学术观点一样如此地离谱。

其二，马克思对资本主义的批判，尤其是批判过程中所利用的铁证如山的客观事实，到底是胡编滥造的超级神话还是确实客观发生和客观存在的事实？我们在上面的论述中已从两个角度列举了大量事例以便证明，马克思对资本主义的批判确实有事实根据。第一个角度中的事例是英国官方当时公布的调查报告；第二个角度中的事例是英国官方有感于资本家在追逐剩余价值的过程中由于胡作非为而对国脉根基产生致命性威胁，所采取的以立法形式加以限制和校正的措施。仅从常识层面理解问题，如果资本家的行为对劳动者的伤害没有严重到会威胁国脉根基的程度，代表资产阶级利益的政府能采取措施加以约束吗？仅用党派之争解释这样的措施是顾左右而言它，恰好暴露出狡辩者的理屈词穷和做贼心虚。为了回应这些自由市场原教旨主义的死硬分子，我们可以再从与他们同为资产阶级学者的人中选取两个例证，以便证明，这些自由市场原教旨主义死硬分子的狡辩实在是离谱了。

例证一。英国经济学家马歇尔是西方主流经济学中贡献独特且巨大的功臣。他使政治经济学的提法变为经济学并使这一提法被确立起来；他使经济学由一门课程变成一个相对独立的专业，此后，经济学自立门户，与哲学、文学和历史学等学科并肩而立；他写作的《经济学原理》左右英语国家经济学思维半个多世纪的时间（1890—1948 年），只是由于萨缪尔逊的《经济学》正式出版，这种情况才被改变。他说："工人阶级的子女很多都是衣不蔽体，食不果腹的。他们的住宅条件既不能促进身体的健康，也不能促进道德的健全。虽然现代英国的教育并不算很坏，但他们所受的教育却很少。"[①] 像马歇尔这种如此被资产阶级认可和看重的人不会编造不利于资产阶级的"最离谱的超级神话"吧？他同样承认工人阶级，尤其是其子女生活苦难是客观事实。到底谁在编造"最离谱的超级神话"？

---

① 　[英] 马歇尔：《经济学原理》下卷，陈良璧译，商务印书馆 1965 年版，第 231 页。

明眼人一看便知。

例证二。克拉潘是马歇尔的学生，专门研究英国经济史，其《现代英国经济史》是经久不衰的名著。他在《英国工业区的生活和劳工》一章中指出："'在利物浦、曼彻斯特或利滋等大多数都市的地下室人口之中，可以看到比霍华德所描述的更肮脏、物质条件更不堪、道德更混乱的情形。'监狱现在比它们周围的情况还略胜一筹：'在爱丁堡，竟有这样的、出于人道的动机而将生病的穷人送进监狱里去，以便可得到照顾和医疗。'这是控诉，这是真正的诉状。"① "控诉""诉状"之说是克拉潘的个人性态度，而激发这种态度的事实则是英国官方公布出来的调查报告。一个有良知的资产阶级学者都如此地愤怒，可见他们所面对的事实已到了多么令人发指的地步。

其三，攻击马克思对工业革命和资本主义社会没有正确的学术认知只不过是贼喊捉贼的小把戏，任何一个读过马克思政治经济学文献的人都会对这样的指责回以轻蔑的冷笑。法国的保尔·芒图著有《十八世纪产业革命——英国近代大工业初期的概况》，该书被认为是英国工业革命经济史方面的经典之作。书中承认，马克思的《资本论》第一卷对产业革命作出了系统说明。② 如果读者怕耗时过多，就请只读《资本论》第一卷中的第四篇"相对剩余价值的生产"，读过之后就会发现，其中对工业革命的发生、演化、技术和组织本质、不同劳动者受到的冲击和官方的态度与作用等问题，作出了多么系统的介绍和透彻见底的分析！自由市场原教旨主义的死硬分子面对马克思的学术见识和贡献无言以对，只好采取这种泼污水的手段达到自己的目的。

其四，谩骂马克思政治经济学文献中的历史哲学（实际是经济哲学）为"胡说八道"，实在让人震惊。自由市场原教旨主义的意识形态把这样的攻击者熏昏了头，以至于到了说马克思"胡说八道"者自己恰好是胡说八道的地步。马克思政治经济学文献中的历史哲学被人们称为历史唯物主

---

① ［英］克拉潘：《现代英国经济史》上卷第二分册，姚曾廙译，商务印书馆 1964 年版，第 658 页。

② 参见 ［法］保尔·芒图：《十八世纪产业革命——英国近代大工业初期的概况》，杨人等译，商务印书馆 1983 年版，第 390 页。

义。仅就这样的历史哲学说，能有几个人说它是"胡说八道"呢？实际情况是，马克思政治经济学文献中的历史哲学不只是这一部分内容，此外还有其他内容。可以用劳动历史唯物主义概括这些内容，其中包括：劳动哲学本体论、方法论历史唯物主义、人学历史唯物主义和工艺学历史唯物主义，四者有机统一才是马克思政治经济学文献中历史哲学的全部内容。自由市场原教旨主义者们或是没有能力或是由于刚性的意识形态毒害而不愿意读马克思的政治经济学文献，在这种前提下肆意攻击马克思的历史哲学为"胡说八道"，真是让人不可理喻。

其五，自由市场原教旨主义者们发出的战斗号召是"清算马克思"。"清算"什么？如何"清算"？"清算"的结果如何？从1951年到现在，半个多世纪的时间过去了，我们难见这些人的所谓"清算"有什么效果。特别是2008年的金融大危机以来，这些自由市场原教旨主义者们面对自己的理论造成的恶果无言以对，像霜打的茄子一样蔫了。与此形成鲜明对比的是，一再被他们"清算"的马克思影响依旧，其代表作《资本论》一再地成为热销书。

五、命题四：工业较发达的国家向工业较不发达的国家所显示的，只是后者未来的景象

马克思的这一命题出自《资本论》第一卷的"第一版序言"中，这样的命题当然具有政治经济学性内容，既包括社会历史转型意义的经济性内容，也包括经济发展道路意义的内容。直接指称对象中的政治经济学性内容更明显，即英、德两国的经济发育程度比较和二者之间社会历史性意义的内在联系。

现在我们直接面对的问题是，这一命题中有哲学性内容吗？对问题作出否定性回答？那将会与马克思原生态思想实际尖锐冲突。只有对问题作出肯定性回答，才能得到符合马克思原生态思想实际的答案。如何才能得到正确的答案？回到马克思自己写作的文献中，尝试性地分析马克思论述这一问题时各不相同的语境，我们就能获得符合马克思原生态思想实际

的答案。到那时就会发现，原来这一命题中的哲学性内容是如此地丰富多彩。具体说，在马克思一生写作的文献中，这一命题出现于四种各不相同的语境中，它们是：原生态语境、一般性理论语境、特定历史情势中的语境一和特定历史情势中的语境二。四种语境中的主题思想是一个：社会历史的线性演化逻辑。这一演化逻辑既是一般性意义的历史唯物主义，又是这种历史唯物主义的验证和具体化。回到马克思写作的文献中，开始我们与马克思相伴而行的哲学性内容之旅吧。

1. 原生态语境

马克思的这一命题直接出现在如下的语境中："我要在本书研究的，是资本主义生产方式以及和它相适应的生产关系和交换关系。到现在为止，这种生产方式的典型地点是英国。因此，我在理论阐述上主要用英国作为例证。但是，如果德国读者看到英国工农业工人所处的境况而伪善地耸耸肩膀，或者以德国的情况远不是那样坏而乐观地自我安慰，那我就要大声地对他说：这正是说的阁下的事情！""问题本身并不在于资本主义生产的自然规律所引起的社会对抗的发展程度的高低。问题在于这些规律本身，在于这些以铁的必然性发生作用并且正在实现的趋势。工业较发达的国家向工业较不发达的国家所显示的，只是后者未来的景象。""撇开这点不说。在资本主义生产已经在我们那里完全确立的地方，例如在真正的工厂里，由于没有起抗衡作用的工厂法，情况比英国要坏得多。在其他一切方面，我们也同西欧大陆所有其他国家一样，不仅苦于资本主义生产的发展，而且苦于资本主义生产的不发展。除了现代的灾难而外，压迫着我们的还有许多遗留下来的灾难，这些灾难的产生，是由于古老的、陈旧的生产方式以及伴随着它们的过时的社会关系和政治关系还在苟延残喘。不仅活人使我们受苦，而且死人也使我们受苦。死人抓住活人！"[①]

马克思提出这一命题的时间是 1867 年。命题涉及的地点是英国、德国和西欧大陆。命题涉及的时间主要不是自然时间意义上的具体年份，而

---

① 《马克思恩格斯文集》第 5 卷，人民出版社 2009 年版，第 8、8—9 页。

是社会经济历史的发育程度：前资本主义时期、资本主义早期和资本主义成熟期。提出和论述命题的阶级立场不言而喻，当然是工人阶级或者说是劳动者的立场。这里需要我们探讨的问题是，既然马克思以英国为典型为例证地说明资本主义生产方式，为什么又对德国人甚至西欧的大陆人喊话说，"这正是说的阁下的事情"？这与马克思对问题的理解有直接关系。在他的理解中，《资本论》中列举的事实、对事实的分析和基于分析而来的理论概括，除了具有政治经济学的意义外，更具有经济哲学的意义，在这个特定的语境中是经济史观的意义。像自然时间一样，经济史观中的社会历史性时间也划分为过去、现在和未来。马克思论述中涉及的经济史观意义的时间是前资本主义时期、资本主义的昨天和今天（1867 年）。三个时间段之间具有社会历史线性演化意义的普遍性和必然性，实质是社会历史的线性演化逻辑。普遍者涉及空间：英国、德国和西欧大陆；必然者涉及的是时间，时间指称的内容为英国的昨天是德国和西欧大陆的今天，英国的今天是德国和西欧大陆的明天。英国与德国和西欧大陆之间除空间意义的并存关系外，还有社会经济历史线性演化意义的关系，在这种关系中，英国的发展在先，德国和西欧大陆紧随其后。说到底，经济史观意义的时间具有两重关系性质：此地和彼地的空间关系，昨天、今天和明天的时间关系，而关系的性质，由特定社会经济的历史性内容决定。

马克思提出的命题及其展开性分析表明，经济史观意义的资本主义社会也有不同的历史发展时期。不同历史发展时期中，对工人阶级的态度、做法甚至态度和做法的法律表现也各不相同。英国资本主义社会的昨天即德国和西欧大陆资本主义社会的今天是资本主义生产的"粗野时期、躁动时期"，或者说是"资本主义剥削的青年时期"，[①] 在这样的时期中，资本家贪婪无度，在行为上则漫无节制，与此相伴而生的结果是工人阶级生存状况的悲惨无比。先是恩格斯的《英国工人阶级状况》，后是马克思在《资本论》第一卷中运用的由英国官方公布的具体事实可以充分地证明这一点。英国资本主义社会的今天（1867 年），即德国和西欧大陆资

---

① 《马克思恩格斯文集》第 8 卷，人民出版社 2009 年版，第 321 页；《马克思恩格斯文集》第 1 卷，人民出版社 2009 年版，第 369 页。

本主义社会的明天怎么样？马克思说："在英国，变革过程已经十分明显。它达到一定程度后，一定会波及大陆。在那里，它将采取较残酷的还是较人道的形式，那要看工人阶级自身的发展程度而定。所以，现在的统治阶级，撇开其较高尚的动机不说，他们的切身利益也迫使他们除掉一切可以由法律控制的、妨害工人阶级发展的障碍。因此，我在本卷中还用了很大的篇幅来叙述英国工厂立法的历史、内容和结果。一个国家应该而且可以向其他国家学习。一个社会即使探索到了本身运动的自然规律——本书的最终目的就是揭示现代社会的经济运动规律——，它还是既不能跳过也不能用法令取消自然的发展阶段。但是它能缩短和减轻分娩的痛苦。"① 英国的经济变革历史告诉我们，资本主义不是一成不变的，基于内在的需要，再加上工人阶级的斗争，也会由"粗野时期、躁动时期"的残酷无比变为较为温和人道的成熟时期。仅从英国为保护工人阶级权益而发生的立法过程就可以看出这一点。这样的例证具有什么性质？马克思告诉我们，它具有经济规律的性质。这样的经济规律是硬性约束，后继国家没有可能"跳过"即"跨越"这一经济规律发挥作用的社会历史时期，也没有可能用人为的办法躲避这一时期。唯一可能的是，基于前车之鉴，后继国家可以"缩短"这一社会历史时期的长度和"减轻"这一社会历史时期的"痛苦"程度。既然英国例证具有经济规律的性质，那么，结论会自然而然地出现在我们面前，英国的今天就是德国和西欧大陆的明天。在这一点上，虽然国与国之间或许有些区别，但在本质上有共同之处，因为它们"既不能跳过也不能用法令取消自然的发展阶段"。相对于英国是"自然的发展阶段"，但相对于其他国家如德国和西欧大陆其他国家，除具有"自然的发展阶段"含义外还具有资本主义生产方式空间扩张的含义。从这里表现出英国经历的经济规律性质，同时也证明，马克思提出的命题具有经济哲学的性质。

马克思从资本主义社会历史发展过程之中提炼出来的经济史观性内容被后来的恩格斯所证实。他在晚年即 1892 年为青年时期的作品《英国工人阶级状况》所写的德文版序言中说："随着大工业的发展，据说德国

①《马克思恩格斯文集》第 5 卷，人民出版社 2009 年版，第 9—10 页。

的许多情况也改变了，特别是当德国人在费城打了一次工业上的耶拿会战以后，连那条德国市侩的老规矩也声誉扫地了，那条规矩就是：先给人家送上好的样品，再把蹩脚货送去，他们只会感到称心满意！的确，玩弄这些狡猾手腕和花招在大市场上已经不合算了，那里时间就是金钱，那里商业道德必然发展到一定的水平，其所以如此，并不是出于伦理的狂热，而纯粹是为了不白费时间和辛劳。"① 恩格斯论述的重点在德国，这里同样表现出资本主义范围内经济发展的阶段性质。早期资本主义的德国经济以坑蒙诓骗为能事，诚如马克思恩格斯在 1845—1846 年写作的《德意志意识形态》中指出的："小工商业者的骗术只是在浅陋的竞争条件下，在中国人、德国人和犹太人中以及一般地走街串巷的小商贩中才盛行。"② 与此形成鲜明对比的是，1892 年的德国资本主义经济以诚信为本，因为诚信才是最大的经济竞争力。基于此，恩格斯提出了直到现在仍被学术界无视其客观存在更没有领悟其巨大理论价值的诚信经济规律论："现代政治经济学的规律之一（虽然通行的教科书里没有明确提出）就是：资本主义生产越发展，它就越不能采用作为它早期阶段的特征的那些小的哄骗和欺诈手段。"③

诚信是商业伦理原则，怎么能说它是"现代政治经济学的规律"呢？恩格斯列举三方面的事实证明，诚信确为资本主义成熟时期的经济规律。

第一，"大工业从表面看来也变得讲道德了。工厂主靠对工人进行琐细偷窃的办法来互相竞争已经不合算了。事业的发展已经不允许再使用这些低劣的谋取金钱的手段；拥资百万的工厂主有比在这些小算盘上浪费时间更为重要的事情要做，这些小算盘充其量对那些急需挣钱的小生意人还有用处，如果他们不想在竞争中毁灭，就必须抓住每一文钱。于是，工厂区的实物工资制被取消了，通过了十小时工作日法案，并且实行了一系列比较小的改良措施，所有这些都同自由贸易和无限制竞争的精神直接矛盾，但却使大资本家同条件较差的同行的竞争更具优势"④。有法度的自由

---

① 《马克思恩格斯文集》第 1 卷，人民出版社 2009 年版，第 366 页。
② 《马克思恩格斯全集》第 3 卷，人民出版社 1960 年版，第 427 页。
③ 《马克思恩格斯文集》第 1 卷，人民出版社 2009 年版，第 366 页。
④ 《马克思恩格斯文集》第 1 卷，人民出版社 2009 年版，第 367 页。

竞争是一种强制性的外在约束力量，它迫使不想通过残酷剥削手段压榨工人阶级而自取灭亡的资本家逐步改善工人阶级的生活条件和工作条件，以使他们的生存状况得到改善，不再生活于"曼彻斯特资本主义"阴森恐怖的环境中。从 1844 年到 1892 年是近半个世纪的时间，资本主义经济生活从外在表现形式到具体的实际内容已发生了明显变化。变化前和变化后相比较的区别正是"粗野时期、躁动时期"和成熟时期之间的区别，这种区别正好表现出德国资本主义发展的阶段性质。

第二，"企业规模越大，雇用的工人越多，每次同工人发生冲突时所遭受的损失和经营方面的困难也就越多。因此，工厂主们，尤其是那些最大的工厂主，就渐渐产生了一种新的想法。他们学会了避免不必要的纷争，默认工联的存在和力量，最后甚至发现罢工——发生得适时的罢工——也是实现他们自己的目的的有效手段。于是，过去带头同工人阶级作斗争的最大的工厂主们，现在却首先起来呼吁和平与和谐了"①。恩格斯论述的对象是工人阶级政治生存条件的改善。工人有了组织工会和罢工的权利，资本家"默认"这种权利，这本身就是一大进步。更为重要者，工人阶级有了自己的政治性组织，这样的组织有助于工人阶级维护和争取自己的经济权益。经济权益和政治权益的有机统一，证明工人阶级生存状况的改善已是再明显不过的客观事实。这样的客观事实是一种能力，也是一种力量，它约束甚至迫使资本家和官府约束起码是收敛自己的残酷本性，对工人阶级的态度不能总是要钱不要命，无视工人阶级的苦难与死活。

第三，"霍乱、伤寒、天花以及其他流行病的一再发生，使英国资产者懂得了，如果他想使自己以及自己的家人不致成为这些流行病的牺牲品，就必须立即着手改善自己城市的卫生状况。因此，这本书里所描写的那些最令人触目惊心的恶劣现象，现在或者已经被消除，或者已经不那么明显。下水道已经修筑起来或改善了；在境况最差的'贫民窟'中间，有许多地方修建了宽阔的街道；'小爱尔兰'已经消失，'七日规'跟着也将被清除"②。像被严重污染的空气一样，流行病也是天生的平等派。在它的

---

① 《马克思恩格斯文集》第 1 卷，人民出版社 2009 年版，第 367 页。
② 《马克思恩格斯文集》第 1 卷，人民出版社 2009 年版，第 368—369 页。

眼中，没有什么高官显贵和平民百姓之分，在我们的语境中是没有什么资本家和工人阶级之分。在一个以普遍交往为基础的社会中，没有什么人能绝对地避开流行病或被污染的空气的袭扰。这样的客观情势是一种强制性命令，资本家必须与官方一道提供改善生活环境的公共产品，否则，自己以及家人的性命或有不保。看来，生活环境的改善是势在必然的事情。恩格斯的论述告诉我们，这样的事情确实发生了。是资本家和官府突然的良心发现使然？当然不是，客观的经济发展规律迫使资本家和官府不得不如此行事。

恩格斯所提出和证明的诚信经济规律论是针对资本主义经济发展的成熟期而言的。这从一个侧面证明，马克思在特定语境中提出的命题"工业较发达的国家向工业较不发达的国家所显示的，只是后者未来的景象"，确实符合资本主义经济发展的历史实际。

这里应当引起我们高度关注的是恩格斯提出的诚信经济规律论。这个高度浓缩了政治经济学、经济伦理学和经济哲学于一身的伟大思想，直到现在还没有在学术语境中表示存在的机会。在我们如此频繁和如此恶劣的商业丑闻被公诸于世时，人们往往从经济伦理的角度看问题，借此大发伦理道德性的议论和感慨，但如此做的人们根本没有意识到，这于事无补，因为诚信首先是经济规律，其次才是伦理道德原则。当不诚信者获得暴利而机会成本微乎其微时，诚信的人也会变得不诚信。这样的情势一旦形成，不诚信"竞赛"就会开始，消费者遭殃却毫无办法。我们现在就处在这样的特定社会历史情势中。按恩格斯诚信经济规律论的思路理解问题和处理问题，结果会截然相反。不诚信者就毁灭，用经济学的术语说是破产，久而久之，诚信就会成为习惯，习惯成为自然，诚信的伦理原则就会真正地确立起来。尤其令中国人汗颜的是，马克思恩格斯1845—1846年间曾把中国人、德国人和犹太人作为不诚信的典型，一百多年后的今天，德国人和犹太人已摘掉了不诚信的帽子，而中国人尚在途中。

马克思的命题中所包含、恩格斯的证明所提出和确立的上述思想具有经济哲学性质吗？提出这样的问题实属多余。

2. 一般性理论语境

上面的引述和分析表明，马克思的命题有相对准确的指称对象：英国与德国和西欧大陆经济发展程度之间的关系。这种关系中涉及的社会历史性时间因素是资本主义"粗野时期、躁动时期"向成熟时期的过渡。但是，这个原生态的语境只不过是例证，让这个例证能成一家之言的是其中以潜在形式隐含的一般性理论因素。第一，社会经济发展具有阶段性质，这种性质已为人类社会经济演化历史的客观事实所证明。第二，经济发展先行一步的国家对后发国家，即进化到高一级经济发展阶段的国家对仍滞留于相对不发展阶段的国家具有示范效应。这样的示范效应以两种形式表现出来，自然而然和强制。第三，示范效应表现出来的过程是经济、政治和文化地理学意义上的空间扩张过程，这一过程不存在绝对性的界限。第四，经济发展阶段的前后相继具有线性演化的特点，这种特点不以个人、民族和国家的意志为转移。第五，社会历史性经济发展阶段前后相继和不断演化的目标是什么？马克思（包括恩格斯）终生奋斗所追求者就是这一目标的实现，即共产主义社会。当然，共产主义社会的到来需要前提条件，这样的前提条件可以用一个概念表达，即资本主义社会。没有资本主义社会作为前提条件或者说没有资本主义社会准备前提条件，谈论共产主义社会及其实现，只具有空想性质，不具有现实可能性。

在马克思文献中存在上述一般性的理论因素吗？当然存在。我们以《德意志意识形态》《共产党宣言》《哲学的贫困》等为例证，就足以说明问题。

其一，前资本主义经济与资本主义经济之间具有本质区别，前者向后者的过渡具有社会历史的必然性。就此而言，《共产党宣言》为我们揭示出，"资产阶级赖以形成的生产资料和交换手段，是在封建社会里造成的。在这些生产资料和交换手段发展的一定阶段上，封建社会的生产和交换在其中进行的关系，封建的农业和工场手工业组织，一句话，封建的所有制关系，就不再适应已经发展的生产力了。这种关系已经在阻碍生产而不是促进生产了。它变成了束缚生产的桎梏。它必须被炸毁，它已经被炸毁了"。经济变化"必然产生的结果就是政治的集中。各自独立的、几乎只有同盟关系的、各有不同利益、不同法律、不同政府、不同关税的各个地区，现在已经结合为一个拥有统一的政府、统一的法律、统一的民族阶级利益和统一的关税的统一的民族"。① 准确地说，上述内容向我们揭示的是西欧范围内经济、政治和文化意义上民族国家的形成过程。这一过程伴随经济、政治和文化三个方面的质变，封建主义经济变为资本主义经济，封建主义政治变为资本主义政治，封建主义文化变为资本主义文化。这样的质变不以个人的主观意志为转移。经济政治的变化导致了整个社会生活的根本性变化。"资产阶级在它已经取得了统治的地方把一切封建的、宗法的和田园诗般的关系都破坏了。它无情地斩断了把人们束缚于天然尊长的形形色色的封建羁绊，它使人和人之间除了赤裸裸的利害关系，除了冷酷无情的'现金交易'，就再也没有任何别的联系了。它把宗教虔诚、骑士热忱、小市民伤感这些情感的神圣发作，淹没在利己主义打算的冰水之中。它把人的尊严变成了交换价值，用一种没有良心的贸易自由代替了无数特许的和自力挣得的自由。总而言之，它用公开的、无耻的、直接的、露骨的剥削代替了由宗教幻想和政治幻想掩盖着的剥削。"② 政治和文化变化的源头是经济变化，这样的变化表明，资本主义经济在一个民族国家范围内具有两个方面的扩张性。在经济范围内，它永远不满足于现状，它把不利于自己发展的一切非资本主义经济因素统统消灭掉。与此同时，它不顾一切地向政治和文化生活领域扩张，以便使这两大领域适应自己发展的客观需要，为自己的发展服务。西欧近代社会历史发展的客观事实已经充分地证明了这一点。

其二，资本主义经济进行自然地理学意义的空间扩张具有社会历史意义的必然性。《德意志意识形态》对此的揭示如下："随着美洲和通往东印度的航线的发现，交往扩大了，工场手工业和整个生产运动有了巨大的发展。从那里输入的新产品，特别是进入流通的大量金银完全改变了阶级之间的相互关系，并且沉重地打击了封建土地所有制和劳动者；冒险者的远征，殖民地的开拓，首先是当时市场已经可能扩大为而且日益扩大为世

---

① 《马克思恩格斯文集》第 2 卷，人民出版社 2009 年版，第 36 页。

② 《马克思恩格斯文集》第 2 卷，人民出版社 2009 年版，第 33—34 页。

界市场，——所有这一切产生了历史发展的一个新阶段。"① 这样的空间扩张具有资本主义经济发展的早期特征，到资本主义经济的大工业时期，空间扩张对世界社会历史性质的影响要巨大得多，深刻得多。大工业"首次开创了世界历史，因为它使每个文明国家以及这些国家中的每一个人的需要的满足都依赖于整个世界，因为它消灭了各国以往自然形成的闭关自守的状态"。与此同时，"大工业发达的国家也影响着那些或多或少是非工业性质的国家，因为那些国家由于世界交往而被卷入普遍竞争的斗争中"。② 在《共产党宣言》中，马克思恩格斯对资本主义经济空间扩张的论述更有气势："资产阶级，由于一切生产工具的迅速改进，由于交通的极其便利，把一切民族甚至最野蛮的民族都卷到文明中来了。它的商品的低廉价格，是它用来摧毁一切万里长城、征服野蛮人最顽强的仇外心理的重炮。它迫使一切民族——如果它们不想灭亡的话——采用资产阶级的生产方式；它迫使它们在自己那里推行所谓的文明，即变成资产者。一句话，它按照自己的面貌为自己创造出一个世界。"③ 后来的历史演化表明，客观事实确实如此。资本主义经济的空间扩张没有止境，没有限度，用现在流行的话说是全球化。资本主义经济空间扩张结果性的具体表现是什么？请看马克思恩格斯的论述："资产阶级使农村屈服于城市的统治……正像它使农村从属于城市一样，它使未开化和半开化的国家从属于文明的国家，使农民的民族从属于资产阶级的民族，使东方从属于西方。"④ 资本主义经济空间扩张结果性的表现让我们明白了四点内容。第一，资本主义经济空间扩张的社会历史性质是使非资本主义经济变为资本主义经济，其中的非资本主义经济不仅仅指称封建主义经济，此外还有其他社会历史性质的经济，如尚未发育到封建主义经济程度的美洲印第安人经济和非洲的黑人经济。第二，资本主义经济空间扩张的阶级性质是资产阶级按照自己的需求改造一切，获得一切，统治一切，主宰一切。资本主义经济空间扩张的过程是凯歌行进的过程。第三，资本主义经济的空间扩张具有社会历史的时间性

① 《马克思恩格斯文集》第1卷，人民出版社2009年版，第562页。
② 《马克思恩格斯文集》第1卷，人民出版社2009年版，第566、567页。
③ 《马克思恩格斯文集》第2卷，人民出版社2009年版，第35—36页。
④ 《马克思恩格斯文集》第2卷，人民出版社2009年版，第36页。

质，它把还没有进化到资本主义社会历史阶段的经济体强制性地纳入资本主义经济洪流之中，使时间之流按自己的需要行进。第四，资本主义经济的空间扩张带有明显和具体的指向性质："文明的国家"向未开化和半开化的国家扩张；"城市"向"农村"扩张；"资产阶级的民族"向"农民的民族扩张"；"西方"向"东方"扩张。

其三，资本主义社会并不像资本家所期望和资产阶级学者所宣扬的那样具有永恒性质，由于其不可避免和无法解决的内在矛盾，必然结局是过渡到共产主义社会。从这种意义上说，马克思的《资本论》以及为写作《资本论》而准备的一系列经济学手搞中，所要论证者就是这一主题思想。在《共产党宣言》中，这一主题思想以高度浓缩的形式出现在我们面前："资产阶级的生产关系和交换关系，资产阶级的所有制关系，这个曾经仿佛用法术创造了如此庞大的生产资料和交换手段的现代资产阶级社会，现在像一个魔法师一样不能再支配自己用法术呼唤出来的魔鬼了。几十年来的工业和商业的历史，只不过是现代生产力反抗现代生产关系、反抗作为资产阶级及其统治的存在条件的所有制关系的历史。只要指出在周期性的重复中越来越危及整个资产阶级社会生存的商业危机就够了。在商业危机期间，总是不仅有很大一部分制成的产品被毁灭掉，而且有很大一部分已经造成的生产力被毁灭掉。在危机期间，发生一种在过去一切时代看来都好像是荒唐现象的社会瘟疫，即生产过剩的瘟疫。社会突然发现自己回到了一时的野蛮状态；仿佛是一次饥荒、一场普遍的毁灭性战争，使社会失去了全部生活资料；仿佛是工业和商业全被毁灭了。这是什么缘故呢？因为社会上文明过度，生活资料太多，工业和商业太发达。社会所拥有的生产力已经不能再促进资产阶级文明和资产阶级所有制关系的发展；相反，生产力已经强大到这种关系所不能适应的地步，它已经受到这种关系的阻碍；而它一着手克服这种障碍，就使整个资产阶级社会陷入混乱，就使资产阶级所有制的存在受到威胁。资产阶级的关系已经太狭窄了，再容纳不了它本身所造成的财富了。"基于此的结论是："资产阶级的灭亡和无产阶级的胜利是同样不可避免的。"① 这个强劲有力的社会历史线性演化逻辑极

---

① 《马克思恩格斯文集》第 2 卷，人民出版社 2009 年版，第 37、43 页。

富鼓动性，支撑逻辑的经验性事实也司空见惯，但要说充分地展开并详加论证，还要等到 19 世纪 50 年代以后才能变为现实。但是，资本主义社会必然灭亡和共产主义社会必然到来的社会历史线性演化逻辑毕竟用一般性理论语言表达出来了。

其四，共产主义社会的内在灵魂。共产主义社会的具体内容是什么？在不同的文献和语境中，马克思（包括恩格斯）从不同的角度和层面回答这一问题。例如，消灭私有制和建立公有制，在共产主义的初级阶段是工人阶级专政或无产阶级专政，等等。但是，或许人们重视不够的是共产主义社会的灵魂性内容，即个人的自由全面的发展。为了证明这一点，此处仅引证较为典型的两处论述。在《德意志意识形态》中，亚当·斯密影响的痕迹非常明显，我们见到的是从分工有害性影响消除的角度切入的共产主义论述："在共产主义社会里，任何人都没有特殊的活动范围，而是都可以在任何部门内发展，社会调节着整个生产，因而使我有可能随自己的兴趣今天干这事，明天干那事，上午打猎，下午捕鱼，傍晚从事畜牧，晚饭后从事批判，这样就不会使我老是一个猎人、渔夫、牧人或批判者。"① 论述风格使然，人们会得到一种欠缺严肃认真的印象。但是，与资本主义社会中的分工对劳动者的有害性影响相比就可以感悟到，这种论述既是严肃的，也是认真的。在共产主义社会中，仅从社会职业分工的角度看问题，个人自由和全面发展也是情理之中的事情。在《共产党宣言》中，我们见到了有关共产主义灵魂性内容的最经典表述："代替那存在着阶级和阶级对立的资产阶级旧社会的，将是这样一个联合体，在那里，每个人的自由发展是一切人的自由发展的条件。"② 两处论述都表明，共产主义之所以为共产主义的本质性特征是个人的自由发展。发展的前提是生存，由于共产主义社会中生产力高度发展，消灭了阶级和剥削，生存便不会成问题。自由发展何谓？自由相对于约束而言，约束主要表现于四个方面：自然必然性约束、社会制度性约束、人际交往性约束和个人的心智性约束。相对于资本主义社会四个方面的约束而言，共产主义社会中的个人已从这

---

① 《马克思恩格斯文集》第 1 卷，人民出版社 2009 年版，第 537 页。

② 《马克思恩格斯文集》第 2 卷，人民出版社 2009 年版，第 53 页。

些约束中解放出来，所以，自由的获得是自然而然的结果。获得自由后的结果呢？当然是发展。

其五，向共产主义社会过渡需要特定的前提条件，这个特定的前提条件是生产力的高度发展。像在理解共产主义的灵魂性内容问题时一样，人们往往把注意力集中于生产关系的变革而轻视个人自由，在这里则是忽视生产关系变革和个人自由发展的绝对性物质前提——生产力的高度发展。问题在于，这样的理解与马克思的理解相冲突，证据如下："生产力的这种发展（随着这种发展，人们的世界历史性的而不是地域性的存在同时已经是经验的存在了）之所以是绝对必需的实际前提，还因为如果没有这种发展，那就只会有贫穷、极端贫困的普遍化；而在极端贫困的情况下，必须重新开始争取必需品的斗争，全部陈腐污浊的东西又要死灰复燃。其次，生产力的这种发展之所以是绝对必需的实际前提，还因为：只有随着生产力这种的普遍发展，人们的普遍交往才能建立起来；普遍交往，一方面，可以产生一切民族中同时都存在着'没有财产的'群众这一现象（普遍竞争），使每一个民族都依赖于其他民族的变革；最后，地域性的个人为世界历史性的、经验上普遍的个人所代替。不这样，（1）共产主义就只能作为某种地域性的东西而存在；（2）交往的力量本身就不可能发展成为一种普遍的因而是不堪忍受的力量：它们会依然处于地方的、笼罩着迷信气氛的'状态'；（3）交往的任何扩大都会消灭地域性的共产主义。"① 如上论述包含了极其丰富又非常重要的内容。其中的内在逻辑是，生产力的高度发展之所以是实践性共产主义绝对必需的实际前提，是因为不如此就不能解决如下四个矛盾：第一，物质财富的充分涌流与因贫困的普遍化而导致的争夺生活必需品的斗争之间的矛盾；第二，因普遍交往而来的全面相互依赖关系与"地域性迷信"之间的矛盾；第三，民族的世界历史性存在与地域性存在之间的矛盾；第四，世界历史性个人与地域性个人之间的矛盾。这四个矛盾不解决，共产主义就不会具有实践性，而要解决这四个矛盾，生产力的高度发展当然就是绝对必需的前提。这里有一点必须强调指出，在马克思的语境中，生产力的高度发展在先，共产主义性

---

① 《马克思恩格斯文集》第1卷，人民出版社2009年版，第538页。

质的社会变革在后，相反的理解是离马克思的原生态思想而去。

其六，为共产主义社会的到来准备物质性或说生产力性前提条件的社会历史形式是什么？《德意志意识形态》和《共产党宣言》都告诉我们，只能是资本主义社会。后来，马克思在《资本论（1863—1865年手稿)》中，以生产方式三段论的强劲逻辑更为具体地回答了这一问题："资本关系本身的出现，是以一定的历史阶段和社会生产形式为前提的。在过去的生产方式中，必然发展起那些超出旧生产关系并迫使它们转化为资本关系的交往手段、生产资料和需要。但是，它们只需要发展到使劳动在形式上从属于资本的程度。然而，在这种已经改变了的关系的基础上，会发展起一种发生了特殊变化的生产方式，这种生产方式一方面创造出新的物质生产力，另一方面，它只有在这种新的物质生产力的基础上才能得到发展，从而在实际上给自己创造出新的现实的条件。由此就会出现完全的经济革命，这种革命一方面为资本对劳动的统治创造并完成其现实条件，为之提供相应的形式，另一方面，在这个由革命发展起来的与工人相对立的劳动生产力、生产条件与交往关系中，这个革命又为一个新生产方式，即扬弃资本主义生产方式这个对立形式的新生产方式创造出现实条件，这样，就为一种新形成的社会生活过程，从而为新的社会形态创造出物质基础。"①

其七，社会历史线性演化逻辑的哲学基础。上述六个方面的内容涉及两个历史关节点：非资本主义社会向资本主义社会过渡和资本主义社会向共产主义社会过渡，过渡的客观基础是经济性变革。这里需要我们关注的问题是，上述内容的哲学基础是什么？在《共产党宣言》中，我们可以找到针对非资本主义经济向资本主义经济过渡的哲学性揭示。"资产阶级除非对生产工具，从而对生产关系，从而对全部社会关系不断地进行革命，否则就不能生存下去。反之，原封不动地保持旧的生产方式，却是过去的一切工业阶级生存的首要条件。生产的不断变革，一切社会状况不停的动荡，永远的不安定和变动，这就是资产阶级时代不同于过去一切时代的地方。一切固定的僵化的关系以及与之相适应的素被尊崇的观念和见解都被消除了，一切新形成的关系等不到固定下来就陈旧了。一切等级的和

---

① 《马克思恩格斯文集》第8卷，人民出版社2009年版，第546—547页。

固定的东西都烟消云散了，一切神圣的东西都被亵渎了。"① 在《哲学的贫困》中，我们见到的是上升到一般性哲学高度的论述："随着新生产力的获得，人们改变自己的生产方式，随着生产方式即谋生的方式的改变，人们也就会改变自己的一切社会关系。手推磨产生的是封建主的社会，蒸汽磨产生的是工业资本家的社会。"② 两个地方的论述在指称对象和具体内容上小有区别，但内在逻辑一致。非资本主义经济向资本主义经济过渡和资本主义经济向共产主义经济过渡的决定性力量都是生产力的发展。生产力的发展达到一定高度，必然会产生层层上升和递进的影响与作用，具体表现出来的是社会生活各个层面的相应变化。相对于资产阶级而言，生产力的发展是一把双刃剑。贪婪的欲望得以满足，发财致富的目的得以达到，但这一阶级没有想到的是，生产力的发展还是自己灭亡的先决条件，是共产主义社会到来的物质前提。在这一社会历史逻辑的线性演化过程中，有惊心动魄和连绵不断的阶级斗争，有让资产阶级心惊肉跳的经济危机和因经济危机而来的社会危机，斗争与危机的相互交替和彼此影响，恰好构成了资产阶级逐步走向灭亡的生命途程。这是哲学吗？当然是哲学，并且这样的哲学来自或说基于社会历史演化的客观事实。资产阶级不愿也不敢承认这样的哲学，问题在于，不承认与不存在是两码事，因为事实胜于雄辩。

3. 特殊社会历史情势中的语境一

亲自参加 1848 年欧洲革命以后，马克思不得不重新流亡。1849 年 8 月 26 日到达伦敦，除短暂前往荷兰和德国等地旅行外直到逝世马克思再也没有离开过英国。为了养家糊口，除政治经济学研究外，马克思成了美国《纽约每日论坛报》驻伦敦的通讯员。在十年多一点的时间（1851 年 8 月至 1862 年 2 月）里，马克思写了大量有关欧洲重大事件的通讯和评论，有人统计说，这样的文章总数是近 500 篇。③ 需要说明的是，为了给

---

① 《马克思恩格斯文集》第 2 卷，人民出版社 2009 年版，第 34—35 页。

② 《马克思恩格斯文集》第 1 卷，人民出版社 2009 年版，第 602 页。

③ 参见 ［意］马塞罗·默斯托主编：《马克思的〈大纲〉——〈政治经济学批判大纲〉150 年》，闫月梅等译，闫月梅校，中国人民大学出版社 2011 年版，第 14、30、203 页。

马克思腾出时间研究政治经济学，文章中的约三分之一由恩格斯写作而由马克思署名发表，军事方面文章的情况更是如此。在这些为数巨量的文章中，其中有不少涉及或论述的对象是东方国家，如中国、印度、波斯和阿富汗，还有半东方国家如俄国和土耳其。当然，此时的东方国家是欧洲背景、欧洲重大事件中的东方国家，这是由当时特定的社会历史情势决定的。在这些文章中，《资本论》中的命题——"工业较发达的国家向工业较不发达的国家所显示的，只是后者未来的景象"——的社会历史线性演化逻辑以特殊形式表现出来，因为与西欧国家相比，东方国家的历史、地理、文化，尤其是面临的社会历史情势特点明显。社会历史线性演化逻辑特殊表现形式中的思想是马克思思想整体的有机组成部分。我们有责任把它梳理和再现出来。尤为重要者，我们是马克思作为论述对象的东方人如中国人的子孙，履行这样的责任更是理所应当。

马克思对东方国家如中国和印度的社会历史和现状、与西方国家的关系以及这种关系发展前景的看法，以对东方国家社会经济结构的认知为前提。在讲到 19 世纪 50 年代中英贸易关系时马克思指出："妨碍对华出口贸易迅速扩大的主要因素，是那个依靠小农业与家庭工业相结合而存在的中国社会经济结构。"[1] 马克思未曾到过中国，不懂中文，也没有专门研究过中国的历史及其现状，上述看法从何而来？有什么根据？"1852 年的一位英国官员米切尔"的实地观察为我们回答了问题："在收获完毕以后，农家所有的人手，不分老少，都一齐去梳棉、纺纱和织布；他们就用这种家庭自织的料子，一种粗重而结实、经得起两三年粗穿的布料，来缝制自己的衣服；而将余下来的拿到附近城镇去卖……每一个富裕的农家都有织布机，世界各国也许只有中国有这个特点。"因此，中国的农民"不单单是一个农民，他既是庄稼汉又是工业生产者"。[2] 在讲到印度时，同样的观点又出现在我们面前："从遥远的古代直到 19 世纪最初十年，无论印度过去在政治上变化多么大，它的社会状况却始终没有改变。"在下一自然段又说："从远古的时候起，在印度便产生了一种特殊的社会制度，即所

---

[1] 《马克思恩格斯文集》第 2 卷，人民出版社 2009 年版，第 672 页。

[2] 转引自《马克思恩格斯文集》第 2 卷，人民出版社 2009 年版，第 675 页。

谓村社制度，这种制度使每一个这样的小结合体都成为独立的组织，过着自己独特的生活。"① 马克思论述中的"小结合体"指称何谓？《资本论》为我们作出了具体说明。"那些目前还部分地保存着的原始的规模小的印度公社，就是建立在土地共同占有、农业和手工业直接结合以及固定分工的基础之上的，这种分工在组成新公社时成为现成的计划和略图……因此，生产本身与整个印度社会以商品交换为中介的分工毫无关系。"② 基于如上认知，马克思作出的相对于亚洲而言的一般性结论是，"亚洲各国不断瓦解、不断重建和经常改朝换代，与此截然相反，亚洲的社会却没有变化。这种社会的基本经济要素的结构，不为政治领域中的风暴所触动。"③

由以上的引述可知，马克思对于亚洲的看法观点很明确。亚洲的社会经济结构具有自己的特点，即小农业与家庭手工业牢不可破的结合。正是由于这一特点，任凭政治风浪冲击，亚洲社会生活的客观基础不变，自古如此，没有例外。

这样的特点及基于此而来的结论，与马克思基于西欧社会经济的历史发展实际而抽象出来的社会历史线性演化逻辑不协调。面对这样的不协调，马克思肯定陷入了深深的沉思，他自己提出的如下问题足以证明这一点："问题在于，如果亚洲的社会状态没有一个根本的革命，人类能不能实现自己的使命？"④ 人类的"使命"是硬性约束，如此具有特点的亚洲社会结构需要一场变革，应当有一场变革，这场变革的实质是一场"社会革命"。只有一场"社会革命"，才能与完成人类使命的客观需要相一致。

这场"社会革命"的原动力在哪里？马克思找到和指出的原动力具有明显外力论的性质。在讲到中国社会经济结构的变动情况时马克思说："中国在 1840 年战争失败以后被迫付给英国的赔款、大量的非生产性的鸦片消费、鸦片贸易所引起的金银外流、外国竞争对本国工业的破坏性影响、国家行政机关的腐化，这一切造成了两个后果：旧税更重更难负担，旧税之外又加新税……所有这些同时影响着中国的财政、社会风尚、工

---

① 《马克思恩格斯文集》第 2 卷，人民出版社 2009 年版，第 680、681 页。

② 《马克思恩格斯文集》第 5 卷，人民出版社 2009 年版，第 413 页。

③ 《马克思恩格斯文集》第 5 卷，人民出版社 2009 年版，第 415 页。

④ 《马克思恩格斯文集》第 2 卷，人民出版社 2009 年版，第 683 页。

业和政治结构的破坏性因素，到 1840 年在英国大炮的轰击之下得到了充分的发展；英国的大炮破坏了皇帝的权威，迫使天朝帝国与地上的世界接触。与外界完全隔绝曾是保存旧中国的首要条件，而当这种隔绝状态通过英国而为暴力所打破的时候，接踵而来的必然是解体的过程，正如小心保存在密闭棺材里的木乃伊一接触新鲜空气便必然要解体一样。"① 在讲到印度社会经济结构的变化情况时，马克思说："内战、外侮、革命、征服、饥荒——尽管所有这一切接连不断地对印度斯坦造成的影响显得异常复杂、剧烈和具有破坏性，它们却只不过触动它的表面。英国则摧毁了印度社会的整个结构，而且至今还没有任何重新改建的迹象。""这些细小刻板的社会机体大部分已被破坏，并且正在归于消失，这与其说是由于不列颠收税官和不列颠士兵的粗暴干涉，还不如说是由于英国蒸汽机和英国自由贸易的作用……结果，就在亚洲造成了一场前所未闻的最大的、老实说也是唯一的一次社会革命。"② 读罢马克思的论述不用思索便能得出结论，亚洲各国自身没有能力从非资本主义社会向资本主义社会过渡，以往的历史上只有社会动荡和改朝换代但没有真正意义的社会革命的事实就足以证明这一点。英国人在中国是用大炮和鸦片，在印度则是用蒸汽机和自由贸易，从根本上摧毁了中国和印度的社会经济结构。这种巨大和根本性变化的社会历史性质是什么？马克思的定性是"社会革命"。这是资本主义经济向非资本主义经济空间扩张的结果。相对于资本主义国家而言，这种结果的出现是"凯歌行进"的过程，相对于被空间扩张的非资本主义国家而言，则是灾难！

马克思如何看待这些现代人难以理喻的、由资本主义经济向非资本主义经济的空间扩张所造成的灾难？他的社会历史线性演化逻辑的特点又一次表现出来。在讲到印度被英国征服的情况时，他说："印度本来就逃不掉被征服的命运，而它过去的全部历史，如果还算得上是什么历史的话，就是一次又一次被征服的历史。印度社会根本没有历史，至少是没有为人所知的历史。我们通常所说的它的历史，不过是一个接着一个的入侵者的历史，他们就在这个一无抵抗、二无变化的社会的消极基础上建立了

---

① 《马克思恩格斯文集》第 2 卷，人民出版社 2009 年版，第 609 页。

② 《马克思恩格斯文集》第 2 卷，人民出版社 2009 年版，第 679、682 页。

他们的帝国。因此，问题并不在于英国人是否有权征服印度，而在于我们是否宁愿让印度被土耳其人、波斯人或俄国人征服而不愿让它被不列颠人征服。"① 不列颠文明真的高于印度文明？不列颠人有大炮和蒸汽机，印度人没有，所以不列颠文明高于印度文明。但是，从精神文明层面看问题，结论会与此截然相反。当印度人创立了伟大的宗教和写出启人心智的哲学诗篇的时候，不列颠人之所以为人的精神世界还几乎是一片空白呢。尤为重要者，侵略和征服也有好坏之分？谁赋予英国征服者这样的权利？往下是马克思对问题的回答。

上述认识是马克思头脑中强劲的社会历史线性演化逻辑促生的结果。他认为，英国之所以具有征服印度的优先权，是因为它负有的历史使命具有特殊性。"英国在印度要完成双重的使命：一个是破坏的使命，即消灭旧的亚洲式的社会；另一个是重建的使命，即在亚洲为西方式的社会奠定物质基础。"这个"重建的使命"的具体内容是什么？"使印度达到比从前在大莫卧儿人统治下更加牢固和更加扩大的政治统一，是重建印度的首要条件。不列颠人用刀剑实现的这种统一，现在将通过电报而巩固起来，永存下去。由不列颠的教官组织和训练出来的印度人军队，是印度自己解放自己和不再一遇到外国入侵者就成为战利品的必要条件。第一次被引进亚洲社会并且主要由印度人和欧洲人的共同子孙所领导的自由报刊，是改建这个社会的一个新的和强有力的因素。柴明达明尔制度和莱特瓦尔制度本身虽然十分可恶，但这两种不同形式的土地私有制却是亚洲社会迫切需要的。从那些在英国人监督下在加尔各答勉强受到一些很不充分的教育的印度当地人中间，正在崛起一个具有管理国家的必要知识并且熟悉欧洲科学的新的阶级。蒸汽机使印度能够同欧洲经常地、迅速地交往，把印度的主要港口同整个东南海洋上的港口联系起来，使印度摆脱了孤立状态，而孤立状态是它过去处于停滞状态的主要原因。在不远的将来，铁路加上轮船，将使英国和印度之间的距离以时间计算缩短为八天，而这个一度是神话中的国度就将同西方世界实际地联结在一起。"② 梳理马克思的论述可以

---

① 《马克思恩格斯文集》第 2 卷，人民出版社 2009 年版，第 685—686 页。

② 《马克思恩格斯文集》第 2 卷，人民出版社 2009 年版，第 686—687 页。

看出，英国人在印度重建中能够带来的"宝物"是六个方面的内容。第一，政治统一；第二，现代化的军队；第三，自由报刊；第四，土地私有制；第五，管理国家的知识精英；第六，电报、铁路和轮船等通讯与交通工具。这六个方面的内容同时也是判断标准，有了它们，资本主义经济向非资本主义经济空间扩张的过程便是"大功告成"，否则，这个极其剧烈、残酷和泯灭人性的过程还要持续下去。问题在于，与西欧社会历史线性演化过程不同的是，亚洲社会历史的线性演化过程要靠外部力量，要靠英国人这种"杀人又强奸妇女的文明贩子们"①（恩格斯语）来完成，而西欧社会的线性历史演化则是自生自发过程。

马克思语境中的亚洲社会历史线性演化逻辑进展到此似乎已经结束，因为资本主义经济向非资本主义经济空间扩张的必然性过程已被阐释清楚。但是，如此地理解问题既与马克思的观点相冲突，也没有把马克思的观点与带有帝国主义倾向的资产阶级观点区别开来。实际情况是，马克思的观点还有一部分内容是我们绝对不能忽略的。他心里很清楚，"英国资产阶级将被迫在印度实行的一切，既不会使人民群众得到解放，也不会根本改善他们的社会状况，因为这两者不仅仅决定于生产力的发展，而且还决定于生产力是否归人民所有"②。从这一角度看问题，英国资产阶级只是"充当了历史的不自觉的工具"，③ 因为资产阶级还负有没有自觉意识到也根本不情愿的"为新世界创造物质基础的使命：一方面要造成以全人类互相依赖为基础的普遍交往，以及进行这种交往的工具；另一方面要发展人的生产力，把物质生产变成对自然力的科学支配。资产阶级的工业和商业正为新世界创造这些物质条件，正像地质变革创造了地球表层一样。只有在伟大的社会革命支配了资产阶级时代的成果，支配了世界市场和现代生产力，并且使这一切都服从于最先进的民族的共同监督的时候，人类的进步才会不再像可怕的异教神怪那样，只有用被杀害者的头颅做酒杯才能喝下甜美的酒浆"④。这或许就是马克思所理解的人类使命。

---

① 《马克思恩格斯文集》第 2 卷，人民出版社 2009 年版，第 626 页。
② 《马克思恩格斯文集》第 2 卷，人民出版社 2009 年版，第 689 页。
③ 《马克思恩格斯文集》第 2 卷，人民出版社 2009 年版，第 683 页。
④ 《马克思恩格斯文集》第 2 卷，人民出版社 2009 年版，第 691 页。

通过比较可以看出，外力论的社会历史线性演化逻辑与自生自发论的社会历史线性演化逻辑之间的区别很大，最明显的表现是不同的国家和民族总处于不同的地位，实际获得的结果而非理论意义上的结果也很不相同。马克思确实意识到了问题的客观存在，所以他在观察和评价诸如印度被征服和中国被侵略的问题时，精神世界就复杂得多。具体说，这种精神世界有三个层面：情感、道义和社会历史的线性演化逻辑。三者之间的关系可想而知，当然是情感和道义有所表露，但最终还得服从于社会历史线性逻辑演化的需要。

第一，情感。马克思写有《鸦片贸易史》一文。他在讲到英国通过东印度公司向中国输出鸦片，毒害中国人民的情况时说："中国皇帝为了制止自己臣民的自杀行为，下令同时禁止外国人输入和本国人吸食这种毒品，而东印度公司却迅速地把在印度种植鸦片和向中国私卖鸦片变成自己财政系统的不可分割的部分。半野蛮人坚持道德原则，而文明人却以自私自利的原则与之对抗。一个人口几乎占人类三分之一的大帝国，不顾时势，安于现状，人为地隔绝于世并因此竭力以天朝尽善尽美的幻想自欺。这样一个帝国注定最后要在一场殊死的决斗中被打垮：在这场决斗中，陈腐世界的代表是激于道义，而最现代的社会的代表却是为了获得贱买贵卖的特权——这真是任何诗人想也不敢想的一种奇异的对联式悲歌。"[1] 马克思对中国的情感很复杂，愤其不争，痛恨其与世隔绝和不思进取的态度，指出中国必然被打垮的趋势，并指出这是难以想象的"悲歌"。

第二，道义。1856 年，英国人以胡编乱造的理由发动了第二次鸦片战争。针对英国人胡编乱造的理由马克思怒斥说："广州城的无辜居民和安居乐业的商人惨遭屠杀，他们的住宅被炮火夷为平地，人权横遭侵犯，这一切都是在'中国人的挑衅行为危及英国人的生命和财产'这种站不住脚的借口下发生的！英国政府和英国人民——至少那些愿意弄清这个问题的人们——都知道这些非难是多么虚伪和空洞……英国人控告中国人一桩，中国人至少可以控告英国人九十九桩。"[2] 由上述论述可以看出，马克

---

① 《马克思恩格斯文集》第 2 卷，人民出版社 2009 年版，第 632 页。

② 《马克思恩格斯文集》第 2 卷，人民出版社 2009 年版，第 620—621 页。

思在道义上站在中国人民一边，声援中国人民，揭露和怒斥英国人的侵略行径。中华民族在那个风雨飘摇、四面楚歌的危急悲苦年代，一位西方人仗义执言地为中国人民声辩，实在是雪中送炭，难能可贵。

第三，社会历史的线性演化逻辑。在《不列颠在印度的统治》一文中，马克思针对印度人的遭遇和有可能的历史命运，发表了基于社会历史线性演化逻辑而来的相对系统的看法。通过这种看法我们可以明显地感受到，在社会历史线性演化逻辑面前，他对亚洲人民的情感和道义担当都退居次要地位，必须服从于社会历史线性演化逻辑的需要，使这种逻辑居于第一的位置。"从人的感情上来说，亲眼看到这无数辛勤经营的宗法制的祥和无害的社会组织一个个土崩瓦解，被投入苦海，亲眼看到它们的每个成员既丧失自己的古老形式的文明又丧失祖传的谋生手段，是会感到难过的；但是我们不应该忘记，这些田园风味的农村公社不管看起来怎样祥和无害，却始终是东方专制制度的牢固基础，它们使人的头脑局限在极小的范围内，成为迷信的驯服工具，成为传统规则的奴隶，表现不出任何伟大的作为和历史首创精神。我们不应该忘记那些不开化的人的利己主义，他们把全部注意力集中在一块小得可怜的土地上，静静地看着一个个帝国的崩溃、各种难以形容的残暴行为和大城市居民的被屠杀，就像观看自然现象那样无动于衷；至于他们自己，只要哪个侵略者肯于垂顾他们一下，他们就成为这个侵略者的驯顺的猎获物。我们不应该忘记，这种有损尊严的、停滞不前的、单调苟安的生活，这种消极被动的生存，在另一方面反而产生了野性的、盲目的、放纵的破坏力量，甚至使杀生害命在印度斯坦成为一种宗教仪式。我们不应该忘记，这些小小的公社带着种姓划分和奴隶制度的污痕；它们使人屈服于外界环境，而不是把人提高为环境的主宰；它们把自动发展的社会状态变成了一成不变的自然命运，因而造成了对自然的野蛮的崇拜，从身为自然主宰的人竟然向猴子哈努曼和母牛撒巴拉虔诚地叩拜这个事实，就可以看出这种崇拜是多么糟蹋人了。"① 马克思以谈论印度农村公社必然灭亡的形式历数印度人的种种缺陷甚至弊端，四个"我们不应该忘记"的排比句式重复，表现出马克思在情感与社会历史线性演化逻辑之间

---

① 《马克思恩格斯文集》第 2 卷，人民出版社 2009 年版，第 682—683 页。

的关系问题上是多么强硬地让情感服从于社会历史的线性演化逻辑。

当然，在以上的论述中，马克思让情感服从于社会历史线性演化逻辑的情况还以潜在的形式存在，在如下的论述中，这种想法则是以最直白的形式表达出来了："的确，英国在印度斯坦造成社会革命完全是受极卑鄙的利益所驱使，而且谋取这些利益的方式也很愚蠢。但是问题不在这里。问题在于，如果亚洲的社会状态没有一个根本的革命，人类能不能实现自己的使命？如果不能，那么，英国不管犯下多少罪行，它造成这个革命毕竟是充当了历史的不自觉的工具。""总之，无论一个古老世界崩溃的情景对我们个人的感情来说是怎样难过，但是从历史观点来看，我们有权同歌德一起高唱：'我们何必因这痛苦而伤心，既然它带给我们更多欢乐？难道不是有千千万万生灵曾经被帖木儿的统治吞没？'"① 以最直白形式表达出来的情感服从于社会历史线性演化逻辑的想法是后人无法更动的客观事实。面对这样的客观事实，印度人怎么想呢？中国人怎么想呢？或许马克思表达自己的想法时并没有意识到要听一听印度人、中国人的想法。这个刚性、强劲的社会历史线性演化逻辑背后是世界历史的演化过程，在这一过程中，以英国为代表和典型的西方人是发动者，是主宰者，是定调者，是哲学理念的提供者。

马克思对亚洲社会及其未来命运的看法已如上述。由这些看法就可发现，为了使自己的看法与《资本论》中特定语境的社会历史线性演化逻辑保持一致，也为了与《德意志意识形态》和《共产党宣言》等文献中一般性理论语境中的社会历史线性演化逻辑保持一致，马克思在说明亚洲社会及其前景问题时附加了诸多新的理论因素。稍作概括，这些新的理论因素就会出现在我们面前：第一，社会经济结构特殊论；第二，亚洲社会变革需要外力推动论；第三，特种文明如英国文明优越论；第四，优等文明双重历史使命论；第五，情感和道义服从社会历史线性演化逻辑论；第六，侵略有理论。如何看待和评价这六个极富挑战性确实也极具复杂性的理论因素？或许我们这些被马克思评价过的亚洲人的子孙也会陷入马克思当时遇到的思想困境：情感与理智不协调，相冲突。

---

① 《马克思恩格斯文集》第 2 卷，人民出版社 2009 年版，第 683、683—684 页。

4.特殊社会历史情势中的语境二

到目前为止，我们已经论及了马克思社会历史线性演化逻辑的三个语境：工业较不发达的国家向工业较为发达国家过渡的原生态语境、前资本主义社会向资本主义社会过渡和资本主义社会向共产主义社会过渡的一般性理论语境，以及亚洲国家由前资本主义社会向资本主义社会过渡的特殊社会历史情势中的语境。实际上，马克思论述社会历史线性演化逻辑的语境还有一个，即俄国社会历史的线性演化逻辑语境。这一演化逻辑的语境更为特殊，它涉及的内容是前资本主义社会向共产主义社会过渡的问题。人们基于对马克思相关文献的特定解读，对问题作出了肯定性回答，由此衍生出所谓的马克思东方社会理论。这一理论试图告诉人们，俄国社会历史具有特殊性，面临的国际情势也具有特殊性，所以马克思认为，俄国可以不经历资本主义社会的苦难，直接过渡到共产主义社会。这就是马克思在俄国社会历史线性演化逻辑问题上"跨越资本主义的卡夫丁峡谷"理论。

这是马克思的观点吗？这样的观点、这样的理论和这样的回答与马克思的一般性社会历史线性演化逻辑是什么关系？这是需要我们在自觉意识层面提出来并加以研究的问题。不提出和不研究问题并不等于问题不存在。实际情况是，不管我们多么无视它们的客观存在，它们仍然会以挑战性的姿态在那里客观地存在着，逼迫我们作出回答。鉴于这样的理论情势，基于马克思的文献，梳理马克思极为复杂的理论表述，对上述问题作出符合马克思原生态思想的回答，是我们义不容辞的责任。

马克思大规模和系统地与俄国社会历史、现状及未来的前景问题结缘有三个契机。

第一，《资本论》第一卷出版（1867年）后，马克思开始整理和加工第二、三卷的内容。在涉及地租和土地制度问题的历史时，马克思接触到了俄国土地制度的历史资料。为了更好地研究和利用这些史料，马克思自学了俄语（1869年）。"在他逝世后，恩格斯吃惊地发现马克思的稿纸中有超过两立方米的材料全是俄国的统计数字。在这些年中，马克思用他那细小的字体几乎写满了3000页纸——这些手稿几乎全是他的阅读笔记。"① 如此巨量的经过加工的统计数据表明，马克思在俄国社会历史及其现状问题上已经下了多么大的工夫。

第二，1877 年，俄国国内针对俄国农业公社制度历史、现状及其前景问题的争论中涉及马克思《资本论》中《所谓原始积累》一章的基本观点。其中的资产阶级自由派认为，马克思的观点表明，俄国农业公社的命运是必然灭亡；民粹派的观点则认为，马克思的观点表明了俄国农业公社恰恰相反的历史命运。为了回应这种争论，马克思专门写作了《给〈俄国纪事〉杂志编辑部的信》，借以澄清自己的立场和观点："假如俄国想要遵照西欧各国的先例成为一个资本主义国家——它最近几年已经在这方面费了很大的精力——，它不先把很大一部分农民变成无产者就达不到这个目的；而它一旦倒进资本主义制度的怀抱，它就会和尘世间的其他民族一样地受那些铁面无情的规律的支配。事情就是这样。但是这对我的批评家来说是太少了。他一定要把我关于西欧资本主义起源的历史概述彻底变成一般发展道路的历史哲学理论，一切民族，不管它们所处的历史环境如何，都注定要走这条道路，——以便最后都达到在保证社会劳动生产力极高度发展的同时又保证每个生产者个人最全面的发展的这样一种经济形态。但是我要请他原谅。（他这样做，会给我过多的荣誉，同时也会给我过多的侮辱。）"② 从马克思的论述中可以概括出如下内容。其一，《资本论》中关于西欧资本主义历史起源的概述不是关于一般性发展道路的历史哲学理论，如此理解者的所谓"理解"是误解。其二，按照经济自由主义者的意愿，俄国要模仿西欧资本主义发展的道路，如此行为的必然的结果是经历已经在西欧发生过的资本主义苦难。其三，把特殊语境中的理论概述变为一般性理论，貌似给概述者"过多的荣誉"，实际结果是给了概述者"过多的侮辱"。其四，提出上述观点的根据在于，"极为相似的事变发生在不同的历史环境中就引起了完全不同的结果"③。正是因为如此，对俄国农业公社的命运问题要作具体分析，这是不能随意改变的方法论原则。

---

① ［英］戴维·麦克莱伦：《马克思传》，王珍译，中国人民大学出版社 2008 年版，第399 页。

② 《马克思恩格斯文集》第 3 卷，人民出版社 2009 年版，第 466 页。

③ 《马克思恩格斯文集》第 3 卷，人民出版社 2009 年版，第 466 页。

　　第三，1881 年 2 月 16 日，俄国劳动解放社的创始人之一查苏利奇写信请求马克思谈谈他对俄国历史发展的前景，特别是对俄国农业公社命运的看法："你比谁都清楚，这个问题在俄国是多么为人注意……最近我们经常可以听到这样的见解，认为农村公社是一种古老的形式，历史、科学社会主义——总之，一切不容争辩的东西——，使农村公社注定要灭亡。鼓吹这一点的人都自称是你的真正的学生，'马克思主义者。'""如果你能说明你对我国农村公社可能的命运以及关于世界各国由于历史的必然性都应经过资本主义生产各阶段的理论的看法，那么，这将使我们获得极大的帮助。"① 这封求教信情真意切，但涉及的理论因素较为复杂。持俄国农业公社必然灭亡论观点的有两类人，一类是经济自由主义者，一类是自称为马克思学生的人。写信求教者查苏利奇具有民粹主义思想的背景，可想而知，她的观点与上述两种观点尖锐对立。面对这样的求教信，马克思不能不作出回答，而要作出回答，就必须表明自己在俄国农业公社的历史、现状及前景问题上的基本立场。这样的立场是一种社会历史的线性演化逻辑，这种逻辑与《资本论》中的基本观点和《共产党宣言》等文献中一般性社会历史线性演化逻辑之间的关系是难点之一，也是焦点之一。马克思确实写了复信且一共写了四稿，但其中的理论观点到底何谓？这绝对不是一个简单因而能轻易作出回答的问题。

　　复信一共写了四稿的事实表明，马克思对自己所要回答的问题一时陷入困惑之中。如下情况可以证明这一点。其一，如果马克思能胸有成竹地回答问题，复信写一稿足矣，犯不着非要写四稿不可。其二，第一稿与第四稿比较就可发现，马克思对自己的观点表述有一个从具体到抽象的演化过程，尤为重要者，到第四稿中不再出现"跨越资本主义制度的卡夫丁峡谷"的提法。其三，统计数据也能说明问题。第一稿计有 46 自然段构成，第四稿则仅有 7 自然段，大量的理论分析被舍弃掉。其四，在同一稿中出现重复论述的情况，前三稿中这样的例证可以找到六处。其五，马克思在复信的终稿即第四稿开头便说："承蒙您向我提出问题，但很遗憾，我却不能给您一个适合于发表的简短

---

①　转引自《马克思恩格斯文集》第 3 卷，人民出版社 2009 年版，第 702—703 页。

说明。"① 在这句话中有两点需要关注。"很遗憾"的提法绝对不仅仅是客套，它表明马克思由于确实拿不出自己认为满意的理论性回答而表示惭愧。"不能"提供"适合于发表"的"说明"的态度表明，马克思对自己信中的观点拿不准。

作为具有如此超人学识和智慧的人，马克思为什么会陷入困惑之中？我们能够找到的答案是，俄国农业公社的历史、现状和命运问题，既具有存在形态意义上的极度复杂性，又具有理论形态意义上的极度复杂性。尤为重要者，对这一问题的回答涉及马克思自己理论中的一系列问题。第一，如果对问题作出否定性回答，俄国农业公社可能的命运是必然灭亡，那么，就有可能陷入自己的观点与资产阶级经济自由主义观点难以区分的局面。第二，如果对问题作出肯定性回答，俄国农业公社可能的命运是能够不经历资本主义的苦难而"跨越资本主义制度的卡夫丁峡谷"，那么，就有可能陷入自己的观点与俄国民粹主义者的观点难以区分的局面。第三，如果对问题作出肯定性回答，其内在的理论本质是生产关系先行论，那么，这样的观点与自己其他语境中的社会历史线性演化逻辑相冲突，因为其他语境中的基本观点认为，生产力发展是绝对必需的前提。第四，如果对问题作出否定性回答，灭亡是俄国农业公社在劫难逃的命运，那么，评价中国和印度社会历史线性演化逻辑问题时的困境又会出现，即情感与理智相冲突。尤其重要者，这会挫伤俄国革命者的革命积极性。第五，如果对问题作出肯定性回答，那么，俄国农业公社的现状会提出强烈抗议，从 1861 年到 1881 年 20 年的时间里，俄国的资本主义经济获得了长足发展，俄国的农业公社已遭到致命性破坏，再恢复原状以便成为"社会新生的支点"，实属不可能，至于理论上的可能性，那只不过是理论上的可能性而已，此外什么也不是。由这五个难以回答的问题就可以看出，俄国农业公社的前景问题是马克思晚年的真正困惑之一。

不管问题多么难回答，该回答的问题还是要回答。马克思确实作出了回答。综合马克思复信的四稿内容可以看出，他回答问题的理论结构由三部分组成：说明《资本论》第一卷中的相关内容与俄国农业公社命运问

---

① 《马克思恩格斯文集》第 3 卷，人民出版社 2009 年版，第 589 页。

题争论的关系，从理论可能性上分析俄国农业公社有可能的发展前景和"回到俄国现实中来"看待俄国农业公社的现状和命运。两种回答问题的方式得到的是几近相反的结论。

从 1877 年起，马克思被迫卷进了有关俄国农业公社命运的争论中，其中的原因并不复杂，《资本论》中的"所谓原始积累"一章对西欧资本主义的起源作了基于历史事实的理论概述。争论双方都以马克思概述中的内容作为确立自己观点的理论根据。马克思要回答查苏利奇提出的问题，前提条件之一是说清楚《资本论》中的相关内容与俄国农业公社前景问题争论之间的关系。复信第三稿对这种关系的说明最为明确："我在分析资本主义生产的起源时说：'因此，在资本主义制度的基础上，生产者和生产资料彻底分离了……全部过程的基础是对农民的剥夺。这种剥夺只是在英国才彻底完成了……但是，西欧的其他一切国家都正在经历着同样的运动。'""可见，这一运动的'历史必然性'明确地限制在西欧各国的范围内。造成这种限制的原因在第三十二章的下面这一段里已经指出：'以自己的劳动为基础的私有制……被以剥削他人劳动即以雇佣劳动为基础的资本主义私有制所排挤。'""因此，在这种西方的运动中，问题是把一种私有制形式变为另一种私有制形式。相反，在俄国农民中，则是要把他们的公有制变为私有制。人们承认还是否认这种转变的必然性，提出赞成或反对这种转变的理由，都和我对资本主义制度起源的分析毫无关系。"① 争论的语气表明，马克思不愿意看到自己的观点被当作争论双方中任何一方的理论根据这种现象出现。但是，既然这种现象出现了，那么就要把自己的立场和观点以最直接和最明白的形式表达出来，"毫无关系"之说可资为证。当然，说"毫无关系"就得拿出根据，马克思确实拿出了根据。其一，从地理角度看问题，一是在西欧，一是在东欧，这二者之间毕竟有区别。其二，《资本论》中所指涉的对象是从一种私有制转变为另一种私有制，有关俄国农业公社前景问题的争论焦点，则是从公有制转变为私有制。这二者之间确实具有无法否认的本质性区别。忽略二者之间的本质性区别而生搬硬套地运用马克思的理论概述，实在是不切合实际。

---

① 《马克思恩格斯文集》第 3 卷，人民出版社 2009 年版，第 583 页。

回到查苏利奇信中求教的问题上来。俄国农业公社的前景到底如何呢？马克思运用特殊方式回答问题。他假定了一种俄国农业公社纯而又纯的理论状态，即"理论上的可能性"，"从纯理论观点"上看等。① 在这样的理论状态中，俄国农业公社可以"跨越资本主义制度的卡夫丁峡谷"而成为"俄国社会新生的支点"。这样的理论状态由三个方面的内容组成。

第一，与较古类型的公社相比，俄国农业公社具有三个特点，实际上是优点。"首先，所有较早的原始公社都是建立在公社社员的血缘亲属关系上的；'农业公社'割断了这种牢固然而狭窄的联系，就更能够扩大范围并经受得住同外界的接触。""其次，在公社内，房屋及其附属物——园地，已经是农民的私有财产，可是远在引入农业以前，共有的房屋曾是早先各种公社的物质基础之一。""最后，虽然耕地仍然是公有财产，但定期在农业公社各个社员之间进行分配，因此，每个农民自力经营分配给他的田地，并且把产品留为己有，然而在较古的公社中，生产是共同进行的，只有产品才拿来分配。这种原始类型的合作生产或集体生产显然是单个人的力量太小的结果。而不是生产资料社会化的结果。"② 之所以说上述三个特点是优点，根据在于比较范围。与较古类型的公社相比，俄国农业公社的构成要素更能适应于未来共产主义社会的客观需要，如交往的普遍化和更高的个人生产能力。

第二，俄国农业公社固有的二重性有利于过渡到未来的共产主义社会。这样说的理由在于，"显然，农业公社制度所固有的这种二重性能够赋予它强大的生命力。它摆脱了牢固然而狭窄的血缘亲属关系的束缚，并以土地公有制以及公有制所造成的各种社会联系为自己的稳固基础；同时，各个家庭单独占有房屋和园地、小地块耕种和私人占有产品，促进了那种与较原始的公社机体不相容的个性的发展"。③ 马克思对自己的观点表达得很清楚，俄国农业公社中的公有制因素有利于形成共产主义社会所需要的各种各样的社会联系，而其中的私有制因素则有利于形成未来共产

① 参见《马克思恩格斯文集》第 3 卷，人民出版社 2009 年版，第 571、573、576、577、578、579—580 页。

② 《马克思恩格斯文集》第 3 卷，人民出版社 2009 年版，第 573—574 页。

③ 《马克思恩格斯文集》第 3 卷，人民出版社 2009 年版，第 586 页。

主义社会所需要的个人个性的发展。

第三，俄国农业公社与资本主义制度的同时并存，使它具有了过渡到未来共产主义社会的物质可能性。马克思在讲到这一点时信心满满，"设备、肥料、农艺上的各种方法等等集体劳动所必需的一切资料，到哪里去找呢？俄国'农村公社'比同一类型的古代公社大大优越的地方正是在这里。在欧洲，只有俄国的'农村公社'在全国范围内广泛地保存下来了。因此，它目前处在这样的历史环境中：它和资本主义生产的同时存在为它提供了集体劳动的一切条件。它有可能不通过资本主义制度的卡夫丁峡谷，而占有资本主义制度所创造的一切积极的成果。俄国土地的天然地势，适合于利用机器进行大规模组织起来的、实行合作劳动的农业经营"①。

三个方面的条件很诱人，由此得出俄国农业公社可以跨越资本主义制度"卡夫丁峡谷"的结论显得有充分根据。人们据此而认定，马克思对查苏利奇的问题作出了没有保留条件的肯定性回答，进而认定，马克思有一个所谓的东方社会理论。基于马克思文献理解问题就会发现，这样的"认定"由于太一厢情愿而离马克思原生态的想法很远。人们在看到马克思以上论述时并没有注意到或是有意忽略了，得出能够跨越资本主义"卡夫丁峡谷"的结论只不过是就"理论上的可能性"而言，要使"理论上的可能性"变为现实，就必须具备一系列前提条件，马克思列出了这些前提条件，稍加梳理便是如下几个方面的内容：其一，俄国农业公社被置于正常的条件之下；其二，消除对俄国农业公社的破坏性影响；其三，消除压在俄国农业公社身上的重担；其四，获得正常数量的土地；其五，俄国爆发革命；其六，国债等经济社会资源都用于发展俄国的农业公社。② 问题的要害在于，马克思写信的 1881 年存在上述前提条件吗？实际情况是其中的一个前提条件也不具备，更遑论全部六个方面的前提条件了。缺乏前提条件的"理论上的可能性"只能停留于理论假定层面，什么问题也说明不了。

认定马克思对查苏利奇的问题作了肯定性回答的人们显然是犯了盲

① 《马克思恩格斯文集》第 3 卷，人民出版社 2009 年版，第 578 页。

② 参见《马克思恩格斯文集》第 3 卷，人民出版社 2009 年版，第 571、590、578、582 页。

目乐观主义的错误，因为马克思还有另一种回答问题的方式，这就是"我们必须从纯理论回到俄国现实中来"①。基于这种回答问题的方式而来的看法，使俄国农业公社的前景暗淡起来，它几近灭亡，或者说它必然会灭亡。这样的暗淡前景表明，现在再谈论跨越资本主义制度的"卡夫丁峡谷"问题，已经没有现实意义了。为了说明俄国农业公社的前景不容乐观，马克思为我们陈述了三个方面的情况。

第一，国家正在加大力度地破坏农业公社。"正是从所谓农民解放的时候起，国家把俄国公社置于不正常的经济条件之下，并且从那时候起，国家借助集中在它手中的各种社会力量来不断地压迫公社。由于国家的财政搜刮而被削弱得一筹莫展的公社，成了商业、地产、高利贷随意剥削的任人摆布的对象。这种外来的压迫激发了公社内部原来已经产生的各种利益的冲突，并加速了公社的各种瓦解因素的发展。但是，还不止如此。国家靠牺牲农民培植起来的是西方资本主义制度的这样一些部门，它们丝毫不发展农业生产能力，却特别有助于不从事生产的中间人更容易、更迅速地窃取它的果实。这样，国家就帮助了那些吮吸'农村公社'本来已经枯竭的血液的新资本主义寄生虫去发财致富……破坏性影响的这种共同作用，只要不被强大的反作用打破，就必然会导致农村公社的灭亡。"② 现在，只要提出一个问题并作出回答，马克思的思路马上就会清晰起来。他寄予厚望的"强大的反作用"因素出现了吗？当然没有出现。既然没有出现，那么，俄国农业公社的灭亡就是必然的了。

第二，俄国已经产生和存在的资本主义经济因素正在推波助澜地加速俄国农业公社灭亡的进程，这是由资本主义经济发展的客观需要决定的。针对这一点，马克思的论述如下："为什么从农村公社的现状中得到好处的所有这些利害关系者（包括政府监护下的大工业企业），合谋要杀死给他们下金蛋的母鸡呢？正因为它们感到：'这种现状'不能继续维持下去，因而现在的剥削方式已经过时了。由于农民的贫困状况，地力已经耗尽而变得贫瘠不堪。丰年被荒年抵消。最近十年的平均数字表明，农业

---

① 《马克思恩格斯文集》第 3 卷，人民出版社 2009 年版，第 576 页。
② 《马克思恩格斯文集》第 3 卷，人民出版社 2009 年版，第 576—577 页。

生产不仅停滞，甚至下降。最后，第一次出现了俄国不仅不能输出粮食，反而必须输入粮食的情况。因此，不能再浪费时间。必须结束这一切。必须创造一个由比较富裕的少数农民组成的农村中等阶级，并把大多数农民干脆都变为无产者。"① 马克思的叙述让我们见到似曾相识的惊人一幕，他写复信时即 1881 年的俄国正在经历西欧国家尤其是英国已经经历过的资本原始积累过程。从这个角度看问题，这一过程是"绞肉机"肆虐的过程，已经脆弱不堪的俄国农业公社及这一公社的主体——农民怎么能经受得住这种资本主义进程的冲击呢？经受不住冲击的俄国农业公社的前景只有一个，那就是灭亡。作出这样的结论似乎显得绝对，后来的历史发展证明，马克思的预言不幸言中了。

第三，俄国农业公社作为根本性特点存在的"二重性"，内在地包含促使公社灭亡的因素，一旦具备适宜的社会历史性条件，这种因素就会发挥作用。需要我们关注的是，马克思三次关注和强调这一点。此处引证论述较为典型的两次。在复信初稿中马克思说："撇开敌对环境的一切其他有害因素的影响不说，仅仅是个别家庭手中的动产，例如它们的牲畜、有时甚至是奴隶或奴农这样的财富的逐步增长，这种私人积累，从长远来看足以破坏原始的经济平等和社会平等，并且在公社内部产生利益冲突，这种冲突首先触及作为公共财产的耕地，最后扩展到森林、牧场和荒地等等这样一些已经变成私有财产的公社附属物的公共财产。"② 在复信第三稿中马克思又说："除了外来的各种破坏性影响，公社内部就有使自己毁灭的因素。土地私有制已经通过房屋及农作园地的私有渗入公社内部，这就可能变为从那里准备对公有土地进攻的堡垒。这是已经发生的事情。但是，最重要的还是私人占有的源泉——小地块劳动。它是牲畜、货币、有时甚至奴隶或农奴等动产积累的根源。这种不受公社控制的动产，个体交换的对象（在交换中，投机取巧起极大的作用）将对整个农村经济产生越来越大的压力。这就是破坏原始的经济平等和社会平等的因素。"③ 复信第三稿

① 《马克思恩格斯文集》第 3 卷，人民出版社 2009 年版，第 577 页。
② 《马克思恩格斯文集》第 3 卷，人民出版社 2009 年版，第 580—581 页。
③ 《马克思恩格斯文集》第 3 卷，人民出版社 2009 年版，第 586 页。

中的论述比初稿中的论述更具体，因而更能说明问题。貌似自在存在的私有制因素并不完全处于自在状态，它自身有一种扩大自身并表示存在的冲动，如果遇到适宜扩张和发展的外在社会历史环境，这种私有制因素会更加活跃和更加急迫地表现自己。表现的最终结果如何？首先出现的结果是俄国农业公社的灭亡。这种必然趋势仅靠日常思维就能理解。

以上的思想梳理明证可鉴，针对查苏利奇提出的问题，马克思用两种方式作出回答，一种是纯理论的方式，另一种是"回到俄国现实中来"的方式。回答问题的两种方式得到了确实具有本质性区别的两种结论，两种结论与马克思一般性社会历史线性演化逻辑具有各不相同的关系。基于"回到俄国现实中来"的方式回答问题得到的结论与一般性社会历史线性演化逻辑相符合，也与俄国农业公社的最终命运相一致，但特别不幸的结果是，人们或许是忽略了这种回答，或是情感上不愿意见到这样的回答，在后来的相关研究中这种回答及其结果已没有表示存在的机会。纯理论方式回答问题的结论被大部分人所接受，在国内是几乎已成定论的所谓"马克思的东方社会理论"，在国外如此看问题者也不乏其人。例如，著名的英国历史学家和思想家霍布斯鲍姆就认为，"马克思倾向于赞同民粹派的观点……或许马克思在为此起草理论证明时的困难反映出一定的难为情"①。

虽然马克思以纯理论方式回答问题得到的结果成了主流性理论，但我们必须指出的是，这不是马克思的过错，而是后继理解者的过错。过错表现于两个方面。其一，马克思原生态思想中有两种回答问题的方式，得到的结果也是两种，后继的理解者仅仅看到了一种而忽略了同样客观存在的另一种。其二，如此理解问题的人们既没有看到也没有指出马克思用纯理论方式回答问题及其结果中存在的缺陷。第一，马克思对生产力及其发展程度问题关注不够；第二，虽然马克思说"要拯救俄国公社，就必须有俄国革命"②，但农民革命与向共产主义社会过渡时的无产阶级革命之间有

---

① ［英］埃里克·霍布斯鲍姆：《如何改变世界——马克思和马克思主义的传奇》，吕增奎译，中共编译出版社 2014 年版，第 151—152 页。

② 《马克思恩格斯文集》第 3 卷，人民出版社 2009 年版，第 582 页。

本质区别，概括地说，此革命非彼革命。马克思并没有指出这一点。第三，马克思对交往的普遍性问题估计不足，他以为俄国农业公社"与世隔绝"造成的孤立状态"这个障碍好消除"。①

看到并指出马克思纯理论方式回答问题及其结果中的理论缺陷，回归"回到俄国现实中来"的回答问题的方式及其结果中，我们就能避免马克思一般性社会历史线性演化逻辑的瑕疵。例如，马克思纯理论回答问题的方式及其结果能做到与下述论断协调一致吗？这个论断出现于1859年的《〈政治经济学批判〉序言》中："无论哪一个社会形态，在它所能容纳的全部生产力发挥出来以前，是决不会灭亡的；而新的更高的生产关系，在它的物质存在条件在旧社会的胎胞里成熟以前，是决不会出现的。"②"回到俄国现实中来"的回答问题的方式及其结果就与马克思两个"决不会"的论断相一致。这种一致表明，虽然马克思在回答查苏利奇的问题时表现出一定程度的理论困惑，但困惑过程中还是发现了问题的症结所在。找到问题的症结思路便会明确起来，由于国家的肆意破坏、资本主义因素的巨大冲击和俄国农业公社内部的私有制因素发酵三个方面的原因使然，俄国农业公社的灭亡是在劫难逃的历史命运。看到这种命运的必然到来或许情感上不舒服，但社会历史线性演化逻辑是不会以个人意志为转移的。

5. 需要进一步探讨的问题

论述至此，命题四所占的篇幅已经够多因而该结束了。但是，内容因丰富导致的复杂性和其中的观点既具有冲击性又具有挑战性，使我们不能就此住笔，而是把应该关注、审视和讨论的问题在一个更高的层面上提出来加以论述。

第一，社会历史线性演化逻辑的语境问题。

上述的引证和分析表明，马克思至少在四个语境中发表对社会历史

---

① 参见《马克思恩格斯文集》第3卷，人民出版社2009年版，第575页。
② 《马克思恩格斯文集》第2卷，人民出版社2009年版，第592页。

线性演化逻辑的看法。语境各不相同的原因不难找到，社会历史背景、学术背景、叙说对象和叙说目的四个方面情况的各不相同，促成了语境的各不相同。人们习惯性地按历史唯物主义教科书呈现的内容理解马克思的社会历史线性演化逻辑，至于语境问题，则是在自觉意识的层面上没有表示存在的机会。习惯成自然的做法导致了一系列后果的出现。首先，有那么多极具启发价值的经济哲学性内容被置于视野黑洞之中，最终变成了不存在。其次，在发表对中国和印度被美国侵略、征服问题的看法时，马克思说了那么多有可能伤及我们的民族感情的话，如果不在微观和中观语境的层面上细加辨析，如果不在宏观语境层面上紧紧抓住马克思社会历史线性演化逻辑中的阶段性内容，可能会得出他是侵略有理论者的结论，但这恰恰是对马克思的误解，因为他的观点与此时的帝国主义者如约翰·穆勒和托克维尔等帝国主义者的观点之间有本质区别。最后，如果不关注语境问题，特别是关注马克思不同语境之间核心思想的本质性联系，误解马克思的相关论述是可以预料的结果。例如，大部分人对马克思关于俄国能否"跨越资本主义制度的卡夫丁峡谷"的论述作出了肯定性理解。问题在于，马克思还有更符合俄国社会历史实际因而更具说服力的"回到俄国现实中来"的论述。这种论述的必然性结果是对查苏利奇的问题作出否定性回答。更要害的问题还在于，如果仅仅断章取义地理解马克思的相关论述，必然产生的结果是陷入两难择一的困境：要一般性的社会历史线性演化逻辑还是要俄国特殊论？二者择一才能得出一以贯之的结论。这里必须加以强调的是，自从19世纪40年代中期提出社会历史线性演化逻辑以来，马克思从来没有在观点上发生过动摇，虽然在面对查苏利奇的问题时暂时遇到了理论上的困难。由是观之，马克思社会历史线性演化逻辑的语境问题不是个小问题，无视它的客观存在，既是不足取的态度，也会导致我们不愿意见到的误解马克思原生态思想的后果。

第二，社会历史线性演化逻辑的根据问题。

从马克思社会历史线性演化逻辑的出场时间角度看问题，四个语境的排列顺序如下：一般性的理论语境、特定社会历史情势中的语境一（主要针对亚洲的社会历史情势）、原生态语境（主要针对西欧的社会历史情势）和特定社会情势中的语境二（主要针对俄国的社会历史情势）。这种排列顺序容易给人造成印象，马克思的社会历史线性演化逻辑是先有一般性理论假设，后有社会历史特别是社会经济历史的验证，一般性理论语境后的其他三个理论语境都可视为对一般性理论假设的验证。后来，列宁在《什么是"人民之友"以及他们如何攻击社会民主党人?》中的相关论述进一步加固了这种印象："社会学中这种唯物主义思想本身已经是天才的思想。当然，这在那时暂且还只是一个假设。""马克思在40年代提出这个假设后，就着手实际地（请注意这点）研究材料。他从各个社会经济形态中取出一个形态（即商品经济体系）加以研究，并根据大量材料（他花了不下25年的工夫来研究这些材料）对这个形态的活动规律和发展规律作了极其详尽的分析。"① 列宁把人们的习惯性印象变成了理论。由于研究资料的匮乏使列宁作出了不符合马克思思想发展实际的结论。我们不能苛求他，因为这是时代的局限。但是，这个结论对后世产生了有害性影响。例如，我们的马克思主义哲学原理和马克思主义哲学史教科书在讲到马克思哲学思想的形成时，都不顾及社会历史线性演化逻辑的根据问题，对马克思政治经济学研究与社会历史线性演化逻辑提出之间的关系问题，或是一笔带过，或是无视这一问题的客观存在。马克思提出社会历史线性演化逻辑时到底是有所根据还是仅凭"假设"？后来面世的材料证明，马克思提出社会历史线性演化逻辑时有根据，直接证据是他研究政治经济学的三大笔记：《巴黎笔记》《布鲁塞尔笔记》《曼彻斯特笔记》。笔记中的思想成果进入了《1844年经济学哲学手稿》《神圣家族》《德意志意识形态》《哲学的贫困》《共产党宣言》《政治经济学批判大纲》等文献中。微观的证据可以《德意志意识形态》和《共产党宣言》为例证，其中对大工业革命性的论述，② 后来充实和扩展为《资本论》第一卷的第四篇"相对剩余价值的生产"。实际上，马克思1859年写出的《政治经济学批判》第一分册的《序言》，以最直接的形式告诉我们，他的社会历史线性演化逻辑的提出与政治经济学研究之间有直接和本质性联系，政治经济学研究中涉及的社会

---

① 《列宁选集》第1卷，人民出版社1995年版，第7、9页。

② 参见《马克思恩格斯文集》第1卷，人民出版社2009年版，第565—567页，《马克思恩格斯文集》第2卷，人民出版社2009年版，第32—36页。

经济发展的历史事实就是根据。

第三，社会历史线性演化逻辑的验证问题。

马克思社会历史线性演化逻辑的分析中心是资本主义社会，根本性诉求是未来的共产主义社会。把社会历史线性演化逻辑的四种语境具体化，我们见到的是如下情况。一般性理论语境是前资本主义社会→资本主义社会→共产主义社会；特殊社会历史情势中的语境一是殖民地社会（印度）半殖民地社会（中国）→资本主义社会→共产主义社会；命题的原生态语境是资本主义社会的低级阶段→资本主义社会的高级阶段→共产主义社会；特殊社会历史情势中的语境二是原始社会的遗存物（俄国农业公社）→资本主义社会（或不经历这一"卡夫丁峡谷"）→共产主义社会。四个语境表明，社会历史线性演化逻辑涉及十分复杂的社会历史状况。面对如此复杂的社会历史状况，马克思如何验证自己的社会历史线性演化逻辑？实际情况是，三种非一般性理论语境中的论述都是对一般性理论语境中社会历史线性演化逻辑的验证。在这一验证中，原始社会的情况（俄国农业公社）、封建社会的情况（中国）和资本主义社会的情况（英国和西欧大陆）都顾及了，只是奴隶制社会的情况未及顾涉。社会历史形态方面如此复杂的情况表明，马克思确实对一般性社会历史线性演化逻辑进行了理论验证，并基本做到了言之成理和持之有故。关键的问题在于实践验证，这是马克思无能为力的事情。后来的社会历史发展表明，实践同样在某种程度上验证了马克思的社会历史线性演化逻辑是正确的。西欧大陆很快发展到了资本主义社会的高级阶段，中国、印度和俄国都先后不一地进入了市场经济社会。资本主义市场经济与社会主义市场经济之间肯定有区别，但市场经济就是市场经济。未来的共产主义社会呢？有市场经济体制爆发出来的生产力的高速度发展、交往的普遍化导致的全面依赖性关系的形成和个人素质的不断提高，这些被马克思一再强调的前提条件的日积月累，共产主义社会一定能到来。

第四，社会历史线性演化逻辑中的学科性内容问题。

马克思在展开和论证社会历史线性演化逻辑问题的时候，涉及和运用了诸多学科性知识，例如，在命题的原生态语境中系统讲述英国工厂法立法的历史，这是法学领域中的问题；在特定社会历史情势中的语境一中论及印度和中国问题时，马克思在情感和道义上声援印度和中国，这是伦理学领域中的问题；在特定社会历史情势中的语境二中论及俄国社会现状和前景问题时，详尽分析俄国农业公社涉及的各种问题并与其他原始公社进行比较，这是历史学领域中的问题。我们在这里关注经济学和哲学这两个学科。人们普遍接受的看法是，发展经济学产生于第二次世界大战后。此种看法是用西方主流经济学的经济学帝国主义眼光看问题的结果。从经济学历史发展的客观实际出发就会得知，发展经济学的真正创立者是马克思，西方主流经济学的流行观点是数典忘祖。从发展经济学的角度看问题，马克思在论证社会历史线性演化逻辑时涉及发展经济学的核心观点如下。其一，经济发展是时代的核心任务；其二，欠发达国家模仿和追赶发达国家；其三，不管主观的选择意愿如何，发展经济的唯一途径是市场经济体制；其四，经济发展的动力是不被世界历史所淘汰。把这四个核心性观点放到发展经济学的语境中并用经济学的语言加以表达，我们马上就能发现，发展经济学的真正创立者到底是谁。经济哲学性的内容更丰富，例证如下：其一，世界历史论。这种观点的核心内容是社会历史性的时间延续和空间扩张，二者中的主体是资本主义经济。后来，有专有名词表征这一内容，即全球化。其二，生产力发展绝对必需论。这种观点主张，任何社会历史性变迁，包括向未来共产主义社会的过渡，生产力发展并达到一定程度都是绝对必需的前提。马克思终生都在坚持这一观点，始终没有变化。其三，社会历史线性演化逻辑的阶段不可超越论。此为马克思在各种语境中都坚持的观点，在论述俄国农业公社前景问题的时候也是如此，因为马克思要求自己和其他人"必须从纯理论回到俄国现实中来"[1]，而"俄国现实"中的种种状况"必然会导致农村公社的灭亡"[2]。其四，外力论。马克思在谈论非英国和西欧大陆国家如中国和印度的社会历史发展问题时，始终坚持外力论的观点，即西方发达资本主义国家抱着卑鄙的目的，用各种手段，包括侵略和征服手段，促使非资本主义国家进入资本主义的社会历史时代。后来的社会历史发展证

---

① 《马克思恩格斯文集》第 3 卷，人民出版社 2009 年版，第 576 页。
② 《马克思恩格斯文集》第 3 卷，人民出版社 2009 年版，第 577 页。

明，这种外力论的观点符合社会历史实际。其五，诚信经济规律论。这个后来被恩格斯以更明确形式表述的观点直到现在仍然没有进入人们的研究视野，但它的客观存在当是不争的事实。[①] 上述五个观点只是例证，这样的例证表明，马克思的社会历史线性演化逻辑中，确实具有极为丰富的经济哲学性内容。

第五，社会历史线性演化逻辑的思想资源问题。

社会历史线性演化逻辑的哲学基础是进步观念。有学者考据说，这一观念产生于16世纪。[②] 进步观念先是以知识进步论的形式大行其道，[③] 然后是向各个具体的知识领域渗透，社会历史学领域中出现的结果是进步论的经济史观。这种经济史观是十足的哲学性内容，又是经济学理论中必不可少的有机组成部分。这种经济史观（哲学）与经济学理论的结合始自亚当·斯密，持续到19世纪上半叶，只是新古典主义经济学运动的兴起及其渐成气候，才使得这种结合成为可有可无的东西。在这一历史时期内，各不相同的经济史观异彩纷呈，成为马克思提出和论证社会历史线性演化逻辑的思想资源。例如，亚当·斯密在18世纪中叶的学术演讲中说："人类社会的四个时期是：畋猎、畜牧、农作和贸易。"[④] 到19世纪上半叶，李斯特在他那部开创政治经济学研究新范式的《政治经济学的国民体系》中，把经济史观表述得更为具体，"从经济方面看来，国家都必须经过如下发展阶段：原始未开化时期，畜牧时期，农业时期，农工业时期，农工商业时期"[⑤]。与马克思的社会历史线性演化逻辑相比，作为例证的亚当·斯密和李斯特观点显得粗糙，缺乏论证，给人以力单势薄之感，但其中隐含的哲学性理念却十分重要。人类社会中的经济演化呈线性状态，总体趋势是不断地进步和发展，这种进步和发

---

① 《马克思恩格斯文集》第1卷，人民出版社2009年版，第366页。

② 参见 [英] 约翰·伯瑞：《进步的观念》，范祥涛译，上海三联书店2005年版，第4页。

③ 参见 [法] 孔多塞：《人类精神进步史表纲要》，何兆武、何冰译，生活·读书·新知三联书店1998年版，第2—3页。

④ [英] 坎南编：《亚当·斯密关于法律、警察、岁入及军备的演讲》，陈福生、陈振骅译，商务印书馆1962年版，第126页。

⑤ [德] 弗里德里希·李斯特：《政治经济学的国民体系》，陈万煦译，蔡受百校，商务印书馆1961年版，第155页。

展具有阶段性，后一阶段高于和好于前一阶段。尤为重要者，这种进步和发展没有止境。这些哲学性理论带有一般性质，它们启发和影响了马克思，帮助马克思提出自己的社会历史线性演化逻辑。这样的例证表明，马克思在提出和论证社会历史线性演化逻辑时，确实利用了前人的思想资源。

六、结　论

综上所述，我们可以得出如下讨论性结论。

第一，如上论述对马克思政治经济学文献中的四个命题进行了充分讨论，以期证明，其中客观地存在经济哲学思想。这四个命题只能作为例证看待，如此说的原因是马克思政治经济学文献中既是政治经济学又是经济哲学的命题太多了。如此多同一性质命题的客观存在形成现象，这种现象需要研究，值得研究。研究的结果会因研究者不同而不同，但本质性的东西不会改变，区别只是表现于用不同的方式证明，马克思政治经济学文献中确实客观地存在以命题形式表示存在的经济哲学性内容。

第二，作为客观事实存在的马克思政治经济学命题中的哲学性内容证明了另一种事实的客观存在，政治经济学命题中的哲学是马克思经济哲学的存在形式之一，表现形式之一。这种存在形式是马克思经济哲学的有机组成部分，与其他存在形式之间存在密不可分的关系。几种存在形式的联系和并存使马克思经济哲学思想具有体系性质。

第三，为了确立上述观点，我们采用了三种证明方式。其一是文献事实实证。我们的研究对象是马克思的经济哲学。为了让这种经济哲学显现出来，确立起来，便捷有效的途径是让马克思自己出场说话，现身说法。其二是社会历史事实实证。马克思政治经济学命题中的哲学产生于特定的社会历史情势之中，与这种社会历史情势密不可分地交织在一起。顾及当时的社会历史情势，用当时客观存在的经验事实证明马克思政治经济学命题中的哲学性内容，以期说明这种哲学性内容基于经验事实而来且与经济事实一致。其三是语境还原。把马克思包含哲学性内容的政治经济学命题还原到文献构筑的原生态语境中，其哲学性内容会原生态地显现出来。三种证明方式的目的就一个，把政治经济学命题中的哲学这种马克思经济哲学的存在形式确立起来。

第四，上述观点的提出及其论证是理论实践。这种实践表明，马克思政治经济学命题中的哲学是可以进行专门研究的对象，其中蕴含极为丰富的经济哲学思想资源。由此说，马克思哲学研究的学术生长点之一是马克思政治经济学命题中的哲学。

七、附论：恩格斯对俄国农业公社现状和前景的看法

讨论马克思对俄国农业公社问题的看法而不涉及恩格斯的相关观点，不管是有意忽略还是粗心大意所致，都是不能允许存在的缺陷。与马克思相比，恩格斯对俄国农业公社问题的研究及其结果具有三个特点。其一，时间早。恩格斯正式论述这一问题始于 1875 年，马克思则是在 1877 年。其二，时间长。恩格斯关注和论述这一问题从 1875 年持续到 1894 年，马克思则是从 1877 年到 1881 年。其三，马克思用两种方式即纯理论方式和"回到俄国现实中来"的方式论述俄国农业公社问题，由于理论结构复杂而给后人的理解造成了困难，而恩格斯只用一种方式即根据俄国的现实回答问题，用恩格斯自己的话说，这是"尝试从对俄国当前的经济状况的历史比较研究中得出某些结论"[①]。三个特点使然，恩格斯的相关观点更符合俄国的客观实际，更好理解，对后人更具有启发意义。由此看，恩格斯的相关观点不仅需要我们关注，而且更值得我们关注。

1. 民粹派的思想谱系及其基本观点

讨论和理解马克思恩格斯有关俄国农业公社问题的观点需要了解相关的思想背景情况。就俄国农业公社问题的争论而言，马克思恩格斯都

---

① 《马克思恩格斯文集》第 4 卷，人民出版社 2009 年版，第 449 页。

是后来者，早于他们涉及这一问题几十年就开始讨论的是俄国的民粹主义者及其反对者，即坚持资产阶级自由主义观点的人。恩格斯在写于1875年的《论俄国的社会问题》一文中为我们梳理了这一思想谱系，并把他们的代表性观点展示给我们："俄国农民的公社所有制是普鲁士的政府顾问哈克斯特豪森于1845年发现的，他把这种所有制当做一种十分奇妙的东西向全世界大肆吹嘘……身为俄国地主的赫尔岑，从哈克斯特豪森那里第一次得悉，他的农民们是共同占有土地的，于是他便利用这一点来把俄国农民描绘成真正的社会主义体现者、天生的共产主义者，把他们同衰老腐朽的西欧的那些不得不绞尽脑汁想出社会主义的工人对立起来。这种认识由赫尔岑传给了巴枯宁，又由巴枯宁传给了特卡乔夫先生。我们听听特卡乔夫先生是怎么说的：'我国人民……绝大多数……都充满着公有制原则的精神；他们——如果可以这样说的话——是本能的、传统的共产主义者。集体所有制的思想同俄国人民的整个世界观深深地生长在一起，以致现在当政府开始领悟到这个思想同一个'有良好秩序的'社会的各种原则不能相容，并且为了这些原则把个人所有制思想灌入人民意识和人民生活中去的时候，就只好依靠刺刀和皮鞭。由此看来，我国人民尽管愚昧无知，但是比西欧各国人民更接近社会主义，虽然后者是较有教养的。'"①

　　恩格斯梳理出来的思想谱系未必完整，但我们能从他的表述中了解到民粹主义思想家在思考什么问题及针对问题的基本立场和观点。由恩格斯的表述可以看出，俄国民粹主义思想家都是空想家，他们把俄国农业公社和俄国农民十足地理想化了。这种理想化在比较的思想框架中出现，即在与西欧的工人阶级和社会主义运动比较的过程中出现，这就从根本上涉及马克思恩格斯提出的社会历史线性演化逻辑问题。基于此，马克思恩格斯对这种思想谱系及其基本观点发表自己的看法便是自然而然的事情。恩格斯的观点旗帜显明："我的抨击就是针对这种幼稚观点的。"②恩格斯的表态告诉我们，他和马克思的观点与俄国民粹主义的观点毫无共同之处且尖锐对立，否则，"抨击"之说就无法让人理解。

---

① 《马克思恩格斯文集》第3卷，人民出版社2009年版，第396页。

② 《马克思恩格斯文集》第4卷，人民出版社2009年版，第452页。

2. 俄国农业公社的现状

俄国 1861 年实行土地制度改革，废除农奴制度。当马克思（1877 年至 1881 年）和恩格斯（1875 年至 1894 年）参与到俄国农业公社命运问题的争论中来的时候，改革已进行了近 20 年的时间。此时俄国农业公社的状况如何？俄国农民的生活状况怎么样？这些情况是理解马克思恩格斯相关观点的前提，不了解这样的前提，简单地甚至是望文生义地理解马克思恩格斯的相关论述，往轻里说是不能做到准确全面领悟马克思恩格斯的思想，往重里说就会出现误解的结果。1875 年，恩格斯对俄国农业公社状况的描述如下："给公社所有制以最沉重打击的仍然是赎免徭役。地主获得了大部分和最好的土地；留给农民的土地只勉强够，往往是根本不够维持生活。此外，森林也转归地主；以前农民可以不花钱取用的薪柴、做木器用和建筑用的木料，现在也必须用钱来购买。于是，农民除了一所小房子和一块光秃秃的土地以外就一无所有，没有钱来耕种；通常土地也不够用，不能保证他一家由一次收获活到下一次收获。在这种条件下，由于各种捐税和高利贷者的压迫，土地公社所有制已不再是一种恩惠，而变成了一种桎梏。农民时常全家或只身逃出公社，抛弃自己的土地，靠做短工谋生。""由此可见，俄国的公社所有制早已度过了它的繁荣时代，看样子正在趋于解体。"① 由恩格斯的描述可以看出，俄国农业公社"正趋于解体"的结论有充分的事实根据。无论哪种土地所有制形式，种地的农民总要谋生。当农民面对不能谋生的土地所有制形式时，剩下的选择有两个：死亡或逃亡。农民逃亡以后的公社所有制怎么能不解体呢？

1894 年，恩格斯又一次为我们描述了俄国农业公社的状况，"不应当忘记，这里提到的大遭破坏的俄国公有制从那时以来已经又向前迈了一大步。克里木战争期间的失败清楚地表明，俄国必须迅速发展工业。首先需要铁路，而大规模修筑铁路不能没有本国的大工业。产生大工业的先决条件是所谓的农民解放；随着农民的解放，俄国进入了资本主义时代，从而也进入了土地公有制迅速灭亡的时代。农民负担了赎金，加之捐税加重，

---

① 《马克思恩格斯文集》第 3 卷，人民出版社 2009 年版，第 398 页。

同时分配给农民的土地更少、更差，自然使农民落入高利贷者手中，这些高利贷者大半都是发了财的农民公社社员。铁路为早先的许多边远地区开放了谷物销售市场，同时又运来了便宜的大工业产品，结果排挤了农民的家庭工业……久已习惯的经济关系被破坏了，随着自然经济向货币经济的过渡，各地出现了混乱局面，在公社社员中间出现了巨大的财产差别——穷人沦为富人的债务奴隶。总而言之，那种在梭伦之前曾经因货币经济的渗入导致雅典氏族解体的过程，在这里开始导致俄国公社解体"①。恩格斯的如上描述几乎可以说是俄国农业公社的死亡诊断书。由于战争失败的强烈刺激，俄国不得不大力发展资本主义经济，此即"俄国进入了资本主义时代"之谓。由《共产党宣言》第一章前半部分雄辩的论述可知，在资本主义经济发展的冲击力面前，任何不适应资本主义经济发展需要的因素都无法存留下来。俄国的农业公社呢？当然也不在话下。从 1861 年到 1894 年，30 多年的时间过去了，此时说俄国农业公社解体的过程已基本完成，大体符合实际。尤为重要的是恩格斯还向我们指出，梭伦"不能使古雅典氏族复活。同样，现在世界上也没有一种力量能在俄国公社的解体过程达到一定深度时能重建俄国公社"②。

3. 俄国农业公社的特定性质、缺陷和获得新生的前提条件

在关于俄国农业公社的现状及其前景的讨论中，民粹主义派的观点较为典型，一味夸大和想象俄国农业公社相对于资本主义社会而言的所谓优越性，至于它的特有性质和缺陷问题则被排除于视野之外。实际上，判断俄国农业公社的现状，展望其发展的前景，前提性的工作是准确认知公社的性质和缺陷。与马克思认为俄国农业公社内部存在两重性的观点不同，恩格斯认为，"俄国的公社存在了几百年，在它内部从来没有出现过要把它自己发展成高级的公有制形式的促进因素；情况恰如德意志人的马尔克制度、凯尔特人的克兰、印度人的和其他民族的实行原始共产主义制度的公

---

① 《马克思恩格斯文集》第 4 卷，人民出版社 2009 年版，第 460 页。
② 《马克思恩格斯文集》第 4 卷，人民出版社 2009 年版，第 460—461 页。

社一样。所有这些公社，都在包围着它们的、或者在它们内部产生并且逐渐渗透它们的商品生产以及各户之间和各人之间的交换的影响下，随着时间的推移越来越丧失共产主义的性质，而变成互不依赖的土地占有者的公社……事实上，从氏族社会遗留下来的农业共产主义在任何地方和任何时候除了本身的解体以外，都没有从自己身上生长出任何别的东西"①。由恩格斯的论述可能看出，俄国农业公社是人类社会历史发展特定阶段的产物，到 19 世纪末期，它与社会发展的客观需要极度地不协调，唯一的命运是灭亡，其他原始共产主义农业公社的例证足以证明这一点。它自己能够成为更高级公有制形式的促进性因素？恩格斯对问题的回答是，它"除了本身的解体以外，都没有从自己身上生长出任何别的东西"②。

不仅如此。俄国农业公社还有自身无法克服的根本性缺陷，民粹主义者极力回避这一点。俄国农业公社"一直保存到今天，这首先就证明农业生产以及与之相适应的农村社会状态在这里还处在很不发达的阶段，而且事实上也是如此。俄国农民只是在自己的公社里面生活和活动；其余的整个世界只有在干预他的公社事务时，对于他才是存在的……各个公社相互间这种完全隔绝的状态，在全国造成虽然相同但绝非共同的利益，这就是东方专制制度的自然形成的基础。从印度到俄国，凡是这种社会形式占优势的地方，它总是产生这种专制制度，总是在这种专制制度中找到自己的补充"③。专制制度的自然基础是农业公社，农业公社必然产生的政治结果是专制制度，二者之间的相互依存形成强劲僵化的惰性力量，这种力量在恶性循环中往复运动，只有外力才能中止这一状态。中止后的俄国农业公社朝什么方向发展？恩格斯的回答是："如果有什么东西还能挽救俄国的公社所有制，使它有可能变成确实富有生命力的新形式，那么这正是西欧的无产阶级革命。"④1894 年，恩格斯又谈到了俄国农业公社的前景与革命的关系问题，但这次谈的不是西欧的无产阶级革命而是俄国的革命。"我不敢判断目前这种公社是否还保存得这样完整，以致在一定的时刻，

---

① 《马克思恩格斯文集》第 4 卷，人民出版社 2009 年版，第 456—457 页。

② 《马克思恩格斯文集》第 4 卷，人民出版社 2009 年版，第 457 页。

③ 《马克思恩格斯文集》第 3 卷，人民出版社 2009 年版，第 397 页。

④ 《马克思恩格斯文集》第 3 卷，人民出版社 2009 年版，第 399 页。

像马克思和我在 1882 年所希望的那样，它能够同西欧的转变相配合而成为共产主义发展的起点。但是有一点是毋庸置疑的：要想保全这个残存的公社，就必须首先推翻沙皇专制制度，必须在俄国进行革命。"① 相对于俄国农业公社的前景问题，恩格斯两次谈到革命是俄国农业公社获得新生的条件，差别只是在于，一是西欧的无产阶级革命，二是俄国推翻沙皇专制制度的革命。由此看来，恩格斯坚定地认为，革命是俄国农业公社获得新生的必要条件之一。

恩格斯为什么要如此地突出和强调西欧的无产阶级革命？其中最根本的原因在于突出和强调生产力发展对俄国农业公社获得新生是绝对必需的前提条件。"只有在社会生产力发展到一定程度，发展到甚至对我们现代条件来说也是很高的程度，才有可能把生产提高到这样的水平，以致使得阶级差别的消除成为真正的进步，使得这种消除可以持续下去，并且不致在社会的生产方式中引起停滞甚至倒退。但是生产力只有在资产阶级手中才达到了这样的发展程度。可见，就是从这一方面说来，资产阶级正如无产阶级本身一样，也是社会主义革命的一个必要的先决条件。因此，谁竟然断言在一个虽然没有无产阶级然而也没有资产阶级的国家里更容易进行这种革命，那就只不过证明，他还需要学一学关于社会主义的初步知识。"②

恩格斯对俄国农业公社获得新生的前提条件的论述涉及三个方面的内容，其一是西欧和俄国都爆发革命且取得成功；其二是生产力发展到能够进入共产主义社会的水平；其三是已发展出成熟的资产阶级和无产阶级。这三个方面的内容具有内在的逻辑关系。革命的爆发和成功以无产阶级与资产阶级发展到一定程度为前提，无产阶级和资产阶级发展到一定程度必须以生产力发展到一定程度为前提。就 1875 年甚至 1894 年的情况说，这几个方面的前提条件一个也不具备，所以，谈论俄国农业社会的获得新生问题，只有非常弱的理论意义，就其现实可能性而言，几乎不存在。

---

① 《马克思恩格斯文集》第 4 卷，人民出版社 2009 年版，第 466 页。

② 《马克思恩格斯文集》第 3 卷，人民出版社 2009 年版，第 389—390 页。

4.对俄国农业公社获得新生性质的准确区分

马克思在纯理论层面回答查苏利奇的求教问题时认为，只要具备相应的前提条件，那么，俄国的农业公社"有可能不通过资本主义制度的卡夫丁峡谷，而占有资本主义制度所创造的一切积极的成果"①。恩格斯远不如马克思乐观。他认为俄国农业公社获得新生的过程可以缩短资本主义社会的痛苦过程，但绝对做不到不经历这一痛苦过程。他对自己观点的论证如下："不仅可能而且毋庸置疑的是，当西欧各国人民的无产阶级取得胜利和生产资料转归公有之后，那些刚刚进入资本主义生产而仍然保全了氏族制度或氏族制度残余的国家，可以利用公有制的残余和与之相适应的人民风尚作为强大的手段，来大大缩短自己向社会主义社会发展的过程，并避免我们在西欧开辟道路时所不得不经历的大部分苦难和斗争。但这方面的必不可少的条件是：目前还是资本主义的西方作出榜样和积极支持。只有当资本主义经济在自己故乡和在它兴盛的国家里被克服的时候，只有当落后国家从这个榜样上看到'这是怎么回事'，看到怎样把现代工业的生产力作为社会财产来为整个社会服务的时候——只有到那个时候，这些落后的国家才能开始这种缩短的发展过程。"② 我们能够从恩格斯的论述中捕捉到如下信息。第一，分析框架是先进国家与落后国家之间有可能的关系。所谓先进国家是资本主义经济高度发展的国家，所谓落后国家指称的对象是保全了公有制制度或公有制制度残余但经济尚未充分发展的国家。第二，先进国家已成功进行了无产阶级革命且能为落后国提供物质、技术和管理等方面的无私支持。第三，落后国家虽然是"刚刚"但毕竟是已经"进入资本主义生产"，所以，这里不存在流行的观点所认为的"跨越资本主义制度的卡夫丁峡谷"问题。第四，已经进入资本主义生产阶段的落后国家可以在先进国家的支持下"大大缩短"发展资本主义经济的痛苦过程，大大降低发展资本主义经济的痛苦程度。这样的理论逻辑表明，恩格斯对落后国家是否要经历资本主义经济发展的痛苦阶段问题作出的是程

---

① 《马克思恩格斯文集》第 3 卷，人民出版社 2009 年版，第 578 页，还见第 580、587 页。
② 《马克思恩格斯文集》第 4 卷，人民出版社 2009 年版，第 459 页。

度意义的判断而非有与无意义的性质判断。在这一点上，恩格斯的观点与马克思纯理论层面的观点之间有很大区别，但与马克思《资本论》第一卷"第一版序言"中的思想高度一致。①

5. 经济发展阶段不能跨越，俄国农业公社也不例外

恩格斯对俄国农业公社的前景与资本主义经济之间的关系问题作出了如上的判断。他作出判断的根据是什么？请看如下论述："较低的经济发展阶段解决只有高得多的发展阶段才产生了的和才能产生的问题和冲突，这在历史上是不可能的。在商品生产和单个交换以前出现的一切形式的氏族公社同未来的社会主义社会只有一个共同点，就是一定的东西即生产资料由一定的集团共同所有和共同使用。但是单单这一个共同特性并不会使较低的社会形式能够从自己本身产生出未来的社会主义社会，后者是资本主义社会的最独特的最后的产物。每一种特定的经济形态都应当解决它自己的、从它本身产生的问题，如果要去解决另一种完全不同的经济形态的问题，那是十分荒谬的。这一点对于俄国的公社……是完全适用的。"② 由恩格斯的论述可以看出，他的根据是历史唯物主义原理。稍作梳理，三条历史唯物主义的基本原理就会出现在我们面前。其一，较低的经济发展阶段不能解决只有高得多的经济发展阶段才会和才能产生的问题。其二，原始性的公有制形式如俄国农业公社中产生不出社会主义社会。其三，特定的经济形态只能解决它本身产生的问题，否则，便"十分荒谬"。如上三条历史唯物主义的基本原理是恩格斯研究俄国农业公社问题的理论成果。由这三条历史唯物主义的基本原理可以作出两个结论。第一，恩格斯把马克思 1859 年《〈政治经济学批判〉序言》中的两个"决不会"理论具体化了。进一步说，恩格斯根据新的历史事实作出新的理论概括，所以，这是对历史唯物主义理论的发展。第二，恩格斯基于历史事实而提炼出的三条历史唯物主义原理表明，马克思提出的社会历史线性演化逻辑没

---

① 参见《马克思恩格斯文集》第 5 卷，人民出版社 2009 年版，第 9—10 页。

② 《马克思恩格斯文集》第 4 卷，人民出版社 2009 年版，第 458—459 页。

有例外，俄国农业公社不管它本身具有怎样的特点，也不管它面临怎样的社会历史环境，都不能摆脱社会历史线性演化逻辑的约束。后来的历史发展表明，社会历史线性演化逻辑是胜利者，而一味美化俄国农业公社的俄国民粹主义理论则是彻底的失败者。

第四章 政治经济学理论中的哲学

一、问题的提出及其说明

马克思政治经济学是博大精深的理论体系。虽然自产生到现在始终受到资产阶级学者的攻击和批判，但其理论内容却让一代又一代有良知的学者心向往之，佩服有加。资本主义市场经济体系一旦遭受重创如经济危机，人们便会自然而然地想起马克思，想起《资本论》，以《资本论》为代表的政治经济学理论便成为人们谈论和研究的热点。2008 年肇始于美国后又殃及全世界的经济危机可为例证，诊断当代资本主义弊端根源的学术著作被命名为《21 世纪资本论》，可见《资本论》的影响之大。马克思的政治经济学理论为什么会有如此顽强旺盛的生命力和学术魅力？其中的原因有很多，如科学地揭示出资本主义经济运行的规律，忠实地反映了以无产阶级为代表的劳动者的生存境遇和愿望等。但是，有一个原因既重要又往往被忽略，这就是它的哲学性质。从这种意义上说，马克思政治经济学是哲学经济学，如上三章即"对资产阶级经济学哲学基础的批判""政治经济学范畴中的哲学""政治经济学命题中的哲学"，已对这一点作了力所能及的证明。现在需要我们做的工作是提炼和揭示出马克思政治经济学理论中的哲学。

马克思政治经济学理论中的哲学是一个提法，确立这一提法的前提是回答如下问题：第一，经济学理论中必然包括哲学性内容吗？第二，马克思政治经济学理论中有哲学性内容吗？第三，马克思政治经济学理论中的哲学性内容是什么?

首先,政治经济学中包括哲学性内容是这一学科在劫难逃的命运,离开哲学它一天也不能存活。就此而言,经济学家的个人意志不起任何作用,区别只是在于,是这种哲学还是那种哲学。政治经济学作为一个学科起始于亚当·斯密。在亚当·斯密的古典政治经济学理论体系中,哲学与政治经济学密不可分地交织在一起,其中的三类情况可为例证。一是直接的哲学性命题,如"奢侈都是公众的敌人,节俭都是社会的恩人"①。这种命题的伦理哲学性质,明眼人一看便知,其中的教化倾向适应了当时英国工业革命刚开始起步因而急需资本积累的客观需要。凯恩斯在其代表作《就业、利息和货币通论》中借马尔萨斯和霍布森之口批判亚当·斯密的这一观点,实在是不识时务。② 二是哲学隐喻。"看不见的手"的比喻著名到任人皆知,③ 它确实把市场经济运行的内在机制形象逼真地揭示出来了。说"看不见的手"的比喻是哲学隐喻的证据有两个。一是这一哲学隐喻先是出现在亚当·斯密的哲学著作《道德情操论》中,④ 随后才出现于政治经济学著作《国民财富的性质和原因的研究》中。二是黑格尔不断地在自己的哲学著作中阐释这一思想,《精神现象学》和《法哲学原理》中的情况就是如此。⑤ 纯哲学研究者往往不太关注亚当·斯密的这一哲学隐喻,殊不知,它是哲学两千多年发展史上的一大亮点。以往的哲学家在处理利己与利他的关系问题时总是各执一端,最终结果是零和,即一方赢意味着另一方输,反之亦然,区别只在于站在利己还是利他的立场上发表看法。亚当·斯密另辟蹊径地解决问题,结果是双赢。尤为重要者,亚当·斯密

① [英]亚当·斯密:《国民财富的性质和原因的研究》上卷,郭大力、王亚南译,商务印书馆1972年版,第313页。

② 参见[英]约翰·梅纳德·凯恩斯:《就业、利息和货币通论》,高鸿业译,商务印书馆1999年版,第376、381页。

③ 参见[英]亚当·斯密:《国民财富的性质和原因的研究》下卷,郭大力、王亚南译,商务印书馆1974年版,第27页。

④ 参见[英]亚当·斯密:《道德情操论》,蒋自强译,商务印书馆1997年版,第230页。

⑤ 参见[德]黑格尔:《精神现象学》下卷,贺麟、王玖兴译,商务印书馆1979年版,第47页;黑格尔:《法哲学原理》,范扬、张企泰译,商务印书馆1961年版,第197、210—211页。

的观点已被有几百年历史的市场经济实践所证实。三是用日常生活语言提出和论证政治经济学的人学前提:"人类几乎随时随地都需要同胞的协助,要想仅仅依赖他人的恩惠,那是一定不行的。他如果能够刺激他们的利己心,使有利于他,并告诉他们,给他做事,是对他们自己有利的,他要达到目的就容易得多了。不论是谁,如果他要与旁人作买卖,他首先就要这样提议。请给我以我所要的东西吧,同时,你也可以获得你所要的东西:这句话是交易的通义。我们所需要的相互帮忙,大部分是依照这个方法取得的。我们每天所需要的食料和饮料,不是出自屠户、酿酒家或烙面师的恩惠,而是出自他们自利的打算。我们不说唤起他们利他心的话,而说唤起他们利己心的话。我们不说自己有需要,而说对他们有利。"① 这是资产阶级经济学的人学前提——人性自私论——的原生态表述。相对于西方主流经济学而言,人性自私论的重要程度可用"性命攸关"一词形容。没有人性自私论就没有人学前提,没有人学前提的西方主流经济学就无法建立起来。如此重要的哲学性内容被亚当·斯密用日常生活语言表述出来,可见他的哲学功力有多么深厚。三个例证表明,哲学内在于亚当·斯密的古典政治经济学中,是这一经济学的内生变量。

就政治经济学与哲学密不可分的内在联系而言,亚当·斯密的学术子孙都是离经叛道之辈。他们以继承和发展亚当·斯密的政治经济学为幌子,实际做法则是背道而驰。离经叛道的具体表现是突出和强调政治经济学的科学性质,对哲学性质则是唯恐避之不及。率先如此行为者是马克思在《资本论》中设置专节批判的牛津大学政治经济学教授西尼尔。这位资本家的铁杆代言人在 1836 年出版的《政治经济学大纲》中说,经济学家"所从事的是科学,其间如果有了错误或是有了疏忽,就会产生极其严重、极其广泛的恶劣影响;因此,他就象个陪审员一样,必须如实地根据证据发表意见,既不容许同情贫困,也不容许嫉视富裕或贪婪,既不容许崇拜现有制度,也不容憎恶现有的弊害,既不容许酷爱虚名,投合时好,也不容许标新立异或固执不变,以致使他不敢明白说出他所相信的事实,或者

---

① [英] 亚当·斯密:《国民财富的性质和原因的研究》上卷,郭大力、王亚南译,商务印书馆 1972 年版,第 13—14 页。

是不敢根据这些事实提出他看来是合理的结论"①。"科学"的高调宣示和六个"不容许"禁令的有机统一，使政治经济学的所谓"科学"性质彰显出来，被牺牲掉的则是政治经济学中客观存在且须臾不可分离的哲学。这样的主张在现代西方主流经济学中被忠实地继承下来。美国经济学家曼昆在他那部极为流行的《经济学原理》教材中说："经济学家努力以科学的态度来探讨他们的主题。他们研究经济的方法与物理学家研究物质和生物学研究生命的方法一样：他们提出理论、收集资料，并分析这些资料以努力证明或否定他们的理论……这种研究方法适用于研究一国经济，就像适用于研究地心引力或生物进化一样。"②曼昆的用意不是直接表达出来，而是让人们去猜。既然经济学是像自然科学一样的"硬"科学，那么，哲学还有什么存在的理由和价值呢？

亚当·斯密以后资产阶级主流经济学的高调宣示是一回事，实际情况是另一回事。就说这一经济学的逻辑前提吧。没有逻辑前提，像任何经济学一样，资产阶级主流经济学就不会成其为自身。如果把资产阶级主流经济学中的人性自私论、天赋人权论和私有财产神圣不可侵犯论这三个逻辑前提剔除掉，那么，其中所剩下者是两样东西：杂乱无章且无灵魂的经验材料和经济学家的主观性意见。问题在于，仅凭这两样东西，资产阶级主流经济学能成为一个学科吗？如上的引证和分析表明，资产阶级主流经济学像其他经济学一样，哲学是内生变量，离开哲学它一天也不能存活。

其次，马克思政治经济学理论中存在哲学吗？只要对马克思的政治经济学文献有所顾涉就可发现，其中的哲学性内容太丰富了。为了证明这一点，跟随马克思的政治经济学研究历程，我们举三个例证。

例证一。马克思1843年10月开始研究政治经济学。在政治经济学领域初试身手的马克思除写有大量顾涉政治经济学文献的读书笔记外，还有两种代表性政治经济学文献留存后世：《1844年经济学哲学手稿》《詹姆斯·穆勒〈政治经济学原理〉一书摘要》。前者中的哲学性内容已为大家

---

① ［英］西尼尔：《政治经济学大纲》，蔡受百译，商务印书馆1977年版，第12页。

② ［美］曼昆：《经济学原理》上册，梁小民译，生活·读书·新知三联书店、北京大学出版社1999年版，第19页。

熟悉，我们就以后者为例证。在市场经济条件下，劳动是每个人的"天职"，不劳动便无生活来源和保证。由此说，市场经济条件下的人是职业人，具体说是"劳动人"、"商品人"。① 这种劳动的法哲学性质是什么？在资产阶级主流经济学中，这种劳动的法哲学性质被概括和表述为独立、自由与平等，而在马克思的笔下，这种劳动的异化性质被提示出来："在谋生的劳动中包含着：（1）劳动对劳动主体的异化和偶然联系；（2）劳动对劳动对象的异化和偶然联系；（3）工人的使命决定于社会需要，但是社会需要是同他格格不入的，是一种强制，他由于利己的需要、由于贫困而不得不服从这种强制，而且对他来说，社会需要的意义只在于它是满足他的直接需要的来源，正如同对社会来说，他的意义只在于他是社会需要的奴隶一样；（4）对工人来说，维持工人的个人生存表现为他的活动的目的，而他的现实的行动只具有手段的意义；他活着只是为了谋取生活资料。"由此说，劳动者变成了"精神上和肉体上畸形的人"。② 与此形成鲜明对比的是，"假定我们作为人进行生产。在这种情况下，我们每个人在自己的生活过程中就双重地肯定了自己和另一个人：（1）我在我的生产中物化了我的个性和我的个性的特点，因此我既在活动时享受了个人的生命表现，又在对产品的直观中由于认识到我的个性是物质的、可以直观地感知的因而是毫无疑问的权力而感受到个人的乐趣。（2）在你享受或使用我的产品时，我直接享受到的是：既意识到我的劳动满足了人的需要，从而物化了人的本质，又创造了与另一个人的本质的需要相符合的物品。（3）对你来说，我是你与类之间的中介人，你自己意识到和感觉到我是你自己本质的补充，是你自己不可分割的一部分，从而我认识到我自己被你的思想和你的爱所证实。（4）在我个人的生命表现中，我直接创造了你的生命表现，因而在我个人的活动中，我直接证实和实现了我的真正的本质，即我的人的本质，我的社会的本质"③。

马克思两处论述的核心是政治经济学的出发点问题。资产阶级主

---

① 参见《马克思恩格斯文集》第 1 卷，人民出版社 2009 年版，第 172、170 页。

② 《马克思恩格斯全集》第 42 卷，人民出版社 1979 年版，第 28—29 页。

③ 《马克思恩格斯全集》第 42 卷，人民出版社 1979 年版，第 37 页。

流经济学的代表性人物之一马歇尔说过，经济学是研究人的学问，① 这里的"人"指称什么？实际上是"经济人"，即马克思所说的"劳动人"或叫"商品人"。这种人学观点是对资本主义市场经济的论证和辩护，马克思的第一段论述揭露和批判的正是这种人学观点。与资产阶级经济学的人学观点正相反，马克思提出"完整的人"作为自己政治经济学的出发点，② 这种人学观点是揭露和批判资产阶级主流经济学与资本主义市场经济的理论武器，也符合劳动者的切身利益。如上的例证表明，马克思早期政治经济学理论中不仅有哲学，而且是与资产阶级主流经济学中的哲学正相反对的哲学。

例证二。潜心研究政治经济学十几年之后的 1857—1858 年，马克思写作了《政治经济学批判大纲》。此为《资本论》的第一个手稿，也是众多《资本论》手稿中哲学意味最浓烈的手稿。马克思认为，"准确地阐明资本概念是必要的，因为它是现代经济学的基本概念，正如资本本身——它的抽象反映就是它的概念——是资产阶级社会的基础一样"③。如何"准确地阐明资本概念"？马克思的做法要比资产阶级主流经济学高明得多。从亚当·斯密开始，资产阶级经济学始终把资本理解为物，具体说是用于投资以期获得回报的财富。西尼尔别出心裁，对资本作了道德化的解释："资本是一项财富，是在财富生产或财富分配中人类作出的努力的结果。"④既然作为资本的财富是人类努力的结果，那么，搞清楚"人类"一词的指称对象便显得既重要又必要。在西尼尔的语境中，此处的"人类"指称资本家。"经济学家把地主、资本家和劳动者说成是成果的共享者的那种通常说法，只是出于杜撰。差不多一切所生产的，首先是资本家的所有物。"⑤ 资本是资本家努力的结果，其他人如劳动者之所以没有资本，根本原因是他们不努力。客观存在于西尼尔语境中的这种思维逻辑意在为资本家的剥削行径辩护，但离"准确阐明资本概念"的目标更远了。马克思并不否认资本是物，是财富，但他也看到资产阶级主流经济学家没有看到的东西。"资

---

① 参见［英］马歇尔：《经济学原理》上卷，朱志泰译，商务印书馆 1964 年版，第 23 页。

② 参见《马克思恩格斯文集》第 1 卷，人民出版社 2009 年版，第 189 页。

③ 《马克思恩格斯全集》第 30 卷，人民出版社 1995 年版，第 293 页。

④ ［英］西尼尔：《政治经济学大纲》，蔡受百译，商务印书馆 1977 年版，第 138 页。

⑤ ［英］西尼尔：《政治经济学大纲》，蔡受百译，商务印书馆 1977 年版，第 145 页。

本作为被否定的孤立劳动者的孤立劳动，从而也作为被否定的孤立劳动者的财产，既代表劳动，也代表劳动的产品。所以，资本是社会劳动的存在，是劳动既作为主体又作为客体的结合，但这一存在是同劳动的现实要素相对立的独立存在，因而它本身作为特殊的存在而与这些要素并存。因此，资本从自己方面看来，表现为扩张着的主体和他人劳动的所有者，而资本的关系本身就像雇佣劳动的关系一样，是完全矛盾的关系。"① 细加分析便可发现，马克思对资本概念所作的哲学味十足的解释中，有大量极其重要而资产阶级主流经济学又没有顾及的内容。第一，资本是历史的产物，是结合劳动对孤立劳动的否定。这种劳动组织形式意义的生产方式是历史运动的结果。第二，资本是劳动的存在，是雇佣劳动的前提，也是雇佣劳动的结果。第三，资本是生产关系，是阶级关系，其中的核心内容是生产资料私有制和资本家与雇佣劳动者的阶级对立。第四，资本是主、客体之间的关系，是雇佣劳动者与劳动对象之间的主、客体关系，也是资本家与劳动者之间的主、客体关系。第五，资本是矛盾，是活生生的矛盾，是自身内部的矛盾，是人与自然之间的矛盾，还是社会历史意义上现在与未来之间的矛盾。马克思对资本概念五种含义的揭示存在于政治经济学语境之中，但其中的哲学意味让人拍案叫绝。这是哲学与政治经济学的有机统一。

例证三。任何社会，人类要生存就必须劳动。要劳动，就一定会面临如何处理如下四者之间关系的难题：必要劳动、剩余劳动、剩余劳动时间和剩余劳动生产率。其中，必要劳动由自然必然性所决定，满足生存需要是强制性要求。剩余劳动生产率在一定程度上反映了人类与外在自然进行物质变换时的自由程度。这是只有哲学智慧才能梳理清楚和说明白的话题。马克思在《资本论》第三卷对这一话题进行了如下分析："在一定时间内，从而在一定的剩余劳动时间内，究竟能生产多少使用价值，取决于劳动生产率。也就是说，社会的现实财富和社会再生产过程不断扩大的可能性，并不是取决于剩余劳动时间的长短，而是取决于剩余劳动的生产率和进行这种剩余劳动的生产条件的优劣程度。事实上，自由王国只是在必要性和外在目的规定要做的劳动终止的地方才开始；因而按照事物的本性

---

① 《马克思恩格斯全集》第 30 卷，人民出版社 1995 年版，第 464 页。

来说，它存在于真正物质生产领域的彼岸。像野蛮人为了满足自己的需要，为了维持和再生产自己的生命，必须与自然搏斗一样，文明人也必须这样做；而且在一切社会形式中，在一切可能的生产方式中，他都必须这样做。这个自然必然性的王国会随着人的发展而扩大，因为需要会扩大；但是，满足这种需要的生产力同时也会扩大。这个领域内的自由只能是：社会化的人，联合起来的生产者，将合理地调节他们和自然之间的物质变换，把它置于他们的共同控制之下，而不让它作为一种盲目的力量来统治自己；靠消耗最小的力量，在最无愧于和最适合于他们的人类本性的条件下来进行这种物质变换。但是，这个领域始终是一个必然王国。在这个必然王国的彼岸，作为目的本身的人类能力的发挥，真正的自由王国，就开始了。但是，这个自由王国只有建立在必然王国的基础上，才能繁荣起来。"① 在这段理论张力极强的论述中，我们首先见到的是政治经济学立场，以这一立场为基础，哲学性内容被展示出来。哲学性内容的核心是人类自由与自然必然性二者之间的辩证关系，这一关系的历史是人类自由不断延伸和扩展的历史。具体说，必要劳动是人类的宿命，只要人类存在，这种情况就会延续。但是，人类能力的发展同样是不可更改的大趋势。要发展，前提条件是扩大剩余劳动量，而扩大剩余劳动量的关键因素是提高剩余劳动生产率。剩余劳动生产率是人类自由王国与自然必然性王国矛盾和斗争的结果，也是人类自由的标志和限度。剩余劳动生产率不断提高，说明人类的自由程度在提高，但与此相伴而行的是自然必然性王国的持续存在且范围在不断扩大。这个矛盾与人类历史同始终，是人类不断超越自我的舞台。在这里，价值立场极端重要。相对于自然必然性王国而言，人类自由的判断标准是"最无愧于和最适合于""人类本性"，舍此而逐他，如劳动生产率，便是迷失方向的作为。

　　三个例证仅仅是例证，但它们已经能够证明，马克思政治经济学理论中客观地存在哲学性内容，这样的内容与政治经济学内容紧密地交织在一起，达到了不可分割的程度，此为马克思政治经济学和经济哲学的根本特点之一。

---

① 《马克思恩格斯文集》第 7 卷，人民出版社 2009 年版，第 928—929 页。

最后，马克思政治经济学理论中哲学性内容的指称对象。

马克思政治经济学理论中存在哲学性内容的结论为我们确立了进一步研究的理论前提。现在需要研究和回答的问题是：这一哲学性内容的具体性指称对象是什么？由于马克思经济哲学内容极其丰富，从不同的角度出发把握这一内容的指称对象会有不同的结果。

第一，随机角度。从这一角度出发理解问题时就会发现，存在大量与马克思政治经济学紧密交织又哲学味十足的观点。观点的展开和连接是理论。例如，劳动异化论，人学三段论，社会历史物质生产决定论，诚信经济规律论，工艺学决定论，自由时间论，资本矛盾论，等等。

第二，自成体系角度。马克思经济哲学存在于政治经济学文献中，即便是存在于哲学性文献如《德意志意识形态》中，也与政治经济学研究及其成果密不可分，但它具有相对独立性，否则，便不是经济哲学而是政治经济学。既与政治经济学紧密交织又具有相对独立性的经济哲学是什么？它是劳动历史唯物主义理论体系。在马克思文献中，对劳动的海量论述是值得关注和研究的现象。关注和研究的结果是以劳动为本体的历史唯物主义理论体系，具体内容由主客体之间辩证关系的哲学分析框架、方法论历史唯物主义理论、劳动哲学本体论、人学历史唯物主义理论和工艺学历史唯物主义理论组成。

第三，元哲学角度。两千多年的哲学史跌宕起伏，大家辈出，学派林立，思想各异。但是，在元哲学的层面看，表象背后的内容并不复杂，哲学家总在探讨和争论的无非是如下几个问题：哲学本体论问题、哲学认识论问题、哲学方法论问题、哲学价值论问题和哲学历史观问题。从这种角度看待马克思经济哲学，如下内容就会出现在我们面前：政治经济学逻辑前提论、经济哲学本体论、经济哲学认识论、经济哲学方法论、经济哲学价值论和经济哲学历史观。

第四，微观角度。微观角度中的马克思经济哲学清晰可辨，具体内容如下：对资产阶级主流经济学哲学基础的批判、政治经济学范畴中的哲学、政治经济学命题中的哲学和政治经济学理论中的哲学。

本书对马克思经济哲学的探讨依从微观角度，结合元哲学角度。在元哲学角度的意义上，每一部分内容都极其丰富，本章的叙述逻辑无法满足详尽展开的具体要求。退而求其次，对元哲学角度马克思经济哲学的内容进行概略性论述，意在让这些内容有机会表示自己的客观存在。重点是经济哲学方法论内容，以此为例证，借以展示马克思政治经济学理论中经济哲学的丰富内容。

1. 政治经济学逻辑前提论

上已述及，任何经济学理论都一样，哲学性逻辑前提是学科得以确立和存在的基本条件，没有逻辑前提的经济学理论不存在。资产阶级主流经济学的逻辑前提有三个：人性自私论、天赋人权论和私有财产神圣不可侵犯论。马克思政治经济学理论中的逻辑前提与此正相反，它们是"完整的人"理论、劳动者创造世界论和劳动与所有权同一论。

"完整的人"理论上已述及，劳动者创造世界论是马克思主义理论中的常识，但劳动与所有权同一论往往被研究者所忽略。我们就以这一理论为例证，借以展示马克思政治学理论中的逻辑前提。在《1844年经济学哲学手稿》中，马克思已指出了资产阶级经济学的逻辑前提之一即私有财产神圣不可侵犯论的虚假性："国民经济学从私有财产的事实出发。它没有给我们说明这个事实。它把私有财产在现实中所经历的物质过程，放进一般的、抽象的公式，然后把这些公式当做规律。"① 由于政治经济学和经济史研究都还没有达到相应程度，马克思试图揭开这一秘密的努力未能如愿。② 在经过十几年政治经济学研究之后写成的《政治经济学批判大纲》中，马克思的认识已大有进步，表现出来的是把这一问题具体化。马克思从过程和领域的角度看问题，指出私有财产的创造在生产领域，实现则是在流通领域。"我们已经看到，在简单流通本身中（即处于运动中的交换价值中），个人相互间的行为，按其内容来说，只是彼此关心满足自身的需要，按其形式来说，只是交换，设定为等同物（等价物），所以在这里，所有权还只是表现为通过劳动占有劳动产品，以及通过自己的劳动

① 《马克思恩格斯文集》第1卷，人民出版社2009年版，第155页。
② 参见《马克思恩格斯文集》第1卷，人民出版社2009年版，第177页。

占有他人劳动的产品，只要自己劳动的产品被他人的劳动购买便是如此。对他人劳动的所有权是以自己劳动的等价物为中介而取得的。所有权的这种形式——正像自由和平等一样——就是建立在这种简单关系上的。在交换价值进一步的发展中，这种情况就会发生变化，并且最终表明，对自己劳动产品的私人所有权也就是劳动和所有权的分离；而这样一来，劳动＝创造他人的所有权，所有权将支配他人的劳动。"① 马克思的论述告诉我们，劳动与所有权的关系经历了两个过程。第一个过程是劳动与所有权的同一，即劳动及其产品属于劳动者所有，马克思称其为所有权的第一条规律。② 劳动与所有权关系的第二个过程是劳动与所有权的分离，即"劳动＝创造他人的所有权"。这种情况是如何发生的？为什么会发生？秘密掩藏于资本的生产过程之中。马克思在《资本论》第一卷中告诉我们，在劳动力市场上，资本家与劳动力所有者进行了符合等价交换原则的交换，资本家得到了劳动力的使用权，劳动者出让了劳动力的使用权。在劳动力的使用即劳动者的劳动过程中，产品被生产出来，而新产品包含了劳动力市场上尚未见踪影的新因素，即超出于劳动力价值的剩余价值。按照马克思的说法，这里发生了"辩证法转变"但"并不触犯商品生产的一般规律"。③ 这里的"辩证法转变"是对"劳动与所有权同一"的根本性逆转，但基本、客观的历史性事实无法否认。所以，马克思把"劳动与所有权的同一"作为自己政治经济学理论的逻辑前提之一。相比于资产阶级经济学的逻辑前提之一即"私有财产神圣不可侵犯论"，劳动与所有权同一论更符合社会历史实际，在理论功能上，为剩余价值理论的提出和确立提供了法经济哲学意义的逻辑前提。

2. 经济哲学本体论

马克思的经济哲学本体论是劳动哲学本体论。表面看，马克思语境

---

① 《马克思恩格斯全集》第 30 卷，人民出版社 1995 年版，第 192 页。

② 参见《马克思恩格斯全集》第 30 卷，人民出版社 1995 年版，第 463 页。

③ 参见《马克思恩格斯文集》第 5 卷，人民出版社 2009 年版，第 673—675 页。

中的劳动哲学本体论与政治经济学毫无关系。这种认知导致了不应出现的后果。不要说研究马克思政治经济学的文献，就是研究马克思经济哲学的文献也几乎不提及马克思的劳动哲学本体论。此为不应出现的疏漏。任何经济学中都客观地存在经济哲学本体论。顾名思义，政治经济学是研究经济事实的学问。经济事实何谓？任何政治经济学理论的首要任务是回答这一问题。比较各不相同的回答就可发现，其间的观点分歧很大。例如，虽然亚当·斯密把经济事实理解为个人和国家的富裕，政治经济学研究的是个人和国家的致富之道，[①] 但后来的资产阶级主流经济学家把经济事实理解为发财致富，主体是资本家，所以马克思把资产阶级经济学称为"资本的政治经济学"[②]。这说明，资产阶级经济学中的哲学本体是资本。马克思曾经多次指出这一点，如"资本本身是资产阶级社会的基础"，"资本是资产阶级社会的支配一切的经济权力"，"资本是全部资产阶级污垢的核心"。[③]

如果说资产阶级经济学的哲学本体是资本，那么，马克思政治经济学的哲学本体是什么？检视文献便知，是劳动。在《1844年经济学哲学手稿》中，马克思对资产阶级主流经济学"没有给劳动提供任何东西，而是给私有财产提供了一切"的做法持激烈批判态度，[④] 在后来写作的《国际工人协会宣言》中，马克思则是把自己的政治经济学概括为"劳动的政治经济学"[⑤]。这样的表述说明，马克思与资产阶级主流经济学的做法正相反，要给劳动提供一切。由此说，劳动是马克思政治经济学的哲学本体。

确实，马克思在自己的政治经济学文献中对劳动的本体意义、社会历史地位和逻辑基础地位进行了详尽说明。

首先，劳动的本体意义。"劳动首先是人和自然之间的过程，是人以自身的活动来中介、调整和控制人和自然之间的物质变换的过程。人自身

---

① 参见［英］亚当·斯密：《国民财富的性质和原因的研究》下卷，郭大力、王亚南译，商务印书馆1974年版，第1页。

② 《马克思恩格斯文集》第5卷，人民出版社2009年版，第17页。

③ 《马克思恩格斯全集》第30卷，人民出版社1995年版，第293、49页；《马克思恩格斯文集》第10卷，人民出版社2009年版，第178页。

④ 参见《马克思恩格斯文集》第1卷，人民出版社2009年版，第166页。

⑤ 参见《马克思恩格斯文集》第3卷，人民出版社2009年版，第12页。

作为一种自然力与自然物质相对立。为了在对自身生活有用的形式上占有自然物质，人就使他身上的自然力——臂和腿、头和手运动起来。当他通过这种运动作用于他身外的自然并改变自然时，也就同时改变他自身的自然。他使自身的自然中蕴藏着的潜力发挥出来，并且使这种力的活动受他自己控制。"① 劳动的本体意义基于人类生存意义的基本事实而来，"像野蛮人为了满足自己的需要，为了维持和再生产自己的生命，必须与自然搏斗一样，文明人也必须这样做；而且在一切社会形式中，在一切可能的生产方式中，他都必须这样做"②。

其次，劳动在社会及其历史中的基础地位。"劳动过程，就我们在上面把它描述为它的简单的、抽象的要素来说，是制造使用价值的有目的的活动，是为了人类的需要而对自然物的占有，是人和自然之间的物质变换的一般条件，是人类生活的永恒的自然条件，因此，它不以人类生活的任何形式为转移，倒不如说，它为人类生活的一切社会形式所共有。"③ 作为"人类生活的永恒的自然条件"的劳动是客观存在，要说明人类的经济生活，认识到并重视劳动的社会历史性基础地位是自然而然的事情。

最后，劳动的逻辑基础地位。1858 年 4 月 2 日，马克思致信恩格斯详谈自己著作的分册计划："这一堆讨厌的东西将分为六个分册：1. 资本；2. 土地所有制；3. 雇佣劳动；4. 国家；5. 国际贸易；6. 世界市场……从资本向土地所有制的过渡同时又是历史的过渡，因为现代形式的土地所有制是资本对封建土地所有制和其他土地所有制发生影响的产物。同样，从土地所有制向雇佣劳动的过渡不仅是辩证的过渡，而且也是历史的过渡，因为现代土地所有制的最后产物就是雇佣劳动的普遍确立，而这种雇佣劳动就是这一堆讨厌的东西的基础。"④ 信中"一堆讨厌的东西"的说辞具有好朋友之间通信不拘礼节的性质，但其中的内容对我们理解马克思政治经济学具有极其重要的提示意义。马克思所要表达的意思是说，在政治经济学逻辑构成的意义上说，雇佣劳动占有基础地位，这是逻辑的内在需要，但又

---

① 《马克思恩格斯文集》第 5 卷，人民出版社 2009 年版，第 207—208 页。
② 《马克思恩格斯文集》第 7 卷，人民出版社 2009 年版，第 928 页。
③ 《马克思恩格斯文集》第 5 卷，人民出版社 2009 年版，第 215 页。
④ 《马克思恩格斯文集》第 10 卷，人民出版社 2009 年版，第 157—158 页。

基于客观的社会历史事实而来，由此说，政治经济学的理论体系应当是逻辑与历史的有机统一。

三个方面的情况是逻辑与历史有机统一的论证，要确立的观点是马克思政治经济学中的哲学本体非劳动莫属。这样的观点是一种发现，且是伟大的发现。由这样的发现继续延伸，我们会明白，马克思的政治经济学理论、哲学理论和历史理论，其哲学本体皆为劳动。正是由于这一点，马克思的理论整体显示出不同于任何其他理论体系的特色。

3. 经济哲学价值论

经济哲学价值论中的"价值"概念取哲学而不是政治经济学意义，具体说是价值立场意义的价值。价值立场是政治经济学理论的题中应有之义，因为它研究人及其生活，且是与人性命攸关的经济生活领域。

马克思政治经济学理论中的价值立场在三个层面表现出来。首先，人类意义的价值立场。马克思说："既然人是从感性世界和感性世界中的经验中获得一切知识、感觉等等的，那就必须这样安排经验的世界，使人在其中能体验到真正合乎人性的东西，使他常常体验到自己是人。"① 这是从应然的意义上理解和界定人与经验世界的关系，其中，经济生活是构成经验世界的基础，由此说，经验世界，尤其是经济生活，必须符合人性原则，否则，便是一个应当被改造的世界。在《资本论》第一卷开始印刷的第二天，马克思在致友人的信中说："我为什么不给您回信呢？因为我一直在坟墓的边缘徘徊。因此，我不得不利用我还能工作的每时每刻来完成我的著作，为了它，我已经牺牲了我的健康、幸福和家庭。我希望，这样解释就够了。我嘲笑那些所谓'实际的'人和他们的聪明。如果一个人愿意变成一头牛，那他当然可以不管人类的痛苦，而只顾自己身上的皮。但是，如果我没有全部完成我的这部书（至少是写成草稿）就死去的话，那我的确会认为自己是不实际的。"② 上述解释感人至深。在现实的生活世界

---

① 《马克思恩格斯文集》第 1 卷，人民出版社 2009 年版，第 334—335 页。

② 《马克思恩格斯文集》第 10 卷，人民出版社 2009 年版，第 253 页。

中，马克思为了减轻"人类的痛苦"而忘我地工作，就是牺牲自己的"健康、幸福和家庭"也在所不惜。

其次，劳动者的价值立场。马克思《黑格尔法哲学批判》中说："丧失财产的人们和直接劳动的即具体劳动的等级，与其说是市民社会中的一个等级，还不如说是市民社会各集团赖以安身和活动的基础。"① 把劳动者置于市民社会"赖以安身和活动"的客观基础地位上，实际是把劳动者看作社会各集团中最基础和最重要的社会集团。这是客观事实的描述，同时也是价值立场。这样的价值立场预示了马克思后来的思想轨迹，持续一生地为劳动者伸张正义。在稍后写作的《1844年经济学哲学手稿》中，马克思对劳动者的高度赞扬跃然纸上："当共产主义的手工业者联合起来的时候，他们首先把学说、宣传等等视为目的。但是同时，他们也因此而产生一种新的需要，即交往的需要，而作为手段出现的东西则成了目的。当法国社会主义工人联合起来的时候，人们就可以看出，这一实践运动取得了何等光辉的成果。吸烟、饮酒、吃饭等等在那里已经不再是联合的手段，不再是联系的手段。交往、联合以及仍然以交往为目的的叙谈，对他们来说是充分的；人与人之间的兄弟情谊在他们那里不是空话，而是真情，并且他们那由于劳动而变得坚实的形象向我们放射出人类崇高精神之光。"② 这样的赞扬是价值立场宣示的特定形式，它直白地告诉我们，马克思真心诚意地站在劳动者立场上为劳动者说话。

最后，产业无产阶级的价值立场。马克思恩格斯在《共产党宣言》的结尾处说："共产党人不屑于隐瞒自己的观点和意图。他们公开宣布：他们的目的只有用暴力推翻全部现存的社会制度才能达到。让统治阶级在共产主义革命面前发抖吧。无产者在这个革命中失去的只是锁链。他们获得的将是整个世界。"③ 此为社会历史发展趋势的预测，也是资本主义社会的"死刑判决书"。如果没有坚定的无产阶级立场，这样的预测就不会出现，因为马克思恩格斯认为，无产阶级是资本主义社会的掘墓人。

---

① 《马克思恩格斯全集》第3卷，人民出版社2002年版，第100—101页。
② 《马克思恩格斯文集》第1卷，人民出版社2009年版，第232页。
③ 《马克思恩格斯文集》第2卷，人民出版社2009年版，第66页。

上述的引证表明，马克思政治经济学理论中的价值立场是客观存在的事实。这样的事实中隐含必须回答的问题：价值立场的客观存在是否会影响甚至冲击政治经济学的科学性质？马克思的理论实践告诉我们，不会。在18世纪后期和19世纪的早中期，以无产阶级为代表的劳动者处于受苦受难的状态。后人用专有名词表征这种状况即"曼彻斯特资本主义"。把他们受苦受难的事实搞清楚和说明白，既是科学，又是道义责任的担当。其中的原因并不复杂。劳动者受苦受难的事实是如何造成的？资本家的贪婪和官府的偏袒是主要原因。由于资本家和官府掌握舆论和文化霸权，又有资产阶级经济学家以理论体系形式为其辩护，所以，要让事实暴露于光天化日之下，难上加难。亚当·斯密为我们指出了这一点。"在一般的争议情况下，要预知劳资两方谁占有利地位，谁能迫使对方接受自己提出的条件，决非难事。雇主的人数较少，团结较易。加之，他们的结合为法律所公认，至少不受法律禁止。但劳动者的结合却为法律所禁止。有许多议会的法令取缔为提高劳动价格而结合的团体，但没有一个法令取缔为减低劳动价格而结合的组织。"① 资本家和官府的结合形成了劳动者难以冲破的天罗地网，资本家的肆意妄行不要说受到约束和惩罚，就是被披露于大众面前也绝非易事。冲破这一天罗地网，把劳动者受苦受难的事实及其原因暴露于光天化日之下，其理论结晶当然具有科学性质，但如果没有为以无产阶级为代表的劳动者伸张正义的道义担当，这样的理论结晶就无法取得。由此说，马克思的政治经济学理论做到了科学性与价值立场的完美统一。

4. 经济哲学历史论

人们对教科书历史唯物主义耳熟能详，却往往忽略它与马克思政治经济学理论的内在联系。这种理解及其结果与马克思自己的表白不一致，更与马克思的思想演化历程不一致。1859年，马克思出版了《政治经济

---

① ［美］亚当·斯密：《国民财富的性质和原因的研究》上卷，郭大力、王亚南译，商务印书馆1972年版，第60—61页。

学批判》第一分册。他对这部书的评价是，"它是 15 年的即我一生中的黄金时代的研究成果"①。在为这部著作写的序言中，马克思说出如下的话："我在巴黎开始研究政治经济学，后来因基佐先生下令驱逐而移居布鲁塞尔，在那里继续进行研究。我所得到的，并且一经得到就用于指导我的研究工作的总的结果，可以简要地表述如下：人们在自己生活的社会生产中发生一定的、必然的、不以他们的意志为转移的关系，即同他们的物质生产力的一定发展阶段相适合的生产关系。这些生产关系的总和构成社会的经济结构，即有法律的和政治的上层建筑竖立其上并有一定的社会意识形式与之相适应的现实基础。物质生活的生产方式制约着整个社会生活、政治生活和精神生活的过程。不是人们的意识决定人们的存在，相反，是人们的社会存在决定人们的意识。社会的物质生产力发展到一定阶段，便同它们一直在其中运动的现存生产关系或财产关系（这只是生产关系的法律用语）发生矛盾。于是这些关系便由生产力的发展形式变成生产力的桎梏。那时社会革命的时代就到来了。随着经济基础的变更，全部庞大的上层建筑也或慢或快地发生变革。"② 这就是马克思关于历史唯物主义的最经典的表述。它向我们透露了如下事实。其一，这是马克思 15 年政治经济学研究的心智结晶；其二，这样的心智结晶虽然具有纯正的哲学性质，但它确实出现于政治经济学著作中，尤为重要且往往被人忽略者，它是政治经济学研究的结果。基于如上事实得出如下结论顺理成章。马克思的历史唯物主义是其政治经济学理论的内生变量，用哲学语言表达，历史唯物主义是马克思政治经济学理论的有机组成部分。这说明，缺少历史唯物主义的马克思政治经济学理论具有不完整性，是残缺不全的政治经济学理论。顾名思义，历史唯物主义是"观"社会历史的过程及其结果，而结果具有方法论性质是自然而然的事情。就方法论意义说，它告诉人们如何看待社会历史以及社会历史中经济生活领域与其他生活领域动态性的决定与被决定的关系。这样的关系性质提示人们，政治经济学理论确实研究经济生活，但像资产阶级经济学那样就经济论经济，不可能真正地说清楚经济生

① 《马克思恩格斯文集》第 10 卷，人民出版社 2009 年版，第 167 页。

② 《马克思恩格斯文集》第 2 卷，人民出版社 2009 年版，第 591—592 页。

活。二者比较就可发现，马克思政治经济学理论的哲学性质在历史唯物主义问题中已明显地表现出来。

在马克思的经济哲学历史观中，还有一种内容客观地存在于政治经济学理论之中，这就是主体历史观。请看如下论述："共产主义是对私有财产即人的自我异化的积极的扬弃，因而是通过人并且为了人而对人的本质的真正占有；因此，它是人向自身、也就是向社会的即合乎人性的人的复归，这种复归是完全的复归，是自觉实现并在以往发展的全部财富的范围内实现的复归。这种共产主义，作为完成了的自然主义，等于人道主义，而作为完成了的人道主义，等于自然主义，它是人和自然界之间、人和人之间的矛盾的真正解决，是存在和本质、对象化和自我确证、自由和必然、个体和类之间的斗争的真正解决。它是历史之谜的解答，而且知道自己就是这种解答。"① 从20世纪30年代《1844年经济学哲学手稿》正式出版到现在，马克思的这段论述始终是人们争论的焦点之一。争论各方都把它理解为马克思的人学理论，并把它简化为人学公式，即人—非人—人的复归。西欧社会民主党人视它为马克思思想发展的顶峰，往后的马克思则是走向了思想衰退之路。苏联人面对西欧社会民主党人的理论攻势仓促应战，他们视马克思的这一思想为青年时期思想的不成熟表现，一旦思想成熟，这样的思想便被马克思克服和超越。20世纪60年代，结构主义马克思主义的创立者阿尔都塞横空出世，以《保卫马克思》和《读〈资本论〉》两部著作而暴得大名。他把马克思的上述思想定性为资产阶级意识形态，当马克思的思想发生"认识论断裂"之后，这种思想便被抛弃了。

如上三种马克思人学理论的解释者各执一词，给人以得理不饶人的感觉。实际情况是上述理解皆为误解。马克思确实在谈论人，但这里的人不是空洞抽象的人，而是具体的社会历史的人，真正的指称对象是作为主体的劳动者。从这一角度看问题，马克思真正提出和谈论的是主体历史观。检视马克思谈论人的问题的语境便知，这里针对的目标是资本主义条件下的劳动异化，具体说是劳动者劳动的特定社会历史性质。马克思为我

---

① 《马克思恩格斯文集》第1卷，人民出版社2009年版，第185—186页。

们揭示出劳动者在劳动过程中的四种具体异化形式，即劳动者与劳动对象、劳动资料、劳动过程和劳动产品的关系性质发生了异化。从哲学层面看问题，劳动是主、客体之间的关系及其过程，其中劳动者是主体，劳动对象是客体，劳动资料是中介，劳动产品是劳动者劳动的结果。用这一理论框架看待作为主体的劳动者及其历史，就能发现这一历史呈现为三个阶段或叫三种形态。在原始社会，生产资料所有制是公有制，劳动者与劳动对象、劳动资料、劳动过程和劳动结果四者有机统一，说这时的劳动者是"完整的人"，即劳动者"作为一个完整的人，占有自己的全面的本质"，①顺理成章。在以私有制为经济制度的社会中，主要是在资本主义社会中，作为主体的劳动者与劳动对象、劳动资料、劳动活动和劳动产品发生分离，它们不属于劳动者而是属于资本家所有。说这时的主体发生了异化，人与自己的本质分离因而是"非人"，符合社会历史实际。在未来的共产主义社会，生产资料所有制是公有制，此时作为主体的劳动者与劳动对象、劳动资料、劳动活动和劳动产品重新结合为一，说这时的劳动者重新获得自己的本质因而是人的复归，没有短理的地方。

　　如上所述的主体历史观与马克思的政治经济学理论是什么关系？或者说，主体历史观在马克思的政治经济学理论中占有什么地位？发挥什么作用？首先说，它使马克思的政治经济学成为有人经济学，规范性说法是人学经济学。其次，马克思的人学经济学恰好比照出资产阶级经济学是无人经济学，是否定人和敌视人的经济学，正如马克思所说，资产阶级经济学"表面上承认人，其实是彻底实现对人的否定"②。其中的原因并不复杂。资产阶级经济学中的人是经济人，经济人的核心不是人而是经济，这里的经济是特定的职能，即为资本家创造剩余价值的职能，离开这一职能我们便见不到人。像社会历史观使马克思的政治经济学理论具有社会历史维度一样，主体历史观使马克思的政治经济学理论具有人及其历史的维度。

---

① 《马克思恩格斯文集》第 1 卷，人民出版社 2009 年版，第 189 页。
② 《马克思恩格斯文集》第 1 卷，人民出版社 2009 年版，第 179 页。

5.经济哲学方法论

从严格意义上说，经济哲学方法论是马克思政治经济学理论的方法论。马克思始终特别重视方法问题，长期探讨政治经济学理论中的方法，稍加梳理是如下几种情况。第一，在政治经济学领域初试身手的《1844年经济学哲学手稿》中，马克思明确提出自己的政治经济学方法论主张，要用经验的方法研究政治经济学。[①] 实际情况是这里的方法论指向并不明确，因为马克思把"经验"与"批判"放在一个句子中。第二，十几年之后写作的《资本论》第一部手稿即《政治经济学批判大纲》中，马克思为其写有长篇导言，该导言的第三节篇幅最长，题目便是"政治经济学的方法"。第三，《政治经济学批判大纲》中有不少插入语，插入语中为数不少的部分针对方法论问题，此为独特的马克思政治经济学方法论思想资源。第四，在为《资本论》第一卷德文第二版写的"跋"中，马克思畅谈政治经济学理论中的方法论问题，一是严格区分研究方法与叙述方法，二是清楚地说明自己的方法与黑格尔方法之间的关系。第五，在个人性通信中，马克思多次涉及和谈论政治经济学的方法论问题。例如，涉及研究方法的如下论述便是例证："只有抛开互相矛盾的教条，而去观察构成这些教条的隐蔽背景的各种互相矛盾的事实和实际的对立，才能把政治经济学变成一种实证科学。"涉及叙述方法的论述也是例证："完全由于偶然的机会……我又把黑格尔的《逻辑学》浏览了一遍，这在材料加工的方法上帮了我很大的忙。"[②] 五个方面的情况向我们证明了事实的客观存在，马克思确实是长期且是不拘形式地探讨和论述政治经济学理论中的方法论问题。

马克思对政治经济学理论中方法论问题的长期探讨和论述是一笔宝贵的精神财富，其内容的丰富程度鲜有人能与之比肩。如此丰富的内容向后继的研究者提出了挑战：这些内容如何命名？展开后的具体内容有哪些？可以这样说，凡是对马克思政治经济学文献下过一番功夫的研究者，几乎每一个人都会有自己的理解，且能引经据典地为这种理解找到根据。

---

① 参见《马克思恩格斯文集》第 1 卷，人民出版社 2009 年版，第 111 页。

② 《马克思恩格斯文集》第 10 卷，人民出版社 2009 年版，第 292、143 页。

如下概括性说法可为例证。马克思政治经济理论中的方法是辩证法，马克思政治经济学理论中的方法是唯物辩证法，马克思政治经济学理论中的方法是逻辑与历史的有机统一，马克思政治经济学理论中的方法是从抽象上升到具体，马克思政治经济学理论中的方法是分析和综合，马克思政治经济学理论中的方法是归纳和演绎，等等。这些例证表明，在马克思政治经济理论中方法的命名和具体内容问题上，观点较为分散，难以形成大家基本认可的意见。检视马克思的政治经济学文献便知，我们可以也应该在上述诸多提法之后再添一种新提法，以便概括和表征马克思政治经济学理论中的方法论主张：解剖典型，马克思政治经济学理论中存在和运用的是解剖典型的方法。

在马克思政治经济学理论语境中，解剖典型既是研究方法，又是叙述方法。在研究方法的意义上，马克思以英国为解剖对象，借此概括和抽象出资本主义生产方式的本质。在叙述方法的意义上，马克思把解剖英国得到的理论结果逻辑与历史有机统一地叙述出来。虽然要以英国为例证，但叙述的对象不是特定国家，而是关于资本主义生产方式内在本质的理论模型。

如上所述已回答了马克思政治经济学理论中是否有哲学和有什么样的哲学的问题。逻辑前提论、经济哲学本体论、经济哲学价值论、经济哲学历史论和经济哲学方法论是客观存在的事实。仅从这几个方面的情况看，得出马克思政治经济学理论中存在哲学性内容的结论顺理成章且有根有据。需要指出和说明的是，马克思政治经济学理论中五个方面内容的际遇各不相同。经济哲学历史论已被持续地研究和阐释，形成了相对独立的历史唯物主义理论和人学理论，但存在的问题明显可见，它们与马克思政治经济学理论的内在联系被削弱甚至被虚无化，给人造成的印象是，它们是与马克思政治经济学理论无关的纯哲学。逻辑前提论只是近些年才被人们提及和研究，但在马克思主义政治经济学教科书中已被虚无化。经济哲学本体论和经济哲学价值论的遭遇也好不到哪里去，研究者并没有投入时间和精力进行研究。马克思政治经济学理论中的方法论算是例外，被关注和研究的历史很长，人们投入的时间和精力也最多，但观点之间的分歧最大，相互之间的交锋最多。基于这样的理论情势，我们将以马克思政治经

济学理论中的方法论为研究对象，用文献、思想史和语境还原等实证形式
确认，马克思政治经济学理论中的方法是解剖典型。用这样的事例进一步
证明，马克思政治经济学理论中确实存在哲学，这种哲学是马克思经济哲
学存在形式之一。

二、解剖典型方法的形成

马克思登上社会历史舞台的工作地点是资产阶级工商业报纸《莱茵
报》。虽然在这里的工作时间只不过一年左右，但经历却让马克思刻骨铭
心。在《法哲学原理》中，黑格尔竭尽所能地美化和神化国家，这位辩证
法大师居然说出了如下的话："自在自为的国家就是伦理性的整体，是自由
的现实化。""神自身在地上的行进，这就是国家。""因此，人们必须崇敬
国家，把它看作地上的神物。"① 被黑格尔美化和神化的国家到底是什么？意
味着什么？马克思工作期间所要面对的是被黑格尔神化的君主集权专制的
普鲁士国家。这一国家的专制、愚昧、保守和僵化，尤其是对思想自由不
择手段的压制，让马克思无法忍受，不得不愤而辞去在《莱茵报》的工作。

退出这一报纸后，马克思在大力研究历史的同时批判黑格尔的《法
哲学原理》，留存后世的是《黑格尔法哲学批判》手稿。在该手稿中，马
克思关注的是政治生活领域，批判的目标是黑格尔对国家制度保守反动的
理解，实际批判的是君主集权专制的普鲁士国家。在这里，批判的理论武
器是人民主权论和人民民主论，比照标准则是法国大革命后确立起来的民
主观念。马克思说，现代法国人对民主是"这样了解的：在真正的民主制
中政治国家就消失了。这可以说是正确的，因为在民主制中，政治国家作
为政治国家，作为国家制度，已经不再被认为是一个整体了""在民主制
中，国家制度、法律、国家本身，就国家是政治制度来说，都只是人民的
自我规定和人民的特定内容。""问题在于，那集中于君主身上的主权难

---

① ［德］黑格尔：《法哲学原理》，范扬、张企泰译，商务印书馆 1961 年版，第 258、259、
285 页。

道不是一种幻想吗？不是君主的主权，就是人民的主权——问题就在这里。""不是国家制度创造人民，而是人民创造国家制度。"① 如上论述既反映出马克思对人民主权和人民民主的理解，也表现出对普鲁士君主集权专制的强烈不满。但是，从方法论思想史角度看问题，这只是解剖典型方法论思想的萌芽，但不能说马克思以法国为比照标准的做法就是解剖典型方法本身。

1843 年 9 月，马克思在致卢格的信中说："到巴黎去，到这座古老的哲学大学去吧，但愿这不是不祥之兆！到新世界的新首府去吧！"② 内心向往的文学化表达告诉我们，此时马克思把法国理想化的情绪溢于言表。一个月之后的 1843 年 10 月，马克思确实到了巴黎，目的是与卢格一道创办《德法年鉴》杂志。从马克思解剖典型方法形成史的意义上说，到达巴黎后的两件事特别值得关注，因为它们具有极其重要的意义。一是马克思开始研究政治经济学，这种研究一直持续到生命途程的终结。二是与工人阶级有了直接接触，这对马克思阶级立场的转变即由资产阶级民主主义立场转变到无产阶级立场，发挥了根本性作用。这两件事促使马克思的思想发生重大变化，这种变化体现于《〈黑格尔法哲学批判〉导言》中。由此，我们看到了解剖典型方法形成的重要契机。请看如下例证。"工业以至于整个财富领域对政治领域的关系，是现代主要问题之一。这个问题开始是以何种形式引起德国人的关注的呢？以保护关税、贸易限制制度、国民经济学的形式。德意志狂从人转到物质，因此，我们的棉花骑士和钢铁英雄也就在某个早晨一变而成爱国志士了。所以在德国，人们是通过给垄断以对外的统治权，开始承认垄断有对内的统治权的。可见，在法国和英国行将完结的事物，在德国现在才刚刚开始。这些国家在理论上反叛的、而且也只是当作锁链来忍受的陈旧腐朽的制度，在德国却被当作美好未来的初升朝霞而受到欢迎，这个美好的未来好不容易才敢于从狡猾的理论向最无情的实践过渡。在法国和英国，问题是政治经济学或社会对财富的统治；在德国，问题却是国民经济学或私有财产对国民的统治。因此，在法国和

---

① 《马克思恩格斯全集》第 3 卷，人民出版社 2002 年版，第 41、38、40 页。

② 《马克思恩格斯文集》第 10 卷，人民出版社 2009 年版，第 6 页。

英国是要消灭已经发展到终极的垄断；在德国却要把垄断发展到终极。那里，正涉及解决问题；这里，才涉及到冲突。"①"德国无产阶级只是通过兴起的工业运动才开始形成；因为组成无产阶级的不是自然形成的而是人工制造的贫民，不是在社会的重担下机械地压出来的而是由于社会的急剧解体、特别是由于中间等级的解体而产生的群众，虽然不言而喻，自然形成的贫民和基督教日耳曼的农奴也正在逐渐跨入无产阶级的行列。"②

在与《黑格尔法哲学批判》相比较的意义上分析马克思的两处论述，我们发现了相对于解剖典型方法形成而言极为重要的六处变化。第一，概念使用方面的变化。原来运用的主要概念是"等级""市民社会"等，现在使用的概念则是"阶级""工业"和"财富"等。这些概念在随后写作的文献如《1844 年经济学哲学手稿》中，便会变为基本和主干性的概念。第二，政治经济学术语及其思维方式开始出现，如对对外贸易政策辩论中贸易保护与自由竞争观点的评论。第三，开始拿英国与德国比较，虽然这里是法、英两国并提，但作为政治经济学和工业革命故乡的英国毕竟进入了马克思的学术视野。第四，无产阶级立场已基本确立。这一立场是形成解剖典型方法的前提条件之一。或许，现在还难以估量作为例证的英国进入学术视野对马克思而言具有多么重要的意义，但这一点很快就会显现出来。第五，已注意到无产阶级的产生是"社会解体"的结果，这种思想意识是后来一再出现的"资本原始积累"论题的最早触及。第六，从法、英两国与德国比较的语境中已显露出在后来的文献中极为重要的思想，这就是经济发展呈现不同的阶段，经济发展程度高者是经济发育程度低者的未来方向。我们应当意识到，此为解剖典型方法中最基本也是最重要的思维方式，或者说，没有这种思维方式，解剖典型的方法就不会形成。

相对于解剖典型方法的形成而言，1844 年是个关键年份。马克思系统研究政治经济学的过程已经开始，思想已开始急剧地变化，作为证据的文献有两个，一是《1844 年经济学哲学手稿》，二是《评一个普鲁士人的〈普鲁士国王和社会改革〉一文》。它们向我们表明，在马克思全身心

---

① 《马克思恩格斯全集》第 3 卷，人民出版社 2002 年版，第 204 页。

② 《马克思恩格斯全集》第 3 卷，人民出版社 2002 年版，第 213 页。

投入地以英国为典型解剖资本主义生产方式的事业中，已经取得了阶段性成果。

在《黑格尔法哲学批判》中，地产问题是论述的主题之一，这一点好理解。马克思在《莱茵报》工作期间遇到的难题之一便是地产析分问题。需要我们特别关注的是，写作《黑格尔法哲学批判》时，马克思在政治学和法学语境中表达了自己的观点。① 在《1844年经济学哲学手稿》中马克思旧话重提，但这时运用的学科性知识、阶级立场和得出的结论诸方面已今非昔比，尤为重要者，这里是以英国为解剖对象。"正如我们在英国看到的，大地产就它力求赚到尽可能多的货币而言，已经失去自己的封建性质，而具有工业的性质。它给所有者［带来］尽可能多的地租，而给租地农场主带来尽可能多的资本利润。结果，农业工人的工资被降到最低限度，而租地农场主阶级在地产范围内代表着工业和资本的权力。由于同外国竞争，地租在大多数情况下不再能形成一种独立的收入了。很大一部分土地所有者不得不取代租地农场主的地位，而租地农场主就有一部分以这种方式沦为无产阶级。另一方面，有许多租地农场主也占有地产；这是因为有优裕收入的大土地所有者大都沉湎于挥霍，并且大多数都不适宜于领导大规模的农业，他们往往既无资本又无能力来开发土地。因此，他们中间也有一部分人完全破产。最后，为了经受住新的竞争，已经降到最低限度的工资不得不进一步降低。而这就必然导致革命。"② 我们能从马克思的分析中归纳出如下几个要点。第一，以英国为例证的原因是它的土地利用的资本主义性质发育程度最高。第二，严格区分土地利用的封建主义性质和资本主义性质，与《黑格尔法哲学批判》中的观点形成鲜明对照。第三，用相对严整的政治经济学理论逻辑论证无产阶级革命的必然性，这种理解问题的思路后来成为像《共产党宣言》《资本论》等经典文献的通常做法。第四，解剖典型方法在研究方法意义上的典型，即英国已被找到和锁定。这是了不起的进步和成就。此后，马克思几乎持续到生命途程终结，始终关注和研究英国。

---

① 参见《马克思恩格斯全集》第3卷，人民出版社2002年版，第122—131页。
② 《马克思恩格斯全集》第3卷，人民出版社2002年版，第264—265页。

1844 年 7 月，马克思写作了《评一个普鲁士人的〈普鲁士国王和社会改革〉一文》。在这篇文章中，马克思英国典型论的思想又向前发展了一步。"大家都承认英国是个政治的国家。而且大家也都承认：英国是个赤贫的国家，连赤贫这个词都是源自英文。因此，考察英国的情况，是了解一个政治的国家对赤贫的态度的最可靠尝试。在英国，工人的贫困不是局部的，而是普遍的，不只限于工厂区，而且扩展到农业区。在这里，反抗运动不是正在兴起，而是几乎整整一个世纪以来都在周期性地重复着。"① 英国之所以是考察贫困问题的典型例证，原因在于那里的工人生活状况已无法让人忍受："多么好的新鲜的空气，那是英国地下室住所充满瘟疫菌的空气！多么壮丽的大自然的美景，那是英国贫民穿的破烂不堪的衣衫；是妇女们饱受劳动和贫困折磨的憔悴面容和干瘪肌肤；是在垃圾堆里打滚的孩子们；是工厂里单调的机器的过度劳动造成的畸形人！多么令人欣喜的实践中最细小的环节，那是卖淫、谋杀和绞架！"② 英国工人阶级生活状况如此恶劣的原因何在？罪魁祸首是"现代工业"。③ 马克思思想的内在逻辑并不复杂。工人的贫困是现代社会最刺人眼球的问题，造成工人贫困的原因是现代工业制度。英国的现代工业制度最发达，所以它的工人贫困问题最突出，也最典型。鉴于此，要解剖现代工业制度即资本主义生产方式，解剖英国是"最可靠的尝试"。这样的思想逻辑有一种内在的驱动力，催促马克思关注英国，研究英国，做到这一点的便捷途径是研究以政治经济学文献为主的英国文献。后来的事实表明，马克思确实这样做了。

1845—1846 年间，马克思与恩格斯一道写作了标志马克思主义哲学形成的《德意志意识形态》。写作之前，马克思已有三年系统研究政治经济学的经历，留存后世的是三大笔记，即《巴黎笔记》《布鲁塞尔笔记》《曼彻斯特笔记》。三大笔记记录了马克思的研究历程，也体现了马克思的思想发育程度，这一切在《德意志意识形态》中表现出来。就我们的论题

---

① 《马克思恩格斯全集》第 3 卷，人民出版社 2002 年版，第 379 页。
② 《马克思恩格斯全集》第 3 卷，人民出版社 2002 年版，第 380 页。
③ 参见《马克思恩格斯全集》第 3 卷，人民出版社 2002 年版，第 382 页。

说，马克思政治经济学理论中解剖典型的方法已基本形成。

"在17世纪，商业和工场手工业不可阻挡地集中于一个国家——英国。这种集中逐渐地给这个国家创造了相对的世界市场，因而也造成了对这个国家的工场手工业产品的需求，这种需求是旧的工业生产力所不能满足的。这种超过了生产力的需求正是引起中世纪以来私有制发展的第三个时期的动力，它产生了大工业——把自然力用于工业目的，采用机器生产以及实行最广泛的分工。这一新阶段的其他条件——国内的自由竞争，理论力学的发展（牛顿所完成的力学在18世纪的法国和英国都是最普及的科学）等等——在英国都已具备了。（国内的自由竞争到处都必须通过革命的手段争得——英国1640年和1688年的革命，法国1789年的革命。）竞争很快就迫使每一个不愿丧失自己的历史作用的国家为保护自己的工场手工业而采取新的关税措施（旧的关税已无力抵制大工业了），并随即在保护关税之下兴办大工业。尽管有这些保护措施，大工业仍使竞争普遍化了（竞争是实际的贸易自由；保护关税在竞争中只是治标的办法，是贸易自由范围内的防卫手段），大工业创造了交通工具和现代的世界市场，控制了商业，把所有的资本都变为工业资本，从而使流通加速（货币制度得到发展）、资本集中。大工业通过普遍的竞争迫使所有个人的全部精力处于高度紧张状态。它尽可能地消灭意识形态、宗教、道德等等，而在它无法做到这一点的地方，它就把它们变成赤裸裸的谎言。它首次开创了世界历史，因为它使每个文明国家以及这些国家中的每一个人的需要的满足都依赖于整个世界，因为它消灭了各国以往自然形成的闭关自守的状态。它使自然科学从属于资本，并使分工丧失了自己自然形成的性质的最后一点假象。它把自然形成的性质一概消灭掉（只要在劳动的范围内有可能做到这一点），它还把所有自然形成的关系变成货币的关系。它建立了现代的大工业城市——它们的出现如雨后春笋——来代替自然形成的城市。凡是它渗入的地方，它就破坏手工业和工业的一切旧阶段。它使城市最终战胜了乡村。它的［……］是自动体系。［它］造成了大量的生产力，对于这些生产力来说，私有制成了它们发展的桎梏，正如行会成为工场手工业的桎梏、小规模的乡村生产成为日益发展的手工业的桎梏一样。在私有制的统治下，这些生产力只获得了片面的发展，对大多数人来说成了破坏的力

量，而许多这样的生产力在私有制下根本得不到利用。一般来说，大工业
到处造成了社会各阶级间相同的关系，从而消灭了各民族的特殊性。最
后，当每一民族的资产阶级还保持着它的特殊的民族利益的时候，大工业
却创造了这样一个阶级，这个阶级在所有的民族中都具有同样的利益，在
它那里民族独特性已经消灭，这是一个真正同整个旧世界脱离而同时又与
之对立的阶级。大工业不仅使工人对资本家的关系，而且使劳动本身都成
为工人不堪忍受的东西。"①

　　如上论述中的内容之丰富程度，给人以大脑不够用之感。相对于马
克思解剖典型方法的基本形成而言，这段论述太重要了，需要我们细加品
味和分析。从某种意义上说，它是马克思政治经济学理论体系中哲学性内
容的井喷式爆发，而在以后的文献如《共产党宣言》《资本论》中，又以
不同的表述形式详略不等地重新出现。②

　　第一，马克思论述中的社会历史时间结构。马克思论述的语境是以
西欧为主体的经济发展史，③ 其间有四个连续性的社会历史时期："小规模
的乡村生产"时期、手工业生产时期、工场手工业时期和现代大工业时
期。四个社会历史时期的划分符合社会历史实际。这种划分的历史意义非
同小可，它使马克思解剖典型的方法建立在客观历史事实的基础之上。

　　第二，大工业产生的社会历史性前提。这样的社会历史性前提有两
个：一是由于世界市场的开拓和建立，以工场手工业为技术基础和组织基
础的生产力已远远满足不了世界市场的客观需要。需要就是动力，动力就
是"命令"，资本的贪得无厌本性使然，作为资本人格化的资本家必然会
想尽一切办法满足需要，以便最大限度地获得剩余价值，而大工业是解决
这一矛盾的根本途径。二是国内的政治条件。马克思为我们举出的例证是
英国 1640 年和 1688 年的资产阶级政治革命以及 1789 年的法国资产阶级
革命。政治革命是经济革命的必然伴生物，是经济革命的规范化和根本的
制度保障。

---

① 《马克思恩格斯文集》第 1 卷，人民出版社 2009 年版，第 565—567 页。
② 参见《共产党宣言》第一章的前半部分和《资本论》第一卷的第四篇。
③ 参见《马克思恩格斯文集》第 1 卷，人民出版社 2009 年版，第 556—567 页。

第三，英国是大工业的典范。政治变革和经济变革这两个社会历史性前提是充分条件，其中的每一个条件是必要条件。只满足其中的一个条件者如只完成政治变革的法国，并不能在创建大工业的事业中领风气之先。满足上述两个社会历史性前提的只有英国，所以，在大工业时期英国是当之无愧的典范。

第四，大工业的特征。与以前的历史时期相比，大工业时期的特征是什么？马克思以行云流水般的笔触为我们列出了十三项内容。一是大工业把自然力（实际是自然科学）用于工业目的，采用机器生产，实行最广泛的分工。这里指称的实际内容是大工业的技术基础特点和组织基础特点。二是大工业使竞争普遍化，这里的竞争既包括国内竞争，也包括国际竞争。竞争不是权宜之计，而是国家战略。三是大工业创造了现代的交通工具和世界市场，工业资本代替商业资本控制一切，资本集中达到一定程度。四是大工业迫使所有个人的全部精力处于高度紧张状态，个人的全面性依赖关系已经形成。五是大工业消灭旧的意识形态，建立新的意识形态。六是大工业消灭所有个人和国家的闭关自守状态，历史成为世界历史。七是大工业使自然科学从属于资本。八是大工业把所有自然形成的关系，包括社会关系、亲情关系和友情关系等变成货币关系。九是大工业用现代大工业城市取代自然形成的城市。十是大工业使城市战胜乡村。十一是大工业使阶级关系简单化和模式化，消灭了以往以等级为特点的民族特性。十二是大工业创造的无产阶级有共同利益，用《共产党宣言》中的话说，"工人没有祖国"①。十三是大工业中资本与劳动的对立使工人无法忍受。按马克思的表达顺序归纳出的十三个方面的内容相互之间的逻辑联系并不紧密，这与马克思写作时精神处于高度兴奋状态有直接关系，但它们毕竟是大工业的根本特征。

第五，大工业中的阶级对立是客观事实，其中的根本性对立是资产阶级与无产阶级的对立。对立的根本原因是私有制的存在，这样的存在对许多人来说具有破坏性。这里的"人"中包括无产阶级，此外还包括那些在竞争中的失败者、破产者，他们不得不被抛入无产阶级队伍。

---

① 《马克思恩格斯文集》第 2 卷，人民出版社 2009 年版，第 50 页。

在马克思以后写作的文献中，英国典型论的论述一再出现，从持续时间和论述涉及的内容两个角度看问题，都能证明马克思一以贯之地坚持英国典型论。

例证一。"我要在本书（指《资本论》——引者注）研究的，是资本主义生产方式以及和它相适应的生产关系和交换关系。到现在为止，这种生产方式的典型地点是英国。因此，我在理论阐述上主要用英国作为例证。""在所有国家中，英格兰又是一个典型的例子，因为它在世界市场上占据首位，因为资本主义生产方式只有在这里才得到了充分的发展，最后还因为，从1846年以来自由贸易的千年王国的实现，又切断了庸俗政治经济学最后的退路。"①

例证二。"在英国，现代社会的经济结构无疑已经达到最高度的、最典型的发展。"②

例证三。资本的原始积累，"只有在英国，它才具有典型的形式，因此我们拿英国做例子"③。

例证四。"经过一个很长的时期封建租佃者才被产业资本家所取代。例如，在德国这种变化直到18世纪的最后三四十年间才开始。只有在英国，产业资本家和土地所有者之间的这种关系才得到了充分的发展。"④

例证五。英国是"世界市场霸主"。"英国作为资本的大本营，作为至今统治着世界市场的强国，在目前对工人革命来说是最重要的国家，同时它还是这种革命所需要的物质条件在某种程度上业已成熟的唯一国家。"⑤

例证六。"大工业的诞生地"是英国；"大工业的发源地"是英国。⑥

例证七。英国是"自动生产的典型"⑦。

---

① 《马克思恩格斯文集》第5卷，人民出版社2009年版，第8、747页。

② 《马克思恩格斯文集》第7卷，人民出版社2009年版，第1001页。

③ 《马克思恩格斯文集》第5卷，人民出版社2009年版，第823页。

④ 《马克思恩格斯文集》第1卷，人民出版社2009年版，第643页。

⑤ 《马克思恩格斯文集》第1卷，人民出版社2009年版，第712页；《马克思恩格斯文集》第10卷，人民出版社2009年版，第329页。

⑥ 参见《马克思恩格斯文集》第5卷，人民出版社2009年版，第321、433页。

⑦ 《马克思恩格斯文集》第5卷，人民出版社2009年版，第438页。

例证八。土地所有制的资本主义化，英国"是其他大陆国家的榜样"①。

例证九。"英国的工厂工人不仅是英国工人阶级的先进战士，而且是整个现代工人阶级的先进战士，最先向资本的理论挑战的也正是他们的理论家。"②

例证十。"在世界各国当中，大不列颠是资本专横和劳动被奴役达到了顶点的国家。"③

例证十一。发明的资本主义利用"只发生在英国"④。

例证十二。"英国博物馆中堆积着政治经济学史的大量资料，伦敦对于考察资产阶级社会是一个方便的地点。""这里所以把英国摆在首要地位，只是因为英国是资本主义生产的典型代表，而且对于我们所研究的对象来说，只有英国才有不断公布的官方统计材料。"⑤

相对于说明资本主义生产方式的典型是英国而言，12个例证可谓充分。12个例证隐含强劲有力的内在逻辑。逻辑的第一个层面是之所以以英国为典型，理由有二，一是资本主义生产方式最典型，这与马克思为自己确立的研究对象即资本主义生产方式相一致；二是英国积累的有关资本主义生产方式的经验材料最丰富且最完整。逻辑的第二个层面是对第一层面的延伸，实际是回答为什么说英国的资本主义生产方式最典型的问题。马克思给出的理由如下。第一，从经济体运行的角度看，英国的资本主义经济结构发育程度最高。第二，从历史的角度看，英国的资本原始积累和大工业起源和发展最典型。第三，从阶级关系角度看，英国的阶级压迫和剥削最残酷，工人阶级的觉悟最先进。第四，从资本结构角度看，英国的产业资本主导一切最典型。第五，从世界资本主义经济角度看，英国是世界市场的霸主，力量最大，最具象征意义。第六，从资本主义生产的技术基础和组织基础角度看，英国的自动化生产即工厂中的机械化生产发育程

① 《马克思恩格斯全集》第30卷，人民出版社1995年版，第236页。
② 《马克思恩格斯文集》第5卷，人民出版社2009年版，第346页。
③ 《马克思恩格斯全集》第13卷，人民出版社1998年版，第133页。
④ 《马克思恩格斯文集》第8卷，人民出版社2009年版，第367页。
⑤ 《马克思恩格斯文集》第2卷，人民出版社2009年版，第593页；第5卷，第278页。

度最高，因而最典型。第七，从科学发明的资本主义应用角度看，英国最典型。由七个方面的内容构成的第二个逻辑层面有力地支撑起第一个逻辑层面，以无可辩驳的理由告诉世人，以英国为解剖典型地研究资本主义生产方式，说明资本主义生产方式，有理有据。

现在需要我们思考和回答的问题是：除马克思如此地看问题外，其他人是否也如此地看问题？此为马克思观点的旁证。

旁证一。黑格尔说："英国的物质生存建筑在工商业之上，英国人担任了伟大的使命，在全世界中作文明的传播者；因为他们的商业精神驱使他们遍历四海五洲，同各野蛮民族相接触，创造新的欲望，提倡新的实业，而且是首先使各民族放弃不法横行的生涯，知道私产应当尊重，接待外人应当友善，成了这些为商业所必要的条件。"① 虽然黑格尔把资本主义市场经济命名为"工商业"或"新的实业"，但他确实意识到英国人领"新的实业"的风气之先是可以认定下来的基本事实。这样的事实使英国的典型性作用凸显出来，即"在全世界作文明的传播者"。与马克思的英国典型论相比，黑格尔的英国典型论要逊色很多，但能证明基本事实，黑格尔也把英国视为现代世界资本主义市场经济的典型。

旁证二。1844年1月至2月，不满24周岁的恩格斯写作了《英国状况》系列论文中的《十八世纪》一文。文中说，"英国自上一世纪中叶以来经历了一次比其他任何国家经历的变革意义更重大的变革；这种变革越是不声不响地进行，它的影响也就越大；因此，这种变革很可能会比法国的政治革命或德国的哲学革命在实践上更快地达到目的。英国的革命是社会革命"②。年轻的恩格斯具有敏锐的洞察力，尽管他把英国的工业革命称为"社会革命"，但英国的工业革命具有典范意义，是他已经领悟到的神韵。这种神韵激励着恩格斯，结果是一年多以后面世的经典著作《英国工人阶级状况》。马克思对这一著作称赞有加，以至于在《资本论》中多次提到它，以资证明自己的观点。

旁证三。写作于1844年下半年至1845年年初的《英国工人阶级状

---

① 黑格尔：《历史哲学》，王造时译，上海书店出版社1999年版，第467页。

② 《马克思恩格斯文集》第1卷，人民出版社2009年版，第87页。

况》，是恩格斯著述史也是马克思主义史中具有里程碑意义的著作。在这部著作的导言部分，开篇恩格斯就点出了英国的典型意义这一主题："英国工人阶级的历史是从上个世纪后半期，随着蒸汽机和棉花加工机的发明而开始的。大家知道，这些发明推动了工业革命，工业革命同时又推动了整个市民社会的变革，它的世界历史意义只是现在才开始被认识。英国是发生这种变革（这种变革越是无声无息地进行，就越是强有力）的典型地方，因此，英国也是这种变革最主要的结果即无产阶级发展的典型国家。只有在英国，才能把无产阶级放在它的一切关系中并从各个方面来加以研究。"①

旁证四。曾任美国历史学会会长的当代历史学家乔伊斯·阿普尔比说："因为资本主义在英国萌芽，所以进入人类历史的农业改良、全球探索和科学进步等资本主义方式都带着英式口音。18、19世纪，很多国家都追随英国的脚步，走上了资本主义的强国之路。换言之，市场经济对非英语国家保留了一丝异国气息，资本主义是第二语言，英国的邻居和对手除了模仿它别无选择，这也就是18世纪法国人惊叹的英国奇迹。"② 这位历史学家的叙事风格带有文学气质，但核心思想能让人容易地心领神会：英国是资本主义市场经济或叫资本主义生产方式的创造者，所以，英国具有典型意义。

四个旁证向我们证明了两件事实。其一，英国典型论并非是马克思一人坚持的观点，而是不同历史时期和不同学科领域中学者们基本达成的共识。其二，黑格尔和恩格斯的英国典型论还有一重意义，这就是它们构成了马克思英国典型论重要和基本的思想资源，这些资源对马克思英国典型论观点的形成发挥了直接和重要的影响作用。这些影响中，恩格斯的影响更大、更重要和更直接。我们可以这样说，在英国典型论的形成过程中，恩格斯是先知先觉者，是给予者，而马克思则是受惠者。

上述的例证和旁证告诉我们一个基本事实，在马克思和其他人看来，

---

① 《马克思恩格斯文集》第1卷，人民出版社2009年版，第388页。

② ［美］乔伊斯·阿普尔比：《无情的革命——资本主义的历史》，宋兆译，社会科学文献出版社2014年版，第20页。

英国确实是创造和发展资本主义生产方式的典型。这样的事实向我们提出了问题。在马克思的语境中，何谓典型？首先，典型具有比较的含义。这里的"比较"指称两项内容。一是共时性比较，即英国与其他国家比较，以期确定资本主义生产方式与非资本主义生产方式及其二者之间的区别。二是历时性比较，即英国资本主义生产方式产生和存在的不同社会历史时期，以期确定资本主义生产方式的发育程度。其次，典型具有本质和规律的含义，这里指称的对象是资本主义生产方式的本质和发展规律。最后，典型是标准、法则和范式，这里指称的内容是，相对其他国家而言，英国的资本主义生产方式是其他国家发展资本主义生产方式的标准、法则和范式。

对典型的界说带来了新的问题。英国是国别意义的典型，资本主义生产方式是社会历史意义的典型。英国是这两种意义典型的有机统一。但是，相对于其他国家而言，资本主义生产方式的典型意义意味着什么？或者说，典型的国别意义如何过渡为社会历史意义？这是需要马克思回答的问题，马克思确实为我们作出了回答。

在《德意志意识形态》中，马克思以生产方式为判断标准区分了两种国家：工业国家和非工业国家。不管非工业国家的主观愿望如何，非工业国家变为工业国家是历史发展的必然趋势，非人力所能左右。用马克思的话说："大工业发达的国家也影响着那些或多或少是非工业性质的国家，因为那些国家由于世界交往而被卷入普遍竞争的斗争中。"① 在《共产党宣言》中，相同的主题再一次出现，差别只在于表达得更具有鼓动性："资产阶级，由于一切生产工具的迅速改进，由于交通的极其便利，把一切民族甚至最野蛮的民族都卷到文明中来了。它的商品的低廉价格，是它用来摧毁一切万里长城、征服野蛮人最顽强的仇外心理的重炮。它迫使一切民族——如果它们不想灭亡的话——采用资产阶级的生产方式；它迫使它们在自己那里推行所谓的文明，即变成资产者。一句话，它按照自己的面貌为自己创造出一个世界。"②

1848 年年底，为了总结欧洲 1848 年革命的经验和教训，马克思写作

---

① 《马克思恩格斯文集》第 1 卷，人民出版社 2009 年版，第 567 页。

② 《马克思恩格斯文集》第 2 卷，人民出版社 2009 年版，第 35—36 页。

了《资产阶级和反革命》一文。在这篇文章中，马克思论及的内容归属于政治领域而非经济领域，但典型的示范意义和未来发展趋势意义得到了进一步的突出和强调。马克思说："1648年革命和1789年革命，并不是英国的革命和法国的革命，而是欧洲的革命。它们不是社会中某一阶级对旧政治制度的胜利；它们宣告了欧洲新社会的政治制度。资产阶级在这两次革命中获得了胜利；然而，当时资产阶级的胜利意味着新社会制度的胜利，资产阶级所有制对封建所有制的胜利，民族对地方主义的胜利，竞争对行会制度的胜利，遗产分割制对长子继承制的胜利，土地所有者支配土地对土地所有者隶属于土地的胜利，启蒙运动对迷信的胜利，家庭对宗族的胜利，勤劳对游手好闲的胜利，资产阶级权利对中世纪特权的胜利。1648年革命是17世纪对16世纪的胜利，1789年革命是18世纪对17世纪的胜利。这两次革命不仅反映了发生革命的地区即英法两国的要求，而且在更大程度上反映了当时整个世界的要求。"① 这么多的"胜利"实际是一个胜利，那就是资产阶级的胜利。英国和法国的资产阶级革命领风气之先，提前预知和反映了新社会即资产阶级社会的要求，待到一个世纪左右的准备之后，英法两国资产阶级革命的典型意义表现出来，以至于在1848年的欧洲革命中，大部分国家的资产阶级获得了政权，在一国之内按照资产阶级的面貌创造出资产阶级的社会。在这里，典型的示范意义和未来趋势的预示意义得到了真正的体现。

在《资本论》第一卷中，马克思除点明英国是资本主义生产方式的典型外，还把典型的意义上升到一般原理的高度加以概括，借此教育自己的同胞德国人："问题本身并不在于资本主义生产的自然规律所引起的社会对抗的发展程度的高低，问题在于这些规律本身，在于这些以铁的必然性发生作用并且正在实现的趋势。工业较发达的国家向工业较不发达的国家所显示的，只是后者未来的景象。"因此，"如果德国读者看到英国工农业工人所处的境况而伪善地耸耸肩膀，或者以德国的情况远不是那样坏而乐观地自我安慰，那我就要大声地对他说：这正是说的阁下的事情！"② 从

---

① 《马克思恩格斯文集》第2卷，人民出版社2009年版，第74页。
② 《马克思恩格斯文集》第5卷，人民出版社2009年版，第8页。

思想演化史的角度看，解剖典型的方法论原理终于诞生了。在国别意义上，英国是典型；在社会历史意义上，资本主义生产方式是典型；在社会历史演化的意义上，英国的今天是其他国家的明天，并且这种历史演化是"铁的必然性"，用马克思自己的话说："一个社会即使探索到了本身运动的自然规律……它还是既不能跳过也不能用法令取消自然的发展阶段。"①

　　综合起来看，从 1843 年 10 月至 12 月写作的《〈黑格尔法哲学批判〉导言》到 1845—1846 年写作的《德意志意识形态》，马克思解剖典型的方法论思想经历了从萌芽到基本形成的演化过程。这一过程持续的时间并不长，只不过四年左右的时间，但政治经济学、历史学和哲学紧密交织的研究过程使内在于马克思政治经济学理论且为政治经济学理论所必需的方法论思想有了突破性、标志性的成果。这样的方法论研究成果使马克思的政治经济研究如虎添翼，以至于开始于 19 世纪 50 年代的第二次大规模政治经济学研究进展神速。具体说，从 1850—1853 年的《伦敦笔记》到 1867年《资本论》第一卷的正式出版，其间是近二十年的时间。在这一时期，马克思做了两项工作。一是持续不断且全身心投入地解剖以英国为典型的资本主义生产方式。解剖的理论成果是马克思的政治经济学理论体系，此为人类思想史上的奇迹。为了证明这一点，举出如下例证就够了：1857—1858 年写作的《政治经济学批判大纲》、1861—1863 年写作的《经济学手稿》、1863—1865 年写作的《经济学手稿》和三大卷的《资本论》。第二项工作往往被人忽略，但理论价值和意义同样重要和伟大，这就是解剖典型方法论思想的深化、运用、验证和原理化。其中的验证和原理化在上述行文中进行了力所能及的论证，而深化和运用情况的展示，是笔者接下来的任务。

三、解剖典型方法的基本内容

　　在如上的引证和分析中我们确立了基本事实，马克思政治经济学理论运用的方法是解剖典型。现在需要探讨和回答的问题是：马克思如何解

---

① 《马克思恩格斯文集》第 5 卷，人民出版社 2009 年版，第 9—10 页。

剖典型？在探讨这一问题的过程中我们将会发现，马克思解剖典型的方法具有体系性质，它由宏观和微观两个层面的内容组成。在宏观层面是解剖典型，在微观层面则是四个具体性的方法：理解、独具特色的经验主义、让当事人出场说话和逻辑与历史的有机统一。这样的界定带来了需要说明的问题，两个层面的内容之间是什么关系？说二者之间是有机统一的关系，具有马克思主义哲学原理教科书中的套话性质，但事实确实如此。四个具体性方法紧密地交织在一起，相互之间既具有各自的特质和功用，又谁也离不开谁。具体性方法的有机统一构成了极富创造性的整体，马克思把这一整体概括为解剖典型。

1. 理解

把理解认定为马克思政治经济学理论中的具体性方法之一会冒一定的风险。首先面临的问题是：理解何谓？理解是马克思的方法吗？为了实证性地回答问题，请看马克思的如下论述。

论述一。"分析经济形式，既不能用显微镜，也不能用化学试剂。二者都必须用抽象力来代替。"[1]

论述二。"整体，当它在头脑中作为思想整体而出现时，是思维着的头脑的产物，这个头脑用它所专有的方式掌握世界，而这种方式是不同于对于世界的艺术精神的，宗教精神的，实践精神的掌握的。"[2]

论述三。"我的观点是把经济的社会形态的发展理解为一种自然史的过程。"[3]

论述四。"辩证法，在其合理形态上，引起资产阶级及其空论主义的代言人的恼怒和恐怖，因为辩证法在对现存事物的肯定的理解中同时包含对现存事物的否定的理解，即对现存事物的必然灭亡的理解；辩证法对每一种既成的形式都是从不断的运动中，因而也是从它的暂时性方面去理

---

① 《马克思恩格斯文集》第 5 卷，人民出版社 2009 年版，第 8 页。

② 《马克思恩格斯全集》第 30 卷，人民出版社 1995 年版，第 43 页。

③ 《马克思恩格斯文集》第 5 卷，人民出版社 2009 年版，第 10 页。

解；辩证法不崇拜任何东西，按其本质来说，它是批判的和革命的。"①

　　论述五。"动物遗骸的结构对于认识已经绝种的动物的机体有重要的意义，劳动资料的遗骸对于判断已经消亡的经济的社会形态也有同样重要的意义。"②

　　细加分析便知，如上五处论述都带有方法论性质，虽然概念的使用情况各不相同。第一、二、五等三处论述分别使用的是"抽象力""认识""判断"和掌握世界的"专有方式"，把它们理解为"理解"或"理解力"并没有什么不妥之处。这里有一个特别值得关注的地方。马克思论述的重点是强调，自己的方法或说正确的政治经济学方法具有独特性质。首先，它不同于自然科学方法，如观察和实验；其次，它不同于人文社会科学中的其他方法，如艺术的、宗教的和伦理的方法。艺术、宗教和伦理的方法本质是想象、信仰和认从，像自然科学方法一样，这里同样没有理解的存在空间。正确的政治经济学方法是"掌握世界"的"特有方式"，"特有"之处是理解，即马克思论述四所说的辩证法。第三和第四处论述直接运用"理解"概念，这说明马克思对"理解"的关注程度。尤其是第四处论述，稍加分析便可抽离出七种表达句式：对现存事物肯定性的理解，对现存事物否定性的理解，对现存事物必然灭亡的理解，对现存事物运动不息的理解，对现存事物暂时性的理解，对现存事物批判性的理解，对现存事物革命性的理解。基于如此多多的"理解"得出结论并不为过，在马克思的语境中，理解是方法，是基本和重要的方法，尤为重要者，是独具特色的方法。

　　理解是方法的结论带来了新的问题：什么是理解？或者说，在马克思的语境中，理解的含义是什么？与这一问题密切相关，一系列的问题接踵而至：谁在理解？理解的对象是什么？理解的结果是什么？理解结果的客观性如何保证？作为方法的理解具有什么样的性质？回答这些问题，马克思理解方法的具体内容就会显现出来。

　　在马克思的语境中，理解方法的实质是主体性方法，是主体认知和

① 《马克思恩格斯文集》第 5 卷，人民出版社 2009 年版，第 22 页。

② 《马克思恩格斯文集》第 5 卷，人民出版社 2009 年版，第 210 页。

评价客体、客体确证主体认知和评价的方法。进一步说，理解是马克思主体、客体及二者之间辩证关系这一哲学分析框架在方法论层面的具体化。这里的主体是认知和评价的政治经济学家，客体是资本主义生产方式，二者之间的关系是认知和评价性关系，但不是实践意义的改造与被改造的关系。按照马克思在《资本论》中的说法，理解的结果是"现代社会的经济运动规律"被揭示出来。① 如何保障符合客观实际意义地做到这一点？如何避免理解的主观随意性和保障理解的客观有效性？马克思用三种我们将在下文专门论述的方法做到这一点：独具特色的经验主义哲学方法、让当事人出场说话和逻辑与历史的有机统一。由此，我们见到了马克思不同方法之间的内在逻辑联系，也见到了解剖典型方法的整体性质。

检视马克思的文献，我们发现马克思的理解方法具有如下性质。

第一，理解的主体性质。由马克思对辩证法的界定可以看出，理解具有明确和强烈的主体性质。首先，理解是人在理解，具体说是作为政治经济学家的人在理解。政治经济学家是职业身份，职业身份是主体的具体化，由此区分出政治经济学家的理解不是物理学家、化学家或其他职业人的理解。这种由职业身份体现出来的主体性是客观存在的事实。其次，理解过程是作为政治经济学家的主体的自我确证过程，理解对象的选择和理解目的的变为现实都可证明这一点。再次，理解的结果带有明显的主体性质，理解对象的选择和确定，对理解对象的命名，基于命名而来的判断，由判断构成的结论，最后的评价，等等，都是主体行为的结果。由此说，主体性成分渗入理解过程是必然结局。最后，理解过程及其结果带有个体性，针对同一理解对象的不同理解结果及其相互之间的学术争鸣就可证明这一点。在马克思的政治经济学语境中，对资本和雇佣劳动概念的理解及这种理解与资产阶级经济学家理解之间的本质区别可为典型例证。如上分析表明，在人文社会科学领域如政治经济学领域，认识过程是理解过程，理解过程是认识主体的自我确证过程，理解过程及其结果中内在地包括主体性质。

马克思理解方法中的主体性质带来了需要辨析的问题：如何认识和评

---

① 参见《马克思恩格斯文集》第 5 卷，人民出版社 2009 年版，第 10 页。

价资产阶级经济学关于科学方法论的主张？自从牛津大学历史上的第一位政治经济学教授西尼尔提出政治经济学是科学因而不能存在价值判断的主张以来，① 资产阶级经济学便在追逐自然科学方法的道路上狂奔，一再主张，经济学是自然科学意义的科学。例如，诺贝尔经济学奖得主、自由市场原教旨主义代表人物之一弗里德曼说："实证经济学是独立于任何特别的伦理观念或规范判断的……实证经济学是或者可以是一门'客观'科学，其'客观性'与任何一门自然科学的'客观性'完全相同。"② 弗里德曼以与自然科学随意比附的形式否认实证经济学方法论中的主观性因素，进而是主体性因素，给人造成一种印象，经济学方法、进而经济学理论中不存在主体性因素，不带有任何主体性质。

这种主张貌似有理，实则荒腔走板。有的经济学家以严谨的哲学逻辑驳斥这一主张："不管怎样，给定某种经济制度，我们就能以一种客观的方式，毫不走样地描述这种经济制度运行的技术特征。但是，如果没有悄悄介入的道德评价，我们就不可能对一种制度进行描述。比如说，我们从制度外部对制度进行观察意味着这个制度不是唯一可能存在的制度，在对这一制度进行描述的时候，我们（大鸣大放地或默默地）将其与其他现实的或想象的制度进行比较。差异意味着选择，选择意味着评判。我们不能不做评判，我们所做的评判源自已经深刻侵入我们的人生观并且在某种程度上已经印在我们脑海中的伦理预设。我们无法逃避我们自己的思维习惯。"③ 琼·罗宾逊夫人的驳斥在逻辑上无法反驳，这就是说，马克思理解方法中的主体性因素是人学本体论意义上的客观事实。承认这一事实的客观存在是实事求是的科学态度，把这一事实在方法论中彰显出来，是马克思理解方法的本质特点之一。反面的例证同样是例证，它从特定的角度证明，理解方法中的主体性质是客观存在的事实。

第二，理解的唯物主义性质。关于理解的唯物主义性质，马克思的态度是旗帜鲜明，立场坚定。请看如下论述："我的辩证法，从根本上来

① 参见 [英] 西尼尔：《政治经济学大纲》，蔡受百译，商务印书馆 1977 年版，第 12 页。

② [美] 米尔顿·弗里德曼：《弗里德曼文萃》上册，胡雪峰、武玉宁译，胡雪峰校，首都经济贸易大学出版社 2001 年版，第 120—121 页。

③ [英] 琼·罗宾逊：《经济哲学》，安佳译，商务印书馆 2011 年版，第 15—16 页。

说，不仅和黑格尔的辩证方法不同，而且和它截然相反。在黑格尔看来，思维过程，即甚至被他在观念这一名称下转化为独立主体的思维过程，是现实事物的创造主，而现实事物只是思维过程的外部表现。我的看法则相反，观念的东西不外是移入人的头脑并在人的头脑中改造过的物质的东西而已。"① 理解的唯物主义性质是根本性保障，它能使理解避免让理解过程变成主观随意的构造过程，黑格尔就犯了这种错误。

第三，理解的批判性质。在马克思的思维方式及其构筑的语境中，批判是有机的组成部分。这种情况决定了作为方法的理解中包括批判性内容是顺理成章的事情。何谓批判？批判就是评价主体依据特定的事实和对事实的理解，对研究对象进行优劣短长和利弊得失的评价。评价是主体进行的评价，评价中的主体性彰显出来是自然而然的事情。概括地说，马克思主要对三种对象进行批判。首先和直接的是对资本主义生产方式的批判。这种批判的内容极为丰富，稍作分析和归纳就可发现，这种批判还可细分为资本主义生产方式的政治经济学批判，哲学批判，历史学批判，社会学批判，法学批判，工艺学批判，伦理学批判，等等。其次是对黑格尔辩证法唯心主义性质的批判，"黑格尔陷入幻觉，把实在理解为自我综合、自我深化和自我运动的思维的结果，其实，从抽象上升到具体的方法，只是思维用来掌握具体、把它当作一个精神上的具体再现出来的方式。但决不是具体本身的产生过程"②。最后，在马克思的政治经济学研究及其写作过程中，始终伴随对资产阶级经济学的批判。这种批判体现于四个方面。其一是资产阶级的阶级立场批判；其二是对资产阶级经济学方法的批判；其三是由带有科学性质向庸俗化转变的批判；其四是对资产阶级经济学学术无能的批判。这里只举一例："资产阶级经济学家们把资本看作永恒的和自然的（而不是历史的）生产形式，然后又竭力为资本辩护，把资本生成的条件说成是资本现在实现的条件，也就是说，把资本家还是作为非资本家——因为他还只是正在变为资本家——用来进行占有的要素，说成是资本家已经作为资本家用来进行占有的条件。这些辩护的企图证明他们用

---

① 《马克思恩格斯文集》第 5 卷，人民出版社 2009 年版，第 22 页。
② 《马克思恩格斯全集》第 30 卷，人民出版社 1995 年版，第 42 页。

心不良，并证明他们没有能力把资本作为资本所采用的占有方式同资本的社会自身所宣扬的所有权的一般规律调和起来。"① 四种批判内在于马克思政治经济学研究过程的始终，存在于马克思写作的政治经济学文献中。这说明，批判是马克思理解方法的题中应有之义，是这一方法的有机组成部分。

第四，理解的过程性质。在马克思的理解方法中，过程论思想非常丰富。我们在上文的论述中已涉及主体过程论和"经济的社会形态"过程论，这里再举两个例证。例证一，在《政治经济学批判大纲》中，马克思批判资产阶级经济学对资本范畴的理解，指出其错误在于"资本被理解为物，而没有被理解为关系"，进一步说，"资本决不是简单的关系，而是一种过程，资本在这个过程的各种不同的要素上始终是资本。因而这个过程需要加以说明"。② 例证二，在 1863—1865 年写作的经济学手稿中，马克思把资本过程论发展为资本主义生产方式过程论，这一过程的三段论形式非常典型，即前后相继的是前资本主义生产方式、资本主义生产方式和"扬弃资本主义生产方式"的"新生产方式"。③ 诸多例证表明，马克思理解方法的过程论性质是客观存在的事实。这样的事实促使马克思不是像资产阶级经济学家那样把资本视为生产要素的集合体，而是把资本理解为运动过程的集合体。从历史形成的角度理解，资本有一个从产品到商品，从商品到货币，再从货币转化为资本的社会历史形成过程，"用血和火的文字载入人类编年史"的资本原始积累就发生在这一过程中。从剩余价值的角度理解，资本要经历货币资本与劳动力的交换、剩余价值的生产和剩余价值的实现三个过程。从资本的社会运行角度理解，资本要经历生产过程、流通过程和剩余价值在货币所有者、土地所有者与产业资本家之间的分割过程。正是从过程角度理解资本，资本存在的极为丰富的内容被揭示出来。

第五，理解的逆溯性质。作为理解者的经济学家，生命途程的时间有限，他或她只能面对和直接感知当下的经济存在。问题在于，当下的经

---

① 《马克思恩格斯全集》第 30 卷，人民出版社 1995 年版，第 452 页。
② 《马克思恩格斯全集》第 30 卷，人民出版社 1995 年版，第 214 页。
③ 《马克思恩格斯文集》第 8 卷，人民出版社 2009 年版，第 546—547 页。

济存在并非从天而降，而是历史演化的结果。这说明，不理解历史上的经济存在，难以真正理解当下的经济存在。已成历史的经济存在相对于经济学家而言是时过境迁和物是人非。如何理解历史上的经济存在？为了理解历史上的经济存在，马克思为自己发展出逆溯式的理解方法，其理论成果表现于多个方面，最典型的是两个方面，一是我们耳熟能详的历史唯物主义理论，在 1859 年写作的《〈政治经济学批判〉序言》中，马克思为我们作了经典表述。二是包括过去、现在和未来三维时间结构的政治经济学理论体系。马克思对逆溯式理解方法的经典表述如下："资产阶级社会是最发达的和最多样性的历史的生产组织。因此，那些表现它的各种关系的范畴以及对于它的结构的理解，同时也能使我们透视一切已经覆灭的社会形式的结构和生产关系。资产阶级社会借这些社会形式的残片和因素建立起来，其中一部分是还未克服的遗物，继续在这里存留着，一部分原来只是征兆的东西，发展到具有充分意义，等等。人体解剖对于猴体解剖是一把钥匙。反过来说，低等运动身上表露的高等动物的征兆，只有在高等动物本身已被认识之后才能理解。因此，资产阶级经济为古代经济等等提供了钥匙。"① 马克思以自然科学中解剖学的比喻形象生动地说明了自己的方法论主张：理解资产阶级经济是理解历史上存在过的经济的钥匙。如此理解的根据何在？资产阶级经济像历史上存在过的其他经济一样，是一个过程，过程的起始之处是旧经济的"残片"或"遗物"，这些"残片"或"遗物"进入新质的经济组织或结构，但它们能被识别出来。在识别出来的"残片"或"遗物"中存在共性的东西，马克思把它命名为"原始的方程式"。"要揭示资产阶级经济的规律，无须描述生产关系的真实历史。但是，把这些生产关系作为历史上已经形成的关系来正确地加以考察和推断，总是会得出这样一些原始的方程式……这些方程式将说明在这个制度以前存在的过去。这样，这些启示连同对现代的正确理解，也给我们提供了一把理解过去的钥匙。"② "原始的方程式"是本质，是规律，它们为理解历史上的经济存在提供了"钥匙"。通过这把"钥匙"能打开认识历史

---

① 《马克思恩格斯全集》第 30 卷，人民出版社 1995 年版，第 46—47 页。
② 《马克思恩格斯全集》第 30 卷，人民出版社 1995 年版，第 453 页。

上的经济存在的方便之门，而对历史的认识又使马克思更真确地理解当下的经济存在，即资本主义生产方式。这是马克思政治经济学方法与资产阶级经济学方法的本质区别之一。

第六，理解的革命性质。马克思理解方法中的革命性质是客观存在的事实。如此说的根据不仅在于对辩证法的界定中确实出现了"革命"一词，更在于马克思在其他地方更有气势和特点的论述。在《共产党宣言》的结尾处，人们见到的是如下气势如虹的论述："共产党人不屑于隐瞒自己的观点和意图。他们公开宣布：他们的目的只有用暴力推翻全部现存的社会制度才能达到。让统治阶级在共产主义革命面前发抖吧。无产者在这个革命中失去的只是锁链。他们获得的将是整个世界。"[1] 这样的豪言壮语不是主观想象的结果，而是建基于对资本主义社会和经济内在矛盾的理解之上。这个内在矛盾不可解决，其必然的发展趋势是被新的社会经济形态所代替。在《资本论》中，马克思基于对资本主义社会和经济内在矛盾的理解揭示出这一发展趋势。"生产资料的集中和劳动的社会化，达到了同它们的资本主义外壳不能相容的地步。这个外壳就要炸毁了。资本主义私有制的丧钟就要响了。剥夺者就要被剥夺了。"[2] 把马克思的论述还原到当时具体的社会历史背景中就能发现，上述发展趋势的揭示并非言过其实。资本主义社会后来的发展事实与马克思的趋势预测之间有一定差距，但资本主义社会的本质并没有改变。回到本题上来，马克思理解方法中的革命性质是题中应有之义。

第七，理解的整体性质。1857 年 8 月写作的《〈政治经济学批判〉导言》是马克思文献中最难理解的文献之一，而其中的第三节"政治经济学的方法"可为典型例证。在这一节中，马克思说了如下一段话："在意识看来（而哲学意识就是被这样规定的：在它看来，正在理解着的思维是现实的人，而被理解了的世界本身才是现实的世界），范畴的运动表现为现实的生产行为（只可惜它从外界取得一种推动），而世界是这种生产行为的结果；这——不过又是一个同义反复——只有在下面这个限度内才是正

---

[1] 《马克思恩格斯文集》第 2 卷，人民出版社 2009 年版，第 66 页。

[2] 《马克思恩格斯文集》第 5 卷，人民出版社 2009 年版，第 874 页。

确的：具体总体作为思想总体、作为思想具体，事实上是思维的、理解的产物；但是，决不是处于直观和表象之外或驾于其上而思维着的、自我产生着的概念的产物，而是把直观和表象加工成概念这一过程的产物。整体，当它在头脑中作为思想整体而出现时，是思维着的头脑的产物，这个头脑用它所专有的方式掌握世界，而这种方式是不同于对于世界的艺术精神的，宗教精神的，实践精神的掌握的。"① 这段论述对我们理解马克思理解方法的整体性质具有重要意义。其一，马克思对理解方法作了定义性说明，是"把直观和表象加工成概念"的过程。其二，对理解方法作了本体论性界定，"被理解了的世界本身才是现实的世界"。其三，指出黑格尔理解方法的唯心主义实质，"范畴的运动表现为现实的生产行为……而世界就是这种生产行为的结果"。其四，指出理解的唯物主义性质，理解只不过是思维用来掌握具体并把具体再现出来的方式，"但决不是具体本身的产生过程"，虽然它"好像是一个先验的结构"。② 其五，运用理解方法得到的概念具有整体性质，是"具有许多规定和关系的丰富的总体"。③ 其六，这样的整体性质表现于两个方面，一是结构整体性，二是过程整体性。④ 其七，通过理解方法得到的概念的整体性质具有学科性特点，与艺术的、宗教的和伦理的整体性质有本质区别。区别的表现在于，政治经济学的概念、理论或逻辑整体性与对象（在马克思这里指资本主义生产方式）的整体性有机统一，前者源自后者，是对后者的反映，前者与后者相统一而不是相反。人们把这一点概括为逻辑与历史的有机统一。

上述的引证、分析和论证表明，在马克思的政治经济学语境中，理解确实是方法，且是基本和重要的方法。从已有的马克思政治经济学理论研究成果看，后继的研究者并没有意识到理解方法是马克思政治经济学方法的有机组成部分，甚至没有意识到它的客观存在。这实在是令人遗憾的疏忽。问题在于，忽略马克思政治经济学方法的完整性，难以全面和准确地理解马克思政治经济学理论和经济哲学是必然结局。

---

① 《马克思恩格斯全集》第 30 卷，人民出版社 1995 年版，第 42—43 页。
② 《马克思恩格斯文集》第 5 卷，人民出版社 2009 年版，第 22 页。
③ 《马克思恩格斯全集》第 30 卷，人民出版社 1995 年版，第 41 页。
④ 参见《马克思恩格斯全集》第 30 卷，人民出版社 1995 年版，第 47—48 页。

2. 独具特色的经验主义哲学方法

(1) 形成过程。马克思是德国思辨哲学传统中成长起来的学者，曾是思辨色彩更为浓重的青年黑格尔派的重要成员。与青年黑格尔派相比，特殊的研究经历、特殊的研究对象和特殊的理论诉求使然，马克思奋起反叛德国古典哲学尤其是青年黑格尔派哲学的思辨传统，毅然决然地从思辨的"天国"下降到现实生活的"人间"，① 走向现实的人及其社会历史性的生活。这样的思想状态催促马克思实现哲学方法论的根本性转向，转向目标是吸取经验主义哲学中的有益成分，最终形成独具特色的经验主义哲学方法。

这里有一个重要问题需要提及。人们在研究马克思思想的演化历程时，往往关注其阶级立场和哲学世界观的根本性转向，但忽略同样重要甚至更重要的第三种根本性转向，即哲学方法论的根本性转向。这一忽略的结果可想而知，马克思思想演化的历程得不到真实再现，相应的方法论内容被虚无化。没有哲学方法论的根本性转向，阶级立场和哲学世界观的根本性转向就会大成问题，甚至可以说难以实现。

马克思从刚刚登上社会历史舞台起就极为关注社会现实，对社会弊端持激烈批判态度，《莱茵报》时期发表的为数不少的论文可以证明这一点。这种态度是马克思反叛思辨哲学传统和向经验主义哲学传统学习的前提条件之一。恩格斯基于英国现实写出的带有强烈经验主义哲学倾向的论文，如《国民经济学批判大纲》和《十八世纪》，对马克思而言是一种刺激，也是一种启发。与此同时，对政治经济学的研究是马克思反叛思辨哲学传统和向经验主义哲学传统学习的现实契机。三个方面的前提条件促成了对马克思而言极为重要的结果的出现，即开始哲学方法论的根本性转向。

马克思经验主义哲学方法论的根本性转向肇始于 1843 年 10 月至 12 月间写作的《〈黑格尔法哲学批判〉导言》。请看如下论述："真理的彼岸世界消逝以后，历史的任务就是确立此岸世界的真理。人的自我异化的神圣形象被揭穿以后，揭露具有非神圣形象的自我异化，就成了为历史服务

---

① 参见《马克思恩格斯文集》第 1 卷，人民出版社 2009 年版，第 525 页。

的哲学的迫切任务。于是，对天国的批判变成对尘世的批判，对宗教的批判变成对法的批判，对神学的批判变成对政治的批判。"① 马克思的论述意在告诉人们，《黑格尔法哲学批判》要完成的任务是对"副本"既德国思想的批判，往下的任务是对"原本"即德国现实的批判。"原本"指称的对象是法和政治现实，它们与有关法和政治的思想有本质区别。从马克思哲学方法论思想史的角度看问题，"原本"和"副本"及二者之间关系问题的提出是重大进展，虽然这里的"原本"还不是社会历史性的经济生活，而是法律和政治生活，但这种看待问题的思路会使马克思以最快的速度找到真正的"原本"。只要开始研究政治经济学，这个"原本"就会自然而然地出现在马克思面前。

研究政治经济学半年之后的 1844 年 4 月至 8 月间，马克思写作了有关政治经济学的第一部手稿即《1844 年经济学哲学手稿》，其中明确提出了经验主义的哲学方法论主张。"我用不着向熟悉国民经济学的读者保证，我的结论是通过完全经验的、以对国民经济学进行认真的批判研究为基础的分析得出的。"② 在哲学与政治经济学相结合的语境中出现"经验"一词，表明马克思已充分认识到经验主义哲学方法的重要意义。此时的"经验"无非指称两者，一是客观现实的经济生活，二是政治经济学文献中涉及的经验事实。这种哲学视野的根本性转向是一个信号，这样的信号告诉人们，马克思提出独具特色的经验主义哲学方法的征程已开始起步。相对于独具特色的经验主义哲学方法的形成而言，虽然马克思是天才，但一定的学术积累还是必要的。由于马克思政治经济学的学术积累还较为单薄，对"经验"一词指称对象的具体内容及其意味感悟还不够精准，所以，相关思想的待成熟性质还很明显，在政治经济学语境中对费尔巴哈的高度赞扬就证明了这一点。"对国民经济学的批判，以及整个实证的批判，全靠费尔巴哈的发现给它打下真正的基础。从费尔巴哈起才开始了实证的人道主义的和自然主义的批判。费尔巴哈的著作越是得不到宣扬，这些著作的影响就越是扎实、深刻、广泛和持久；

---

① 《马克思恩格斯文集》第 1 卷，人民出版社 2009 年版，第 4 页。
② 《马克思恩格斯文集》第 1 卷，人民出版社 2009 年版，第 111 页。

费尔巴哈著作是继黑格尔的《现象学》和《逻辑学》之后包含着真正理论革命的唯一著作。"① 过高评价费尔巴哈哲学的话语表明，马克思的经验主义哲学方法论主张有待完善。

《德意志意识形态》开始写作时，马克思已系统研究政治经济学整整两年，留存后世的文献是《巴黎笔记》《布鲁塞尔笔记》和《曼彻斯特笔记》。雄厚的学术积累使马克思能够如虎添翼般地提出独具特色的经验主义哲学方法论主张，这标志着马克思的经验主义哲学方法已经形成。

第一，高调宣示自己的经验主义哲学方法论主张。"只要这样按照事物的真实面目及其产生情况来理解事物，任何深奥的哲学问题——后面将对这一点作更清楚的说明——都可以十分简单地归结为某种经验的事实。""经验的观察在任何情况下都应当根据经验来揭示社会结构和政治结构同生产的联系，而不应当带有任何神秘和思辨的色彩。"② 表面看，马克思说话的口气似乎大了点，但他举出的例证告诉我们，此种经验主义的哲学方法论主张符合实际。在黑格尔哲学中，感性世界的客观基础及其变迁是绝对观念以及这种观念的逻辑演化，而在青年黑格尔派哲学中，绝对观念被自我意识所代替，但唯心主义实质没有丝毫改变。马克思根本性地转换哲学视野，在真正的经验事实中发现感性世界的客观基础及其社会历史性变迁："工业和商业、生活必需品的生产和交换，一方面制约着分配、不同社会阶级的划分，同时它们在自己的运动形式上又受着后者的制约。这样一来，打个比方说，费尔巴哈在曼彻斯特只看见一些工厂和机器，而100年以前在那里只能看见脚踏纺车和织布机；或者，他在罗马的坎帕尼亚只发现一些牧场和沼泽，而在奥古斯都时代在那里只能发现罗马富豪的葡萄园和别墅。费尔巴哈特别谈到自然科学的直观，提到一些只有物理学家和化学家的眼睛才能识破的秘密，但是如果没有工业和商业，哪里会有自然科学呢？甚至这个'纯粹的'自然科学也只是由于商业和工业，由于人们的感性活动才达到自己的目的和获得自己的材料的。这种活动、这种连续不断的感性劳动和创造、这种生产，正是整个现存的感性世界的

---

① 《马克思恩格斯文集》第1卷，人民出版社2009年版，第112页。
② 《马克思恩格斯文集》第1卷，人民出版社2009年版，第528、524页。

基础。"① 马克思批判费巴哈的有力武器是任何人都须臾不可离开的经验事实，而正是这样的经验事实构成了我们生活于其中的感性世界的客观基础。基于此再回味马克思高调宣示的经验主义哲学方法论主张，谁还能不口服心服呢？

第二，找到考察经验事实的核心要素。社会历史性生活中的经验事实杂乱无章，不同因素之间有无联系和有什么样的联系，给人以茫无头绪之感。看似杂乱无章的社会生活因素中核心性的要素是什么？基于社会历史性生活而非观念性因素回答这一问题，核心性要素就能显现出来。核心性要素的获取是认识社会历史性生活的必经之路，这一点做到了，我们才能真正地认识社会生活及其历史。马克思的做法很好地证明了这一点。他在社会生活及其历史中发现了四个核心性要素，正是这样的核心性要素构成了社会生活及其历史的客观基础和特点。其一，人类要生存和发展，首先要做的工作是进行物质生活资料的生产，任何时代和任何社会概莫能外。其二，人的生存需要是基本事实，只要是人，这便是在劫难逃的命运。其三，人类不仅要生存，而且要延续，这便是人口生产和再生产的绝对必要性。其四，物质生活资料和人口两种生产的客观存在及其延续依存于另一种生产和再生产过程，即以生产关系为基础和核心的社会关系的生产和再生产。② 社会生活中的核心性要素既是当下性存在，也是并列性存在，但这样的存在只是表象，真正的存在与此有根本性区别。当下性存在是历史演化的结果，并列性存在只是没有发现它们之间内在联系而产生的感觉。感性认识有待于发展为理性认识，但它毕竟为理性认识的获得提供了前提条件。

第三，从核心性要素中发现社会生活及其历史的本质，这才是认识的目的，也是认识的本质。要做到这一点，就必须"从直接生活的物质生产出发阐述现实的生产过程，把同这种生产方式相联系的、它所产生的交往形式即各个不同阶段上的市民社会理解为整个历史的基础，从市民社会作为国家的活动描述市民社会，同时从市民社会出发阐明意识的所有各种

---

① 《马克思恩格斯文集》第 1 卷，人民出版社 2009 年版，第 529 页。

② 参见《马克思恩格斯文集》第 1 卷，人民出版社 2009 年版，第 531—533 页。

不同的理论产物和形式，如宗教、哲学、道德等等，而且追溯它们产生的过程。这样做当然就能够完整地描述事物了"①。从马克思的论述中提炼方法论内容，我们便能发现如何认识社会生活及其历史的本质的四个操作性程序：出发点是物质生产，它是社会生活及其历史的客观基础。由客观基础发现社会生活及其历史的层次性质，正是这里的层次性质体现出社会生活及其历史的结构性质。所有这一切既非从天而降，也非突然出现，而是有一个产生过程。通过观察经验事实的四个角度即出发点、层次、结构和过程，人们就能发现社会生活及其历史的本质。

第四，指出自己独具特色的经验主义哲学方法论主张与英法两国的经验主义哲学和青年黑格尔派唯心主义思辨哲学之间的本质区别。马克思针对这一内容的论述如下："只要描绘出这个能动的生活过程，历史就不再像那些本身还是抽象的经验主义者所认为的那样，是一些僵死的事实的汇集，也不再像唯心主义者所认为的那样，是想象的主体的想象活动。"② 论述中的批判对象指称二者，一是英法两国社会历史领域中的经验主义者，二是德国的青年黑格尔派。关于前者，马克思称赞他们"毕竟作了一些为历史编纂学提供唯物主义基础的初步尝试，首次写出了市民社会史、商业史和工业史"，但他们的致命性缺陷是对物质生产与"历史之间的联系了解得非常片面"，并受到了"政治意识形态的束缚"。关于后者，马克思指出他们的致命性缺陷是"习惯于用'历史'和'历史的'这些字眼随心所欲地想象，但就是不涉及现实。'说教有术的'圣布鲁诺就是一个出色的例子"。③ 马克思的批判表明，自己的经验主义哲学方法论与英法两国社会历史领域中的经验主义哲学之间有本质区别。仅仅搜集和罗列社会历史领域中的经验事实是不够的，还应当前进一步，抓住经验事实背后的客观本质。自己的经验主义哲学方法与青年黑格尔派对社会历史的认识同样有本质区别，首先且是绝对必需的前提是要"涉及现实"。

在《德意志意识形态》写作之后的生命途程中，马克思恩格斯共同

---

① 《马克思恩格斯文集》第 1 卷，人民出版社 2009 年版，第 544 页。

② 《马克思恩格斯文集》第 1 卷，人民出版社 2009 年版，第 525—526 页。

③ 《马克思恩格斯文集》第 1 卷，人民出版社 2009 年版，第 531 页。

起草了《共产党宣言》，参加 1848 年的欧洲革命，出于养家糊口目的为《纽约每日论坛报》撰写论文，创立和领导国际工人协会，与形形色色的机会主义者进行斗争，等等。但是，马克思的主要时间、精力和情感都用在了政治经济学研究上。在政治经济学研究过程中，一方面，马克思运用自己独具特色的经验主义哲学方法，写出了浩如烟海的笔记、手稿和著作，试图揭示出资本主义生产方式的内在本质和运动规律；另一方面，马克思继续深化和进一步提炼自己独具特色的经验主义哲学方法论。我们见到的是如下论述。马克思在《1861—1863 年经济学手稿》中说："应当时刻记住，一旦在我们面前出现某种具体的经济现象，决不能简单地和直接地用一般的经济规律来说明这种现象。例如，在考察上述事实（指'劳动浓缩'——引者注）时，必须考虑到离我们现在所研究的对象很远的许多情况；而且，如果我们没有事先对那些比我们这里现有的关系远为具体的关系进行研究，就连解释这些情况也是不可能的。"① 在 1867 年正式出版的《资本论》第一卷"第二跋"中马克思又说："当然，在形式上，叙述方法必须与研究方法不同。研究必须充分地占有材料，分析它的各种发展形式，探寻这些形式的内在联系。只有这项工作完成以后，现实的运动才能适当地叙述出来。"② 话语不多的两处论述尽显马克思经验主义哲学方法论的独特神蕴，稍作提炼和归纳便是如下四个具体性的方法论原则：充分地占有材料、分析演化过程，探寻内在联系和关注细节。

（2）"充分地占有材料"。资本主义生产方式的产生和发展是人类社会历史中的重大事件，而工业革命则是社会历史的根本性转型。这样的重大事件和历史性的社会转型以经济生活的根本性变化为核心，为基础，为引导，从这一意义上说，这一时期的经济是真正意义的"无所不包的主题"。要科学地认识这一经济并把它的本质和运动规律揭示出来，必备的前提条件是"充分地占有材料"，意即从历史和现实两个层面全面准确地掌握经验性材料。为了做到这一点，马克思花费 40 年（1843—1883 年）的时间，不放过一切机会和可能地研究以英国为典型的资本主义生产方式，疾

---

① 《马克思恩格斯文集》第 8 卷，人民出版社 2009 年版，第 318 页。
② 《马克思恩格斯文集》第 5 卷，人民出版社 2009 年版，第 21—22 页。

病，贫困，官府迫害和驱逐，敌人的诬蔑、中伤和纠缠，等等，从没有使他后退半步。如此的意志、时间、精力和情感投入使马克思掌握了丰富程度令常人难以想象的经验材料，以便从中发现资本主义生产方式的本质和规律。以《资本论》第一卷为例证足以说明这一点。在这部堪称经典中的经典的著作中，马克思直接利用了 361 种以政治经济学为主的文献，124 种包括工厂视察员报告为主的英国官方文件，各种报刊 35 种，文学作品 34 种，总计是 554 种材料。其中对英国工厂视察员报告的利用情况尤为典型。1833 年英国议会颁布了《工厂法》，从 1834 年开始，英国官方开始公布一季度一次的《工厂视察员……报告》。报告由官方选拔和任命的工厂视察员在实地调查的基础上写作，具有官方的性质和效力。《工厂法》和《工厂视察员……报告》是被后人诟病为"曼彻斯特资本主义"的资本主义生产方式逼迫的结果。在以经济自由主义为旗帜的舆论氛围中，以曼彻斯特资本家为代表的英国资本家无所不用其极，对劳动者（包括不满 10 岁的孩子）剥削和压迫的残酷程度达到无以复加的程度，以至于国民体质受到摧残，体弱、残疾、疾病等使然，国家征兵往往不能达到满额。《工厂视察员……报告》是当时英国经济状况及时和全面的反映。研究者的研究结果表明，这些报告往往针对如下问题而写出：其一，童工的劳动时间问题；其二，劳动者的工伤事故情况；其三，资本家对《工厂法》的违犯和对违法者的处罚情况；其四，工商业的动态情势；其五，对外贸易情况；其六，新建工厂和已有工厂的关闭情况；其七，工厂的技术创新情况。①

马克思非常重视《工厂视察员……报告》，认为它是"研究资本主义生产方式的最重要、最有意义的文件"②。在《资本论》第一卷的"第一版序言"中，马克思高度赞扬了这些报告："如果我国各邦政府和议会像英国那样，定期指派委员会去调查经济状况，如果这些委员会像英国那样，有全权去揭发真相，如果为此能够找到像英国工厂视察员、编写《公共卫

---

① 参见郑锦主编：《马克思主义研究资料》第 7 卷，中央编译出版社 2014 年版，第 205—207 页。

② 郑锦主编：《马克思主义研究资料》第 7 卷，中央编译出版社 2014 年版，第 203—204 页。

生》报告的英国医生、调查女工童工受剥削的情况以及居住和营养条件等等的英国调查委员那样内行、公正、坚决的人们，那么，我国的情况就会使我们大吃一惊。柏修斯需要一顶隐身帽来追捕妖怪。我们却用隐身帽紧紧遮住眼睛和耳朵，以便有可能否认妖怪的存在。"① 在这种态度支配下，马克思"从头至尾地阅读了"这些报告，② 可想而知，从 1834 年到 1866 年马克思写完《资本论》第一卷之间是 32 年的时间。马克思为了"充分地占有材料"，仅《工厂视察员……报告》一种材料就能证明，其阅读量是多么惊人。

（3）分析演化过程。正像《资本论》第一版序言中指出的，马克思政治经济学的研究对象是资本主义生产方式。从这一生产方式萌芽之初（11 世纪）到马克思写作的时代，其间有大几百年的时间。③ 在这样的历史时间内，资本主义生产方式是如何起源和演化的？演化的过程经历了哪些具有特点的阶段？各不相同的阶段中具体的社会历史性内容是什么？资本主义生产方式起源和演化的过程给劳动者造成了什么样的致命性冲击？在马克思写作的文献中，至少有五次侧重点不一和角度各不相同的分析。从这里，我们见到了马克思是多么关注和重视资本主义生产方式演化过程的经验事实，为了收集和确认这些经验性事实，马克思下了多大功夫。同时，我们能够感受到，马克思的做法与只罗列经验事实的传统经验主义哲学方法之间具有多么大的区别。

马克思第一次对资本主义生产方式起源及其历史演化的分析出现于《德意志意识形态》中。这里的分析特点有四。其一是全面。后来在教科书中出现的五种生产资料所有制形式在这里都出现了。虽然此时的马克思受亚当·斯密的分工理论影响，过高估计分工对生产资料所有制

---

① 《马克思恩格斯文集》第 5 卷，人民出版社 2009 年版，第 9 页。
② 参见郑锦主编：《马克思主义研究资料》第 7 卷，中央编译出版社 2014 年版，第 221 页。
③ 此处关于资本主义生产方式起源时间的说法，是西方不同领域的学者基本一致的看法。参见泰格、利维：《法律与资本主义的兴起》，纪琨译，刘锋校，学林出版社 1996 年版，第 4 页；[法] 雷吉娜·佩尔努：《法国资产阶级史》上卷，上海译文出版社 1991 年版，第 9 页；[比利时] 亨利·皮雷纳：《中世纪的城市》，陈国樑译，商务印书馆 1985 年版，第 97 页。

的形成及其演化的作用，但这种看待生产资料所有制问题的宏观视野是全面的。后来，语境不同显示出对不同生产资料所有制的重视程度便会不同，但这五种生产资料所有制形式始终没有退出马克思的视野。其二是细致。在《德意志意识形态》中，马克思论述的重点是资本主义生产方式起源及其历史演化。为了说明资本主义生产方式的特点，马克思用比较方法达成目的，我们在手稿缺页的情况下发现，仅"自然经济"与"资本经济"之间的本质性区别就列出了九项内容。[1] 由此可见，马克思对资本主义生产方式的认识已达到多么深刻的程度。又如，在资本主义生产方式的历史演化中，工场手工业是必然经历且重要的历史阶段。像资本主义生产方式的其他阶段一样，工场手工业阶段同样造成了深刻和广泛的社会历史性后果。马克思对这样的社会历史性后果有充分认识，我们见到的是详加论列的六个方面的内容。[2] 其三是重点突出。马克思在自己生活的时代所见到的，是资本主义生产方式历史演化的第三阶段，即机器大工业阶段。为了揭示这一阶段的本质和特点，马克思以英国工业革命为例证详加解剖，自己的概括则是以机器大工业为技术基础和组织基础的资本主义生产方式"首次开创了世界历史"。[3] 这样的解剖和概括是第一次，在后来写作的文献如《共产党宣言》《资本论》第一卷中，我们可以见到相关内容的详加展开和论证。[4] 其四，发现和揭示出生产资料所有制以及以生产资料所有制为法律、政治等的基础的社会基本矛盾运动。[5] 富有特点的分析表明，研究政治经济学两年之后，马克思对资本主义生产方式的演化历史已有较为全面和深刻的认识。这种认识只是开始，但它作为思想资源发挥作用，直接影响了以后对资本主义生产方式演化历史的分析。

《共产党宣言》接续了《德意志意识形态》中对资本主义生产方式演

---

① 参见《马克思恩格斯文集》第1卷，人民出版社2009年版，第555—556页。

② 参见《马克思恩格斯文集》第1卷，人民出版社2009年版，第560—562页。

③ 《马克思恩格斯文集》第1卷，人民出版社2009年版，第565—567页。

④ 参见《共产党宣言》第一章"资产者和无产者"和《资本论》第一卷的第四篇"相对剩余价值的生产"。

⑤ 参见《马克思恩格斯文集》第1卷，人民出版社2009年版，第567—568、524、525页。

化历史的分析，但侧重点有所不同。这里的概括性更强，《德意志意识形态》分析中展示不够或没有得到展示的内容在这里被展示出来了。

首先，明确指出资本主义生产方式"开创世界历史"的过程是空间扩张过程。"美洲的发现、绕过非洲的航行，给新兴的资产阶级开辟了新天地。东印度和中国的市场、美洲的殖民化、对殖民地的贸易、交换手段和一般商品的增加，使商业、航海业和工业空前高涨，因而使正在崩溃的封建社会内部的革命因素迅速发展。"① 空间扩张的实质性内容是经济扩张，进一步说是资本主义生产方式的地域性扩张，这种扩张为资本主义生产方式向机器大工业阶段的演化创造了客观前提。

其次，资本主义生产方式空间扩张是自身革命性的外在表现。"资产阶级除非对生产工具，从而对生产关系，从而对全部社会关系不断地进行革命，否则就不能生存下去。反之，原封不动地保持旧的生产方式，却是过去的一切工业阶级生存的首要条件。"② 两种生产方式的鲜明对比让人一目了然，资本主义生产方式的革命性成为被确认下来的客观事实。

再次，资本主义生产方式的革命性质及其基于此而来的空间扩张，导致了影响广泛和深远的社会历史性后果，这就是生产力的极大发展。"资产阶级在它的不到一百年的阶级统治中所创造的生产力，比过去一切世代创造的全部生产力还要多，还要大。自然力的征服，机器的采用，化学在工业和农业中的应用，轮船的行驶，铁路的通行，电报的使用，整个整个大陆的开垦，河川的通航，仿佛用法术从地下呼唤出来大量人口——过去哪一个世纪料想到在社会劳动里蕴藏有这样的生产力呢？"③

最后，生产力的发展是客观事实，但这种客观事实的社会历史性质和阶级性质却是另一种情况。生产资料私人所有制使然，这种生产力的发展会导致资本主义生产方式内在矛盾的产生、积聚和爆发。《共产党宣言》称这一内在矛盾为"魔鬼"，并对这样的"魔鬼"进行了直到现在也不过时的分析："资产阶级的生产关系和交换关系，资产阶级的所有制关

---

① 《马克思恩格斯文集》第 2 卷，人民出版社 2009 年版，第 32 页。
② 《马克思恩格斯全集》第 2 卷，人民出版社 2009 年版，第 34 页。
③ 《马克思恩格斯文集》第 2 卷，人民出版社 2009 年版，第 36 页。

系，这个曾经仿佛用法术创造了如此庞大的生产资料和交换手段的现代资产阶级社会，现在像一个魔法师一样不能再支配自己用法术呼唤出来的魔鬼了。几十年来的工业和商业的历史，只不过是现代生产力反抗现代生产关系、反抗作为资产阶级及其统治的存在条件的所有制关系的历史。只要指出在周期性的重复中越来越危及整个资产阶级社会生存的商业危机就够了。……生产力已经强大到这种关系所不能适应的地步，它已经受到这种关系的阻碍；而它一着手克服这种障碍，就使整个资产阶级社会陷入混乱，就使资产阶级所有制的存在受到威胁。资产阶级的关系已经太狭窄了，再容纳不了它本身所造成的财富了。资产阶级用什么办法来克服这种危机呢？一方面不得不消灭大量生产力，另一方面夺取新的市场，更加彻底地利用旧的市场。这究竟是怎样的一种办法呢？这不过是资产阶级准备更全面更猛烈的危机的办法，不过是使防止危机的手段越来越少的办法。"①

　　资本主义生产方式的历史演化过程伴随空间扩张和生产力的极大发展，这二者是资本主义生产方式革命性质发挥作用的结果。这种结果表明，资本主义生产方式具有以往历史中的生产方式所不具有的神奇力量。这种力量具有"魔鬼"性质，其破坏性甚至毁灭性的一面是经济危机的周期性爆发。这说明，资本主义生产方式具有过渡性质。在自己的历史演化中不断创造出发展生产力的新手段是历史性存在的根据，但其破坏性的一面，破坏性造成的社会性灾难和以工人阶级为代表的人的灾难，又是自身退出社会历史舞台和被更有效率、更符合人类本性的生产方式所代替的内在根据。上述引证和分析基于《共产党宣言》的理论逻辑而来，理论逻辑的客观基础是资本主义生产方式历史性演化的经验事实。这样的经验事实被揭示出来，我们不得不说是马克思独具特色的经验主义哲学方法的功劳。

　　《政治经济学批判大纲》对资本主义生产方式演化过程的分析独具特色。在这里，我们见到了差别很大的两种分析。

　　其一是宏观分析。从亚当·斯密开始，资产阶级经济学对资本主义

---

① 《马克思恩格斯文集》第 2 卷，人民出版社 2009 年版，第 37 页。

经济的分析始终局限于三位一体的公式，即资本—土地—劳动、资本家—地主—劳动者和利润—地租—工资。这种静态的要素分析与资本主义经济的实际运行过程严重脱节，不同经济学理论的最终结论之间或许会有很大差别，但实质性内容总是会围绕资产阶级的客观需要而展开。从《政治经济学批判大纲》开始，马克思与资产阶级经济学的分析框架彻底决裂，对资本主义生产方式进行动态的过程分析，经由这种分析，资本主义生产方式动态的演化过程实然地出现在我们面前。宏观的篇章结构是价值章、货币章和资本章。此处的"价值"在该著结尾时被置换为"商品"，由此显现出资本主义生产方式形成的社会历史过程：商品—货币—货币转化为资本。在"资本章"中，我们见到的是资本主义生产方式运行过程实然状态揭示的叙述结构："资本的生产过程""资本的流通过程"和"资本作为结果实的东西。"这样的叙述结构巧夺天工，资本主义生产方式运行过程中的、从货币资本与劳动力交换到剩余价值在职能资本家、货币资本家和地主之间分割的各个环节与要素，悉数出现在我们面前。此处的过程分析基于资本主义生产方式的社会历史性产生和实然状态的运行过程而来，真正做到了逻辑与历史的有机统一。这里的历史指称两项内容，一是资本主义生产方式形成的历史，二是资本主义生产方式实然运行的过程，而这二者可以用一个概念表征，即经验。

其二是微观分析。从商品到货币是一个长期缓慢和自然的演化过程，与此有本质区别的是从货币到资本的转化，这是一个重大且伴随社会历史性震荡的演化过程。货币如何转化为资本？或者说，从货币到资本的转化需要什么样的社会历史性前提？为了回答这一问题，《政治经济学批判大纲》中提供了两种思路。一是历史过程分析，这一分析完成于"资本主义生产以前的各种形式"一节中。二是建立理论模型。第二种思路聚集于货币转化为资本或资本主义生产方式产生的社会历史性条件。在《政治经济学批判大纲》中至少有七次论述这一问题，概括起来是六个方面的条件。第一，劳动者与劳动的条件（包括生产资料和生活资料）相分离。第二，对象化劳动必须是使用价值的足够积累即货币量的足够积累。第三，资本所有者和劳动力所有者之间能够自由交换。第四，劳动者人身依附关系被解除，成为"自由"人。第五，个人的全面依赖关系已经形成。第六，生产的唯一目的不是使用价值而是交换价值。①

宏观分析与微观分析有机结合，资本主义生产方式演化的历史形成过程和实际运行过程逐一被揭示出来。其中的理论模型极为重要，它使马克思对资本主义生产方式的社会历史形成过程有了经济哲学高度的认知和把握。这种认知与把握的作用在《资本论》第一卷的相关章节显现出来，资本主义生产方式经历的"原始积累"阶段能够以经验实证的形式出现在读者面前，而经验实证背后的逻辑和灵魂，则是在《政治经济学批判大纲》中建立起来的。

《资本论》第一卷当然具有相对独立的科学价值，但不可否认的基本事实是，它是已往文献探讨主题的延续，对资本主义生产方式演化过程的分析是典型例证。区别同样客观存在，即这里进一步地具体化和深化了对资本主义生产方式演化过程的分析。

其一，《资本论》第一卷的第四篇是"相对剩余价值的生产"。该篇像《德意志意识形态》中的相关部分一样，②同样是探讨资本主义生产方式历史的演化过程。区别首先表现于所占篇幅上。在《德意志意识形态》中占去12页，而在《资本论》第一卷竟占去218页的篇幅，相当于这一卷总页码841页的四分之一。更根本的区别表现在内容上。《资本论》第一卷第四篇探讨的侧重点是资本主义生产方式演化过程中组织基础和技术基础的持续变化，从手工作坊到手工工场再到现代化大工厂，从手工工具到机器体系。马克思对这两种持续变化的探讨已具体和深化到历史考据的程度。

其二，在《政治经济学批判大纲》中，马克思已提出和探讨资本主义生产方式历史和逻辑的起点即资本原始积累问题，并为此建立了理论模型。在《资本论》第一卷中，马克思继续探讨这一问题，但探讨方式发生了根本性变化。以英国资本原始积累的社会历史过程为解剖对象，以客观的社会历史性经验材料为基础和依据，实证性地为人们再现出资本原始积累过程的血腥性质。用马克思自己的话说，"资本来到世间，从头到脚，

① 参见《马克思恩格斯全集》第 30 卷，人民出版社 1995 年版，第 454—455、456、490—491、465、15、279—280、105—106 页。

② 《马克思恩格斯文集》第 1 卷，人民出版社 2009 年版，第 555—567 页。

每个毛孔都滴着血和肮脏的东西"①。

上述文献梳理表明，马克思分析演化过程的方法论主张并非是为他人作出的姿态，而是自己的研究实践的理论表达，更准确地说，是马克思自己研究实践的理论概括。这样的研究实践和理论概括表明，马克思独具特色的经验主义哲学方法论主张以雄厚因而强劲的实然历史事实为客观基础，这样的客观基础使马克思对资本主义生产方式演化过程的分析具有历史学意义的科学事实根据。

（4）探寻内在联系。与传统经验主义方法注重和停留于事实的搜求罗列相比，马克思经验主义哲学方法的独特之处除分析演化过程外，还有一个极其重要的特点，即探寻研究对象中的内在联系。检视文献便知，马克思几乎是不遗余力地探寻资本主义生产方式中的内在联系，我们所见到者是三个层面的内容，三者有机统一，资本主义生产方式不同层面的内在联系逐一呈现于人们面前。

首先是资本主义生产方式本身不同因素之间的内在联系。在揭示这一内在联系时，马克思向人们呈现了两个层面的内容。从一般性层面看问题，"在劳动过程中，工人作为工人进入了对生产资料的正常的、由劳动本身的性质和目的决定的实际关系。工人掌握生产资料并把生产资料当做自己劳动的单纯的资料和材料。这些生产资料的独立的、自我坚持的、具有自己头脑的存在，它们与劳动的分离，现在实际上都消失了。劳动的物的条件，在它和劳动的正常统一中，表现为劳动的创造活动的单纯材料和器官"②。像历史上的其他生产方式一样，资本主义生产方式中的实体性因素仍然是劳动材料、劳动资料和劳动者。三者的有机结合是劳动者的劳动活动。在劳动活动中，劳动者运用劳动资料改造劳动材料，劳动材料改变自己的性质和形态，产品被生产出来，以便能满足人的需要。但是，从另一个层面看问题，资本主义生产方式远非如此简单，它的特定社会历史性质使然，劳动者劳动活动的主动性质和创造性质与满足人的需要之间增加了新因素，正是这一新因素，资本主义生产方式秉有了与劳动者对抗和剥

---

① 《马克思恩格斯文集》第5卷，人民出版社2009年版，第871页。

② 《马克思恩格斯文集》第8卷，人民出版社2009年版，第486页。

削压迫劳动者的社会历史性质。马克思对这一点有很好的揭示："工人在实际劳动过程中所使用的生产资料，当然是资本家的财产……这些生产资料是作为资本同工人的劳动，即工人本身的生命活动相对立的。""并不是工人使用生产资料，而是生产资料使用工人。并不是活劳动实现在作为自己的客观机体的对象化劳动中，而是对象化劳动通过吸收活劳动来保存自己和增大自己，并由此成为自行增殖的价值，成为资本，并作为资本来执行职能。"① 马克思的揭示毫无夸张之处，资本主义生产方式内部实体性因素之间内在联系的特点跃然纸上。

其次是资本主义生产方式的历史性联系。在资产阶级经济学中，资本主义生产方式被赋予超越历史因而永恒存在的性质。这种性质是虚假的。任何事物都一样，有始就有终，有产生就有灭亡，资本主义生产方式也不例外。资本主义生产方式历史性质的独特之处何在？请看马克思的论述："资本关系本身的出现，是以一定的历史阶段和社会生产形式为前提的。在过去的生产方式中，必然发展起那些超出旧生产关系并迫使它们转化为资本关系的交往手段、生产资料和需要。但是，它们只需要发展到使劳动在形式上从属于资本的程度。然而，在这种已经改变了的关系的基础上，会发展起一种发生了特殊变化的生产方式，这种生产方式一方面创造出新的物质生产力，另一方面，它只有在这种新的物质生产力的基础上才能得到发展，从而在实际上给自己创造出新的现实的条件。由此就会出现完全的经济革命，这种革命一方面为资本对劳动的统治创造并完成其现实条件，为之提供相应的形式，另一方面，在这个由革命发展起来的与工人相对立的劳动生产力、生产条件与交往关系中，这个革命又为一个新生产方式，即扬弃资本主义生产方式这个对立形式的新生产方式创造出现实条件，这样，就为一种新形成的社会生活过程，从而为新的社会形态创造出物质基础。"② 由马克思的论述可以看出，资本主义生产方式历史性质的典型之处是过渡性质，它源于封建主义生产方式，又必然地趋向下一种生产方式即共产主义生产方式。资本主义生产方式的过渡性质向我们昭示了生

①《马克思恩格斯文集》第8卷，人民出版社2009年版，第467页。
②《马克思恩格斯文集》第8卷，人民出版社2009年版，第546—547页。

产方式的线性轨迹且带有三段论的性质：前资本主义生产方式、资本主义生产方式和后资本主义生产方式。由此可见，资本主义生产方式在劫难逃地处于历史联系之中。

最后是资本主义生产方式的哲学性内在联系。马克思对资本主义生产方式内在联系的揭示是巨大的理论贡献，我们见到的是方法论性质的历史唯物主义理论。这一理论是马克思研究政治经济学的成果，实质上是研究资本主义生产方式的结果。[①] 这一结果表明，资本主义生产方式是资本主义社会历史的客观基础，它与资本主义社会历史的不同组成部分之间有着不以人的主观意志为转移的内在联系。这样的内在联系是什么？可以说任何人的生花妙笔也不能做到像马克思那样简洁而又不失全面、准确和具体的揭示："物质生活的生产方式制约着整个社会生活、政治生活和精神生活的过程。不是人们的意识决定人们的存在，相反，是人们的社会存在决定人们的意识。社会的物质生产力发展到一定阶段，便同它们一直在其中运动的现存生产关系或财产关系（这只是生产关系的法律用语）发生矛盾。于是这些关系便由生产力的发展形式变成生产力的桎梏。那时社会革命的时代就到来了。随着经济基础的变更，全部庞大的上层建筑也或慢或快地发生变革……无论哪一个社会形态，在它所能容纳的全部生产力发挥出来以前，是决不会灭亡的；而新的更高的生产关系，在它的物质存在条件在旧社会的胎胞里成熟以前，是决不会出现的……大体说来，亚细亚的、古希腊罗马的、封建的和现代资产阶级的生产方式可以看做是经济的社会形态演进的几个时代。资产阶级的生产关系是社会生产过程的最后一个对抗形式，这里所说的对抗，不是指个人的对抗，而是指从个人的社会生活条件中生长出来的对抗；但是，在资产阶级社会的胎胞里发展的生产力，同时又创造着解决这种对抗的物质条件。因此，人类社会的史前时期就以这种社会形态而告终。"[②] 马克思对资本主义生产方式哲学性内在联系的揭示表明，资本主义生产方式构成资本主义社会的客观基础，它与资本主义社会的其他因素如政治、法律和精神因素处于层级关系之中，这种关

---

① 参见《马克思恩格斯文集》第 5 卷，人民出版社 2009 年版，第 8 页。
② 《马克思恩格斯文集》第 2 卷，人民出版社 2009 年版，第 591—592 页。

系是资本主义社会整体结构的显现，所以，资本主义生产方式与资本主义社会的其他因素又处于结构性关系之中。层级性和结构性关系使资本主义生产方式与资本主义社会整体处于动态的矛盾运动中，矛盾运动发展的必然趋势是"人类史前时期"的结束，一个美好的未来必然会出现。

（5）关注细节。马克思在《资本论》第一卷的"第二版跋"中说："材料的生命一旦在观念上反映出来，呈现在我们面前的就好像是一个先验的结构了。"① 确实，这一卷的第一篇"商品和货币"和第二篇"货币转化为资本"就是这种情况。但是，当我们面对马克思的论述时不应当产生错觉和误解，以为他只关注资本逻辑而忽略资本运行的实际过程。真实情况是马克思严格区分叙述逻辑与研究过程。叙述逻辑"好像是一个先验的结构"，但这一逻辑是对资本实际运行过程精细入微地研究的结果。精细入微便是关注细节。

在政治经济学研究过程中关注细节是马克思始终如一的做法，或者说，是马克思始终运用的方法。请看如下例证。

例证一。1851 年 3 月 31 日，马克思致信恩格斯："商人、工厂主等等怎样计算他们自己消耗的那一部分利润？这些钱是否也是从银行家那里取，还是怎样取？请对此给予回答。"②

例证二。1858 年 3 月 2 日，马克思致信恩格斯："你能否告诉我，你们隔多少时间——例如在你们的工厂——更新一次机器设备？拜比吉断言，在曼彻斯特大多数机器设备平均每隔五年更新一次。这种说法在我看来有点奇怪，不太可信。机器设备更新的平均时间，是说明大工业巩固以来工业发展所经过的多年周期的重要因素之一。"③

例证三。1863 年 1 月 24 日，马克思致信恩格斯："我在动手写我的关于机器的一节时，遇到一个很大的困难。我始终不明白，走锭精纺机怎样改变了纺纱过程，或者精确地说，既然从前已经采用了蒸汽力，那末现在除了蒸汽力以外，纺纱工人的动力职能表现在哪里？""如果你能给我说明

---

① 《马克思恩格斯文集》第 5 卷，人民出版社 2009 年版，第 22 页。

② 《马克思恩格斯〈资本论〉书信集》，人民出版社 1976 年版，第 40—41 页。

③ 《马克思恩格斯文集》第 10 卷，人民出版社 2009 年版，第 151 页。

这一点，我就十分高兴。"①

例证四。1867 年 8 月 24 日，马克思致信恩格斯："你作为一个厂主一定会知道，在必须以实物形式去补偿固定资本以前，你们是怎样处理那些为补偿固定资本而流回的货币的。你一定要回答我这个问题（不谈理论，纯粹谈实际）。"②

四个例证表明，马克思在政治经济学研究过程中关注细节是客观存在的事实。这样的客观事实向我们透露了如下信息。第一，关注细节是马克思政治经济学研究过程中一以贯之的做法。如果考虑到与四个例证相对应的文献：《伦敦笔记》《政治经济学批判大纲》《1861—1863 年经济学手稿》《资本论》第二卷，便更能感受到马克思对运用关注细节方法的重视程度。第二，马克思向恩格斯求教的问题很有特点，它们相对于理论与实际相结合地理解资本主义经济运行过程非常重要，但往往被资产阶级经济学家所忽略。第三，如上例证只不过是例证，实际情况是马克思长期和频繁地向恩格斯求教。马克思向恩格斯求教的理由是，后者在曼彻斯特欧门——恩格斯公司工作长达 27 年（1842—1869 年），其中有五年（1864—1869 年）是该公司的股东，所以马克思称恩格斯为"实践家"和"厂主"。换一个角度同样能说明问题。恩格斯始终关心马克思的政治经济学研究，在物质和精神两个方面大力支持马克思的政治经济学研究，马克思看完《资本论》第一卷的校对稿时已是深夜两点半，仍满怀深情地致信恩格斯："没有你为我作的牺牲，我是决不可能完成这三卷书的巨大工作的。我满怀感激的心情拥抱你！"③

如果我们顾及如下情况就更能深切地感受到，马克思始终如一地运用关注细节的方法，如此执着地关注资本主义经济实际运行的细节，是多么难能可贵。其一是疾病的折磨。1865 年 5 月 20 日，马克思致信恩格斯："我现在像马一样地工作着，因为我必须利用我还能工作的时间，痈现在依然存在，尽管它只使我感到局部疼痛，而没有影响脑袋。"④1866 年 2 月

① 《马克思恩格斯〈资本论〉书信集》，人民出版社 1976 年版，第 172 页。
② 《马克思恩格斯文集》第 10 卷，人民出版社 2009 年版，第 269—270 页。
③ 《马克思恩格斯〈资本论〉书信集》，人民出版社 1976 年版，第 223 页。
④ 《马克思恩格斯文集》第 10 卷，人民出版社 2009 年版，第 228 页。

10 日马克思又致信恩格斯："使我最不愉快的是，必须打断 1 月 1 日即我肝痛消失时起已有出色进展的工作。'坐'自然说不上，这在目前对我说来还很困难。白天哪怕只有短暂的时间，我也还是躺着继续苦干。"①两封信说的是《资本论》写作期间的疾病折磨情况。其二是贫困的冲击。1859年 1 月 21 日，马克思致信恩格斯："倒霉的手稿（指《政治经济学批判》第一分册——引者注）写完了，但不能寄走，因为身边一分钱也没有，付不起邮资和保险金；而保险又是必要的，因为我没有手稿的副本。所以我又不得不请你在星期一以前寄点钱来……如果你能寄来两英镑，那就好了，因为我把几笔小额债务的付款日期推迟到星期一，到期绝不能再拖了。你也理解，恰好在现在……我又来逼你，我是多么难受呵。但这是万不得已……未必有人在这样缺货币的情况下来写关于'货币'的文章！写这个问题的大多数作者都同自己的研究对象有最好的关系。"②《政治经济学批判》第一分册写好但无钱寄往出版社，可见马克思的贫困已达到多么严重的程度。

　　马克思长期和认真地运用关注细节的方法取得了他人无法取得的理论成果。这种成果使政治经济学理论有了更坚实的经验基础，同时又发展了哲学层面的方法论历史唯物主义理论，还使"减轻人类痛苦"的价值立场落到了实处。③请看如下例证。

　　例证一。马克思在批判蒲鲁东时说："蒲鲁东先生由于不懂得机器产生的历史，就更不懂得机器发展的历史。可以说，在 1825 年——第一次普遍危机时期——以前，消费的需求一般说来比生产增长得快，机器的发展是市场需求的必然结果。从 1825 年起，机器的发明和运用只是雇主和工人之间斗争的结果。而这一点也只适用于英国。至于欧洲各国，迫使它们使用机器的，是英国在它们的国内市场和世界市场上的竞争。最后，在北美，机器的引进既是由于和其他国家的竞争，也是由于人手不够，即由于北美的人口和工业上的需求不相称。"④话虽不多，却隐含了关于机器运

---

① 《马克思恩格斯〈资本论〉通信集》，人民出版社 1976 年版，第 199 页。

② 《马克思恩格斯〈资本论〉书信集》，人民出版社 1976 年版，第 141 页。

③ 参见《马克思恩格斯文集》第 10 卷，人民出版社 2009 年版，第 253 页。

④ 《马克思恩格斯文集》第 10 卷，人民出版社 2009 年版，第 46 页。

用的诸多细节性信息。相对于透彻理解资本主义生产方式而言，工业革命的产生和发展是重中之重的问题。相对于理解工业革命的产生和发展而言，机器的产生、运用和发展是重中之重的问题之一。为什么发明机器？为什么使用机器？机器为什么会快速发展？研究和回答这些问题的过程将会表明，机器问题不仅仅是科学技术及其应用问题，它还是社会历史性问题，是国内和世界市场中你死我活的竞争问题，同时还是资本家与工人之间激烈残酷的阶级斗争问题。在马克思的短短几句话中，我们可以发现如下问题已被区分和交待清楚。第一，机器的产生和发展不是一回事。在英国，机器产生的原因是市场需求旺盛与生产力发展不足之间的矛盾，而机器发展的原因则是雇主为了与工人阶级进行阶级层面的"战争"。第二，欧洲其他国家使用机器的原因与英国不同，它们面临英国的强势竞争，为了在各自的国内市场和世界市场上与英国的强势进行竞争，就必须使用进而发展机器。第三，北美使用机器的情况具有自己的特点。除面临国内市场和世界市场竞争的压力外，北美还面临"人手不足"因而劳动力价格高昂的压力，所以，要想不被竞争压垮，就必须使用机器。机器使用原因的细节性了解使马克思对工业革命技术基础和组织基础的理解建立在坚实的经验事实基础之上。以这样的经验事实为依据形成的政治经济学理论和劳动历史唯物主义理论，当然会高明于资产阶级经济学的相关理论。

例证二。在《1861—1863年经济学手稿》中，马克思摘录了1856年10月31日发布的《工厂视察员报告》中的两段话："把机械力应用到以前用手推动的机器上，几乎是每天都发生的事……为了节省动力，改进产品，增加同样时间内的产量，或排挤掉一个童工、一个女工或一个男工等等，在机器上不断实行一些小的改良，这种改良有时虽然看起来没有多大意义，但会产生重要的结果。""近年来，任何一种机械发明都没有像'珍妮'纺纱机和翼锭精纺机那样，在生产方式上，并且归根到底，在工人的生活方式上，引起如此大的改变。"①《工厂视察员报告》中的看法以实地观察的结果为依据，这样的看法客观地反映了机器使用的双重实际，一是生产效率的极大提高，二是对童工、女工或男性工人性命攸关的冲击。这

---

① 《马克思恩格斯文集》第8卷，人民出版社2009年版，第342、343页。

种工业革命过程中"几乎每天都发生的事"是细节，一般的观察者会忽略不计，但马克思从这个细节发现了重大契机，即作为生产力革命象征的机器使用所引起的难以察觉又极为重要的连锁反应。马克思对这一细节的提炼和概括便是工艺学历史唯物主义理论。摘录完上述两段话后，马克思马上写道："这里，正确地表达了实际的联系。'机械发明'，它引起'生产方式上的改变'，并且由此引起生产关系上的改变，因而引起社会关系上的改变，'并且归根到底'引起'工人的生活方式上'的改变。"① 马克思非常重视这个由关注细节而发现的工艺学历史唯物主义原理，所以，在《资本论》第一卷中，又把这一处于胚胎状态的工艺学历史唯物主义原理表述加工打磨为工整精致的工艺学历史唯物主义原理表述："工艺学揭示出人对自然的能动关系，人的生活的直接生产过程，从而人的社会生活关系和由此产生的精神观念的直接生产过程。"② 这一工艺学历史唯物主义原理是对方法论历史唯物主义理论中生产力决定论的深化和发展。它告诉人们，在理解社会历史的深层客观基础问题时，生产力不是既定前提，而是需要研究的对象。这一对象中的劳动资料及其变迁是如何决定生产关系及其他关系的？探讨和回答这一问题，就能使对方法论历史唯物主义理论的理解深化一步。由这个事例可以看出，马克思运用关注细节的方法产生了多么重要和惊人的理论结果。

例证三。1867 年 6 月 22 日，马克思在审读《资本论》第一卷的校订稿之际致信恩格斯："童工调查委员会已经工作五年了。在委员会的第一个报告于 1863 年发表以后，那些被揭露的部门立刻受到了'惩戒'。这次议会一开始，托利党内阁就通过沃尔波尔这株垂柳提出了一个法案，根据这个法案，委员会的所有建议虽然大大打了折扣，但都被通过了。应受惩戒的那些家伙，其中有金属加工厂的大厂主，以及'家庭手工业'的吸血鬼，当时弄得很难堪，不敢说话。现在他们却向议会呈递请愿书，要求重新调查！说过去的调查是不公正的！他们指望改革法案能吸引住公众的全部注意力，让这件事趁刮起反对工联的狂风的时候悄悄地私下了结。《报

---

① 《马克思恩格斯文集》第 8 卷，人民出版社 2009 年版，第 343 页。

② 《马克思恩格斯文集》第 5 卷，人民出版社 2009 年版，第 429 页。

告》中最丑恶的东西是这些家伙的自供。他们知道，重新调查只会有一个意思，那就是'我们资产者所希望的'——使剥削期限再延长五年！幸而我在'国际'中的地位使我能粉碎这些畜牲的如意算盘。这是一件非常重要的事情。这是一个解除150万人（成年男工还不计算在内）的痛苦的问题!"①熟悉马克思《资本论》第一卷的读者知道，其中大量和系统地利用了英国劳动立法的历史知识，这说明，他非常了解英国劳动立法的历史。②英国从14世纪中叶（1349年）开始为劳动立法，到1867年8月重新颁布工厂法，其间有五百余年的历史。马克思之所以特别关注1867年的工厂法，根本原因是相比于以往的工厂法，这一法律有一个重大变化，法律约束范围从过去的工厂扩及到小企业和家庭手工业。约束范围的变化在马克思看来"是一件非常重要的事情"，因为在这类企业中劳动的150万女工和童工因受到法律保护而受益。劳动立法的变化受到了马克思的高度关注，看到了其中为劳动者特别是女工和童工带来的好处，使他"为减轻人类的痛苦"而拼搏的价值立场落到了实处。这一例证仅仅是例证，马克思对英国的劳动立法，进而英国的工厂立法，发表过无数次的看法。但是，马克思的如上评论针对劳动立法的具体变化而作出，这说明，他确实在关注细节，确实在运用关注细节的方法。

诸多例证是客观实在的证据，以无可辩驳的理由向世人表明，在马克思政治经济学研究和写作过程中确实运用关注细节的方法。这一方法的运用产生了可以想见的理论后果，即马克思的政治经济学理论和经济哲学以精细入微的经验性事实为根据，建基于任何人无法否认的客观事实基础之上。在这里，事实胜于雄辩不是对谈或辩论过程中的姿态宣示，而是实际情况的客观性描述。

3. 让当事人出场说话

人们在研究马克思的方法论思想时往往聚集于辩证法，关注黑格尔

---

① 《马克思恩格斯文集》第10卷，人民出版社2009年版，第263页。
② 参见《马克思恩格斯文集》第5卷，人民出版社2009年版，第9页。

逻辑学发挥的重要作用，但没有论者意识到并明确表示，在马克思这里，让当事人出场说话是方法，这一方法是马克思方法论体系中的有机组成部分。相对于马克思思想整体而言，这种态度很可悲，也很可惜。无视让当事人出场说话作为方法的客观存在及其作用，首先是无法完整准确地理解马克思的方法论体系，更为重要的是这种理解的理论结果，它大大降低了马克思政治经济学的理论震撼力和冲击力。尤为重要者，这其中隐含政治经济学中的核心性政治哲学和法哲学问题：经济行为当事人如劳动者有否权利出场说话？权利的根据是什么？不让经济行为当事人出场说话的经济学如资产阶级经济学，能客观公正地反映经济事实吗？进而，不能客观公正地反映经济事实的所谓科学经济学有存在权利吗？

为什么说让当事人出场说话是方法？理由如下。

首先，作为政治经济学研究对象的经济行为当事人与作为自然科学研究对象，如物理学家研究的石头或生物学家研究的毛毛虫等之间有本质区别。政治经济学研究者与经济行为当事人皆为人，既然都为人，那么，政治经济学家在研究经济事实时坚持完全超然物外的态度几乎不可能；真有如此认知者，如 19 世纪的英国学者马尔萨斯和斯宾塞之流，不足为凭。自然科学家研究与人有本质区别的物。物理学家碾碎石头或生物学家解剖活体毛毛虫，是自然科学研究的题中应有之义，不如此，反倒不正常。与此形成显明对比的是，经济学家研究经济行为当事人绝对不能使用这样的方法，更不能持有这样的态度。

其次，政治经济学研究的经济事实与经济行为当事人之间是性命攸关的关系，被莫尔文学化地概括为"羊吃人"的英国圈地运动可为例证。让羊具有相对于劳动者而言的生杀予夺大权，是资本的力量和官府的力量，而这两种力量的幕后拥有者和运用者是资本家。这样的例证或许极端，但社会历史性的经济生活中，经济事实由不同的利益攸关方及其行为构成是任何人都无法否认的客观事实。面对这样的经济事实，让哪一方的利益成为正当？让那一方的利益成为不正当？政治经济学家用自己的理论作出裁判。在作出裁判之前，经济学家有像法官一样的义务，让利益攸关方的每一方都出场说话。这是作为方法的让当事人出场说话的天然理由。

再次，政治经济学的科学性质是内在要求，这种要求的表现之一是理论内容以尽可能全面的信息为客观基础。资产阶级经济学的分析框架表明，资本家、地主和劳动者是资本主义经济生活主要和基本的行为当事人。资本家和地主的所想所愿由资产阶级经济学表达，并把这种表达理论化。用马克思的话说，资产阶级经济学"没有给劳动提供任何东西而是给私有财产提供了一切"①。问题在于，不让作为主要经济行为当事人之一的劳动者出场说话，政治经济学理论依据的信息就不全面，依据不全面的信息概括出来的所谓理论，难以保障自身的科学性质。基于此我们说，只有让经济行为主要当事人之一的劳动者出场说话，政治经济学理论所依据的信息才算完整。这说明，让当事人出场说话确为一种方法。

最后，资产阶级意识形态的口号之一是天赋人权。这里的人也包括劳动者。天赋人权中的"权"包括哪些内容？不同的人会有不同的理解，但有一点可以肯定，作为经济行为当事人的劳动者，有天然的权利表达自己基于劳动和生活而来的际遇与感受。如何在政治经济学理论中让劳动者表达自己的际遇和感受？最好也是最直接的方法是让当事人出场说话。从这一角度看问题，把让当事人出场说话作为方法，是自然而然的事情。如果顾及马克思运用让当事人出场说话方法的理论背景，我们就会更加深切地体会到，马克思运用这一方法是多么必要和重要。以英国为典型的资本主义经济进入工业革命阶段后，整个社会生活发生了剧烈变化，其中最突出者是劳动者的境遇变化。劳动者的劳动时间更长，劳动条件更恶劣，劳动报酬更少，整体的生存状况更差。② 这样的社会历史状况和生存境遇激起了劳动者的奋起反抗，恩格斯的《英国工人阶级状况》和汤普森的《英国工人阶级的形成》两书对此有客观逼真的描述。资本主义制度的辩护士们也没有闲着，资产阶级经济学家和社会学家可为例证。这些学者把这些现在看来是经济学和社会学之耻辱的所谓社会进化的"科学"明目张胆地直书纸面，尽显丑陋且邪恶的嘴脸。

例证一。1786 年，英国工业革命刚开始不久。一位名曰唐森的人发表了《论济贫法》一书，核心观点是激烈反对对因受工业革命冲击而身陷

---

① 《马克思恩格斯文集》第 1 卷，人民出版社 2009 年版，第 166 页。

② 参见《马克思恩格斯文集》第 1 卷，人民出版社 2009 年版，第 389 页。

困境甚或危境的劳动者施以援手的《济贫法》。书中他说出了如下的话："用法律来强制劳动，会引起过多的麻烦、暴力和叫嚣，而饥饿不仅是和平的、无声的和持续不断的压力，而且是刺激勤勉和劳动的最自然的动力，会唤起最大的干劲。""下面这一点似乎是一个自然规律：穷人在一定程度上是轻率的，所以，总是有一些人去担任社会上最卑微、最肮脏和最下贱的职务。于是，人类幸福基金大大增加，比较高雅的人们解除了烦劳，可以不受干扰地从事比较高尚的职业等等……济贫法有一种趋势，就是要破坏上帝和自然在世界上所创立的这个制度的和谐与优美、匀称与秩序。"①

例证二。1803 年，马尔萨斯出版了《人口原理》的第二版。在这一版的序言中，他说出了后来的版本都被删除的如下话语："一人出生在早已被人占有的世界之上，如果他不能够从他享有正当要求的父母那里获得生活资料，而且假使这个社会不需要他的劳动的话，那末他就没有要求获得最小一份食料的权利，事实上，就没有他嗷饭之地的问题。在大自然的伟大宴会上，也就没有为他而设的席位。她（大自然）告诉他必须滚开，而且要马上执行她自己的命令，如果她不顾她的某些客人的同情心的话。假使这些客人起身给他席位，那末其他的闯入者也立即会出现来要求同样的照顾。来者不拒的传说，将使大厅上挤满了无数的申请者。筵会的秩序与和谐将被破坏，以往盛行的丰裕将变成稀少；而宾客的幸福也将遭到下列情景的残毁，即在大厅的每一角落都笼罩着不幸的惨状并挤满着依人为生者，以及那些被传说告诉他们指望获得食料但无法达到目的而正在发怒的喧哗硬要之徒。宾客们从下列的错误中吸取教训已经太迟了，即他们违反筵会的伟大女主人所下不许一切外人闯入的严格命令，而她则但愿她的一切宾客都能享用丰裕的筵席，但她知道她无法供应无限制的人数，故在她的餐桌坐满的时候，文雅地拒却新来的人们。"②

例证三。1850 年，实证主义哲学的创始人之一斯宾塞出版了论文集

---

① 转引自《马克思恩格斯文集》第 5 卷，人民出版社 2009 年版，第 744、745 页。

② 转引自 [英] 埃德蒙·惠特克：《经济思想流派》，徐宗士译，上海人民出版社 1974 年版，第 171—172 页。

《社会静力学》。书中有一篇名为《济贫法》的论文。文中说："在整个自然界，我们可以看到有一条严格的戒律在起作用，这条戒律有一点残酷，可它也许是很仁慈的。在一切低级动物中保持的普遍战争状态使许多高尚的人大感不解；归根到底，它们却是环境所允许的最慈悲的规定。当反刍动物因年龄而丧失了使其生存成为乐事的活力时，被一些食肉动物杀死，比起苟延因虚弱变得痛苦的残生而最终死于饥饿，其实要好得多。由于毁了所有这类动物，不仅使生存在成为累赘以前结束，而且为能够充分享受的年轻一代腾出了地方；此外，对于食肉动物来说，它们的幸福正源于这种替代行动。请进一步注意，食草动物的食肉敌人不但除了它们群中那些已过壮年的，而且也把多病、残废、最不善奔跑和最没有力量的全部除掉了。由于这种净化过程的帮助，也由于在配偶季节如此普遍的争斗，阻止了因次劣个体繁殖引起的种族退化，并确保充分适应周围的环境，因而使最能产生幸福的素质得以保持。""一个手艺笨拙的工匠，如果他作了一切努力也无上进，他就要挨饿，这似乎是残酷的。一个劳动者因疾病失去与他较强的伙伴竞争的能力，就必须忍受由此而带来的贫困，这似乎是残酷的。听任寡妇孤儿挣扎在死亡线上，这也似乎是残酷的。可是如果不是单独地来看，而是把它们与人类普遍的利益联系起来考虑，这些严酷的命中注定的事情，却可以看作充满利益的——正如使有病父母的子女早进坟墓，及挑选放纵或衰弱的人做瘟疫的牺牲者一样。"①

上述例证持续出现的时间是 64 年（1786—1850 年）。这 64 年恰好是英国工业革命经历的主要阶段。例证中的内容表现出来者是社会学和经济学，内在灵魂则是适应和迎合资本家需要的意识形态。这样的意识形态依傍资产阶级的政治、经济和文化强势肆意妄为，营造出一种不顾劳动者死活的舆论和文化氛围。类似马尔萨斯这种靠抄袭成名且言而无信的所谓经济学家，在这样的文化氛围中如鱼得水，②获得声望，成为名人，而被马尔萨斯之类经济学家踩在脚下的，则是劳动者的累累白骨。如上说法貌似

---

① ［英］赫伯特·斯宾塞:《社会静力学》，张雄武译，商务印书馆1996年版，第143、144页。

② 参见《马克思恩格斯文集》第5卷，人民出版社2009年版，第745、711页。

言过其实，但看一看那些童工、女工和成年男性工人因工伤、疾病和饥饿而过早死亡甚至是意外死亡的统计材料，就会深切地感受到，上述说法一点也没有冤枉马尔萨斯这类学者。[①]

上述例证的共同特点是从经济学和社会学的具体性学科层面突然窜升到哲学高度为资本家和资本主义制度辩护，攻击官府和社会对劳动者中的弱势群体施以援手。其中，自然、自然规律、自然秩序、自然和谐等概念频繁出现。斯宾塞较为典型，直接用自然界中的事物比附人类社会。这里的"社会"一词实际指称的内容是英国当时社会生活中的经验事实。

当这类学者胡乱比附时，往往以"人类普遍利益"和"人类幸福"为说辞。问题在于，不顾及劳动者的利益，何来"人类普遍利益"？没有劳动者的幸福，谈何"人类幸福"？难道劳动者不属于人类？当然，上述例证之间也有区别，但只是停留于表述风格上。唐森说话直白露骨，阴森刻毒的内心世界跃然纸上；马尔萨斯是美文学笔调，对劳动者而言是如此性命攸关的内容，在他笔下变成了散文诗式的轻松自如；斯宾塞文笔老到，严谨的逻辑中表现出雄辩。各不相同的表述风格服务于一个共同的目的，对劳动者说重话，说狠话，让劳动者接受"命该如此"的现状。这是后来被达尔文在生物学领域实证化的生物学进化论，即生存竞争和适者生存的丛林法则。

马克思不是学院化学者，也不像上述例证中的学者那样，总想以讨好资产阶级和官府的形式出人头地，他的学术研究目的只有一个："减轻人类的痛苦。"[②] 为了达到这一目的，马克思仗义执言，以实事求是的科学态度让各不相同的资本主义经济行为当事人悉数出场说话。不同经济行为当事人的话语将会表明，资本家是多么蛮不讲理，劳动者又是生活和劳动于多么悲惨和险恶的境遇，而"粗野时期"或叫"幼年时期"的资本主义经济制度是多么"敌视人。"[③]

其一，资本家出场说话。从刚一登上社会历史舞台起，资本家就是

---

① 参见《马克思恩格斯文集》第 5 卷，人民出版社 2009 年版，第 576 页。

② 《马克思恩格斯文集》第 10 卷，人民出版社 2009 年版，第 253 页。

③ 《马克思恩格斯文集》第 1 卷，人民出版社 2009 年版，第 179 页。

舆论风口浪尖上的人物。劳动者痛恨他残酷刻薄的压迫与剥削，不得不一次又一次地罢工、起义，反抗资本家的不义行为。贵族嫉恨他，因为昔日的"泥腿子"、下等人，突然之间暴富起来，对贵族的态度由谦恭变成了骄横。官府警惕他，因为他贪得无厌和得寸进尺地要求政治权力。舆论谴责他，因为他无止境的贪欲导致一次又一次的诸如矿难、女工累病而死的恶性事件。面对这样的精神和舆论氛围，资本家起而为自己辩白，说出了如下的话："难道工人光用一双手就能凭空创造产品，生产商品吗？难道不是他（指资本家——引者注）给工人材料，工人才能用这些材料并在这些材料之中来体现自己的劳动吗？社会上大多数人一贫如洗，他不是用自己的生产资料，棉花和纱锭，对社会和对由他供给生活资料的工人本身进行了莫大的服务吗？难道他的服务不应该得到报酬吗？"[1] 资本家用四个反问句表达自己的看法，实际是带有强烈倾向性的三个陈述句式。其一，工人一无所有，赤手空拳不能创造产品。其二，自己以提供生产资料的形式为工人的生产提供了服务。其三，基于上述服务得到报酬即剩余价值合情合理。三个陈述句表达出来的想法发自资本家的内心。资产阶级主流经济学以学理化形式表达这种想法，人们所见到者是一个又一个的所谓著名经济学家炮制出来的理论体系。直到现在，资产阶级经济学的内在本质仍然如此，差别只是在于表达形式的花样翻新和不同经济学家侧重点的各不相同，实质没有任何变化。貌似有理有力的内在逻辑无法抵抗如下的追问。第一，工人一无所有的原因何在？"羊吃人"是对这一问题的回答。残酷的资本原始积累运动是源头，资本家靠暴力夺得生产资料，而靠自己的生产资料过活的劳动者变成了一无所有的"自由工人"，不出卖自己的劳动力便无法生存，至于妻子儿女，更是不在话下。第二，资本家的生产资料是如何获得的？"羊吃人"只是一种获得途径，《资本论》第一卷的第二十四章"所谓原始积累"还以历史事实为根据揭示了其他获得途径。用马克思的话说，不管哪种获得途径，在性质上都是"最下流、最龌龊、最卑鄙和最无耻的。"[2] 第三，剩余价值的源头是什么？当然是劳动。问题在

---

[1] 《马克思恩格斯文集》第 5 卷，人民出版社 2009 年版，第 224 页。

[2] 《马克思恩格斯文集》第 5 卷，人民出版社 2009 年版，第 873 页。

于，资本家不劳动。不劳动凭什么要强取豪夺地获得劳动成果？资本家无法回答这样的问题。

其二，成年工人出场说话。铁路运输出现于工业革命时期。这种运输工具带来了惊人的高效率，与高效率相伴而行的是事故频发，事故频发的结果是"横祸"和"惨剧"。原因何在？技术不成熟和无法预知的偶然性事件等或许是原因，但更根本的原因是资本的贪婪所致，贪婪的表现之一是强逼铁路工人劳动过长的时间。针对这一点，一个铁路工人说了如下的话："谁都知道，司机和司炉稍一失神，就会造成严重的后果。天气这么冷，还要拼命延长劳动时间，不让有片刻休息，那又怎能不造成这样的后果呢？我们可以举一个每天都在发生的例子：上星期一，有一个司炉一清早就上工，干了 14 小时 50 分钟才下工。他还没有来得及喝口茶，就又被叫去做工了。就这样他一连做工 29 小时 15 分钟。这一周的其余几天，他的工作情形是这样：星期三 15 小时，星期四 15 小时 35 分，星期五 $14\frac{1}{2}$ 小时，星期六 14 小时 10 分，一周共工作 88 小时 30 分。不难设想，当他只得到 6 个工作日的工资时会感到多么惊异。这个人是个新手，他问什么叫一个工作日。得到的回答是：13 个小时算一个工作日，也就是说，78 小时算一周。"[1] 工人说话以事实为根据。这样的根据建立在几个因素的相互关系之上，具有强劲有力的内在逻辑。首先是劳动者的劳动时间；其次是劳动者劳动的体力和精力的自然界限；最后是劳动者逾越自然界限的过度劳动与铁路运输事故频发之间的直接联系。结论不言自明，劳动者的过度劳动是铁路运输事故频发的直接和根本性原因。顺着这一结论继续思考，资本家就会显露原形。劳动者为什么要过度劳动？是他自觉自愿吗？非也，资本的贪婪和强制是罪魁祸首。基于此，马克思愤怒地揭露资本的贪婪本质，它"像狼一般地贪求剩余劳动，不仅突破了工作日的道德极限，而且突破了工作日的纯粹身体的极限。它侵占人体的成长、发育和维持健康所需要的时间。它掠夺工人呼吸新鲜空气和接触阳光所需要的时间，它克扣吃饭时间。尽量把吃饭时间并入生产过程本身，因此对待工人就像对待单纯的生产资料那样，给他饭吃，就如同给锅炉加

---

① 《马克思恩格斯文集》第 5 卷，人民出版社 2009 年版，第 293—294 页。

煤、给机器上油一样"①。

其三，12 岁的童工出场说话。在现代人的意识中，儿童是受教育和游戏的年龄，这也是国家法律的强制性要求。在"曼彻斯特资本主义"即工业革命时期，儿童像成年人一样地参加劳动，满足资本家的贪欲，是再自然不过的事情。在有的行业，"竟雇佣 2 岁到 2 岁半的儿童干活"②。一位名叫约·默里的 12 岁童工说："我干的是运模子和转辘轳。我早晨 6 点钟上工，有时 4 点钟上工。昨天，我干了一整夜，一直干到今天早晨 6 点钟。我从前天夜里起就没有上过床。除我以外，还有八九个孩子昨天都干了一整夜。除了一个没有来，其余的孩子今天早晨又都上工了。我一个星期挣 3 先令 6 便士。我整整干了一夜，也没多得到一个钱。上星期我就整整干了两夜。"③从童工的叙述中我们可以得到三个方面的信息。一是一个 12 岁的孩子劳动时间之长令人震惊；二是童工竟然夜间劳动，还要整夜整夜地劳动；三是整夜劳动但"没多得到一个钱"。不管资本家及其学舌者——资产阶级经济学家用什么样的花言巧语粉饰儿童劳动现象，这种现象都是证据，它证明了"曼彻斯特资本主义"带有"原罪"性质。放大视野地看问题，儿童劳动现象的后果更为有害和严重。马克思说："把未成年人变成单纯制造剩余价值的机器，就人为地造成了智力荒废，——这和自然的无知完全不同，后者把智力闲置起来，并没有损坏它的发展能力、它的自然肥力本身，——这种智力的荒废甚至使英国议会最后不得不宣布，在一切受工厂法约束的工业中，受初等教育是'在生产上'使用 14 岁以下儿童的法定条件。"④不管是相对于个人还是相对于国家，儿童的智力荒废都是极为严重和可怕的后果。相对于个人而言，儿童的智力荒废是一道无法逾越的坎，从此后再无智力发展，命运的改变更是毫无可能。相对于国家而言，大量童工的智力荒废会造成整体人口素质下降的后果，国家的发展后劲会被消耗净尽。由此看来，资本家一时的贪欲得到满足，劳动者和国家所付出的代价是多么昂贵。

---

① 《马克思恩格斯文集》第 5 卷，人民出版社 2009 年版，第 306 页。
② 《马克思恩格斯文集》第 5 卷，人民出版社 2009 年版，第 539 页。
③ 《马克思恩格斯文集》第 5 卷，人民出版社 2009 年版，第 283 页。
④ 《马克思恩格斯文集》第 5 卷，人民出版社 2009 年版，第 460 页。

其四，7 岁童工的父亲出场说话。用现代人的眼光看问题，让 7 岁的孩子进入工厂劳动的父母是不近人情甚至是残酷的。但在工业革命时期，成年工人的劳动时间和劳动强度虽然让现代人无法忍受，可劳动收入还是微薄到无法达到养家糊口的数额。为了活命，儿童进入工厂劳动成为不得不如此的强制性"命令"。儿童的劳动时间和劳动状况如何？一位童工的父亲说："我这个孩子 7 岁的时候，我就常常背着他在雪地里上下工，他常常要做 16 个钟头的工！……当他在机器旁干活的时候，我往往得跪下来喂他饭，因为他不能离开机器，也不能把机器停下来。"① 童工父亲的叙述细节让人震惊和心酸。7 岁的孩子一天劳动 16 小时，父亲跪下来喂饭的行为表明，这个孩子发育不良，个子太矮，吃饭时机器不能停转的事实则告诉我们，是机器使用童工而不是相反。这样的场景是无声的控诉，资本家的贪婪，"曼彻斯特资本主义"的残酷，已达到泯灭人性的程度。在资产阶级经济学家和社会学家如马尔萨斯和斯宾塞之流的文献中，我们见不到这样的场景，只有马克思才让这样的场景在政治经济学理论中重见天日，经由这样的场景，现代人看到了资本主义经济制度"理性"到不顾及人类良知的一面。

其五，医院的主任医生出场说话。职业病与劳动的专业化相伴而行，此为效率追逐带来的必然性后果。为了避免这种后果的出现，一是需要有效的预防性措施，二是职业病一旦出现就立即尽最大努力地救治。在英国工业革命时期，出现的是相反的情况。资本家为节约成本，既不采取预防职业病的措施，也不把钱用在职业病患者的救治上，而是"顺其自然"地让劳动者自生自灭。一位主任医生说出了陶工的职业病情况："陶工作为一个阶级，不分男女……代表着身体上和道德上退化的人口。他们一般都是身材矮小，发育不良，而且胸部往往是畸形的。他们未老先衰，寿命不长，迟钝而又贫血；他们常患消化不良症、肝脏病、肾脏病和风湿症，表明体质极为虚弱。但他们最常患的是胸腔病：肺炎、肺结核、支气管炎和哮喘病。有一种哮喘病是陶工特有的，通称陶工哮喘病或陶工肺结核。还有侵及腺、骨骼和身体其他部分的瘰病病，患这种病的陶工占 $\frac{2}{3}$ 以上。只

---

① 《马克思恩格斯文集》第 5 卷，人民出版社 2009 年版，第 286 页。

是由于有新的人口从邻近的乡村地区补充进来，由于同较为健康的人结婚，这个地区的人口才没有发生更严重的退化。"① 严格的职业训练和特殊职业的内在要求使然，医生一般不会说假话。这位医生对陶工职业病的诉说是典型例证，说明工业革命时期的劳动者，除受到经济剥削和政治压迫之外还受到多么严重的职业病的折磨。

其六，工厂视察员出场说话。上已述及英国的工厂视察员制度。这些工厂视察员的职责是检查和纠正工厂主对工厂法的执行和违法情况。他们履行职责的过程中看到了什么？ 1848 年，英国议会通过了十小时工作法案。一些麻纺厂的工厂主们"强迫一些正规工人接受一份反对这项法案的请愿书，请愿书中有这样的话：'我们这些向你们请愿的人，作为父母，认为增加一小时闲荡的时间，结果只会使我们的孩子道德败坏，因为懒惰是万恶之始。'关于这一点，1848 年 10 月 31 日的工厂视察员报告指出：'在这些敦厚善良的父母们的子女做工的麻纺厂里，空气中充满着原料的尘埃和纤维碎屑，即使只在纺纱车间待上 10 分钟，也会感到非常难受，因为眼睛、耳朵、鼻孔、嘴巴里会立刻塞满亚麻的碎屑，根本无法躲避，这不能不使你感到极度的痛苦。同时，由于机器飞速地转动，这种劳动本身需要全神贯注，需要一刻不停地运用技巧和动作，这些儿童在这样的空气里除了吃饭时间外整整劳动 10 小时，现在还要他们的父母说自己的子女'懒惰'，这未免太残酷了……这种无情的胡说必须斥之为十足的假仁假义和最无耻的伪善"② 引证材料中的事实十分简单，童工的劳动时间过长，劳动环境极其恶劣，但涉及的行为主体即行为当事人却是众多。第一，以工厂法形式出场的国家。第二，劳动过程中直接受到残害的童工。第三，被逼迫为工厂主说话的父母。第四，对抗工厂法和逼迫童工父母说违心话的工厂主。第五，负有国家法律责任的工厂视察员。这是一个五方参与的博弈局面。在这个局面中，工厂主是主要当事方，童工的父母只是被工厂主逼迫不得不如此的挡箭牌；工厂视察员是另一主要当事方，他的背后是国家和法律。马克思在注释中再现这一博弈格局要说明什么问题？

---

① 《马克思恩格斯文集》第 5 卷，人民出版社 2009 年版，第 284 页。
② 《马克思恩格斯文集》第 5 卷，人民出版社 2009 年版，第 263 页。

首先，资本家的贪婪和残酷，如童工的劳动环境之恶劣和劳动时间之长可为证据；外加阴险狡诈，如强逼童工的父母违背意愿地为资本家说话。其次，工厂视察员的专业、公正和仗义执言，如对资本家"假仁假义"的痛斥。最后，童工的劳动时间过长和劳动环境恶劣是客观存在的经验性事实，围绕这一事实而展开的另一种斗争，即不同于劳动者与资本家之间斗争的工厂视察员与资本家之间斗争，同样是客观存在的经验性事实。这样的事实向我们表明，马克思表述出来的经济哲学和政治经济学内容具有多么强劲有力又细致入微的经验基础。

其七，治安法官出场说话。孤立地看，工厂在厂区内运行，自成体系，与厂区外的社会没有多少关系，实则不然。工厂人首先是社会人，工厂的运行与社会之间具有必然和广泛的联系。这样的联系中包括与社会治安直接相关的各种事件。社会治安事件要求治安法官出场，他会根据需要进入工厂，在处理社会治安问题的同时一窥工厂内部的真实状况。"1860年1月14日，郡治安法官布罗顿先生在诺丁汉市会议厅主持的一次集会上说，从事花边生产的那部分城市居民过着极其贫穷痛苦的生活，其困苦程度是文明世界的其他地方所没有见过的……9岁到10岁的孩子，在大清早2、3、4点钟就从肮脏的床上被拉起来，为了勉强糊口，不得不一直干到夜里10、11、12点钟。他们四肢瘦弱，身躯萎缩，神态呆痴，麻木得像石头人一样，使人看一眼都感到不寒而栗。马利特先生和别的工厂主起来抗议讨论这类事情，是一点也不奇怪的。"[1] 童工的劳动时间、劳动环境和身体发育等方面的糟糕状况前已述及。马克思让治安法官出场说话的要害在于，法官不是诗人，也不是文学家，他的说话以事实为根据是起码的要求。治安法官出场说话的地点耐人寻味，他是在诺丁汉市的会议厅控诉性地讲出如上事实。这样的社会职业身份和场所表明，如上事实只有一个性质，那就是客观存在。客观存在的事实会说话，它向人们表明，无良的工厂主，进而"曼彻斯特资本主义"式的经济制度，对童工剥削和压迫的残酷程度可见一斑。在这里，资本的权力统治一切，资本家的贪欲高于一切，至于作为人的童工的生存需要，发育需要，受到关爱和呵护的需

---

[1] 《马克思恩格斯文集》第5卷，人民出版社2009年版，第282页。

要，则是在资本的权力和贪欲碾轧下烟消云散。

其八，媒体出场说话。媒体是富有特点的社会组织，职责是把社会生活中的特定事实报道出来，告知他人。这一职责的正常履行使社会获益，人们由此了解社会生活的脉动情势，事实中的善恶美丑让人一目了然。不能排除媒体报道行为中有出于商业目的的猎奇和哗众取宠成分，但是，如果大部分媒体或所有媒体都报道一件事实，那么，这个事实便具有了社会生活脉动典型的意义。典型是社会生活整体的结晶体，它所反映的则是社会生活的真实状况。

"1863 年 6 月下旬，伦敦所有的日报都用《活活累死》这一'耸人听闻'的标题登载着一条消息，报道 20 岁的女时装工玛丽·安·沃克利是怎样死的。她在一家很有名的宫廷时装店里做工，受一位芳名爱利莎的老板娘的剥削。这里又碰到我们常常讲的那一类老故事了。店里的少女平均每天劳动$16\frac{1}{2}$小时，在忙季，他们往往要一连劳动 30 小时……当时正是忙季的最高潮。为了迎贺刚从国外进口的威尔士亲王夫人，少女们要为高贵的夫人小姐在转眼之间就变出参加舞会的华丽服装来。玛丽·安·沃克利同其他 60 个少女一起连续干了$26\frac{1}{2}$小时，每 30 个人挤在一间屋里，空气少到还不及需要量的$\frac{1}{3}$，夜里睡在用木板隔成的一间间不透气的小屋里，每两人一张床。这还是伦敦一家较好的时装店。玛丽·安·沃克利星期五得病，星期日就死了，而使老板娘爱利莎大为吃惊的是，她竟没有来得及把最后一件礼服做好。医生基斯先生被请来的时候已经太迟了，他直率地向验尸陪审团作证说：'玛丽·安·沃克利致死的原因，是在过分拥挤的工作室里劳动时间过长，以及寝室太小又不通风。'"①

如花似玉的年轻姑娘因劳累过度而死，现在已有专有名词表征这一事实——过劳死。她致死的原因有两个，直接者是赶制一夜之间就会由小姐变为夫人的用于参加舞会的礼服，深层原因是礼服带来的丰厚利润。在这一事件中，让人震惊的是老板娘的"吃惊"，这位姑娘没有等到最后一件礼服制成后再死去。这样的"吃惊"表明，在老板娘的精神世界中，同样作为人的女工的过劳死远不如亲王夫人用于参加舞会的一件礼服重要，

---

① 《马克思恩格斯文集》第 5 卷，人民出版社 2009 年版，第 294—295 页。

实质上是远不如一件礼服带来的利润重要。同为人，同为女人，老板娘的心肠之硬让人震惊。话又说回来。按照资产阶级经济学效率崇拜或叫效率第一主义的逻辑思路想问题，[①] 老板娘"吃惊"中表现出来的真实态度并没有过错，劳动者只不过是像布料和裁剪布料的工具一样的生产资料，问题的关键是如何获得最高限度的利润。老板娘的"吃惊"具有象征意义，它告诉世人，作为资产阶级经济学逻辑前提的"经济人"，一旦在现实的经济生活中显露真容，是多么地重视"经济"而无视"人"，甚至敌视"人"。感谢马克思，他用让当事人出场说话的方法揭示出资本主义生产方式的内在本质，让我们真实地见到资本主义生产方式的"粗野时期"是多么地要钱不要命。当然，这里的钱是资本家的钱，而命则是劳动者的，年轻女工玛丽·安·沃克利的遭遇和生命结局就是例证。

综合起来看，作为社会经济基础最基本组成部分的工厂或叫企业，并非仅仅是单纯的经济单位，其运行过程和导致的后果牵涉到社会生活的各个方面和层面。上述九种出场说话的人是资本主义生产直接或间接的当事人。他们的话语是资本主义经济事实最直观也最权威的表述。从认识论角度看问题，只有让当事人出场说话，这样的经济事实才能真实和直观地出现于人们面前。这样的认识论情势表明，让当事人出场说话具有无可替代的认识论方法论价值。基于此，作出如下结论不能被认为是唐突之举。相对于揭示资本主义生产方式的内在本质而言，作为方法的让当事人出场说话具有必不可少的性质。它如实逼真地让经济生活世界出现于他人和后人面前，以无可辩驳的事实证明，资产阶级经济学家构筑的经济生活世界具有片面性和虚伪性，不管用什么样的科学标签，如自然科学意义的"硬科学"，也无法掩饰起来。尤其重要者，让当事人出场说话的方法维护了劳动者出场说话的正当权利，这与资产阶级经济学粗暴剥夺劳动者出场说话权利的做法形成鲜明对照。这样的对照使基本事实不证自明地确立起来，任何经济学理论都有阶级性质，区别只是在于站在什么样的阶级立场上说话，为哪一个阶级说话。

---

① 参见宫敬才：《经济个人主义的哲学研究》，中国社会科学出版社 2004 年版，第 171—184 页。人民出版社 2017 年出版第 2 版。

4.逻辑和历史的有机统一

在现有的马克思主义研究语境中，马克思逻辑与历史有机统一的方法处于不妙境地，表现于两个方面，一是国内学者的误解，二是国外学者的反对。误解和反对的共同作用使然，逻辑与历史有机统一方法有被排除于马克思方法论体系之外的危险，或者，仍让其存在，但被误解得面目全非。面对这种危险，原生态地再现马克思逻辑与历史有机统一的方法，既适时又必要。

第一，国内学者的误解情况。逻辑与历史有机统一方法是哲学思想，但马克思主要表述和运用于政治经济学文献中。特定情势带来了可想而知的后果，马克思主义哲学和马克思主义政治经济学都会表示对这一方法的态度，否则便是外行的表现。问题在于，我国学者中的部分人对这一方法的理解是误解。例如，我国大学哲学系专业教材《马克思主义哲学原理》中说："所谓逻辑的和历史的相一致，是指理论的概念体系的逻辑顺序是客观历史发展顺序和认识发展顺序的反映。因此，历史的东西是逻辑的东西的基础，逻辑的东西是历史的东西在理论思维中的再现，是由历史的东西派生出来的。"该书对这一方法的另一种概括是"历史的和逻辑的统一"。①这种界定的大方向是正确的，但结合马克思的政治经济学文献检视这一界定，我们便能发现如下缺陷。第一，提法混乱。既说逻辑与历史统一，又说历史和逻辑统一，到底是逻辑统一于历史还是历史统一于逻辑？逻辑和历史的统一与历史和逻辑的统一二者之间有本质区别。前者是马克思的思想，具有唯物主义性质；后者是黑格尔的思想，具有唯心主义性质。马克思一再强调这种本质性区别。第二，"画蛇添足"。在马克思语境中，逻辑与历史有机统一涉及的是理论逻辑与客观历史的关系问题，没有涉及"认识发展顺序"问题。认识顺序与逻辑顺序正好相反，前者是"从表象中的具体达到越来越稀薄的抽象"，后者则是"从抽象上升到具体"。②第三，没有区分表述方法和认识方法。虽然逻辑与历史有机统一方法具有认识方法

---

① 肖前主编：《马克思主义哲学原理》，中国人民大学出版社1994年版，第455、435页。
② 《马克思恩格斯全集》第30卷，人民出版社1995年版，第41、42页。

的意义，起码它能保障理论逻辑的唯物主义性质，但马克思主要是在叙述方法的意义上论述和运用这一方法。第四，没有指出马克思与黑格尔之间的本质区别。马克思逻辑与历史有机统一方法的直接理论来源是黑格尔历史与逻辑有机统一的方法。但是，我们应该明确意识到，概念顺序的简单颠倒是大事，因为它真实地表征出唯物主义和唯心主义之间的本质区别。

我国马克思主义哲学领域中的学术专著层面，存在否认马克思具有并运用逻辑与历史有机统一方法的现象。俞吾金先生是我国马克思主义哲学研究领域中的标志性学者，他虽然英年早逝，但其刻苦认真的治学态度和丰硕的研究成果仍然是我国学术界不可多得的学术遗产。如此评价俞吾金先生并不意味着对他的学术观点持一概肯定的态度，对马克思逻辑与历史有机统一方法的理解和评价问题可为例证。他在《问题域的转换》一书中专辟一节（第三章第三节）谈论马克思的逻辑与历史有机统一方法问题。他说："马克思没有接受黑格尔关于'历史与逻辑一致'的观点，但马克思从黑格尔对这一思辨唯心主义的表述中，创造性地形成了自己的历史研究方法。这一历史方法主要由两个方面构成。一方面是'从抽象上升到具体'的方法。黑格尔关于历史上的哲学系统和哲学上的逻辑范畴大体上按照从抽象向具体的方向发展的见解启发了马克思，使他把'从抽象上升到具体'概括为一种科学的历史研究方法，尤其是经济史研究的方法。""另一方面是'逆溯法'。"① 如上理解和评价的不妥之处如下。第一，把作为叙述方法的逻辑与历史的有机统一误解为研究方法。第二，把"从抽象上升到具体"的方法视为马克思的"概括"，实际情况是这一提法直接来自黑格尔，只是表述稍有差异："由抽象进展到具体。"② 第三，没有注意到，"从抽象上升到具体"只不过是逻辑与历史有机统一方法的替代性提法，它是叙述方法而不是研究方法。

马克思主义政治经济学领域中的情势同样不容乐观。通行教科书认为，历史与逻辑相统一的方法是马克思研究政治经济学的另一重要方法，历史方法是指在研究社会经济现象时，要按照历史发展的真实进程来把握

---

① 俞吾金：《问题域的转换》，人民出版社 2007 年版，第 289、290 页。

② ［德］黑格尔：《小逻辑》，贺麟译，商务印书馆 1980 年版，第 190 页。

其发展变化；逻辑方法是指在研究社会经济现象时，要按照思维逻辑，从简单到复杂，从低级到高级不断引申和展开。这样的解读与马克思的原生态思想并不一致。第一，把黑格尔的方法误植为马克思的方法。历史与逻辑相统一的本意是历史统一于逻辑，依附于逻辑，以逻辑为基准而不是相反。这是黑格尔的方法，但绝对不是马克思的方法。第二，把马克思意义的一种方法人为且是强行地分割为两种方法。马克思方法的要义是表述逻辑要与客观历史事实相一致。离开这一要义地理解逻辑和历史，进而把它们理解为两种研究方法，让人无法理解。结果可想而知，作者的理解中所谓马克思方法与本真意义的马克思方法毫无关系。第三，仅仅是研究方法的界定就与马克思的本意相冲突，起码是忽略了马克思理解的主要内容即叙述方法。

两个学科的例证表明，我国的学者对马克思逻辑与历史有机统一方法的误解是客观存在的事实。这种事实需要关注，因为它会把误解一代又一代地传授给学生。

第二，国外学者的反对情况。马克思思想是国际性的学术研究对象，作为马克思重要方法论原则之一的逻辑与历史有机统一方法进入研究者的学术视野是情理之中的事情。在这样的学术视野中，承认且肯定逻辑与历史有机统一方法的学者居多数，但不容忽视的是不承认进而反对逻辑与历史有机统一方法的学者也不在少数。这样的客观情势要求我们，认真对待反对意见，以便发现和指正诸多反对性观点的错谬之处。

例证一。1963年，日本学者见田石介出版了《资本论的方法研究》一书。他在序言中说："我认为，经济学的方法不仅不是把逻辑进程和历史进程相对应当作原则，而且也不可能是范畴自己展开自己的过程和先验演绎的过程。因此我把这个在当今有很大影响力的理论的批判作为本书的一个课题。""马克思的辩证方法自始至终都是从给定的事实出发，从中分离出本质性的东西，再用本质性的东西去说明给定的事实，由此，马克思把同时完成的根据事实而验证的本质的真理性作为原则。在作为科学研究的唯一要素——分析、综合之外，马克思的方法也并非有某种特别的重要因素。"[①] 在正文

---

① ［日］见田石介：《资本论的方法研究》，张小金等译，中国书籍出版社2013年版，"序言"第2、2—3页，还见正文第86、208页。

中，见田石介把逻辑与历史有机统一的方法认定为黑格尔立场，具有浦鲁东主义性质。见田石介的每一个观点都堪称大胆。反传统（即主流观点）的精神应当肯定，但要以尊重客观事实为前提。反观见田石介的观点，每一个都是大错而特错。首先，否认马克思除分析和综合外还有其他方法，这与客观存在的马克思方法论思想尖锐冲突。例如，马克思非常重视"从抽象上升到具体"的方法。这一方法在性质上是分析还是综合？它与分析和综合有什么关系？其次，把马克思逻辑与历史有机统一方法定性为黑格尔立场和浦鲁东主义性质，无视马克思对他们的批判和与他们的哲学立场的本质区别，这与实事求是的基本要求背道而驰。最后，不区分叙述方法和研究方法地看待马克思的方法，出发点就错了。上述分析表明，见田石介的观点是没有真正进入马克思方法论语境的必然结果。

例证二。1983 年，以研究马克思恩格斯思想关系著称于世的美国学者特雷尔·卡弗出版了《马克思与恩格斯：学术思想关系》一书。书中说："当恩格斯撰写'历史从哪里开始，思想进程也应当从哪里开始'的时候，他直接地走向了马克思的反面。而且，他误解了马克思关于'在现代资产阶级社会……的经济生活条件'的基本要素的抽象安排，因为他假设的从最抽象到比较复杂关系进程的'文献的反映'，这种历史发展逻辑是无法证明的。"① 卡弗的话语一箭双雕，既批判了恩格斯对马克思逻辑与历史有机统一方法的概括，又彻底否认了马克思这一方法的客观存在。

例证三。2008 年，意大利学者马塞罗·默斯托主编出版了《马克思的〈大纲〉——〈政治经济学批判大纲〉150 年》一书。他在书中说："马克思综合的方法的复杂性在下面的事实中清楚地显现出来：他的方法不仅被他的很多学生所误解，而且也被弗里德里希·恩格斯所误解……恩格斯认为在历史和逻辑之间存在着平行性，而这一点马克思在《导言》中予以断然拒绝。而且，由于这一观点是恩格斯加在马克思身上的，它后来就在马克思主义列宁主义的解释中变得更为贫乏和程式化。"② 默斯托的话很

---

① ［美］特雷尔·卡弗：《马克思与恩格斯：学术思想关系》，姜海波等译，中国人民大学出版社 2008 年版，第 104 页。

② ［意］马塞罗·默斯托主编：《马克思的〈大纲〉——〈政治经济学批判大纲〉150 年》，闫月梅等译，闫月梅校，中国人民大学出版社 2011 年版，第 66—67 页。

重，不仅否认马克思有逻辑与历史有机统一的方法，而且还无端地指责恩格斯人为制造了所谓逻辑与历史有机统一的方法，并强加于马克思。

相对于马克思思想研究者而言，上述种种误解和反对都是严峻挑战，它强烈地要求我们对下列问题进行认真研究，并作出符合马克思原生态思想实际的回答。研究和回答的结果将会表明，上述的误解和反对皆无根据和道理。第一，上述例证中对恩格斯相关观点的反对有道理吗？第二，恩格斯对马克思方法论思想的概括符合实际吗？第三，马克思有逻辑与历史有机统一的方法吗？运用这一方法吗？第四，如何理解马克思看似反对逻辑与历史有机统一方法的论述？第五，马克思逻辑与历史有机统一的方法与黑格尔历史与逻辑有机统一的方法是什么关系？结合文献地回答这些问题，对确证马克思逻辑与历史有机统一方法的客观存在具有性命攸关的重要意义。

1859 年，马克思出版了《政治经济学批判》（第一分册）。恩格斯为这部著作接连写了三篇书评，其中的第三篇遗失，后人见到的只是前两篇。在第二篇书评中，恩格斯系统谈论马克思的方法，说出了一再遭到质疑和反对的如下话语："对经济学的批判，即使按照已经得到的方法，也可以采用两种方式：按照历史或者按照逻辑。既然在历史上也像在它的文献的反映上一样，大体说来，发展也是从最简单的关系进到比较复杂的关系，那么，政治经济学文献的历史发展就提供了批判所能遵循的自然线索，而且，大体说来，经济范畴出现的顺序同它们在逻辑发展中的顺序也是一样的。这种形式表面上看来有好处，就是比较明确，因为这正是跟随着现实的发展，但是实际上这种形式至多只是比较通俗而已。历史常常是跳跃式地和曲折地前进的，如果必须处处跟随着它，那就势必不仅会注意许多无关紧要的材料，而且也会常常打断思想进程；并且，写经济学史又不能撇开资产阶级社会的历史，这就会使工作漫无止境，因为一切准备工作都还没有做。因此，逻辑的方式是唯一适用的方式。但是，实际上这种方式无非是历史的方式，不过摆脱了历史的形式以及起扰乱作用的偶然性而已。历史从哪里开始，思想进程也应当从哪里开始，而思想进程的进一步发展不过是历史过程在抽象的、理论上前后一贯的形式上的反映；这种反映是经过修正的，然而是按照现实的历史过程本身的规律修正的，这时，每一个要素可以在它完全成熟而具有典型性的发展点上加以考察。"①

这是马克思思想研究史上的第一次尝试，试图对马克思政治经济学文献中客观存在并加以运用的方法作出提炼和概括。在恩格斯的概括中，有六个信息要点需要我们高度关注。第一，对政治经济学的批判（叙述）有两种方法：按照历史或是按照逻辑。第二，在历史中，经济学范畴出现的顺序与它们在逻辑发展中的顺序一致。第三，按照历史的顺序批判（叙述）政治经济学缺点颇多，唯一合适的方式是逻辑的方式。第四，历史从哪里开始，思想（逻辑）进程也应当从哪里开始。第五，思想进程是历史的逻辑抽象。第六，思想进程必须与历史保持一致而不是相反。在关注这六个方面的信息时，有三个方面的限定性条件是必不可少的。其一，恩格斯论述的是叙述方法而不是研究方法。其二，恩格斯论述的对象是马克思政治经济学，不是其他人的政治经济学，更不是一般意义的政治经济学。其三，马克思语境中的政治经济学叙说资本主义经济生活而非其他社会历史形态中的经济生活，更非一般意义的经济生活。六个信息要点和三个方面的限定性条件表明，逻辑与历史有机统一的提法呼之欲出，令人遗憾的是，这样的提法并没有出现。尽管如此，细心品味恩格斯六个方面的信息就可明了，马克思逻辑与历史有机统一方法的具体内容已被揭示出来。

我们说恩格斯提炼和概括出了马克思逻辑与历史有机统一的方法，需要拿出证据。在马克思的政治经济学文献中存在这一方法吗？就提法而言，马克思从来没有说过"逻辑与历史的有机统一"，甚至还说过易于引起误解的、表面看含义与此相反的话。但是，不容否认的客观事实是，马克思确实不止一次地论述过逻辑与历史有机统一的方法论思想。请看如下论述。

"我又把黑格尔的《逻辑学》浏览了一遍，这在材料的加工方法上帮了我很大的忙。""通过批判使一门科学第一次达到能把它辩证地叙述出来的那种水平，这是一回事，而把一种抽象的、现成的逻辑体系应用于关于这一体系的模糊概念上，则完全是另外一回事。""不论我的著作有什么缺点，它们却有一个长处，即它们是一个艺术的整体；但是要达到这一点，

---

① 《马克思恩格斯文集》第 2 卷，人民出版社 2009 年版，第 603 页。

只有用我的方法。""我们的方法表明历史考察必然开始之点，或者说，表明仅仅作为生产过程的历史形式的资产阶级经济，超越自身而追溯到早先的历史生产方式之点。因此，要揭示资产阶级经济的规律，无须描述生产关系的真实历史。但是，把这些生产关系作为历史上已经形成的关系来正确地加以考察和推断，总是会得出这样一些原始的方程式……这些方程式将说明在这个制度以前存在的过去。这样，这些启示连同对现代的正确理解，也给我们提供了一把理解过去的钥匙——这也是我们希望做的一项独立的工作。另一方面，这种正确的考察同样得出预示着生产关系的现代形式被扬弃之点，从而预示着未来的先兆，变易的运动。如果说一方面资产阶级前的阶段表现为仅仅是历史的，即已经被扬弃的前提，那么，现在的生产条件就表现为正在扬弃自身，从而正在为新社会制度创造历史前提的生产条件。"[1]

四处论述都围绕方法问题而展开，其中的四种提法需要我们深思："材料的加工方法""辩证地叙述""我的方法"和"我们的方法"。四种提法的指称对象到底是什么？按日本学者见田石介的理解，马克思的方法除分析和综合外无他。如果情况真是如此，那么，马克思"我的方法"和"我们的方法"的说法所指何谓？又如，如果马克思没有逻辑与历史有机统一的方法，那么，"辩证地叙述"又如何做到呢？再如，如果马克思没有对叙述方法的独特理解，那么，马克思所说的"材料的加工方法"到底是什么意思？上述的逻辑设问表明，马克思有自己独特的方法。这一独特方法直接源自黑格尔，又有自己质的规定性，虽然没有用逻辑与历史有机统一的提法加以固定，但它为马克思的方法应是被确定下来的基本事实。

在《〈政治经济学批判〉导言》中，马克思对自己的方法作了较为详尽的规定。"抽象的规定在思维行程中导致具体的再现。""从抽象上升到具体的方法，只是思维用来掌握具体、把它当作一个精神上的具体再现出来的方式。但决不是具体本身的产生过程。举例来说，最简单的经济范畴，如交换价值，是以人口即在一定关系中进行生产的人口为前提的；也

---

① 《马克思恩格斯文集》第 10 卷，人民出版社 2009 年版，第 143、147、231 页；《马克思恩格斯全集》第 30 卷，人民出版社 1995 年版，第 452—453 页。

是以某种家庭、公社或国家等为前提的。交换价值只能作为一个具体的、生动的既定整体的抽象的单方面的关系而存在。相反，作为范畴，交换价值却有一种洪水期前的存在。"①

第一，马克思论述中的"抽象"有特定的指称内容。这里的抽象不是指认识方法意义上的对经验事实的分析、综合和归纳过程，而是指作为认识结果的抽象规定。此时，认识过程已经结束，接下来的任务是如何把已经得到的认识结果叙述出来或说逻辑地再现出来。在马克思文献的宏观和微观语境中"抽象"指称什么内容？一是商品，二是资本。此处马克思以交换价值为例证说明"抽象"的指称对象，此为思想过渡性质的表现，在《政治经济学批判大纲》的结尾处，马克思找到了真正符合资本主义社会历史实际且适合理论逻辑需要的抽象范畴："表现资产阶级财富的第一个范畴是商品范畴。"②

第二，马克思指出，"从抽象上升到具体的方法"局限于思维范围之内，"但决不是具体本身的产生过程"。这样的论述既是强调自己方法的唯物主义性质，也是要与黑格尔的相关方法划清界限，因为"黑格尔陷入幻觉，把实在理解为自我综合、自我深化和自我运动的思维的结果"。③

第三，马克思论述中的"具体"指称什么内容？在微观的语境中是资本，因为"资本是资产阶级社会的支配一切的经济权力。它必须成为起点又成为终点"。④这里的"起点"之说岂不与商品起点说矛盾？实际上不矛盾。资本主义社会的历史和逻辑起点是资本，但资本的历史和逻辑起点是商品。这是一种从商品到货币再到资本的小三段论。待到资本范畴逻辑与历史有机统一地展开时，我们就能见到基于资本而来的大三段论。

第四，为什么要"从抽象上升到具体"？在马克思的语境中为什么要从商品开始？虽然商品是资本"洪水期前的存在"，但是，不从商品开始，就找不到资本的历史和逻辑起点，而找不到这一起点，作为"一个艺术的整体"的资本理论就不能"辩证地叙述出来"。马克思在《1863—1865

---

① 《马克思恩格斯全集》第30卷，人民出版社1995年版，第42页。

② 《马克思恩格斯全集》第31卷，人民出版社1998年版，第293页。

③ 《马克思恩格斯全集》第30卷，人民出版社1995年版，第42页。

④ 《马克思恩格斯全集》第30卷，人民出版社1995年版，第49页。

年经济学手稿》中为我们详细地论证了这一点。从商品开始"叙述的这种顺序，是同资本的历史发展相一致的；对于这种历史发展来说，商品交换，商品贸易是产生条件之一，而这个产生条件本身又是在这样一些不同生产阶段的基础上形成的，所有这些不同生产阶段的共同之处是：在这些生产阶段中资本主义生产还完全不存在，或者还只是零星地存在"。"另一方面，如果我们考察发达的资本主义生产的社会，那么在这些社会中，商品既表现为资本的经常的元素前提，又表现为资本主义生产过程的直接结果。""只有在资本主义生产的基础上，商品才成为产品的一般形式，而且资本主义生产越发展，一切生产的组成部分也就越作为商品进入生产过程。"① 从马克思的论述中我们可以分析出回答问题的三个理由。首先，商品生产和交换是资本主义生产的社会历史性前提，它产生和存在于资本主义社会以前的生产阶段中。其次，商品是资本的元素形式，既是资本主义生产的前提，又是资本主义生产的结果。最后，资本主义生产越发展，产品变为商品的趋势就越强劲、越普通和越主导一切。在马克思对问题的回答中，历史和逻辑两个层面的内容都顾及了，这不是逻辑和历史有机统一的方法又是什么呢？

第五，在叙述资本主义生产方式时，如何做到从抽象上升到具体？或者说，如何做到逻辑与历史的有机统一？上面说到，马克思用逻辑与历史有机统一的小三段论形式找到资本主义生产的历史和逻辑起点，即资本。在《资本论》第一卷中，我们见到再现这一逻辑的是第一篇和第二篇，即"商品和货币"与"货币转化为资本"。一旦从商品这一范畴上升到作为具体的资本范畴，大三段论就开始了自己的逻辑行程。在《政治经济学批判大纲》中，我们见到的是从《资本的生产过程》到《资本的流通过程》再到《资本作为结果实的东西》，而在《资本论》中，我们见到的是鸿篇巨著，第一卷为《资本的生产过程》，第二卷为《资本的流通过程》，第三卷为《资本主义生产的总过程》。结合马克思政治经济学文献地提出如下四个问题并加以思考，我们的理解思路就会明确起来。小三段论和大三段论是马克思政治经济学的叙述逻辑吗？小三段论和大三段论是资

---

① 《马克思恩格斯文集》第 8 卷，人民出版社 2009 年版，第 423—424、424、431 页。

本主义生产客观的演化历史吗？马克思运用的是逻辑与历史有机统一的方法吗？马克思做到逻辑与历史有机统一了吗？对问题作出否定性回答需要胆量，因为否定性回答的结果是与马克思的叙述实践相冲突。对问题作出肯定性回答？这是必需的，因为只有这样才与马克思的叙述实践相一致，才是实事求是的态度。

第六，再一次回到恩格斯对马克思叙述方法的概括上来。他对马克思叙述方法的概括符合马克思叙述实践的客观实际吗？当然符合。既然客观事实是如此，那么，卡弗、默斯托以及诸如此类的对恩格斯的责难符合实际吗？不符合实际。恩格斯的实际与马克思的实际相一致；卡弗、默斯托以及诸如此类的观点与恩格斯的实际相冲突，进而与马克思的实际相冲突。

马克思政治经济学文献中客观存在并运用逻辑与历史有机统一方法这一事实的确立是可喜可贺的大事，因为相对于马克思而言如此重要的方法竟然被不少学者加以否认，并以指斥恩格斯概括的形式进行批判。在这里，一句话就可回应种种质疑性观点：事实胜于雄辩。但是，问题接踵而至且亟须我们思考和回答：马克思逻辑与历史有机统一方法中的逻辑和历史指称何谓？

在马克思的政治经济学文献中，对逻辑与历史有机统一方法中的逻辑有过各不相同的称谓，如"现代社会的经济运动规律"，"先验的结构"，"思想总体"，"思想具体"、"比较发展的具体"，"比较发展的整体"，"方程式"，"艺术的整体"，等等。① 由于马克思政治经济学的研究对象是"资本主义生产方式以及和它相适应的生产关系和交换关系"②，所以，这些称谓的具体指称对象是资本主义生产方式的内在本质。本质的理论化是范畴，范畴的展开是判断，判断的有机连接是推理，由此说，资本主义生产方式的本质是资本主义生产方式内在逻辑的浓缩，进而可以说，资本主义生产方式的本质就是资本主义生产方式的逻辑。如此表达或许不准确，但

---

① 参见《马克思恩格斯文集》第 5 卷，人民出版社 2009 年版，第 10、22 页，《马克思恩格斯全集》第 30 卷，人民出版社 1995 年版，第 42、43、453 页，《马克思恩格斯文集》第 10 卷，人民出版社 2009 年版，第 231 页。

② 《马克思恩格斯文集》第 5 卷，人民出版社 2009 年版，第 8 页。

它并没有脱离马克思的理解思路。马克思的过人之处是并不停留和满足于资本主义生产方式的一般性逻辑，而是把它具体化，具体化的结果是资本主义生产方式的诸多具体性逻辑，这些具体性逻辑的有机统一，构成和表征出资本主义生产方式的一般性逻辑。

（1）资本主义生产方式的经济逻辑。资本主义生产方式存在于资本主义社会形态中并是这一社会形态的客观基础。它的唯一目的是追逐剩余价值，即资本家的发财致富。这一目的被掩藏于独立、自由和平等的意识形态旗帜之后，资本家对劳动者的剥削显示出有别于奴隶制社会和封建社会的特点。但是，资本主义生产方式的经济逻辑仍然具有阶级对抗的性质，因为劳动者的劳动被强制和劳动成果被剥夺，"辩证地转化为"资本家的"天然权力"。[①] 其中的秘密何在？马克思从两个角度作出揭示。"我们已经知道，劳动过程在只是再生产出劳动力价值的等价物并把它加到劳动对象上以后，还越过这一点继续下去。为再生产出这一等价物，6 小时就够了，但是劳动过程不是持续 6 小时，而是比如说持续 12 小时。这样，劳动力发挥作用的结果，不仅再生产劳动力自身的价值，而且生产出一个超额价值。这个剩余价值就是产品价值超过消耗掉的产品形成要素即生产资料和劳动力的价值而形成的余额。""我们以上把产品——生产过程的结果——分成几个量。一个量只代表生产资料中包含的劳动，或不变资本部分。另一个量只代表生产过程中加进的必要劳动，或可变资本部分。最后一个量的产品只代表同一过程中加进的剩余劳动，或剩余价值。这种划分很简单，但又很重要，这一点在以后把它应用到复杂的尚未解决的问题上时就可以看出。"[②] 一个角度是分析劳动者的劳动时间构成，即必要劳动时间和剩余劳动时间，另一个角度是分析产品的价值构成，即成本的价值和超过成本的价值。两个角度的分析指向一个目标，被资本家孜孜以逐的剩余价值露出水面。这种资本主义生产方式的经济逻辑是客观存在的事实，正是这一事实使资本主义方式的剥削本质显露出来。

（2）资本主义生产方式的组织逻辑。典型的资本主义生产方式中的

---

① 参见《马克思恩格斯文集》第 5 卷，人民出版社 2009 年版，第 673 页。

② 《马克思恩格斯文集》第 5 卷，人民出版社 2009 年版，第 242、257 页。

组织形式是以机器体系为生产手段的现代大工厂。这种组织形式具有复杂的组织逻辑，马克思在各不相同的政治经济学文献中对这一逻辑进行了详尽揭示，我们以《政治经济学批判大纲》和《资本论》第一卷为例证展示马克思的揭示。第一，资本主义生产方式组织逻辑的社会历史起源。"用资本来进行的生产总是在这样的发展阶段开始的，这时，一定量社会财富在客观上已经积聚在一个人手里，因而表现为资本，它一开始就表现为同许多工人交换，后来表现为靠许多工人。靠许多工人的结合来生产，它能够推动一定量的活劳动能力同时劳动。"① 第二，资本主义生产方式组织逻辑的资本性质。"工人的联合，像它在工厂里所表现的那样，也不是由工人而是由资本造成的。他们的联合不是他们的存在，而是资本的存在。对单个工人来说，这种联合是偶然的。工人把自己同其他工人的联合，同其他工人的协作，当作异己的东西，当作资本发生作用的方式。"② 第三，资本主义生产方式组织逻辑的表现样态。在工厂生产的过程，"产品从个体生产者的直接产品转化为社会产品，转化为总体工人即结合劳动人员的共同产品。总体工人的各个成员较直接地或者较间接地作用于劳动对象"③。第四，资本主义生产方式组织逻辑中劳动者的异化性质。"在资本的生产过程……劳动是一个总体，是各种劳动的结合体，其中的各个组成部分彼此毫不相干，所以，总劳动作为总体不是单个工人的事情，而且，即使说它是不同工人的共同的事情，也只是从这样的意义上来说的：工人们是被结合在一起的，而不是他们彼此相互结合。这种劳动就其结合体来说，服务于他人的意志和他人的智力，并受这种意志和智力的支配——它的精神的统一处于自身之外；同样，这种劳动就其物质的统一来说，则从属于机器的，固定资本的物的统一。这种固定资本像一个有灵性的怪物把科学思想客体化了，它实际上是实行联合者，它决不是作为工具同单个工人发生关系，相反，工人却作为有灵性的单个点，作为活的孤立的附属品附属于它。"④ 如果说前三种性质是资本主义生产方式组织逻辑的中性描述，那

---

① 《马克思恩格斯全集》第 30 卷，人民出版社 1995 年版，第 592 页。
② 《马克思恩格斯全集》第 30 卷，人民出版社 1995 年版，第 587 页。
③ 《马克思恩格斯文集》第 5 卷，人民出版社 2009 年版，第 582 页。
④ 《马克思恩格斯全集》第 30 卷，人民出版社 1995 年版，第 463—464 页。

么，第四种性质则是对资本主义生产方式组织逻辑的揭露和批判。单个工人一旦进入工厂，他或她便会推动作为"完整的人"的自我成为资本主义生产方式组织逻辑的"附属品"，①任由它指挥和摆布。

（3）资本主义生产方式的技术逻辑。从生产方式的历史角度看问题，资本主义生产方式的技术逻辑具有自己的特点。这种特点的直接表现是"用机器制造机器"②。而机器的智力基础是科学技术及其应用。马克思倾注大量时间和精力研究资本主义生产方式的技术逻辑，获得了极为丰硕的理论成果，撮其要者是如下几点。第一，在资本主义生产方式的技术逻辑中，用科学技术解决生产中的问题是决定性原则。"机器生产的原则是把生产过程分解为各个组成阶段，并且应用力学、化学等等，总之应用自然科学来解决由此产生的问题。这个原则到处都起着决定性的作用。"③第二，资本主义生产方式技术逻辑具有革命性。"现代工业从来不把某一生产过程的现存形式看成和当做最后的形式。因此，现代工业的技术基础是革命的，而所有以往的生产方式的技术基础本质上是保守的。现代工业通过机器、化学过程和其他方法，使工人的职能和劳动过程的社会结合不断地随着生产的技术基础发生变革。"④第三，资本主义生产方式技术逻辑的目的之一是对付工人的反抗。"可以写出整整一部历史，说明 1830 年以来的许多发明，都只是作为资本对付工人暴动的武器而出现的。"⑤第四，资本主义生产方式的技术逻辑具有"杀人的一面"。"由于采用机器生产才系统地实现的生产资料的节约，一开始就同时是对劳动力的最无情的浪费和对劳动发挥作用的正常条件的剥夺，而现在，在一个工业部门中，社会劳动生产力和结合的劳动过程的技术基础越不发达，这种节约就越暴露出它的对抗性的和杀人的一面。"⑥由马克思对资本主义生产方式技术逻辑不同性质的揭示可以看出，这一技术逻辑是资本家剥削劳动者必不可少且是有

---

① 参见《马克思恩格斯文集》第 1 卷，人民出版社 2009 年版，第 189 页。
② 《马克思恩格斯文集》第 5 卷，人民出版社 2009 年版，第 442 页。
③ 《马克思恩格斯文集》第 5 卷，人民出版社 2009 年版，第 531 页。
④ 《马克思恩格斯文集》第 5 卷，人民出版社 2009 年版，第 560 页。
⑤ 《马克思恩格斯文集》第 5 卷，人民出版社 2009 年版，第 501 页。
⑥ 《马克思恩格斯文集》第 5 卷，人民出版社 2009 年版，第 532 页。

力的工具，但也有进步性的一面，推动人类社会历史中的技术不断发展，为未来的共产主义社会准备物质前提，此为该逻辑的"文明作用"。①

（4）资本主义生产方式的法权逻辑。资本主义生产方式的法权逻辑具有隐蔽性，因而极具欺骗性。资产阶级主流经济学一再声称，经济学是像自然科学一样的"硬"科学，可被称为"社会物理学"或"社会数学"。但是，它的逻辑前提之一是人为规定的"私有财产神圣不可侵犯"。把话说到如此绝对的地步，私有财产的来源问题及由此产生的私有财产合理性问题便没有讨论余地了。实际情况是，私有财产既是人为活动的结果，也是人为规定的结果。"活动"之说指称的是，劳动者的创造性劳动才生产出满足人之需要的社会物质财富；"规定"之说意在表明，资产阶级性质的政府以法律形式宣布，资本家占有劳动者的劳动成果，天经地义，合法合理。基于此，马克思指出，资本主义生产方式运行过程中的私有财产形式之一即"利润和地租只是工资的扣除，是在历史过程中被资本和土地所有权任意榨取的东西，因而是法律上的合理存在，而不是经济上的合理存在"②。马克思的指控切中资本主义生产方式法权逻辑的要害，私有财产的法律合理性，以经济上的不合理"榨取"为基础，为前提。问题在于，这种经济不合理性是如何用法律形式掩盖起来的？针对这一问题，马克思在《政治经济学批判大纲》和《资本论》中都有切中要害的分析与回答。前者的分析和回答具有原生态特点，我们以此为例证展示马克思对资本主义生产方式法权逻辑的揭露和批判。"对过去的或客体化了的他人劳动的所有权，表现为进一步占有现在的或活的他人劳动的唯一条件。由于剩余资本Ⅰ是通过对象化劳动和活劳动能力之间的简单交换创造出来的，而这种简单交换是完全根据等价物按其本身包含的劳动量或劳动时间进行交换的规律进行的，并且，由于从法律上来看这种交换的前提无非是每一个人对自己产品的所有权和自由支配权，——从而，剩余资本Ⅱ同剩余资本Ⅰ的关系是这前一种关系的结果——，我们看到，通过一种奇异的结果，所有权在资本方面就辩证地转化为对他人的产品所拥有的权利，或者说转化为

---

① 参见《马克思恩格斯文集》第8卷，人民出版社2009年版，第90—91页。

② 《马克思恩格斯全集》第30卷，人民出版社1995年版，第292页。

对他人劳动的所有权，转化为不支付等价物便占有他人劳动的权利，而在劳动能力方面则辩证地转化为必须把它本身的劳动或它本身的产品看作他人财产的义务。所有权在一方面转化为占有他人劳动的权利，在另一方面则转化为必须把自身的劳动的产品和自身的劳动看作属于他人的价值的义务。"① 对马克思的话细加品味，我们不得不拍案叫绝。马克思以区分剩余资本 I 和剩余资本 II 的形式告诉我们，资本主义生产方式的法权逻辑多么具有欺骗性！剩余资本 I 是资本所有者与劳动能力所有者以虚假的平等交换形式获得的结果，实际是劳动者自己创造的结果。等价交换原则在这一过程中发挥了掩藏作用，但由于剩余资本 II 以剩余资本 I 为前提，所以，资本所有者用于同劳动者交换的等价物是劳动者劳动的结果的真相显露出来。经济不合理性确证了资产阶级法权的不合理性，而这种不合理性却以"自由、独立和平等"为意识形态旗帜，多么具有讽刺意味。

（5）资本主义生产方式的人学逻辑。资本主义生产方式经济逻辑、组织逻辑、技术逻辑和法权逻辑的特点使然，资本主义生产方式的人学逻辑也富有特点。被剥夺生产资料的劳动者不得不被束缚于资本主义生产方式的经济逻辑中。在这一逻辑中，劳动者与劳动资料的关系发生历史性变化，劳动资料成为有灵性的东西与劳动者对抗，资本主义生产方式的法权逻辑以暴力和其他手段保护甚至鼓励这种对抗。与此相伴而行的是作为人的劳动者的境遇。在《政治经济学批判（1861—1863 年手稿）》中，马克思把这样的人学逻辑概括为"铁人反对有血有肉的人"②。在《资本论》中，则是以经验事实确证这样的人学逻辑："机器劳动极度地损害了神经系统，同时它又压抑肌肉的多方面运动，夺去身体上和精神上的一切自由活动。甚至减轻劳动也成了折磨人的手段，因为机器不是使工人摆脱劳动，而是使工人的劳动毫无内容。"③ 这样的人学逻辑的发现和揭示得益于主体历史观，正是在这样的主体历史观中，资本主义生产方式人学逻辑的特点显露无遗。"人的依赖关系（起初完全是自然发生的），是最初的社会

① 《马克思恩格斯全集》第 30 卷，人民出版社 1995 年版，第 449—450 页，还见《马克思恩格斯文集》第 5 卷，人民出版社 2009 年版，第 673—675 页。

② 《马克思恩格斯文集》第 8 集，人民出版社 2009 年版，第 354 页。

③ 《马克思恩格斯文集》第 5 卷，人民出版社 2009 年版，第 486—487 页。

形式，在这种形式下，人的生产能力只是在狭小的范围内和孤立的地点上发展着。以物的依赖性为基础的人的独立性，是第二大形式，在这种形式下，才形成普遍的社会物质变换、全面的关系、多方面的需要以及全面的能力的体系。建立在个人全面发展和他们共同的、社会的生产能力成为从属于他们的社会财富这一基础上的自由个性，是第三个阶段。第二个阶段为第三个阶段创造条件。"① 在马克思的论述中，"人的依赖性""物的依赖性"和"自由个性"是关键词。它们是主体历史发展三个阶段的本质特征。"物的依赖性"指称资本主义生产方式中劳动者所处的状态，他或她与自己赖以生存的生产资料发生分离，成为资本家的所有物。劳动者要生存就得依赖资本家的所有物，依赖的前提条件是为资本家创造剩余价值。由此说，作为人的劳动者在资本主义生产方式的人学逻辑中已成为资本的有机组成部分，是物质资本的附属物，他或她以与劳动材料和劳动资料并列的形式出现于资产阶级经济学三位一体的公式中。

（6）资本主义生产方式的历史逻辑。马克思在《政治经济学批判大纲》中说："资产阶级经济学家们把资本看作永恒的和自然的（而不是历史的）生产形式，然后又竭力为资本辩护，把资本生成的条件说成是资本现在实现的条件，也就是说，把资本家还是作为非资本家——因为他还只是正在变为资本家——用来进行占有的要素，说成是资本家已经作为资本家用来进行占有的条件。这些辩护的企图证明他们用心不良，并证明他们没有能力把资本作为资本所采用的占有方式同资本的社会自身所宣扬的所有权的一般规律调合起来。"② 马克思的揭露切中了资产阶级经济学的要害。它对资本的说明与客观存在的社会历史事实严重冲突，因为资本的史前史和自身历史都说明资本具有历史性质。这样的性质表明，它必然要走向自己存在的反面——灭亡。这样的发展趋势让资产阶级经济学家和资本家害怕，避免害怕的方式是把资本打扮为具有自然因而是永恒的性质。马克思以科学的态度对待资本主义生产方式，从历史的角度看问题，它是什么样的就应当说成是什么样的，结果出现在我们面前，这就是资本主义生

---

① 《马克思恩格斯文集》第 8 卷，人民出版社 2009 年版，第 52 页。

② 《马克思恩格斯全集》第 30 卷，人民出版社 1995 年版，第 452 页。

产方式的历史逻辑。这一逻辑在《资本论（1863—1865 年手稿）》中被经典地表述出来："资本关系本身的出现，是以一定的历史阶段和社会生产形式为前提的。在过去的生产方式中，必然发展起那些超出旧生产关系并迫使它们转化为资本关系的交往手段、生产资料和需要。但是，它们只需要发展到使劳动在形式上从属于资本的程度。然而，在这种已经改变了的关系的基础上，会发展起一种发生了特殊变化的生产方式，这种生产方式一方面创造出新的物质生产力，另一方面，它只有在这种新的物质生产力的基础上才能得到发展，从而在实际上给自己创造出新的现实的条件。由此就会出现完全的经济革命，这种革命一方面为资本对劳动的统治创造并完成其现实条件，为之提供相应的形式，另一方面，在这个由革命发展起来的与工人相对立的劳动生产力、生产条件与交往关系中，这个革命又为一个新生产方式，即扬弃资本主义生产方式这个对立形式的新生产方式创造出现实条件，这样，就为一种新形成的社会生活过程，从而为新的社会形态创造出物质基础。"① 这是典型的生产方式三段论，即前资本主义生产方式、资本主义生产方式和后资本主义生产方式。由此，资本主义方式历史逻辑的根本特质被凸显出来。

马克思逻辑与历史有机统一方法中"逻辑"一词指称的内容已如上述。现在需要我们探讨的问题是，该方法中"历史"一词的指称内容是什么？这里的历史是实际发生因而是客观存在的历史。在逻辑与历史有机统一方法的语境中，实际发生且客观存在的历史内容丰富，非三言两语所能交待清楚。马克思把自己政治经济学的研究对象确定为资本主义生产方式，所以，像逻辑是资本主义生产方式的逻辑一样，这里的历史是资本主义生产方式的历史。在马克思的政治经济学文献中，资本主义生产方式的历史包括如下内容。首先是人类生产方式史语境中作为独立存在形态的资本主义生产方式及其历史，人们耳熟能详的历史唯物主义理论中资本主义生产方式的内容可以证明这一点。其次是资本主义生产方式自身产生、存在、发展和趋向解体的历史，即资本主义生产方式一般层面的历史。最后是资本主义生产方式历史的具体化，一是资本主义生产方式内部的产业

---

① 《马克思恩格斯文集》第 8 卷，人民出版社 2009 年版，第 546—547 页。

史，二是资本主义生产方式内部的专题史。

资本主义生产方式一般层面的历史。为了客观准确地追溯和展示资本家榨取相对剩余价值的方式即资本主义生产方式的历史，马克思在《资本论》第一卷专辟一篇即第四篇"相对剩余价值的生产"。考虑到《资本论》第一卷由七篇组成，而第四篇竟占去全书四分之一的篇幅，我们便能感受到马克思对资本主义生产方式的历史是多么重视。更能说明问题的是如下一点。《资本论》第一卷共由二十五章组成，每章平均所占篇幅是33.4页，而论述资本主义生产方式的典型形式及其历史的第十三章"机器和大工业"，竟有157页之多。

马克思经过仔细研究认定，资本主义时代开始于16世纪，此为资本主义生产方式历史的起点。[①] 从16世纪开始到马克思写作《资本论》的19世纪60年代，计有260年左右的时间。在这一时间内，资本主义生产方式经历了两个时期，一是工场手工业时期，马克思认为，"这个时期大约从16世纪中叶到18世纪最后30多年"[②]。此为资本主义生产方式的幼年期。二是机器和大工业时期。这一时期起始于18世纪的60—70年代，一直持续到马克思写作《资本论》的19世纪60年代。此为资本主义生产方式的成年期，即工业革命开始及其以后的时期。马克思对工场手工业的历史精梳细爬，像工场手工业企业的产生方式、工场手工业企业中雇佣劳动者的劳动特点和与工具的关系、工场手工业企业的存在形式和分工特点等情况，被逐一展示出来。与机器大工业时期相比，工场手工业时期显然具有初级或说低级的特点，但它同样具有十足的资本主义性质，马克思为我们逼真地揭示出这一点："工场手工业分工作为社会生产过程的特殊的资本主义形式，——它在当时的基础上只能在资本主义的形式中发展起来，——只是生产相对剩余价值即靠牺牲工人来加强资本……自行增殖的一种特殊方法。工场手工业分工不仅只是为资本家而不是为工人发展社会的劳动生产力，而且靠使各个工人畸形化来发展社会的劳动生产力。它生产了资本统治劳动的新条件。因此，一方面，它表现为社会的经济形成过

---

① 参见《马克思恩格斯文集》第5卷，人民出版社2009年版，第823页。

② 《马克思恩格斯文集》第5卷，人民出版社2009年版，第390页。

程中的历史进步和必要的发展因素，另一方面，它表现为文明的和精巧的剥削手段。"①

既然资本主义生产方式的历史经历了两个时期，那么，两个时期之间的关系便成为真实展示资本主义生产方式历史时必须说明的重要问题。马克思确实这样做了，并出色地做到了这一点。

第一，机器大工业时期的历史起点。马克思的研究结果表明，"生产方式的变革，在工场手工业中以劳动力为起点，在大工业中以劳动资料为起点。因此，首先应该研究，劳动资料如何从工具转化为机器，或者说，机器和手工业工具有什么区别"。"所有发达的机器都由三个本质上不同的部分组成：发动机，传动机构，工具机或工作机……工具机，是18世纪工业革命的起点。"②马克思的论述告诉我们，机器大工业的历史起点是18世纪，标志性证据之一是机器的大量或说普遍使用。机器大工业的到来便产生了它与工场手工业时期的关系问题。

第二，工场手工业与机器大工业两种生产方式的区别何在？马克思的研究结果表明，"劳动资料取得机器这种物质存在方式，要求以自然力来代替人力，以自觉应用自然科学来代替从经验中得出的成规。在工场手工业中，社会劳动过程的组织纯粹是主观的，是局部工人的结合；在机器体系中，大工业具有完全客观的生产有机体，这个有机体作为现成的物质生产条件出现在工人面前。在简单协作中，甚至在因分工而专业化的协作中，社会化的工人排挤单个的工人还多少是偶然的现象。而机器，除了下面要谈的少数例外，则只有通过直接社会化的或共同的劳动才发生作用。因此，劳动过程的协作性质，现在成了由劳动资料本身的性质所决定的技术上的必要了"③。马克思的论述告诉我们，工场手工业和机器大工业两种生产方式的本质区别有三：技术性质、协作性质和组织的有机性质。

第三，两种生产方式之间的内在联系。作为生产方式的机器大工业并非从天而降，而是在工场手工业生产方式中逐渐形成。马克思对这一

---

① 《马克思恩格斯文集》第5卷，人民出版社2009年版，第422页。
② 《马克思恩格斯文集》第5卷，人民出版社2009年版，第427、429页。
③ 《马克思恩格斯文集》第5卷，人民出版社2009年版，第443页。

点的说明如下："在工场手工业中，我们看到了大工业的直接的技术基础。工场手工业生产了机器，而大工业借助于机器，在它首先占领的那些生产领域排除了手工业生产和工场手工业生产。因此，机器生产是在与它不相适应的物质基础上自然兴起的。机器生产发展到一定程度，就必定推翻这个最初是现成地遇到的、后来又在其旧形式中进一步发展了的基础本身，建立起与它自身的生产方式相适应的新基础。"①

资本主义生产方式历史内部两个时期之间关系的说明是有力证据，它表明，马克思对资本主义生产方式历史的了解和感悟已达到专业历史学家的水平。让专业历史学家感到自愧不如的是如下一点。作为生产方式的机器大工业首先是经济和技术现象，它为工厂带来了惊人效率，使资本家更快更多榨取剩余价值的目的更容易实现。但是，它也是社会历史性现象，这种现象的影响广泛、深刻和久远，直接受到冲击者是生存于这种生产方式中的劳动者。马克思观察到了这一点，为我们真实地揭示出这一点。

首先，机器大工业为突破生产的自然约束如白天黑夜的约束提供了方便条件，劳动者的劳动时间被延长到几乎无法忍受的长度。正如马克思所说："资本经历了几个世纪，才使工作日延长到正常的最大极限，然后越过这个极限，延长到十二小时自然日的界限。此后，自18世纪最后三十多年大工业出现以来，就开始了一个像雪崩一样猛烈的、突破一切界限的冲击。习俗和自然、年龄和性别、昼和夜的界限，统统被摧毁了。"②

其次，机器大工业一来，成年工人在手艺和技巧等方面的优势变成了劣势，机器反而成为名副其实的"主人"，劳动者只能听命于它，而不是像工场手工业时期那样，劳动工具被劳动者使用和支配。马克思对这一点的揭示如下："生产过程的智力同体力劳动相分离，智力转化为资本支配劳动的权力，是在以机器为基础的大工业中完成的。变得空虚了的单个机器工人的局部技巧，在科学面前，在巨大的自然力面前，在社会的群众性劳动面前，作为微不足道的附属品而消失了；科学、巨大的自然力、社

---

① 《马克思恩格斯文集》第5卷，人民出版社2009年版，第439页。

② 《马克思恩格斯文集》第5卷，人民出版社2009年版，第320页。

会的群众性劳动都体现在机器体系中，并同机器体系一道构成'主人'的权力。"①

再次，在机器大工业中劳动变得相对容易，这为妇女和儿童进入劳动力市场打开了方便之门，由此引发了出卖妻子儿女的"契约"革命。马克思对这一点的揭示是："机器还从根本上使资本关系的形式上的中介，即工人和资本家之间的契约发生了革命……现在，资本购买未成年人或半成年人。从前工人出卖他作为形式上自由的人所拥有的自身的劳动力。现在他出卖妻子儿女。他成了奴隶贩卖者。"②

最后，机器大工业在带来惊人效率的同时也造成了大量人口过剩，让失去工作的劳动者自生自灭。用马克思的话说："劳动资料一作为机器出现，就立刻成了工人本身的竞争者……工人就像停止流通的纸币一样卖不出去。工人阶级的一部分就这样被机器转化为过剩的人口，也就是不再为资本的自行增殖所直接需要的人口，这些人一部分在旧的手工业和工场手工业生产反对机器生产的力量悬殊的斗争中毁灭，另一部分则涌向所有比较容易进去的工业部门，充斥劳动市场，从而使劳动力的价格降低到它的价值以下。"③

四个方面的内容只能被作为例证看待，机器大工业所造成的有害性后果绝非仅是例证中涉及的内容。但是，种种例证告诉我们，马克思对资本主义生产方式的历史已了解到多么深刻和细致的程度，同时也能告诉我们，逻辑与历史有机统一方法中的逻辑具有多么深厚的历史基础为根据。

在马克思的语境中，逻辑与历史有机统一方法中的历史除上已述及的内容外还包括更具体层面的内容，即专题性质的历史。这种层面的历史内容非常丰富，几乎可以说丰富到了百科全书的程度。限于篇幅的约束，把如此丰富的内容逐一展示是不可能的，退而求其次的办法是以例证形式说明问题。

例证一，产业史。在英国，纺织业是工业革命即机器大工业的"长

---

① 《马克思恩格斯文集》第5卷，人民出版社2009年版，第487页。
② 《马克思恩格斯文集》第5卷，人民出版社2009年版，第455页。
③ 《马克思恩格斯文集》第5卷，人民出版社2009年版，第495—496页。

子"。由于机器大生产带来了惊人的效率，它受经济波动的影响更明显、更广泛和更剧烈。经济繁荣时，大量妇女儿童进入这一行业工作，马克思曾说此时的男性工人"出卖妻子儿女"，"成了奴隶贩卖者"。经济衰退时又是另一番景象，别说妇女儿童，就是成年工人也大量失业，所以马克思说："劳动资料扼杀工人。"① 马克思如此认知的根据何在？根据就在英国纺织业的历史中。"不列颠棉纺织工业在最初的45年中，即从1770年到1815年，只有5年是危机和停滞状态，但这45年是它垄断世界的时期。在第二个时期，即从1815年到1863年的48年间，只有20年是复苏和繁荣时期，却有28年是不振和停滞时期。从1815年到1830年，开始同欧洲大陆和美国竞争。从1833年起，靠'毁灭人种'的办法强行扩大亚洲市场。谷物法废除之后，从1846年到1863年，有八年是中常活跃和繁荣时期，却有九年是不振和停滞时期。"② 马克思的话语不多，但英国从1770年到1863年总计93年的棉纺织业历史，其经济态势表现的具体年份、竞争区位和状况等信息都被交待清楚了。马克思以这样的产业历史事实为根据作出判断，其内在逻辑具有说服力是情理之中的事情。或许会有人以为，马克思仅了解英国纺织业的历史，实际情况与此相反。我们以造纸业为例证说明这一点。"在纸张的生产上，我们可以详细而有益地研究以不同生产资料为基础的不同生产方式之间的区别，以及社会生产关系同这些生产方式之间的联系，因为德国旧造纸业为我们提供了这一部门的手工业生产的典型，17世纪荷兰和18世纪法国提供了真正工场手工业的典型，而现代英国提供了自动生产的典型。"③ 造纸业生产方式的历史演变标志出时间中的社会历史性内容。充满社会历史性内容的时间与空间有机统一，使造纸业的产业史跃然纸上。

例证二，立法史。劳动是任何社会赖以存在和发展的客观基础。但是，劳动绝非仅是经济性活动，它还带有历史、社会、技术、组织、政治和法律等性质。在阶级社会，任何劳动都是法律规范下的劳动。法律由统

① 《马克思恩格斯文集》第5卷，人民出版社2009年版，第497页。
② 《马克思恩格斯文集》第5卷，人民出版社2009年版，第527—528页。
③ 《马克思恩格斯文集》第5卷，人民出版社2009年版，第438页。

治阶级制定，为统治阶级服务。从这一角度看问题，针对劳动立法的历史同时就是劳动者劳动状况、进而生存状况的历史。为了真实反映和说明英国劳动者劳动状况和生存状况的历史，马克思在《资本论》第一卷中系统梳理英国劳动立法（包括工厂立法）的历史，借以说明英国劳动者劳动的历史及其现状。这样的立法起自 1349 年，一直到马克思写作《资本论》的 19 世纪 60 年代。这样的历史可以划分为两个阶段，一是 14 世纪中叶到 19 世纪上半叶，二是 1833 年工厂法出现到马克思写作《资本论》的时期。在前一时期，劳动立法的宗旨是延长劳动时间，增加劳动强度。这样的立法宗旨与统治阶级和资本家的客观需要密切相关。用马克思的话说："资本在它的萌芽时期，由于刚刚出世，不能单纯依靠经济关系的力量，还要依靠国家政权的帮助才能确保自己吮吸足够数量的剩余劳动的权利。"[①] 在后一时期，资本家的力量强大起来，加上技术手段（如机器体系）的帮助，使得劳动者的劳动时间延长到突破生理、年龄和道德等界限的地步。这时，个体资本家的贪欲与统治阶级的整体利益发生了冲突，以至于国家的整体利益受到了威胁。这一威胁的直接表现是女工和童工的过度劳动使整个民族中个人身体素质的下降，以至于因身高达不到要求而使征兵的任务无法完成。要知道，在强权即公理的时代，兵源出现问题会直接影响到民族国家的安危。统治阶级同样用立法形式解决问题，立法的宗旨不是延长劳动时间，而是缩短劳动时间。马克思对这种根本性变化作出的解释是，"英国的工厂法是通过国家，而且是通过资本家和地主统治的国家所实行的对工作日的强制的限制，来节制资本无限度地榨取劳动力的渴望。即使撇开一天比一天更带威胁性的高涨着的工人运动不说，也有必要对工厂劳动强制地进行限制，正像有必要用海鸟粪对英国田地施肥一样。同是盲目的掠夺欲，在后一种情况下使地力枯竭，而在前一种情况下使国家的生命力遭到根本的摧残"[②]。马克思对英国劳动立法史的研究成果是英国劳动立法史客观事实的反映。这样的成果是逻辑与历史有机统一方法中历史的有机组成部分，使这里的历史具有了更充实和丰满的内容。

---

① 《马克思恩格斯文集》第 5 卷，人民出版社 2009 年版，第 312 页。
② 《马克思恩格斯文集》第 5 卷，人民出版社 2009 的版，第 276—277 页。

例证三，雇佣劳动形成史。像商品、资本和剩余价值等概念一样，雇佣劳动同样是马克思政治经济学的核心概念。不仅如此，马克思在讲到《政治经济学批判大纲》的分篇设想时说："雇佣劳动就是这一堆讨厌的东西的基础。"① "一堆讨厌的东西"指称的内容是资本和土地所有权等。这说明，马克思认为雇佣劳动概念是自己政治经济学理论体系核心概念中的核心概念。既如此，详细说明雇佣劳动概念便具有特殊的重要性。这样的重要性表明，揭示雇佣劳动的形成过程便成为第一项或说头等重要的任务。马克思确实这样做了。在《政治经济学批判大纲》中，马克思解决了分析雇佣劳动形成历史的逻辑起点问题。他认为，雇佣劳动既非从天而降，也非一日促就，而是有一个长期且是极为残酷的形成过程。这一过程的历史起点基于四个社会历史性前提。第一，"劳动者把土地当作生产的自然条件的那种关系的解体"。第二，"劳动者是工具所有者的那种关系的解体"。第三，劳动者失去任何生活资料。第四，劳动者摆脱了人身依附关系，成为所谓的"自由人"。② 在当时的英国，四种关系的解体意味着劳动者"殉难史"的开始。③

这个重要的历史时刻起步于何时？在《资本论》第一卷中，马克思用经验性质的历史事实再现了这一点。"雇佣工人阶级是在14世纪下半叶产生的"，"由于封建家臣的解散和土地断断续续遭到暴力剥夺而被驱逐的人，这个不受法律保护的无产阶级，不可能像它诞生那样快地被新兴的工场手工业所吸收。另一方面，这些突然被抛出惯常生活轨道的人，也不可能一下子就适应新状态的纪律。他们大批地转化为乞丐、盗贼、流浪者，其中一部分人是由于习性，但大多数是为环境所迫。因此，15世纪末和整个16世纪，整个西欧都颁布了惩治流浪者的血腥法律。现在的工人阶级的祖先，当初曾因被迫转化为流浪者和需要救济的贫民而受到惩罚。法律把他们看做'自愿的'罪犯，其依据是：只要他们愿意，是可以继续在已经不存在的旧的条件下劳动的"。④ 在统治阶级看来，能劳动却不劳动

---

① 《马克思恩格斯文集》第10卷，人民出版社2009年版，第158页。

② 《马克思恩格斯全集》第30卷，人民出版社1995年版，第490—491页。

③ 参见《马克思恩格斯文集》第5卷，人民出版社2009年版，第579页。

④ 《马克思恩格斯文集》第5卷，人民出版社2009年版，第847、843页。

而甘于乞讨的流浪者，是对政治统治的威胁，因此，必须用法律的形式让他们服从于和适应于劳动的纪律。"这样，被暴力剥夺了土地、被驱逐出来而变成了流浪者的农村居民，由于这些古怪的恐怖的法律，通过鞭打、烙印、酷刑，被迫习惯于雇佣劳动制度所必需的纪律。"①

马克思的叙述是否言过其实？事实胜于雄辩。"爱德华六世在即位的第一年（1547 年）颁布的法令规定，拒绝劳动的人，如被告发为游惰者，就要判为告发者的奴隶。主人应当用面包和水，用稀汤和他认为适当的肉屑给自己的奴隶吃。他有权用鞭打和镣铐强迫奴隶从事一切令人厌恶的劳动。如果奴隶逃亡达 14 天，就要判为终身奴隶，并在额头或脸颊打上 S 字样的烙印；如果第三次逃亡，就要当做叛国犯处死。主人可以把他出卖，遗赠，作为奴隶出租，完全像对待其他动产和牲畜一样。如果奴隶图谋反抗主人，也要被处死……这个法令的最后一部分规定，贫民必须在愿意给他们饮食和劳动的地区或个人那里干活。在英国，这种教区的奴隶，在游荡者的名义下一直保留到 19 世纪。"② 一系列的引证表明，马克思对以英国为典型的雇佣劳动形成史有非常透彻的了解。这样的历史进入马克思的视野，成为逻辑与历史有机统一方法中历史的有机组成部分，这使得马克思在展开资本和雇佣劳动、具体说是资本主义生产方式的逻辑时，能以强劲有力的历史事实为客观基础，并把这种客观基础提升到理论逻辑的高度。

相对于马克思语境中具体层面的历史而言，三个例证不算多，但它们能够证明，逻辑与历史有机统一方法中的历史的具体性含义到底何谓。

马克思语境中逻辑与历史有机统一方法的主要内容已揭示如上。出于准确理解的必要，还有两个问题需要单独说明。一是这一方法的思想来源问题，二是如何理解马克思貌似反对这一方法的论述的问题。

首先，逻辑与历史有机统一方法的思想来源问题。逻辑与历史有机统一的方法并非马克思独创，也非黑格尔率先提出，而是有更早的思想起源。有学者认为黑格尔率先提出这一方法，③ 该观点与客观的历史事实不一

---

① 《马克思恩格斯文集》第 5 卷，人民出版社 2009 年版，第 846 页。

② 《马克思恩格斯文集》第 5 卷，人民出版社 2009 年版，第 843—844 页。

③ 参见俞吾金：《问题域的转换》，人民出版社 2007 年版，第 282 页。

致。黑格尔也认为该方法是自己率先提出来的，^① 这同样不符合历史实际。

最早提出并运用逻辑与历史有机统一方法的是意大利学者维柯（1668—1774 年）。他在代表作《新科学》中说，"观念（思想）的次第必然要跟随各种事物的次第"。他还说，"凡是学说（或教义）都必须从它所处理的题材开始时开始"。在讲到对这一方法的探寻过程时他则说，"我碰上一些令人绝望的困难，花了足足二十年光阴去钻研"，才找到这个"科学的皇后"。^② 基于维柯的论述我们可以得出两个结论。第一，在学术思想史上，是维柯而非黑格尔率先提出并运用逻辑与历史有机统一的方法。第二，与黑格尔相反，维柯对逻辑与历史有机统一方法的理解具有明显的历史唯物主义性质。实际情况是，他是近代以来的西方人中第一个提出较为系统的历史唯物主义观点的人。^③ 马克思知道维柯，在《资本论》第一卷中就用维柯的观点为自己的工艺学历史唯物主义理论作论证。^④ 诸多情况表明，维柯逻辑与历史有机统一的方法是马克思相关思想的直接理论来源。

黑格尔在各不相同的著作的不少地方直接或间接地论述历史与逻辑有机统一的方法。黑格尔在《小逻辑》中说："哲学史总有责任去确切指出哲学内容的历史开展与纯逻辑理念的辩证开展一方面如何一致，另一方面又如何有出入。但这里须首先提出的，就是逻辑开始之处实即真正的哲学史开始之处。"^⑤ 黑格尔在《哲学史讲演录》中说："我认为：历史上的那些哲学系统的次序，与理念里的那些概念规定的逻辑推演的次序是相同的。我认为：如果我们能够对哲学史里面出现的各个系统的基本概念，完全剥掉它们的外在形态和特殊应用，我们就可以得到理念自身发展的各个不同的阶段的逻辑概念了。反之，如果掌握了逻辑的进程，我们亦可从它里面的各主要环节得到历史现象的进程。"^⑥ 黑格尔在《法哲学原理》中

---

① 参见［德］黑格尔：《精神现象学》上卷，贺麟、王玖兴译，商务印书馆 1979 年版，第 49 页。

② ［意］维柯：《新科学》上册，朱光潜译，商务印书馆 1989 年版，第 126、148、159、163 页。

③ 参见宫敬才：《维柯与历史唯物主义》，《河北学刊》2009 年第 1 期。

④ 参见《马克思恩格斯文集》第 5 卷，人民出版社 2009 年版，第 429 页。

⑤ ［德］黑格尔：《小逻辑》，贺麟译，商务印书馆 1980 年版，第 191 页。

⑥ ［德］黑格尔：《哲学史讲演录》第 1 卷，贺麟、王太庆等译，商务印书馆 1959 年版，第 34 页。

说，辩证法"给自己以现实，并把自己创造为实存世界"。① 三处论述出自黑格尔的三部著作，基本反映了他对历史与逻辑有机统一方法的理解。基于他的理解，我们作出如下结论。第一，在黑格尔文献中存在并运用历史与逻辑有机统一的方法是客观存在的事实。第二，黑格尔提出和运用这一方法时针对的对象是哲学与哲学史的关系。在这里，哲学的历史是对象，具有客观性，这与马克思逻辑与历史有机统一方法中的历史没有本质性区别。第三，黑格尔的方法具有十足的唯心主义性质。

马克思在提出和运用逻辑与历史有机统一方法时是否受到了黑格尔的影响？对问题作出肯定性回答才符合实际。马克思是研究黑格尔哲学的顶级专家，在自己的著作和书信中每每提到黑格尔，由此可见马克思受黑格尔哲学的影响之深。甚至，作为逻辑与历史有机统一方法原生态提法的"从抽象上升到具体"②，直接来自黑格尔的《小逻辑》，即"逻辑理念的展开是由抽象进展到具体"③。但是，在我们关注马克思受黑格尔影响之深的同时，也不要忘记同样重要的另一种事实，那就是马克思对黑格尔方法唯心主义性质的批判："我的阐述方法不是黑格尔的阐述方法，因为我是唯物主义者，而黑格尔是唯心主义者。黑格尔的辩证法是一切辩证法的基本形式，但是，只有在剥去它的神秘的形式之后才是这样，而这恰好就是我的方法的特点。"④

维柯和黑格尔这两个例证表明，马克思逻辑与历史有机统一方法具有直接的理论来源。它们之间的区别明显可见，一是适用的对象不同，二是马克思把这一方法加工提炼到博大精深的程度。由此说，马克思是逻辑与历史有机统一方法的集大成者。

其次，对马克思貌似反对逻辑与历史有机统一方法论述的理解问题。在《〈政治经济学批判〉导言》的"政治经济学的方法"一节中，马克思有如下一段论述："把经济范畴按它们在历史上起决定作用的先后次序来排列是不行的，错误的。它们的次序倒是由它们在现代资产阶级社会中的

---

① ［德］黑格尔：《法哲学原理》，范扬、张企泰译，商务印书馆1961年版，第39页。

② 《马克思恩格斯全集》第30卷，人民出版社1995年版，第42页。

③ ［德］黑格尔《小逻辑》，贺麟译，商务印书馆1980年版，第190页。

④ 《马克思恩格斯文集》第10卷，人民出版社2009年版，第280页。

相互关系决定的，这种关系同表现出来的它们的自然次序或者符合历史发展的次序恰好相反。问题不在于各种经济关系在不同社会形式的相继更替的序列中在历史上占有什么地位。更不在于它们在'观念上'（蒲鲁东）（在关于历史运动的一个模糊的表象中）的顺序。而在于它们在现代资产阶级社会内部的结构。"[①]

如何理解马克思的这段论述？论述中的基本内容和逻辑与历史有机统一的方法是什么关系？对这两个问题的不同回答，决定了承认还是否认马克思具有并运用逻辑与历史有机统一的方法，同时也决定了对恩格斯有关马克思逻辑与历史有机统一方法的概括持肯定态度还是持否定态度。相对于马克思逻辑与历史有机统一的方法而言，如何理解这段论述是性命攸关的大事情。

明显可见的事实是，凡是对逻辑与历史有机统一方法持否定态度的学者，都把马克思的这段论述作为立论和文献根据。[②] 这样的事实带来了具有挑战性且必须回答的问题：否认马克思具有并运用逻辑与历史有机统一方法的论者，对马克思这段论述的理解正确吗？

可以毫不迟疑地对问题作出回答，不正确。

第一，马克思是在叙述方法的意义上作出上述论述的，不严格区分叙述方法和研究方法地理解马克思的论述，产生误解是必然结果。在这一点上日本学者见田石介和我国学者俞吾金可为例证。[③]

第二，在马克思的原生态语境中，谈论的不是叙述一般意义的经济结构时经济范畴顺序的安排问题，而是叙述资产阶级经济结构时经济范畴的顺序安排问题。

---

① 《马克思恩格斯全集》第 30 卷，人民出版社 1995 年版，第 49 页。

② 参见［日］见田石介：《资本论的方法研究》，张小金等译，中国书籍出版社 2013 年版，第 115 页；［美］特雷尔·卡弗：《马克思与恩格斯：学术思想关系》，姜海波、王贵贤等译，中国人民大学出版社 2008 年版，第 103—104 页；［意］马塞罗·默斯托主编：《马克思的〈大纲〉——〈政治经济学批判大纲〉150 年》，闫月梅等译，闫月梅校，中国人民大学出版社 2011 年版，第 67 页；俞吾金：《问题域的转换》，人民出版社 2007 年版，第 288 页。

③ 参见［日］见田石介：《资本论的方法研究》，张小金等译，中国书籍出版社 2013 年版，第 116 页；俞吾金：《问题域的转换》，人民出版社 2007 年版，第 289 页。

第三，要叙述资产阶级的经济结构，大三段论叙述的逻辑起点是资本而不是土地所有权或地租，马克思给出的理由是，"不懂资本便不能懂地租。不懂地租却完全可以懂资本。资本是资产阶级社会的支配一切的经济权力。它必须成为起点又成为终点"①。

第四，经济范畴的顺序安排以"它们在现代资产阶级社会中的相互关系"为标准，是逻辑与历史有机统一方法的唯物主义性质的内在要求。马克思很重视这一点。为了保证逻辑与历史有机统一方法运用的唯物主义性质，他首先指出："有必要对唯心主义的叙述方式作一纠正，这种叙述方式造成一种假象，似乎探讨的只是一些概念规定和这些概念的辩证法。"② 真正应该做到的是如下一点，"在研究经济范畴的发展时，正如在研究任何历史科学、社会科学时一样，应当时刻把握住：无论在现实中或在头脑中，主体——这里是现代资产阶级社会——都是既定的；因而范畴表现这个一定社会即这个主体的存在形式、存在规定、常常只是个别的侧面；因此，这个一定社会在科学上也决不是在把它当作这样一个社会来谈论的时候才开始存在的。这必须把握住，因为这对于分篇直接具有决定的意义"③。

四、结　论

马克思政治经济学理论中是否存在哲学性内容？如上的引证、分析和概括已能说明问题，肯定性回答才符合实际。或许，更需要我们关注的是另一种性质的问题。与已有的马克思主义哲学和马克思主义政治经济学研究文献相比较，行文中出现了一系列新提法、新观点和新内容。新提法的例证有看待马克思经济哲学存在形式的四个角度，元经济哲学，马克思政治经济学方法论体系的总称是解剖典型，作为方法的理解，独具特色的

---

① 《马克思恩格斯全集》第 30 卷，人民出版社 1995 年版，第 49 页。
② 《马克思恩格斯全集》第 30 卷，人民出版社 1995 年版，第 101 页。
③ 《马克思恩格斯全集》第 30 卷，人民出版社 1995 年版，第 47—48 页。

经验主义哲学方法，让当事人出场说话的方法，等等。新观点的例证有马克思主义形成基于三个根本性转向的观点，即除已成定论的观点、认为的政治立场和哲学世界观两个根本性转向外，还包括哲学方法论的根本性转向，马克思经济哲学是马克思政治经济学内生变量的观点，"完整的人"是马克思政治经济学人文前提的观点，等等。新提法和新观点的展开、论证和确立便是新内容。

一系列的新提法、新观点和新内容不是作者故作标新立异和刻意为之的结果，而是马克思文献特别是政治经济学文献中的客观存在。这种客观存在需要我们去发现、梳理和揭示出来，但真正的源头是马克思文献特别是政治经济学文献。由此说，本章中的新提法、新观点和新内容是流，是对马克思文献特别是政治经济学文献原生态解读的结果。

概而言之，本章内容是尝试性理论实践的结果，主旨如下。第一，证明一种事实的客观存在，马克思政治经济学理论中的哲学是马克思经济哲学的微观存在形式之一，它存在于马克思文献特别是政治经济学文献之中。第二，意在开拓马克思经济哲学研究新的理论空间，为马克思经济哲学研究提供新的学术生长点。第三，倡导和践行马克思经济哲学研究的新路径，用文献事实、历史事实和思想史事实实证的方式研究马克思经济哲学，行得通且成果更具原生态气质。

参考文献

一、经典著作类

1.《马克思恩格斯文集》第 1—10 卷，人民出版社 2009 年版。

2.《马克思恩格斯全集》第 3、13、30、31、32、3、4、13、42 卷，人民出版社 2002、1998、1995、1998、1998、1960、1958、1965、1979 年版。

3. 马克思:《剩余价值理论》第 1、3 册，人民出版社 1975 年版。

4.《马克思恩格斯〈资本论〉书信集》，人民出版社 1976 年版。

5.《列宁选集》第 1 卷，人民出版社 1995 年版。

6. 列宁:《哲学笔记》，人民出版社 1956 年版。

二、经济学著作类

1. [苏] 卢森贝:《〈资本论〉注释》第 1 卷，赵木斋、朱培兴译，生活·读书·新知三联书店 1963 年版。

2. 陈岱孙:《从古典经济学派到马克思——若干主要学说发展论略》，上海人民出版社 1981 年版。

3. 本书编写组:《马克思主义政治经济学概论》，人民出版社、高等教育出版社 2011 年版。

4. [英] 亚当·斯密:《国民财富的性质和原因的研究》上卷，郭大力、王亚南译，商务印书馆 1972 年版。

5. [英] 亚当·斯密:《国民财富的性质和原因的研究》下卷，郭大力、王亚南译，商务印书馆 1974 年版。

6. [法] 萨伊：《政治经济学概论》，陈福生、陈振骅译，商务印书馆 1963 年版。

7. [英] 西尼尔：《政治经济学大纲》，蔡受百译，商务印书馆 1977 年版。

8. [英] 斯坦利·杰文斯：《政治经济学理论》，郭大力译，商务印书馆 1984 年版。

9. [英] 马歇尔：《经济学原理》上卷，朱志泰译，商务印书馆 1964 年版。

10. [英] 马歇尔：《经济学原理》下卷，陈璧译，商务印书馆 1965 年版。

11. [英] 约翰·梅纳德·凯恩斯：《就业、利息和货币通论》，高鸿业译，商务印书馆 1999 年版。

12. [美] 约瑟夫·熊彼特：《经济发展理论》，何畏等译，张培刚等校，商务印书馆 1990 年版。

13. [美] 约瑟夫·熊彼特：《经济分析史》第 2 卷，杨敬年译，朱泱校，商务印书馆 1992 年版。

14. [英] 约瑟夫·熊彼特：《经济分析史》第 3 卷，朱泱等译，商务印书馆 1994 年版。

15. [英] 米尔顿·弗里德曼：《弗里德曼文萃》上册，胡雪峰、武玉宁译，首都经济贸易大学出版社 2001 年版。

16. [英] 弗里德里希·冯·哈耶克：《经济、科学与政治——哈耶克思想精粹》，冯克利译，江苏人民出版社 2000 年版。

17. [美] 曼昆：《经济学原理》上册，梁小民译，生活·读书·新知三联书店、北京大学出版社 1999 年版。

18. [英] 克拉潘：《现代英国经济史》上卷第 2 分册，姚曾廙译，商务印书馆 1964 年版。

19. [法] 保尔·芒图：《十八世界产业革命——英国近代大工业初期的概况》，杨人楩译，商务印书馆 1983 年版。

20. [美] 亨利·威廉·斯皮格尔：《经济思想的成长》，晏智杰等译，中国社会科学出版社 1999 年版。

21. 季陶达主编：《资产阶级庸俗政治经济学选辑》，商务印书馆 1963 年版。

22. [美] 小罗伯特·B.埃克伦德、罗伯特·F.赫伯特：《经济理论和方法史》，杨玉生等译，张凤林校，中国人民大学出版社 2001 年版。

23. [英] 埃德蒙·惠特克：《经济思想流派》，徐宗士译，上海人民出版社 1974

年版。

24. ［英］史蒂文·普雷斯曼：《思想者的足迹——五十位重要的西方经济学家》，陈海燕等译，江苏人民出版社 2001 年版。

25. ［英］G.M.霍奇逊：《现代制度主义经济学宣言》，向以斌等译，北京大学出版社 1993 年版。

26. ［英］布赖恩·斯诺登、霍华德·文：《与经济学大师对话——阐释现代宏观经济学》，王曙光、来有为等译，北京大学出版社 2000 年版。

27. 吴易风主编：《马克思主义经济学与西方主流经济学比较研究》第 1 卷，中国人民大学出版社 2009 年版。

28. 郭大力：《关于马克思的〈资本论〉》，生活·读书·新知三联书店 1978 年版。

29. ［美］迈尔克·佩雷曼：《经济学的终结》，石磊、吴小英译，经济科学出版社 2000 年版。

30. ［英］詹姆斯·富尔彻：《资本主义》，张罗、陆赟译，译林出版社 2013 年版。

31. ［美］托马斯·K.麦格劳：《现代化资本主义——三次工业革命中的成功者》，赵文书、肖锁章译，江苏人民出版社 1999 年版。

32. ［美］荣·切尔诺：《工商巨子——约翰·戴维森·洛克菲勒传》，海南出版社 2000 年版。

33. ［瑞典］理查德·斯威德伯格：《经济学与社会学》，安佳译，商务印书馆 2003 年版。

三、非经济学著作类

1. ［瑞士］雅各布·布克哈特：《意大利文艺复兴时期的文化》，何新译，马香雪校，商务印书馆 1979 年版。

2. ［比利时］亨利·皮雷纳：《中世纪城市》，陈国樑译，商务印书馆 1985 年版。

3. ［法］雷吉娜·佩尔努：《法国资产阶级史》上册，上海译文出版社 1991 年版。

4. ［英］艾瑞克·霍布斯鲍姆：《资本的年代》，张晓华等译，钱进校，江苏人民出版社 1999 年版。

5. ［英］F.A.哈耶克编：《资本主义与历史学家》，秋风译，吉林人民出版社 2003 年版。

6. [美] 乔伊斯·阿普尔比:《无情的革命——资本主义的历史》,宗非译,社会科学文献出版社 2014 年版。

7. [法] 布罗代尔:《15—18 世纪的物质文明、经济和资本主义》第 2 卷,顾良译,施康强校,生活·读书·新知三联书店 1993 年版。

8. [美] 约瑟夫·熊彼特:《资本主义、社会主义与民主》,吴良健译,商务印书馆 1999 年版。

9. [法] 米歇尔·博德:《资本主义史 (1500—1800)》,吴艾美译,东方出版社 1986 年版。

10. [古希腊] 亚里士多德:《形而上学》,吴寿彭译,商务印书馆 1959 年版。

11. [意] 维柯:《新科学》上册,朱光潜译,商务印书馆 1989 年版。

12. [英] 洛克:《政府论》下篇,叶启芳、瞿菊农译,商务印书馆 1964 年版。

13. [英] 亚当·斯密:《道德情操论》,蒋自强译,商务印书馆 1997 年版。

14. [英] 坎南编:《亚当·斯密关于法律、警察、岁入及军备的演讲》,陈万煦译,蔡受百校,商务印书馆 1961 年版。

15. [法] 孔多塞:《人类精神进步史表纲要》,何兆武、何冰译,生活·读书·新知三联书店 1998 年版。

16. [德] 黑格尔:《精神现象学》上、下卷,贺麟、王玖兴译,商务印书馆 1979 年版。

17. [德] 黑格尔:《历史哲学》,王造时译,上海书店出版社 1999 年版。

18. [德] 黑格尔:《小逻辑》,贺麟译,商务印书馆 1980 年版。

19. [德] 黑格尔:《法哲学原理》,范扬、张企泰译,商务印书馆 1961 年版。

20. [德] 黑格尔:《哲学史讲演录》第 1 卷,贺麟、王太庆等译,商务印书馆 1959 年版。

21. [英] 赫伯特·斯宾塞:《社会静力学》,张雄武译,商务印书馆 1996 年版。

22. [英] 边沁:《道德与立法原理导论》,时殷弘译,商务印书馆 2000 年版。

23. 马克斯·韦伯:《新教伦理与资本主义精神》,于晓、陈维刚等译,生活·读书·新知三联书店 1987 年版。

24. [英] A.N. 怀特海:《科学与近代世界》,何钦译,商务印书馆 1959 年版。

25. [英] 约翰·伯瑞:《进步的观念》,范祥涛译,上海三联书店 2005 年版。

26. [英] 弗里德里希·A. 哈耶克:《科学的反革命——理性滥用之研究》,冯克利译，译林出版社 2003 年版。

27. ［英］弗里德里希·冯·哈耶克：《法律、立法与自由》第 2、3 卷，邓正来等译，中国大百科全书出版社 2000 年版。

28. 宫敬才：《经济个人主义的哲学研究》，中国社会科学出版社 2004 年版，人民出版社 2016 年第 2 版。

29. ［英］琼·罗宾逊：《经济哲学》，安佳译，商务印书馆 2011 年版。

30. ［英］戴维·罗特科普夫：《权利组织——大公司与政府间历史悠久的博弈及前景思考》，梁卿译，商务印书馆 2014 年版。

31. ［英］伯林：《反潮流：观念史论文集》，冯克利译，译林出版社 2002 年版。

32. 张雪魁：《古典承认问题的源与流——从康德到马克思》，中国社会科学出版社 2013 年版。

33. ［美］迈克尔·E.泰格、玛德琳·K.利维：《法律与资本主义的兴起》，纪琨译，刘锋校，学林出版社 1996 年版。

34. ［美］丽莎·A.琳赛：《海上囚徒——奴隶贸易四百年》，杨志译，中国人民大学出版社 2014 年版。

35. 肖前主编：《马克思主义哲学原理》，中国人民出版社 1994 年版。

36. 郑锦主编：《马克思主义研究资料》第 7 卷，中央编译出版社 2014 年版。

37. 俞吾金：《问题域的转换》，人民出版社 2007 年版。

38. ［英］戴维·麦克莱伦：《马克思传》，王珍译，中国人民大学出版社 2008 年版。

39. ［意］马塞罗·默斯托主编：《马克思的〈大纲〉——〈政治经济学批判大纲〉150 年》，闫月梅等译，闫月梅校，中国人民大学出版社 2011 年版。

40. ［日］见田石介：《资本论的方法研究》，张小金等译，中国书籍出版社 2013 年版。

41. ［英］埃里克·霍布斯鲍姆：《如何改变世界——马克思和马克思主义的传奇》，吕增奎译，中央编译出版社 2014 年版。

42. ［美］特雷尔·卡弗：《马克思与恩格斯：学术思想关系》，姜海波等译，中国人民大学出版社 2008 年版。

四、学术论文类

1. 朱川：《开展经济哲学的研究》，《财经问题研究》1985 年第 3 期。

2. 俞吾金：《经济哲学的三个概念》，《中国社会科学》1999 年第 2 期。

3. 吴晓明：《马克思经济哲学之要义及其当代意义》，《湖南师范大学社会科学学报》2002 年第 1 期。

4. 宓文湛：《马克思的经济哲学思想及其当代意义》，《学术月刊》2003 年第 5 期。

5. 程恩富：《新"经济人"论：海派经济学的一个基本假设》，《教学与研究》2003 年第 11 期。

6. 程恩富：《新马克思经济学综合学派的两个主要假设》，《上海财经大学学报》2004 年第 5 期。

7. 王善平：《经济哲学：传统哲学和经济学的解毒剂——试论作为经济现象学的经济哲学》，《广东社会科学》2004 年第 6 期。

8. 彭学农：《论马克思〈1844 年经济学哲学手稿〉中的经济哲学思想》，《上海大学学报（社会科学版）》2005 年第 1 期。

9. 程恩富：《现代马克思主义政治经济学的四大理论假设》，《中国社会科学》2007 年第 1 期。

10. 宫敬才：《经济学名称的黑格尔之"舞"及其意味》，《社会科学论坛》2007 年第 6 期。

11. 程恩富：《理论假设的分类与马克思主义经济学的创新》，《云南财经大学学报》2007 年第 6 期。

12. 许兴亚：《马克思主义经济学应如何看待"经济人"假设——与程恩富同志商榷》，《中国社会科学》2008 年第 2 期。

13. 宫敬才：《马克思劳动人道主义视野中的科学技术观》，《北京师范大学学报》2009 年第 1 期。

14. 宫敬才：《环境经济学视域中的"科思定理"及其缺陷》，《中华读书报》2009 年 8 月 5 日。

15. 宫敬才：《维柯与历史唯物主义》，《河北学刊》2009 年第 1 期。

16. 陈文通：《关于马克思经济理论的几个重要问题——兼评〈现代马克思主义政治经济学的四大理论假设〉》，《政治经济学评论》2010 年第 2 期。

17. 俞吾金:《作为经济哲学的马克思哲学——兼论马克思哲学革命的实质和命运》,载《中国哲学年鉴》2011 年卷。

18. 李增福、袁溥:《论现代马克思主义政治经济学利己和利他经济人假设》,《华南师范大学学报》2011 年第 2 期。

19. 陈宇宙:《财富异化及其扬弃:马克思经济哲学的人学向度》,《马克思主义研究》2011 年第 7 期。

20. 聂志红:《马克思主义经济思想的内在规定性——与西方主流经济学比较中的界定》,《贵州社会科学》2014 年第 8 期。

21. 宫敬才:《〈德意志意识形态〉的政治经济学"基因"》,《中国社会科学(内部文稿)》2017 年第 1 期。

22. 宫敬才:《论马克思的劳动历史唯物主义理论》,《北京师范大学学报》2018 年第 3 期。

索　引

责任编辑：钟金铃

封面设计：石笑梦

图书在版编目（CIP）数据

马克思经济哲学微观研究 / 宫敬才 著 . — 北京：人民出版社，2021.10

ISBN 978 - 7 - 01 - 023358 - 1

I. ①马… II. ①宫… III. ①马克思主义政治经济学 - 研究 IV. ① F0-0

中国版本图书馆 CIP 数据核字（2021）第 072644 号

马克思经济哲学微观研究

MAKESI JINGJI ZHEXUE WEIGUAN YANJIU

宫敬才 著

人民出版社 出版发行

（100706 北京市东城区隆福寺街 99 号）

天津文林印务有限公司印刷 新华书店经销

2021 年 10 月第 1 版 2021 年 10 月北京第 1 次印刷

开本：710 毫米 × 1000 毫米 1/16 印张：25

字数：380 千字

ISBN 978 - 7 - 01 - 023358 - 1 定价：69.00 元

邮购地址 100706 北京市东城区隆福寺街 99 号

人民东方图书销售中心 电话（010）65250042 65289539